Klaus Kellmann · Stalin

KLAUS KELLMANN

Stalin

Eine Biographie

PRIMUS
VERLAG

Die Deutsche Bibliothek verzeichnet diese Publikation
in der Deutschen Nationalbibliographie; detaillierte
bibliographische Daten sind im Internet über
http://dnb.ddb.de abrufbar.

Das Werk ist in allen seinen Teilen urheberrechtlich
geschützt. Jede Verwertung ist ohne Zustimmung
des Verlags unzulässig. Das gilt insbesondere für Vervielfältigungen, Übersetzungen, Mikroverfilmungen
und die Einspeicherung in und Verarbeitung durch
elektronische Systeme.

© 2005 by Primus Verlag, Darmstadt
Die Herausgabe des Werkes wurde durch die
Vereinsmitglieder der WBG ermöglicht.
Gedruckt auf säurefreiem und alterungsbeständigem
Papier
Einbandgestaltung: Jutta Schneider, Frankfurt
Einbandmotiv: Stalin, aufgenommen im Mai 1932,
© Picture Alliance/dpa
Redaktion: UNGER-KUNZ. Lektorat und
Redaktionsbüro, Undorf
Gestaltung und Satz: Johannes Steil, Karlsruhe
Printed in Germany

www.primusverlag.de

ISBN 3-89678-265-7

Inhalt

Vorwort   7

Der Priesterzögling   9
Der Sozialdemokrat   13
Der Bolschewist   18
Der Verbannte   24
Der Chefredakteur   30
Der Volkskommissar   45
Der Generalsekretär   60
Der Alleinherrscher   88
Der „Vater" des Terrors   115
Der Verbündete Hitlers   154
Der Hintergangene Hitlers   190
Der Kriegsherr   211
Der Sieger   229
Stalins Tod   260
Stalins Erben   281

Anhang
Chronik   307
Abkürzungen   314
Anmerkungen   316
Literatur   328
Register   349

Vorwort

Mit diesem Buch will ich nicht der Vielzahl wissenschaftlicher Spezialuntersuchungen zu Stalin eine weitere hinzufügen. Mein Anliegen ist es vielmehr, Politik, Person und Verbrechen des georgischen Diktators auf der Basis der seit der Zeitenwende von 1990/91 publizierten, analysierten und interpretierten jüngeren und jüngsten Quellenzeugnisse aus Moskauer Archiven im Gesamtzusammenhang der russischen, sowjetrussischen und europäischen Geschichte des 20. Jahrhunderts in der Form und im Stil des biographischen Essays griffig und lesbar darzustellen. Es wendet sich deshalb weniger an den professionellen Osteuropahistoriker, sondern vorrangig an jeden zeitgeschichtlich interessierten Menschen, Zeitzeugen wie Nachgeborene, Studierende, Schülerinnen und Schüler, aber gleichermaßen auch an die Lehrenden und Lernenden in der Erwachsenenbildung, der Volkshochschule und der politischen Bildungsarbeit in ihrer gesamten Breite.

Kiel, im Januar 2005   Klaus Kellmann

Der Priesterzögling

Nicht nur der Vater, auch die Mutter schlug ihn. Körperliche Misshandlungen, Jähzorn und Gewalt müssen zu den ersten Wahrnehmungen im Leben jenes Menschen gehört haben, der sich später Stalin nannte. Um der Leibeigenschaft ihrer Vorfahren zu entfliehen und ihr Glück zu finden, waren seine Eltern, der Flickschuster Wissarion Dschugaschwili und die Wäscherin Jekaterina Geladse, vom Land in die Kleinstadt Gori, fünfzig Kilometer nordwestlich der georgischen Hauptstadt Tiflis, gezogen. Erst in Gori lernten sich die beiden kennen. Als Jekaterina Wissarion heiratete, war sie gerade 15 Jahre alt, ein ehrgeiziges Mädchen, das sogar lesen und schreiben konnte. Da die ersten beiden Söhne aus der Verbindung schon im Säuglingsalter starben, betrachtete Jekaterina den am 21. Dezember 1879 geborenen Josef Wissarionowitsch als Geschenk Gottes. Er blieb ein Einzelkind in einer Zeit und Gegend, in der fünf bis zehn Kinder pro Familie keine Seltenheit waren.[1]

Wissarion Dschugaschwili verstand sein Handwerk, er machte sich selbstständig und strebte nach oben. Als ab 1884 jedoch die Kundschaft ausblieb, fing er an zu trinken, die Familie zog in zehn Jahren neunmal um und 1890 zerbrach die Ehe. In diesem Jahr sah der junge, ständig kränkelnde Josef seinen Vater zum letzten Mal. Wissarion ging in die Schuhfabrik nach Tiflis, kehrte aber mehrfach nach Gori zurück, um bei seiner Frau verzweifelt und vergeblich um Wiederaufnahme zu bitten. Er verlor schließlich seine Arbeit, wurde zum Landstreicher, landete im Obdachlosenasyl und starb 1909 an Leberzirrhose.[2]

Für Jekaterina gab es nach der Trennung von ihrem Mann nur noch den kleinen Sosso, was auf Deutsch etwa so viel heißt wie „Seppl". Eine Kinderkrankheit nach der anderen befiel den kleinen Josef alias Sosso: Masern, Scharlach und vor allem Pocken, die in seinem Gesicht lebenslang Narben hinterließen und ihm den ersten Spottnamen, „der Pockennarbige", eintrugen. Mehrfach verunglückte er auf der Straße, er wurde von Karren überfahren, brach sich die Beine und holte sich eine Blutvergiftung durch offene Wunden, die den linken Arm derartig lähmte, dass der spätere Oberbefehlshaber der Roten Armee auf Dauer wehrdienstuntauglich blieb.

Mit acht Jahren war Sosso ein Straßenjunge, der immer noch nicht zur Schule ging. Erst als Jekaterina einen Priester dafür gewinnen konnte, ihm die russische Sprache beizubringen, waren die Voraussetzungen für seinen Eintritt in die „Pfarrschule" von Gori geschaffen. Da war er zehn Jahre alt. Hier sah sich der schäbig gekleidete Junge nicht nur den Hänseleien der wohlhabenden Weinhändler- und Bauernsöhne ausgesetzt, sondern hier wurde er auch mit dem ersten großen, sein gesamtes Leben prägenden nationalen Gegensatz konfrontiert: dem sich (damals wie heute) bis zum offenen Hass steigernden Antagonismus zwischen Georgiern und Russen.

Georgien, bereits von Katharina der Großen unter ihren „Schutz" gestellt, mithin unterworfen, war 1801 als regelrechte Provinz ins russische Reich eingegliedert worden. Serien von Aufständen über das gesamte Jahrhundert hinweg bildeten die Antwort der Kaukasier auf die rigorose Russifizierungspolitik in Wirtschaft, Kultur und Gesellschaft. Als Josef Dschugaschwili die Schule besuchte, war es noch keine 15 Jahre her, dass russische Lehrer in Georgien und im angrenzenden Tschetschenien regelrecht überfallen und durchgeprügelt, ja ganze Schulen in Brand gesetzt worden waren. Josef sprach zu Hause mit seiner Mutter georgisch, genauer: ossetisch. Auf dem Schulhof in Gori unterhielten sich seine Klassenkameraden in anderen kaukasischen Dialekten, auf Armenisch und hier und da auch auf Türkisch, denn die Nordgrenze des Osmanischen Reiches war nicht weit entfernt. Im Unterricht aber wurde nur eine Sprache gesprochen: das Russische.

Dschugaschwili war vom ersten Jahrgang an in jedem Fach Klassenbester, sang im Chor und las die Liturgie, dass seiner frommen Mutter, der *Babuschka Keke*, die Augen übergingen. Als sie so verarmte, dass sie das Schulgeld nicht mehr zahlen konnte, erhielt ihr Sohn wegen vorbildlicher Leistungen ein Stipendium. Der Russischlehrer und meistgehasste Mann der Anstalt hatte sich für ihn eingesetzt. Dass er 1894 in das theologische Seminar von Tiflis, der einzigen Hochschule weit und breit, überwechselte, war nur die Konsequenz aus dem Wandel vom

Straßenjungen zum Bücherwurm. Im Seminar in Tiflis ging es zunächst wie gewohnt weiter. Gleich ob Russisch, Griechisch, Kirchenslawisch, Bibelkunde, Katechismus, Chorgesang, Kalligraphie, Geographie, Mathematik oder Betragen, überall lauteten die Noten „sehr gut" oder „ausgezeichnet". Und so waren es auch weniger die Fächer und deren Anforderungen, die den eifrigen Studiosus auf den Weg der Relegation brachten, sondern vielmehr das Leben im Seminar.

Die Tifliser Hochschule, die den Ruf genoss, eine der besten Bildungseinrichtungen in Georgien und dem gesamten Kaukasus zu sein, hatte mit einer weltlichen Universität damaligen oder heutigen Zuschnitts wenig gemein. Rituelle Gebete und nicht freie Lektüre beherrschten den Lehrbetrieb, die Anwesenheit im Gebäude war bis auf einen zweistündigen Ausgang Tag und Nacht vorgeschrieben, die Buchausleihe aus öffentlichen Bibliotheken verboten und jeweils zwanzig bis dreißig Seminaristen schliefen zusammengepfercht in einem Raum. Die Zöglinge standen unter der ständigen Kontrolle orthodox-obskurantischer Mönche, die vom Statthalter des Zaren im Kaukasus persönlich ernannt und Instrumente seiner Russifizierungspolitik waren. Dschugaschwili muss das Ganze als eine Mischung aus Kloster und Kaserne, wenn nicht sogar als eine Art Gefängnis empfunden haben. Immer wieder kam es zu Unmutsbekundungen gegenüber dem russisch geprägten Lehrkörper, die sich bis zur offenen Rebellion steigerten. 1886 war der Rektor des Seminars ermordet und der Täter öffentlich hingerichtet worden.

Es dauerte zwei Jahre, bis sich das Klima des unversöhnlichen Nationalitätengegensatzes und der generellen Auflehnung auch auf den Jungen aus Gori übertrug. 1896 entdeckte man bei einer der zahllosen Durchsuchungen, denen die Zöglinge ausgesetzt waren, ein Exemplar von Victor Hugos Abenteuerroman *Die Sklaven der Seefahrt* bei ihm, das er sich vermutlich auf einem heimlichen Stadtgang in der Leihbücherei besorgt hatte. Als der Rektor ihn daraufhin zur Strafe in die Zelle sperren ließ, begann der Wandel vom Primus zum Opponenten. Mehr als ein Dutzend Mal wurde er nun bei verbotener Lektüre erwischt, und schon vier Monate nach dem ersten Arrest erhält er die letzte Abmahnung vor seinem Hinauswurf. Die heimlichen Ausflüge in die Stadt, die er jetzt regelmäßig unternahm, formten von nun an die Überzeugung, dass die Probleme des Diesseits nicht von einem fernen Gott, sondern nur durch den Menschen selbst zu bewältigen seien.

Obwohl ihm die sozialen Missstände in Tiflis nicht verborgen blieben, war die nationale Konfrontation einstweilen noch vorrangig, ja sie führte zu geradezu naiv-schwärmerischer Heimattümelei. Er schrieb romantisch verklärte Gedichte, die er zunächst mit „Soselo", dann aber mit „Koba", seinem ersten Pseudonym, unterzeichnete. Dieses Wort, ursprünglich aus einem türkischen Dialekt stammend, ist einem alten georgischen Heldenroman entlehnt und heißt so viel wie „der Unbeugsame". Das Elend der Arbeiter, das Koba bei jeder seiner verbotenen Exkursionen aus der verhassten Klosterkaserne mehr und mehr vor Augen hatte, ließ aus der emotionalen Träumerei jedoch schnell konkrete politische Agitation werden. Koba suchte und fand Kontakt zu Kreisen, in denen relegierte Studenten aus dem Seminar keine geringe Rolle spielen. Im August 1898 trat er in eine Gruppe ein, die sich zur Unterscheidung von zwei wesensverwandten sozialistischen Vorgängern „Dritter Stand" nannte, und kurz darauf schloss er sich der Sozialdemokratischen Arbeiterpartei Russlands an, der ersten reichsweiten Partei des Landes, die im März des Jahres 1898 in Minsk gegründet worden war.

Als frisch gebackener Parteiagitator erhielt er nun Schulungsaufgaben, die er in den überfüllten Wohnungen der Maurer, Eisenbahner, Tabakpflücker und Schuster von Tiflis – oft im dicksten Machorka-Qualm – konspirativ und gewissenhaft ausführte. Die meisten der bei diesen Treffen versammelten waren doppelt und dreimal so alt wie er und zudem Analphabeten, doch der 19-Jährige machte hier erstmals die Erfahrung, was es bedeutete, im Mittelpunkt zu stehen, mehr zu wissen als die anderen und das Wort zu führen. Nach diesen Sitzungen schlich er jedes Mal heimlich in das Seminar zurück, spielte dort den braven Studenten, betete und sang mit den Mönchen fromme Lieder. Das Leben in völlig unterschiedlichen Identitäten und Welten, es war ihm von Anfang an vertraut.

Schließlich aber flog die Doppelexistenz auf. In einem Rektoratsvermerk aus dieser Zeit heißt es: „Dschugaschwili ist im Allgemeinen respektlos und aufsässig gegen seine Vorgesetzten."[3] Und als er wieder einmal zu einer Prüfung nicht erschien, wurde er am 19. Mai 1899 wegen „politischer Verdächtigkeit"[4] aus der Anstalt ausgestoßen.

Der Sozialdemokrat

Zur Mutter führte nach dem Ausschluss aus dem Seminar kein Weg mehr zurück, der Mann war fast zwanzig. So streunte er durch die Stadt, erteilte von Zeit zu Zeit den Kindern betuchter Eltern Nachhilfestunden und suchte nach Verdienstmöglichkeiten. Geregelte körperliche Arbeit, selbst wenn sie sich ihm bot, mied er, wenn es ging. Die Anstellung als kleiner Schreiber im Observatorium von Tiflis, die Koba schließlich fand, musste ihm deshalb sicherlich wie ein erster Schritt in die Freiheit vorgekommen sein. Er verdiente ein wenig Geld, hatte ein eigenes, dazu noch beheizbares Zimmer und konnte in Ruhe seinen Studien nachgehen, da die eigentliche Arbeit nur den geringsten Teil des Tages in Anspruch nahm.

Der Klosterzucht entronnen und nun endlich Herr seiner Schritte, intensivierte er den Kontakt zu seinen Gesinnungsgenossen so, dass er bereits um die Jahrhundertwende zu den führenden Agitatoren des „Dritten Standes" und der Arbeiterpartei in Tiflis zählte. An den Schulungsabenden wurde begierig jede Zeile neu erschienener Literatur verschlungen, besonders wenn sie aus dem Ausland in das ‚verhasste Zarenreich' hineingeschmuggelt worden war. Die Druckerpressen für die Organe der russischen Untergrundbewegung standen in München, Genf und London, dem Zugriff der zaristischen Geheimpolizei *Ochrana* entzogen. Ende 1900 kam in Stuttgart das erste Heft einer neuen Zeitschrift heraus, deren Name das Fanal für das neue, andere Russland sein sollte. Sie nannte sich *Iskra*, was so viel heißt wie „Der Funke", der das Feuer der Revolution entfachen sollte. Auf verschlungenen Pfaden gelangten einige Exemplare davon auch ins ferne Tiflis, und Dschugaschwili gehörte schon bald zu den erklärten „*Iskra*-Männern", wie sie sich selbst nannten.

Koba kannte die Arbeiter gut genug, um zu erkennen, dass die Texte der ‚Kathedergelehrten' weit über den Horizont dieser einfachen Leute gingen, die sich da täglich abends bei ihm versammelten. Auch waren die dort artikulierten Ideen eines übernationalen Sozialismus deren eigentlichem, auf einen demokratischen georgischen Patriotismus ausgerichtetem Denken und Tun eher untergeordnet, ein Widerstreit, der sich gleichzeitig auch in Stalins alias Kobas Kopf abspielte. Deshalb wurde ihm schnell klar, dass etwas Eigenes, Lokales und Anschauliches hermusste. Das Ergebnis war eine illegal erscheinende Zeitschrift, deren Titel kaum weniger programmatisch klang als der des *Iskra*-Blattes. Das neue Organ trug den Namen *Der Kampf*. In seiner zweiten Ausgabe vom Dezember 1901 erschien ohne Autorenangabe ein Artikel unter der Überschrift *Die Sozialdemokratische Partei Russlands und ihre nächsten Aufgaben*. Er ist die journalistische Feuertaufe des werdenden Berufsrevolutionärs. Koba schreibt:

„Unter dem Joch des zaristischen Regimes stöhnt nicht nur die Arbeiterklasse. Die schwere Tatze der Selbstherrschaft würgt auch die unteren Klassen der Gesellschaft. Es stöhnen die durch ständigen Hunger physisch entstellten russischen Bauern. Es stöhnt der kleine Mann in der Stadt, es stöhnen die kleinen Angestellten der Staatsämter und Privatunternehmen, die kleine Beamtenschaft, überhaupt all jene zahlreichen kleinen Städter, deren Existenz ebenso wenig wie die der Arbeiterklasse gesichert ist und die Grund haben, mit ihrer gesellschaftlichen Stellung unzufrieden zu sein. Es stöhnt ein Teil der kleinen und sogar der mittleren Bourgeoisie, der sich mit der Knute und der Peitsche des Zaren nicht abfinden kann, besonders der gebildete Teil der Bourgeoisie (...). Es stöhnen die unterdrückten Nationen und Glaubensbekenntnisse in Russland, darunter die in ihren heiligen Gefühlen verletzten Polen, die von ihrem Heimatboden vertrieben werden, die Finnen, deren historisch erworbene Rechte und deren Freiheit die Selbstherrschaft frech zertreten hat. Es stöhnen die ständig verfolgten und geschmähten Juden, die sogar jener kläglichen Rechte beraubt sind, wie sie die übrigen russischen Untertanen genießen – des Rechtes, überall zu wohnen, in den Schulen zu lernen, des Rechtes, als Beamte zu dienen usw. Es stöhnen die Georgier, die Armenier und die anderen Nationen, die des Rechtes beraubt sind, ihre eigenen Schulen zu haben, in den Staatsämtern zu arbeiten, die gezwungen sind, sich jener schändlichen und knechtenden Politik der Russifizierung zu fügen, die die Selbstherrschaft mit solchem Eifer betreibt (...). [Ziel unseres Kampfes muss] eine großzügige demokratische Verfassung sein, die sowohl dem Arbeiter und dem niedergedrückten Bauern als auch dem Kapitalisten gleiche Rechte gewähren wird."[1]

Der Text war ein flammender Appell für nationale, soziale und religiöse Grund- und Selbstbestimmungsrechte, so wie sie in dem soeben begonnenen Jahrhundert in den Verfassungen aller parlamentarischen Demokratien der westlichen Welt verankert werden sollten.

Umso erstaunlicher war die jähe Wendung, die sich in der weiteren Entwicklung des gerade einmal Zwanzigjährigen von nun an vollzog und die den Großteil des hier präsentierten Rechte- und Forderungskatalogs als bloße, pathetisch aufgeladene Taktik entlarvte. Schon in der Gruppe „Dritter Stand" hatte Koba sich durch zusehends extremere Positionen immer mehr isoliert. Von der Tifliser Arbeiterpartei wurde er mit der Organisation der Maifeier des Jahres 1900 betraut, auf der er zum ersten Mal in seinem Leben vor vierhundert Menschen sprach. Aber da die Veranstaltung, um der Polizeipräsenz zu entgehen, an einem verschlafenen See vor den Toren der Stadt stattfand, blieb ihre Massenwirksamkeit begrenzt. Das sollte sich im folgenden Jahr ändern. Die örtliche Parteileitung fühlte sich stark genug, um die offene Auseinandersetzung zu suchen. In der Zeitung *Der Kampf* empfahl Koba Großdemonstrationen in Tiflis, um Neugierige anzulocken, die durch die zu erwartenden Peitschenhiebe der zarentreuen Kosaken auf die eigene Seite gebracht werden sollten.

Die Maifeier des Jahres 1901 sollte am Alexander-Park, mitten im Zentrum von Tiflis, stattfinden. Diese Pläne blieben der Polizei nicht verborgen und so folgte im März eine Durchsuchung von Kobas Zimmer. Einer geplanten Verhaftung entzog sich Koba durch Abwesenheit vom Arbeitsplatz. Der Weg zurück in den Dienst war damit aber unmöglich geworden.

Die kurze, nur 15 Monate währende Zeit legaler, normaler Beschäftigung war vorbei. Was folgte, war bis zum Entscheidungsjahr 1917 ein Leben im Untergrund mit immer neuen Decknamen, Schlafplätzen, Verhaftungen, Verbannungen und Fluchten, ohne eine Kopeke regelmäßigen und regulären Einkommens, immer angewiesen auf Betteleien und die Gaben von Gönnern und Genossen. Diese Jahre radikalisierten und prägten ihn.

Am Maitag 1901 versammelte sich die stattliche Anzahl von 2000 Arbeitern. Polizei und Kosaken waren ebenfalls zur Stelle. Fünfzig Personen wurden verhaftet. Dschugaschwili war nicht unter ihnen, was auf sein Geschick oder seine Fähigkeit schließen lässt, sich aus der Schusslinie zu nehmen. Unmut in den eigenen Reihen äußerte sich gegen ihn. Ihm wurde vorgeworfen, sich mehr den Führungsintrigen in den eigenen Reihen als dem Kampf gegen die zaristische Obrigkeit zu widmen. Als Ergebnis dieser Auseinandersetzungen schloss ihn Ende des Jahres ein provisorisches Parteigericht aus der lokalen Tifliser Organisation aus. Der Wanderer in Sachen Revolution packte seine Sachen und ging ins nahe Batum, das weit kleiner war, aber weit mehr soziale Brennpunkte aufwies als die georgische Metropole. Die riesigen, ergiebigen Ölfelder der 25.000-Einwohner-Stadt am Schwarzen Meer waren im Besitz eines Mannes, der mit seinem unermesslichen Reichtum bis heute als die Verkörperung des westlichen Kapitalismus gilt: Sie gehörten dem amerikanischen Baron Rothschild.

Der Neuankömmling stürzte sich in die Arbeit und führte nunmehr auch parteioffiziell den Namen „Koba", jenes Alter Ego, das ihm schon zur träumerischen Doppelexistenz seiner Kindheit verholfen hatte. Das Pseudonym wurde nun für ihn vom zweiten zum eigentlichen Ich. Das ging so weit, dass er sich bis an sein Lebensende von den engsten Getreuen nur mit diesem Namen anreden ließ.

Die Raffineriearbeiter boten für ihn ein hervorragendes Agitationsfeld. Schon bald hieß es in einem vertraulichen Vermerk der örtlichen Polizeistation: „Infolge der Tätigkeit des Dschugaschwili bildeten sich in allen Fabriken Batums sozialdemokratische Organisationen."[2] Wieder stellte er eine Massendemonstration auf die Beine und wieder blieb seine Rolle im aktiven Kampf unklar. Am 9. März 1902 stürmten zweitausend Mann die Gefängnisbaracken der Stadt. Das kaukasische Schützenbataillon schoss in die Menge. 15 Menschen starben. Es ist nicht sicher, ob Koba bei der Erstürmung gewesen war, was abermals den Unmut in den eigenen Reihen weckte. Auch wenn unter den Genossen seine Rolle umstritten schien, galt er der Polizei als Rädelsführer. Am 5. April nahm man ihn fest und verurteilte ihn zu 18-monatiger Haft mit anschließender Verbannung nach Sibirien. Im November 1903 traf Koba in dem abgelegenen kleinen Ort Nowaja Uda in der Nähe von

Irkutsk ein, aber schon am 5. Januar flüchtete er zu Fuß bei minus vierzig Grad durch das halbe Zarenreich. Im Februar war er wieder zurück in Tiflis.

Mit nunmehr Anfang zwanzig stand Stalin wieder einmal an einem Wendepunkt. Sein äußeres Erscheinungsbild war aufgrund der durchlittenen Krankheiten und seiner Körpergröße von 1,65 Meter nicht von natürlicher Autorität geprägt. Um seine Größe zu kaschieren, ließ er sich später von den eigenen Geheimdienstleuten Schuhe mit Plateausohlen besorgen und bei Militärparaden musste immer ein kleiner Holzhocker bereitgestellt werden. Die wuchtige, pechschwarze Mähne, der dicht gewachsene Schnauzer, die ebenso hellwachen wie hinterlistigen Augen konnten die ‚Mängel' in seiner äußeren Erscheinung freilich kaum korrigieren.

Entscheidender in dieser Phase aber waren die innere Unentschiedenheit und die geistige Leere. Wohin gehörte er eigentlich, ja, wer und was war er überhaupt? Familiäre Bindungen hatte er nicht – eine intakte Familie hatte er nie kennen gelernt. Die Frage der nationalen Zugehörigkeit gestaltete sich schwierig. Seine Muttersprache, das Georgische, das er akzentfrei sprach, hatte er schon vom neunten Lebensjahr an dem Russischen, das er nie so ganz richtig beherrscht haben soll, unterordnen müssen, wobei es aber um weit mehr ging als nur um linguistische Feinheiten. Der ganze Stolz der Georgier war es seit Jahrhunderten gewesen, dass sie keinerlei ethnische Verwandtschaft mit den Russen besaßen, sondern sich vielmehr wie eine vorgeschobene Insel Europas zwischen der slawischen und der osmanischen Welt verstanden. Welches war also seine nationale Identität?

Am schmerzlichsten indes musste ihn der dritte Mangel getroffen haben, nämlich ein Mensch ohne Stand und Klasse zu sein. Arbeiter so wie jene, für die er sich einsetzte und kämpfte, wollte er nicht sein; das Intermezzo als Angestellter hatte mit dem Rauswurf geendet, und Akademiker, so wie die Bürgersöhne, mit denen er später das neue, andere Russland gestalten würde, war er nicht geworden. Die Suche nach sich selbst, in einem Zustand sprachlicher, nationaler und sozialer Heimatlosigkeit, fand ihr Ziel in der Partei und der zu erkämpfenden Revolution.

Der Bolschewist

Das Brüsseler *Maison du Peuple* war mehr eine Absteige als ein Hotel. In den Hinterzimmern wurden Wollballen aus Belgisch-Kongo gelagert. Dort hielt die Sozialdemokratische Arbeiterpartei Russlands nach dem Minsker Auftakt fünf Jahre zuvor, im Juli 1903, ihren ersten richtigen Parteitag ab. Sehr schnell bekamen die Delegierten mit, dass die Wollballen nicht nur Flöhe, sondern auch Wanzen ganz anderer Art anzogen: Geheimspitzel der *Ochrana* (russische Geheimpolizei) gingen in dem Hotel ein und aus, woraufhin die „*Iskra*-Männer" den Kongress kurzerhand nach London verlegten, um die Schnüffler aus St. Petersburg abzuschütteln.

Der Hauptstreitpunkt der Tagung wurde zur Schicksalsfrage für das gesamte kommende Jahrzehnt, nämlich, ob die Partei eine radikal zentralisierte Organisation von Berufsrevolutionären oder einen mehr oder weniger lockeren Verband der russischen Arbeiter und der Intelligenz bilden sollte. Es war der Beginn der Spaltung in Revolutionäre und Gemäßigte, in Harte und Weiche, in Bolschewiki und Menschewiki, die sich bei allem Streit über das Vorgehen hinsichtlich des entscheidenden Ziels ihres gemeinsamen Kampfes nie uneinig waren: Es ging darum, die zaristische Gewaltherrschaft zu beseitigen.

Wann aus dem Sozialdemokraten Koba ein Bolschewist wurde, ist nicht rekonstruierbar. In der Batumer Haft, nicht zu reden von der sibirischen Verbannung, war Koba weitestgehend von allen Informationssträngen abgeschnitten. Die Artikel, die er nach seiner Rückkehr für den *Kampf* schrieb, lassen dennoch auf eine ungefähre Orientierung über die Vorgänge in Brüssel und London schließen.

Nicht weniger im Dunkeln liegt ein zweites Ereignis aus dieser Zeit, die Hochzeit mit der aus dem Geburtsort seiner Eltern stammenden Jekaterina Swanidse im Herbst 1904, der zweiten *Keke* in seinem Leben. Die junge, ausnehmend schöne Georgierin, die er möglicherweise schon seit seiner Kindheit kannte, brachte im folgenden Jahr den Sohn Jascha (Jakob) zur Welt.

In politischer Hinsicht blieb Koba abseits des großen Geschehens, und nicht nur er. Als sich am 9. Januar 1905 in St. Petersburg erstmals eine große Arbeiterdemonstration auf das Winterpalais des Zaren zu bewegte, spielte die russische Arbeiterpartei praktisch keine Rolle. Der Zug wurde von einem orthodoxen Priester angeführt, Ikonen und Zarenbilder wurden hoch gehalten. Einziges Ziel war es, eine Bittschrift zu überreichen. Erst als Nikolaus II. das Feuer auf die Menge eröffnen ließ, entfachte er damit quasi das Feuer der ersten russischen Revolution. In den Straßen von Warschau, Lodz und Odessa wurden sofort Barrikaden errichtet und erste „Räte" bestimmt, woraufhin Nikolaus II. das Einberufen einer aus Wahlen hervorgegangenen Volksversammlung, der so genannten Duma zusicherte, allerdings mit zwei Einschränkungen: Sie sollte keinerlei gesetzgebende Kompetenz haben, und es sollte kein Arbeiter in ihr vertreten sein. Diese formierten sich deshalb und riefen im Oktober in Moskau den Generalstreik aus, der sich schlagartig auf das ganze Land ausdehnte. In St. Petersburg wurde der erste „Rat der Arbeiterdelegierten", der Petersburger Sowjet, gebildet, und schon zwei Monate später probten die Massen in Moskau den bewaffneten Aufstand, den die zaristischen Truppen blutig niederschlagen. Zwar kam es zur Konstituierung der Ersten und auch einer Zweiten Duma, die aber am 3. Juni 1907 zwangsaufgelöst wurde. 55 Abgeordnete wanderten ins Gefängnis, alle waren Sozialdemokraten. Die danach zusammengetretene Dritte und Vierte Duma waren deshalb nur noch von geringer Bedeutung.

Die Ereignisse des Jahres 1905 sind in der offiziellen Parteigeschichte zur Generalprobe der eigentlichen, großen Oktoberrevolution verklärt worden. Was aber durchgehend unerwähnt bleibt, ist die Tatsache, dass diese Generalprobe praktisch ohne die Akteure von 1917 stattfand, und das gilt auch für den jungen Bolschewisten aus Tiflis.

Der kämpfte an mehreren Fronten gleichzeitig, wenn auch nie mit offenem Visier. Der Innenminister des Zaren hatte eine Sondereinheit, die „Schwarzen Hundert", in die kaukasische Metropole entsandt, und Koba schrieb Flugblatt auf Flugblatt, um die Schicksalsgemeinschaft aus georgischen, russischen, armenischen, persischen und türkischen

Arbeitern zu beschwören, die in der Erdölindustrie am Schwarzen Meer ausgebeutet wurden. Doch gewichtiger für ihn selbst war eigentlich eine zweite Frontlinie, nämlich die Auseinandersetzung zwischen Bolschewisten und Menschewisten in der eigenen Partei.

Tatsächlich hatten sich die Menschewisten binnen kürzester Zeit zur führenden politischen Bewegung seines Heimatlandes entwickelt. Bei den ersten Duma-Wahlen gewannen sie fünf der acht Georgien zustehenden Sitze, bei der zweiten alle zehn. Demgegenüber gehörte Koba in Georgien zu einer kleinen, radikalen Minderheit, und nur dem Umstand, dass eine für den Dezember 1905 anberaumte Konferenz der Sozialdemokraten ausschließlich Bolschewisten vorbehalten war, verdankte er die Möglichkeit, erstmals nach Nordeuropa zu gelangen. Das Treffen fand in Tammerfors statt, dem heutigen Tampere, das zwar nicht außerhalb des Zarenreiches lag, aber als finnische Stadt beträchtliche Autonomie genoss und den Delegierten mehr Sicherheit versprach. Hier begegnete er zum ersten Mal im Leben dem Mann, der als einziger unumschränkte Autorität in der Partei genoss: dem zehn Jahre älteren Wladimir Iljitsch Uljanow, der unter dem Namen „Lenin" in die Weltgeschichte eingehen sollte.

Die erste Begegnung, später auf zahllosen Gemälden in heroischer Pose verfälscht dargestellt, verlief für Koba wohl eher enttäuschend. Er berichtete intern, „einen ziemlich durchschnittlich aussehenden Mann", und keinen „Bergadler" oder gar „Riesen"[1] erblickt zu haben, und Lenin nahm von dem kleinen pockennarbigen Mann praktisch überhaupt keine Notiz. Regelrecht vor den Kopf geschlagen dürfte der Georgier aber gewesen sein, als er mit dem Haupttagungspunkt konfrontiert wurde, den Lenin auf die Konferenzordnung gesetzt hatte: die Wiedervereinigung und Verschmelzung von Bolschewisten und Menschewisten. Mit den Kompromisslern in Sachen revolutionärer Strategie und Taktik wollte er keinen gemeinsamen Schritt gehen. Lenin hingegen schätzte die Situation so ein, dass jetzt, wo sich die Menschen in Moskau erhoben und der Zarenthron in St. Petersburg wankte, keine Zersplitterung der Kräfte geboten war. In den Sitzungspausen zog er an der Spitze der Delegierten in den Wald, um sich mit ihnen im Revolverschießen zu üben. Außerdem befahl er allen, zum persönlichen Schutz Decknamen anzunehmen. Koba erhielt mit „Iwanowitsch" einen Allerweltsnamen, vergleichbar den deutschen Namen „Müller", „Meier" oder „Schulze".

Die Einigungsbefürworter bildeten auf dem Kongress die erdrückende Mehrheit, und sofort wurden Verhandlungen mit den Menschewisten aufgenommen. Aber Koba konnte am Ende doch noch einen Erfolg für sich verbuchen. In dem Bestreben, den Mann ohne Ausbildung und Beruf mit all seinen konspirativen Eigenschaften und Talenten möglichst parteidienlich einzusetzen, ernannte Lenin ihn zum Leiter eines streng geheimen Parteitrupps, dessen Funktion selbst intern mit der Titulierung als „Technische Abteilung" äußerst verhüllend und verharmlosend umschrieben war. Die eigentliche Aufgabe dieses Spezialverbandes bestand darin, durch so genannte Expropriationen den finanziellen Fortbestand der Partei zu sichern. Dieses ideologisch hoch aufgehängte, den Anschein legitimer Enteignungen suggerierende Fremdwort bedeutete in der Praxis nichts anderes als Diebstahl, Überfall, Raub und Mord. Deshalb war es auch wenig überraschend, dass die Auseinandersetzung um die Rechtmäßigkeit der Expropriationen zum Schlüsselkonflikt mit den Menschewisten und deren Reintegration wurde.

Auf dem folgenden, von Menschewisten und Bolschewisten bereits gemeinsam durchgeführten Parteitag im April 1906 in Stockholm wurde jede kriminelle Aktion, ja sogar der Partisanenkampf überhaupt, verurteilt. Lenin allerdings, der nie Skrupel bei der illegalen Geldbeschaffung hatte und auch die Spenden reicher Gönner ohne Beleg und Meldung einsteckte, bildete sofort wieder ein geheimes Zentrum für militärische und finanzielle Fragen. Der Streit zwischen Bolschewisten und Menschewisten schwelte weiter, wobei die rein zahlenmäßige Übermacht den Letzteren gehörte. Ein besonders krasses Beispiel in dieser Hinsicht bildete der Kaukasus, der zum Stockholmer Kongress elf Vertreter entsenden durfte, von denen nach dem regionalen Stärkeverhältnis zehn Menschewisten waren und nur einer Bolschewik: Koba-Iwanowitsch-Dschugaschwili. Es war seine erste Reise ins Ausland. Voller Ingrimm und Wut schrieb er nach seiner Rückkehr die *Aufzeichnungen eines Delegierten*, die in dem hämischen Scherz gipfeln, „die Menschewiki seien die Partei der Juden, die Bolschewiki seien die echten Russen; es wäre also an der Zeit, ein Pogrom in der Partei zu veranstalten".[2]

Kurz darauf ereignete sich in Tiflis ein merkwürdiger, nie vollständig geklärter Vorfall. Tief in einem Brunnenschacht versteckt, entdeckte die örtliche Geheimpolizei eine Druckerpresse, auf der eine wahre Flut georgischer, armenischer und russischer Flugblätter nationalistischer und sozialdemokratischer Stoßrichtung produziert worden war. Der zur Auffindung führende Hinweis konnte nur aus Parteikreisen gekommen sein, und der Verdacht fiel auf Koba. Einige erweiterten den Vorwurf sogar und wollten in ihm einen Spitzel, einen regelrechten Agenten des zaristischen Geheimdienstes erkannt haben, wofür es bis heute keinen sicheren Beleg gibt. Wohl aber scheint festzustehen, dass er die *Ochrana* hier benutzt hatte, um die Menschewisten in den eigenen Reihen zu denunzieren und auszuschalten – doch in dieser Hinsicht war die Aktion nicht mehr als ein Schlag ins Wasser.

Georgien war und blieb eine Hochburg der Gemäßigten, was sich schon bei der Einberufung zum nächsten Parteitag in London zeigen sollte, für den der ins Zwielicht geratene pockennarbige kleine Mann nicht einmal mehr delegiert wurde. Als er eine Beglaubigung vorlegte, die ihm dies doch noch ermöglichen sollte, erklärten die Menschewisten sie rundheraus für gefälscht. Trotzdem setzte er sich in den Zug und fuhr los. Anfang Mai 1907 erreichte er Berlin, die explodierende Metropole an der Spree. Es war seine erste Begegnung mit Deutschland und den Deutschen. Mit einer Mischung aus Verachtung und Bewunderung beobachtete er das hektische Treiben auf den Straßen und Plätzen. Es war das Bild eines sich aggressiv entfaltenden Kapitalismus. Die Einschätzung des späteren Stalin, dass der Kommunismus zu den Deutschen passe „wie der Sattel für die Kuh" und dass dieses „merkwürdige Volk" all jenen, die ihm eine zündende Parole vorschrien, „wie Schafe"[3] folgten, könnte hier ihren Ursprung gehabt haben.

Koba traf in Berlin Lenin, den man zwar noch nicht als seinen Gönner bezeichnen konnte, der ihm kraft seiner Autorität aber doch dazu verhalf, wenigstens als stimmrechtsloser Gast am Londoner Parteitag teilzunehmen. Auf diesem Parteitag wurde erneut genau das aufs Schärfste verurteilt, was der messianische Revolutionär und sein Mann fürs Grobe schon vorab am grünen Strand der Spree in angemaßter Machtkompetenz legitimiert hatten: bewaffnete Raubüberfälle ‚zum Wohle' der Partei.

Mit dem Segen ‚von ganz oben' nach Tiflis zurückgekehrt, machte Koba sich an die Umsetzung des ihm Aufgetragenen. Am 13. Juni verließ eine streng von Kosaken bewachte Kutsche die Tifliser Filiale der Staatsbank am Eriwan-Platz. Sie führte 25.000 Rubel Münzgeld mit sich, eine nach damaliger Kaufkraft schlichtweg unvorstellbare Summe. Ein Trupp bewaffneter Männer sprang hinzu und warf sieben Bomben auf den Wagen. Unbeteiligte Passanten starben, die Pferde gingen in wildem Galopp durch. Das Strickmuster glich den vorherigen Aktionen; wieder hütete sich Koba, in vorderster Linie dabei zu sein, wieder konnte ihm von niemandem – nicht einmal von der *Ochrana* – etwas nachgewiesen werden und wieder wusste jeder in der Partei, wer hinter der ganzen Sache steckte. Mochten sich die Täter auch in dem Glauben wiegen, das Vermächtnis des Anarchisten Michail Bakunin auszuführen, nach dem der einzig wahre Revolutionär in Russland der Räuber sei, nur, diesmal war alles anders, diesmal waren unschuldige Menschen zu Tode gekommen.

Die Stimmung in der Partei schlug um, sogar unter den Bolschewisten. Als „Narr" und „Zersetzer" wurde Koba angegriffen, und kurz darauf wurde er – zum zweiten Mal – aus der örtlichen Parteiorganisation ausgeschlossen. Die Partei, die nach wie vor das Wort „sozialdemokratisch" im Namen führte, wollte sich nicht des Bandenterrorismus zeihen lassen. Zum Parteiausschluss kam tiefes persönliches Unglück hinzu. Im November 1907 starb seine junge Frau Jekaterina Swanidse. Noch während des Begräbnisses vertraute der 27-jährige Witwer sich mit den folgenden Worten einem Freund an:

> „Dieses Geschöpf hat mein steinernes Herz erweichen können. Nun ist sie tot, und mit ihr sind meine letzten warmen Gefühle für alle menschlichen Wesen gestorben."[4]

Der Verbannte

Während Lenin und die anderen „*Iskra*-Männer" nach der gescheiterten Duma-Revolution 1906 ins sichere westeuropäische Exil zurückkehrten, blieb Koba als Gajoscha Nischaradse, so sein neuer Deckname, und ging nach Baku am Kaspischen Meer, eine Stadt, die geprägt war von der religiösen und ethnischen Vielfalt ihrer Bewohner. Europa und Asien berührten sich hier weit dichter und intensiver als in Tiflis. Die Stadt bildete ein Zentrum der Ölindustrie, von der einzig die amerikanisch-britische Caspian Oil Company profitierte und deren Einfluss so weit reichte, dass zum Beispiel ohne ihre Erlaubnis kein Arbeiter heiraten durfte. Ein geregeltes Entlohnungssystem, wie es Gajoscha Nischaradse, das Gründungsmitglied des neu konstituierten bolschewistischen Komitees in der menschewistischen Hochburg Baku, verlangte, gab es nicht.

Am 25. März 1908 wurden Koba und sein Freund Sergo Ordschonikidse von der *Ochrana* verhaftet und in Baku bis zu ihrer Verbannung eingekerkert. Verhaftung, Deportierung, Verbannung, Flucht und erneute Verhaftung prägten die nächsten zehn Jahre bis zum Vorabend der Oktoberrevolution. Ein Mitinsasse im Bakuer Gefängnis bezeichnete Koba als Menschen voller „Misstrauen, Verstand, Gerissenheit, Ehrlichkeit und Falschheit", wobei alles „miteinander verwoben"[1] sei. Im November wurde er in die Provinz Wologda im nördlichen, aber noch europäischen Teil Russlands verbannt, eine vergleichsweise milde Strafe. Ein halbes Jahr später war er mit gefälschtem Pass zurück in Baku und begann wieder politisch zu agitieren. Angreifbare Zustände gab es genug, zumal die Caspian Oil Company die Arbeitszeit in den Ölfeldern inzwischen von acht auf zwölf Stunden heraufgesetzt hatte. Wichtiger aber als der Kampf der Arbeiter war ihm der Zustand der eigenen Partei, und hier wurden nun erstmals klare Differenzen mit den Emigranten sichtbar, die „kein Verständnis für die russische Wirklichkeit haben".² Das Bakuer Komitee verabschiedete eine Resolution, in der die Herausgabe einer für alle Mitglieder verbindlichen Zeitschrift, eine Gesamtkonferenz und die Verlegung des Zentrums mitsamt der Leitung der Parteiarbeit nach Russland verlangt wurden.

Bevor sich der Konflikt entfalten konnte, wurde Koba – er nannte sich jetzt Gregorjan Melikjanz – erneut verhaftet und nach Wologda gebracht. Die Spannungen in den eigenen Reihen wuchsen weiter. Schon allein aufgrund der Lebensbedingungen konnten die Gegensätze zwischen den Caféhaus- und Salonbolschewisten in Wien, Genf und Stuttgart und den unter der Verfolgung der *Ochrana* Konspirierenden kaum schärfer sein. Lenin war tief in der Pariser Bibliothek vergraben. In einem kleinen Gartenstädtchen vor den Toren der Seinemetropole betrieb er seine eigene Parteischule. Das andere Institut wurde von Maxim Gorki, dem großen Parteidichter, unter der hellen Sonne von Capri geleitet. Die beiden stritten sich nicht nur um die Auslegung der Werke von Karl Marx, sondern auch um Spenden, Gönner und Mäzene. Dass Koba in dieser Auseinandersetzung auf Seiten Lenins stand, zeigte sich in einer Artikelserie für den in Paris und Genf publizierten *Sozialdemokraten*.

Im Verbannungsurteil von 1908 war ihm auferlegt worden, nach Ablauf der Strafe für die Dauer von fünf Jahren weder seine kaukasische Heimat noch eine russische Großstadt zu betreten. An das Erste hielt er sich – das Lebenskapitel zwischen dem Schwarzen und dem Kaspischen Meer war für immer abgeschlossen –, an das Zweite hielt er sich nicht. Im September 1911 wurde er im Petersburger Haus des Genossen Allilujew von der Geheimpolizei des Zaren aufgegriffen und schon im Dezember war er wieder dort, wo er erst im Juli entlassen worden war, in Wologda.

Aus der Ferne, immer nur spärlich, brieflich und somit nachträglich informiert, verfolgte er, wie die Weichen für die Parteiarbeit endgültig neu gestellt wurden, allerdings ganz in seinem Sinne. Im Januar 1912 berief Lenin praktisch nur die eigenen Anhänger zu einer Konferenz nach Prag, erklärte kategorisch den Ausschluss aller Menschewisten und konstituierte mit den Bolschewisten eine eigene, selbstständige Partei. An die Spitze wurde ein Zentralkomitee aus sieben Vollmitgliedern und vier Kandidaten gewählt, unter ihnen Sergo Ordschonikidse und

Roman Malinowski, Zuträger, Spitzel und ‚agent provocateur' der *Ochrana*. Lenin schlug auch Koba vor, doch der Kandidat fiel bei den Delegierten durch. Aber der ‚Meister' ließ nicht locker. Die Vorstellungen des Verbannten in Sachen Parteifinanzierung waren ihm nicht entfallen. Er machte von seinem Recht Gebrauch, dem Komitee weitere Mitglieder zu benennen, und auf diese Weise kam der in der Verbannung Lebende als Kooptierter doch noch in das Führungsgremium der neuen Partei.

Nachdem Koba von den Ergebnissen der Konferenz erfahren hatte, gelang es ihm, ein weiteres Mal aus Wologda zu fliehen. Jetzt galt es, die zweite seiner zentralen Forderungen an die Emigranten umzusetzen, doch auch hier war die wesentliche Vorarbeit bereits geleistet. Auf einem bolschewistischen Geheimtreffen im sächsischen Leipzig konzipierte Lenin eine eigene Zeitschrift mit dem Namen *Prawda*, auf Deutsch „Die Wahrheit". Mit der Federführung beauftragte er das ZK-Mitglied Roman Malinowski.

Ein neuerlicher illegaler Aufenthalt Kobas in St. Petersburg dauerte nur ganze zwölf Tage. Am 22. April 1912, dem Tag, an dem die erste Ausgabe der *Prawda* erschien, wurde er höchstwahrscheinlich von Malinowski verraten und wieder verhaftet. Abermals wiederholte sich die bekannte Deportationsprozedur. Die Zuweisung des Verbannungsortes in Westsibirien deutet darauf hin, dass der Mann trotz all seiner Namen und Identitäten bei der *Ochrana* längst kein Unbekannter mehr war.

Diesmal dauerte es gerade einmal zwei Monate, bis er wieder in St. Petersburg auftauchte. Für das Ende des Jahres hatte Lenin zu einer Konferenz nach Krakau gerufen, um das neue Parteiblatt von menschewistischen Einflüssen freizuhalten. Auch Koba reiste nach Krakau, um daran teilzunehmen.

Krakau kurz hinter der Grenze des zaristischen Imperiums im polnischen Teil der österreich-ungarischen Doppelmonarchie gelegen und deshalb mit Bedacht als Tagungsort ausgewählt, wurde für ihn zur Enttäuschung. Nicht er, sondern der als linientreuer geltende Jakob Swerdlow wurde zum ersten Chefredakteuer der *Prawda* bestellt. Als Ausgleich, möglicherweise aber auch zur Prüfung und Bewährung für höhere Aufgaben, begab sich Lenin mit Iwanowitsch, wie er Koba immer noch nannte, nach Wien. Die Hauptstadt des Habsburgerreiches zeigte bereits Anzeichen der absterbenden Donaumonarchie. Die menschenverachtenden Lebensbedingungen vieler Deutscher, Ungarn, Tschechen, Slowaken, Kroaten und galizischer Juden leisteten einem Hass auf die jeweils anderen ethnischen Gruppen Vorschub. Nur ein kleiner Funken genügte, um das Völkergemisch zur Explosion zu bringen.

Zu Lenins Wiener Entourage gehörten zwei Personen, denen für Kobas weitere Parteikarriere eine Schlüsselfunktion zukam. Es waren dies Nikolai Bucharin, ein ungemein belesener Kopf, der in der österreichischen Alma mater gerade ein glänzendes Studium der Nationalökonomie absolviert hatte, und Lew Dawidowitsch Bronstein, genannt Trotzki. Mit wem Koba-Stalin sich auch innerhalb und außerhalb Russlands noch um Einfluss, Herrschaft und Macht streiten und bekriegen sollte, der eigentliche Gegner seines Lebens, sein ideologischer Todfeind, wurde Trotzki.

Die Gegensätze zwischen beiden konnten größer nicht sein. Trotzki, fast auf den Tag so alt wie Koba, hatte als Kind wohlhabender jüdischer Eltern eine höhere Schulbildung genossen, sprach mehrere Fremdsprachen und war überdies ein penibler Ästhet vom Scheitel bis zur Sohle. In der Redaktion der *Iskra* spielte er – als Menschewist – von Anfang an eine entscheidende Rolle. Und jetzt saß ihm im Schachzimmer des Wiener Cafés *Central* in der Herrengasse erstmals dieser aus kleinsten Verhältnissen kommende Mann aus der georgischen Provinz gegenüber, der schlecht russisch sprach und dessen letzte Jahre von Gefängnis, Verbannung und Flucht gekennzeichnet waren. Ohne auch nur den geringsten Versuch der Verstellung ließ Trotzki sein Gegenüber Überlegenheit und Arroganz spüren.

Koba schlug im *Sozialdemokrat*, einer in der gesamten europäischen Arbeiterbewegung gelesenen Zeitschrift, zurück und gab dort seinen Eindruck wieder. Ausgerechnet er, der Bolschewist, bezichtigte Trotzki der Parteispaltung auf allen Ebenen und nannte ihn einen „fürchterlichen Angeber", „die schöne Überflüssigkeit" und einen „Preisboxer mit falschen Muskeln".[3] Gleichzeitig gab er sich zum x-ten Mal einen neuen Decknamen: Einen am 12. Januar 1913 erschienenen Artikel unterzeichnete er mit „Stalin". Noch sollte es Jahre dauern, bis der neue Name offiziell wurde. Er unterschrieb in dieser Zeit häufig mit „K. Stalin", und da der abgekürzte Vorname für „Koba" stand, hieß beides so viel wie „der unbeugsame Mann aus Stahl". Lenin nannte ihn in Wien immer noch „Iwanowitsch" oder beim Allerweltsvornamen „Wassili". Jahre später ist in der Parteikorrespondenz noch von „Dschugaschwili" die Rede, und erst vom Entscheidungsjahr 1917 an galt „Genosse Stalin" als verbindliche Anrede.

Während seines Aufenthaltes in Wien hätte er auch dem anderen großen Antipoden seines Lebens begegnen können, denn im Männerwohnheim in der Meldemannstraße Nr. 27 nächtigte zu jener Zeit ein auf der Kunstakademie mehrfach abgewiesener Postkartenmaler, eine heillos verkrachte Existenz: Adolf Hitler. Während dieser im Obdachlosenasyl war, hatten sich die werdenden Weltrevolutionäre Lenin und der junge Mann aus Tiflis als „der Herr Petrow und sein Kammerdiener" in der Schönbrunner Schlossstraße einquartiert.

Koba-Iwanowitsch-Stalin stürzte sich in die ihm gestellte Aufgabe. Lenins Überlegung war es gewesen, dass der „prächtige Georgier"[4], wie er ihn bald nannte, die Erfahrungen aus der kaukasischen Nationalitätenvielfalt mit den sich ihm bietenden Eindrücken in der Hauptstadt des Vielvölkerstaates verglich und daraus eine für die Umsetzung der eigenen Lehre verwendbare Untersuchung machte. Das Ergebnis, die vierzigseitige Schrift *Der Marxismus und die nationale Frage*, wurde in der späteren Parteihistorie immer wieder als Stalins Entrebillet in die Gesellschaft gelehrter Menschen gefeiert. Umstritten ist allerdings, was von ihm selbst stammt. Bucharin ging ihm zur Hand, wo er nur konnte, übersetzte, recherchierte und formulierte wohl auch. Die zentralen inhaltlichen Thesen indes sind diejenigen Lenins. Darauf deutet die in der Analyse unterbreitete Lösung hin, allen nicht russischen Völkern die nationale Selbstbestimmung bei regionaler Autonomie und kultureller Eigenständigkeit, aber ohne einen eigenen territorial abgegrenzten Nationalstaat zu geben.

Im Februar 1913 kehrte Koba-Stalin nach St. Petersburg zurück, um die Arbeit der *Prawda* wieder auf Vordermann zu bringen. Dort wurde er, nur wenige Tage nach seiner Rückkehr und wahrscheinlich wieder von Roman Malinowski, verraten und verhaftet. Schon in der Falle, versuchten Freunde, ihn im Damenmantel hinauszuschmuggeln, aber die *Ochrana* war perfekt informiert. Nach vier Monaten Haft erfolgte die Verbannung nach Nordsibirien, in die Region Turuchansk. Lenin beauftragte die inoffizielle ‚Nummer Drei' der Partei, die Flucht zu organisieren und „Wassili" zu befreien. Diese ‚Nummer Drei' war Roman Malinowski. Er veranlasste, dass Stalin nunmehr rund um die Uhr bewacht und, um völlig sicher zu gehen, ein Jahr später in die Einödsiedlung Kureika am Unterlauf des Jenissei jenseits der Taiga, nördlich des Polarkreises, in die kärglichste Tundra verschleppt wurde. Von dort gab es kein Zurück durch Flucht, wie es ihm vorher durchweg gelungen war.

Zeugnisse aus dieser Zeit gibt es nur wenige. Bekannt sind einige Briefe, so an Olga Allilujewa, die ihm geholfen, ihn versteckt und für ihn Pässe gefälscht hatte, mit der Bitte, ihm außer ein paar bunten Postkarten nichts zu schicken, keine Lebensmittel, keine Kleidung und kein Geld, er brauche nichts. Und er schrieb auch an Lenin, voll ungebrochenem Hass auf die Menschewisten: „Hoffentlich erleben wir bald die Freude, dass eine Zeitung erscheint, wo man diesen Leuten nach Herzenslust ins Gesicht schlägt, unaufhörlich (...)"[5]

Die Ermordung des österreichischen Thronfolgers Franz Ferdinand am 28. Februar 1914 in Sarajewo hatte Auswirkungen bis ins ferne Kureika. Russland zog auf der Seite Serbiens in den Ersten Weltkrieg. Nach zwei Jahren waren die Kräfte dieser Allianz so ausgelaugt, dass Zar Nikolaus II. die Rekrutierung selbst der unsichersten Kantonisten aus den Gefangenenlagern verfügen ließ. Diesem Umstand verdankte Stalin-Koba den Abbruch seiner Verbannung. Auf Hundeschlitten wurde er im Dezember 1916 vor die Musterungskommission nach Krasnojarsk in Südsibirien gebracht. Doch die Ärzte sahen seinen verkrüppelten Arm und winkten ab. Der Weg zurück lohnte nicht, der Rest der Strafe wurde ihm erlassen. Auf geheimen Kanälen sickerte immer deutlichere Kunde von Proteststürmen in Petersburg (Petrograd) durch – die Stadt hatte bei Kriegsausbruch das „Sankt" aus ihrem Namen gestrichen – und im März 1917 war Stalin-Koba vor Ort.

Der Chefredakteur

Was als Russische Revolution in die Weltgeschichte eingegangen ist, war eine über das Jahr 1917 verteilte Abfolge sich ständig steigernder Spannungen und Konfrontationen auf allen Ebenen des morschen und morbiden Zarenreiches, die durch die Abnutzung der Truppen an der Front und das Aushungern der Zivilbevölkerung im Land ihre besondere, weltkriegsbedingte Aufladung erfuhr und die mit der Explosion Ende Oktober in einen radikalen politischen und gesellschaftlichen Umbruch einmündete. Von da an sahen sich für die Spanne eines ganzen Menschenalters exakt diejenigen an die Macht katapultiert, die zum Prozess der Niederringung des alten Regimes wenig beigetragen, ja ihn eher in der Rolle der Zaungäste verdeckt und – im wahrsten Sinne des Wortes – versteckt verfolgt hatten, nämlich die Bolschewisten.

Der Sturz des Zaren

Dabei war und ging es beileibe nicht nur um eine einfache Konfrontation zwischen Zar und Volk. Im Laufe des 19. Jahrhunderts hatte sich ein breites Spektrum aus liberal gesonnenem Bürgertum, progressiver Intelligenz, protestierenden Bauern, monarchiekritischen Offizieren sowie, wenn auch nur in den Großstädten Moskau und Petrograd, ein Industriearbeiterproletariat herausgebildet, die allesamt nach einem politischen Sprachrohr und nach Organisationsformen suchten, um ihre Rechte und Interessen einzufordern und dem Zustand absolutistischer Realentmündigung ein Ende zu bereiten. Ein zwar erst bruchstückhaft, aber dennoch vorhandenes System aus Parteien und parteiähnlichen Gruppierungen kann als Antwort auf diese Entwicklung angesehen werden. Es reichte von den Befürwortern einer behutsam reformierten konstitutionellen Monarchie über Orientierungen auf eine bürgerlich-parlamentarische Demokratie, vor allem der gemäßigten Sozialrevolutionäre, bis zu den konsequenten Agrarsozialisten und der faktisch in Menschewisten und Bolschewisten zerfallenen Sozialdemokratischen Arbeiterpartei, in der die Proklamation der Diktatur des Proletariats alles andere als eine unumstrittene Forderung war.

Hinzu kamen weitere Faktoren, die die lange Zeit unangetastete zaristische Obrigkeit bei der Bevölkerung immer mehr in Frage stellten. Hier ist die moralische Verfassung des Hofes, konkret die Ehe des Herrscherpaares, anzuführen. Nikolaus II., ein gleichermaßen schwacher wie entscheidungsschwacher Mann, hatte die deutsche Fürstentochter Alice von Hessen geheiratet, die sich fortan Alexandra nannte. Die amtierende Zarin stammte mithin aus einem Land, mit dem Russland sich seit 1914 in einem erbitterten Krieg befand. Alexandra galt als herrschsüchtig. Als sie nach mehreren Töchtern endlich den lang ersehnten Thronfolger, den „Zarewitsch", geboren hatte, verhätschelte und vergötterte sie das Kind, und dies umso mehr, nachdem sich herausstellte, dass es an der Bluterkrankheit litt. Das Leiden des Jungen ermöglichte es dem ehemaligen Mönch, Wunderheiler und Scharlatan Gregor Rasputin, sich bei Hof einzuschleichen und das Vertrauen der Zarin zu gewinnen. 1917 zog er schon über ein Jahrzehnt die Fäden in Petersburg und war zu einer festen Größe im Intrigengeflecht der Hauptstadt geworden. Längst beschränkte er seine Aktivitäten nicht mehr auf die medizinische Betreuung des beklagenswerten Kleinen, sondern mischte kräftig auch in den Händeln der großen Politik mit. Mehrere Entlassungen reformfreudiger Minister gehen auf sein Konto.

Viel massenwirksamer und bis in die entlegenste sibirische, kaukasische und karelische Dorfkneipe belacht und beklatscht war aber sein angebliches oder tatsächliches Verhältnis mit der Zarin, für das es immerhin einen Anhaltspunkt in den Aussagen von Nikolaus II. gibt, der auf dem Höhepunkt der Affäre äußerte: „Besser ein Rasputin in der Nacht als zehn ihrer hysterischen Anfälle jeden Tag."[1] Bald wurde dem zu einem wahren Potenzgiganten hochstilisierten Wandermönch eine derartige Suggestivkraft auf die Frau aus dem hessischen Adel zugeschrieben, dass einflussreiche Kreise in dem bizarren Paar die Protagonisten eines antirussischen Komplotts mit dem Kriegsgegner zu entdecken glaubten. Als die Vierte und letzte Duma am 1. November 1916 zusammentrat, hielt der liberale Abgeordnete Miljukow eine Rede, die zur gnadenlosen Abrechnung mit dem *ancien régime* wurde. Nach jedem Fehler, den er der Politik des Zaren anlastete, stellte er die rhetorische Frage: „Ist es Dummheit, oder ist es Verrat?"[2] Rasputin wurde wenige Wochen später von einem Konservativen ermordet, sodass er auf die sich zuspitzende Entwicklung des Folgejahres keinen Einfluss mehr nehmen konnte, aber die Ohnmacht und die Schande des Hofes wirkten noch lange nach.

Autoritätsverfall, Protestkundgebungen, wilde Streiks, Versorgungsengpässe, galoppierende Geldentwertung, Schwarzmärkte, Diebstahl, Plünderungen, Anarchie, Chaos, Hunger und Gewalt bestimmten zusehends das Alltagsleben, nicht nur in der Zwei-Millionen-Metropole Petersburg, sondern bald auch im ganzen Reich. Es waren Frauen, die das Signal zum Losschlagen gaben, und es waren Frauen, die ein Blutbad verhinderten. Der schon damals bei den höheren Herren wenig geliebte Internationale Frauentag fiel in Russland, in dem noch der Julianische Kalender galt, auf den 23. Februar 1917. Versammlungen waren nicht erwünscht. Trotzdem gingen in Wyborg, einer Richtung Finnland gelegenen Nachbarstadt von Petersburg, völlig erschöpfte Textilarbeiterinnen auf die Straße und verlangten Brot. Der Protestzug schwoll an und marschierte Richtung Innenstadt. Noch gelang es den aus Kosaken gebildeten Eliteeinheiten der Polizei, den Auflauf zu zerstreuen, aber am nächsten Tag waren bereits über 200.000 Menschen im Ausstand und am dritten Tag wurde der Generalstreik ausgerufen. Diesmal schafften sie den Durchbruch zum Newski Prospekt, der Repräsentations- und Flaniermeile von Petersburg.

Der im Armeehauptquartier hinter den Frontstellungen weilende Zar hatte inzwischen dem Militärkommandanten der Stadt den Befehl erteilt, von der Schusswaffe Gebrauch zu machen. Staat und Gegengewalt, alte und neue Ordnung marschierten aufeinander zu. Da löste sich aus dem Zug eine Demonstrantin und überreichte dem vordersten Kosakenoffizier einen Strauß roter Rosen, den dieser verlegen lächelnd entgegennahm. Das Beispiel machte Schule. In der irrigen Annahme, die Situation wieder im Griff zu haben, veranlasste die örtliche Militärführung den Zaren zu einem verhängnisvollen Schritt: Am Abend des 26. Februar ließ Nikolaus II. die Vierte Duma auflösen. Spontane, wütende Proteste und der Sturm auf das Winterpalais, den Sitz des zaristischen Ministerkabinetts, waren die Antwort. 67.000 Soldaten desertierten unmittelbar nach dem Bekanntwerden der Nachricht. Die alte Regierung erklärte geschlossen ihren Rücktritt, und am 2. März zwang die Duma den Zaren zur Abdankung. Die 300-jährige Romanow-Dynastie und die über 100-jährige russische Monarchie verschwanden sang- und klanglos in der Versenkung. Russland wurde Republik.

Der Weg zur Oktoberrevolution

Aus dem Machtvakuum kristallisierten sich bald zwei Herrschaftszentren heraus, die von Anfang an miteinander rivalisierten: die bürgerliche provisorische Regierung des Sozialrevolutionärs Alexander Kerenski, zunächst nur einfacher Minister, bald aber ihre Führungsfigur, und der Petersburger Arbeiter- und Soldatenrat, der legendäre Petrograder Sowjet. Dieser übernahm sofort das Kommando im öffentlichen Leben, in der Verwaltung und in den Fabriken, wohingegen die provisorische Regierung erst für den Herbst das Einberufen einer Verfassunggebenden Versammlung ankündigte, ein fataler Schritt. Immerhin aber legte sie schon am 6. März ein Programm vor, in dem alle Grund- und Menschenrechte sowie die Koalitions-, Versammlungs- und Pressefreiheit garantiert wurden. Es wurde umgehend Gesetz. In weiteren Dekreten wurde jede Diskriminierung aus ständischen, ethnisch-nationalen und religiösen Gründen aufgehoben, mithin die bisherige Russifizierungspolitik beendet und die Emanzipation der Juden garantiert, der Strafvollzug mit der Peitsche verboten und am 12. März die Todesstrafe abgeschafft. Ziel war eine freie, demokratische Gesellschaft. Aus Untertanen unter der Zarenknute sollten mündige, souveräne Bürger werden. Die Ideen der westlichen Demokratien schienen unaufhaltsam in den Osten hinüberzuwachsen – zunächst freilich nur auf dem Papier. Die Wirklichkeit sah anders aus. Ausschlaggebend war und blieb, wofür sich die Soldaten entschieden. Was würden die Generäle tun, wenn ihnen die Männer davonliefen, zum Feind als dem neuen Verbündeten? Sollte man weichen oder weiterkämpfen, waren Krieg oder Frieden das Gebot der Stunde?

Zu den Parolen, die die Frauen von Wyborg am Morgen des 23. Februar skandierten, hatte auch ein „Nieder mit den Waffen" gehört. Kerenskis erklärtes Ziel hingegen war die Erhaltung der Kampfkraft des Landes, während der Petrograder Sowjet als erste internationale Erklärung der Februarrevolution die „Völker der Welt" am 14. März zu einem „Frieden ohne Annexionen und Kontributionen" aufrief. Das klang zwar radikal, beinhaltete aber beileibe keine sofortige Waffenruhe und ließ Raum zur Fortführung des Krieges. Bis ins Frühjahr hinein hielten sich die Desertionen noch in Grenzen, dann aber gingen die Mannschaftsdienstgrade bataillons-, divisions- und regimentsweise von der Fahne, sodass die Armee am Vorabend der Oktoberrevolution als geschlossene Einheit praktisch aufgehört hatte zu existieren. Vom April bis in den Herbst hinein entfernten sich eine Million Soldaten eigenmächtig von der Truppe. Verbrüderungen mit den Deutschen waren an der Tagesordnung, andere blieben in den Wäldern und bildeten marodierende Banden. Vom Sommer 1917 an kam es zu Befehlsverweigerungen von Offizieren und Heeresführern gegenüber der Provisorischen Regierung, aber auch dem Sowjet gegenüber, weil dieser das Kerenski-Regime in der Kriegsfrage mittrug. Den linken Agitatoren war damit das Feld bereitet, und es ist kein Wunder, dass der Desintegrationsprozess der Armee parallel lief mit dem rasanten Aufstieg einer Gruppierung, die bisher kaum in Erscheinung getreten war, sondern sich geschickt und verdeckt im Hintergrund gehalten hatte: den Bolschewisten. Sie schickten sich jetzt an, vom Trittbrett ans Steuer der Geschichte zu springen.

Stalin war am 12. März nach Petersburg zurückgekehrt, als unbekannter und selbst in Parteikreisen noch weitgehend unbedeutender Mann. Das Zentralkomitee hatte schon seit 1912 in der Stadt ein so genanntes Russisches Büro eingerichtet, das auch die Pressearbeit erledigte. An seiner Spitze stand der gerade 27-jährige Wjatscheslaw Molotow, der die Kriegsverlängerung der provisorischen Regierung scharf verurteilte und Kerenski als „Vaterlandsverteidiger"[3] brandmarkte. Der junge Heißsporn verlangte die sofortige Errichtung der Diktatur des Proletariats, mit ideologischer Schützenhilfe des ‚Meisters' Lenin aus der Ferne. Gegen Stalin mauerten die Mitglieder des Büros „angesichts gewisser persönlicher Eigenschaften"[4], die diesem nachgesagt wurden, von Anfang an; doch der brauchte nur drei Tage, um Molotow abzusetzen, dessen Position und damit praktisch auch die Chefredaktion der

Prawda zu übernehmen und als bolschewistisches Mitglied in den Petrograder Sowjet delegiert zu werden – ein Parforceritt aus dem sibirischen Eis in den Brennpunkt des Geschehens. Allerdings sprach er sich gegen Lenins Rat aus dem Schweizer Exil für die Positionen der Menschewisten aus, die im Sowjet die Mehrheit hatten, ja er unterstützte sogar die provisorische Regierung. Abwarten hieß das Gebot der Stunde, damit auch die ‚unsicheren' Bevölkerungsschichten bis tief hinein ins Kleinbürgertum gewonnen werden konnten. Lenins Briefe fanden sich in der *Prawda* nur verkürzt, verstümmelt oder verfälscht abgedruckt, einige wurden sogar regelrecht unterschlagen. Der ‚Lehrling' begehrte auf. Als im Russischen Büro ein Telegramm aus der Schweiz mit dem Gebot einging, dass es zu „keinerlei Annäherung mit irgendeiner Partei"[5] kommen dürfe, schlug Stalin demonstrativ die Vereinigung aller Sozialisten vor. Und tatsächlich begannen hierfür auch schon die ersten Verhandlungen. War Russland auf dem Weg zur zwar sozialistischen, aber immerhin parlamentarischen Republik?

In diesem Moment kam Lenin ein ungewöhnlicher Verbündeter in Berlin zu Hilfe. „Wir, Wilhelm, von Gottes Gnaden", wie die Hohenzollern auf dem deutschen Kaiserthron alle ihre Erlasse einleiteten, arrangierte und bezahlte ihm die Passage in einem plombierten Eisenbahnwaggon erster Klasse aus der Schweiz durch das Reichsgebiet ins heimatliche Petersburg. Reichskanzler, Oberste Heeresleitung und Auswärtiges Amt an der Spree sowie etliche deutsche Botschafter arbeiteten zusammen, damit der Berufsrevolutionär, mit 15 Millionen Goldmark ausgestattet, auch dahin kam, wo er hinkommen sollte. Der bolschewistische Umsturz würde scheitern, da war sich Wilhelm II. sicher, wichtig waren einzig und allein der propagierte sofortige Friedensschluss mit Deutschland und der Fortfall der Ostfront, um dann alle Reserven in die letzte Offensive gegen Frankreich zu werfen.

Am 3. April traf Lenin auf dem Finnischen Bahnhof in Petersburg ein. Abgesandte des Sowjet begrüßten ihn mit angemessenem Zeremoniell, nur Stalin war nicht anwesend. Er hatte mit den „Vereinigungsgesprächen" zu tun. In fiebriger Hast brachte der Heimkehrer zehn Punkte, die so genannten „Aprilthesen", den Fahrplan zur bolschewistischen Machtergreifung, zu Papier. Während ein paar Straßen weiter die Revision der Spaltung in Menschewisten und Bolschewisten von 1912 kurz vor dem Abschluss stand, ermutigte Lenin die Armee, sich mit den proletarischen Kräften der Deutschen zu verbrüdern. Für die eigene Organisation forderte er, um die Trennung endgültig zu machen, einen neuen Namen, nämlich „Kommunistische Partei", denn „die Mehrzahl der offiziellen Sozialdemokraten hat den Sozialismus verraten und verkauft".[6] Als die Thesen vier Tage später in der *Prawda* abgedruckt wurden, hieß es in einer redaktionellen Anmerkung, dass sie lediglich die „persönliche Meinung"[7] (!) Lenins darstellten. Verantwortlich für diese Notiz war der Chefredakteur Stalin alias Koba.

Nach weiteren vier Tagen, je mehr sich Lenins demagogisches und ideologisches Talent entfaltete, schwenkte der Georgier wieder um, hielt sich im Hintergrund und tauchte zunächst völlig ab – ein Taktiker und ein Opportunist. In seiner Proklamation zum 1. Mai 1917 sprach er bereits wieder davon, „dass unter dem Donnergrollen der Russischen Revolution sich auch die Arbeiter des Westens aus ihrem Schlaf erheben"[8] werden, und kurz zuvor, auf dem ersten Allrussischen Kongress der Bolschewisten, war er – auf Vorschlag Lenins – ins neue Zentralkomitee gewählt worden.

Übergreifendes Thema der Konferenz war die Nationalitätenfrage. Obwohl ihm an der Einheit Russlands gelegen war, trat Stalin erneut für das Recht der Finnen, Polen, Ukrainer und der kaukasischen Völker ein, sich abzutrennen und ihr Selbstbestimmungsrecht zu reklamieren. Mehr als aufschlussreich ist aber die Begründung, die ihn zu dieser Konzession veranlasst hatte, weil sie gleichzeitig eine Antwort auf die viel gestellte Frage gibt, ob oder wann sich der Georgier Koba in den Russen Stalin verwandelt hat. Weit wichtiger als nationale Über- oder Unterordnungen, so seine Argumentation, sei die straff und kategorisch auf eine Kommandozentrale ausgerichtete Organisation der Bolschewisten, die im auseinander brechenden Zarenreich überall, in Industrie, Verkehrswesen, Armee und Verwaltung, vor allem aber in den sich jetzt allenthalben bildenden Arbeiter- und Soldatenräten, den Sowjets, in die entscheidenden Positionen gebracht werden müssten. Konkret: Polen könnte unabhängig sein, Hauptsache, es würde von Bolschewisten regiert. Der Mann, der ideologisch eben noch so wankelmütig war, erwies sich inzwischen als absolut linientreu. Denn was er hier vertrat, das Prinzip des so genannten proletarischen Internationalismus, ist ein Grundbaustein der Leninschen Lehre. Stalins eigentliche Identität war nicht georgisch oder russisch, sondern bolschewistisch.

Die Wirklichkeit allerdings hinkte gegenüber dem hier erhobenen Herrschaftsanspruch der Bolschewisten merklich hinterher. Als Anfang Juni der erste Allrussische Sowjetkongress zusammentrat, stellten die Sozialrevolutionäre 285, die Menschewisten 248 und die Bolschewisten ganze 105 Delegierte, und als Lenin provozierend ausrief, dass seine Organisation „jede Minute bereit (sei), die alleinige Macht zu übernehmen"[9], erntete er nur Gelächter. Doch Hohn und Spott waren ihm gute Lehrmeister. Rasch erkannte er, dass die revolutionäre Machtübernahme nur dann gelingen könne, wenn die Bolschewisten in den Arbeiter- und Soldatenräten auch formell die Mehrheit erringen und zum dominierenden Faktor werden würden. Ihr nunmehr einsetzender aggressiver Propagandafeldzug in Fabriken und Kasernenhöfen stürzte die Hauptstadt, und zwar alle politischen Lager von den Ultralinken über die Gemäßigten und Bürgerlich-Liberalen bis hin zu den Konterrevolutionären, Militärs und Monarchisten, in eine nur schwer zu entzerrende Abfolge aus Irrungen und Wirrungen, deren einzelne Stationen (auch innerhalb der Gruppierungen) unzählige Widersprüche und schier paradoxe Zuspitzungen zeitigten. Dies galt nicht zuletzt und ganz besonders für die Partei Lenins.

Noch während des laufenden Sowjetkongresses wurden die Arbeiter durch Flugblätter zum Protest gegen die „Konterrevolution" aufgewiegelt. Der Petersburger Arbeiter- und Soldatenrat, nach wie vor mit menschewistischer Mehrheit, bekniete das Zentralkomitee der Bolschewisten, den Aufmarsch abzublasen, und Lenin gab nach. Mehr noch, er erteilte sogar ein ‚offizielles' Demonstrationsverbot. Aber es war zu spät. Anfang Juli verwandelten über eine Million Menschen Petersburg de facto in eine belagerte Stadt. Die Massenbasis war da, doch Lenin schlug nicht los. Ihm war nicht entgangen, dass auffallend viele Soldaten in ihren Kasernen geblieben oder sich sogar offen auf die Seite der provisorischen Regierung geschlagen hatten, in der Kerenski, gerade die Ämter des Ministerpräsidenten sowie des Kriegs- und Marineministers auf sich vereinigend, zum Gegenschlag ausholte. Er verordnete eine Offensive an der Front und streute gleichzeitig Gerüchte, dass Lenin ein Agent im Sold der Deutschen sei. Natürlich war dies barer Unsinn, immerhin aber konnte nachgewiesen werden, dass das kaiserliche Deutschland dem Berufsrevolutionär nicht nur die kostenfreie Passage durch halb Europa ermöglicht, sondern ihn zur Erfüllung seiner historischen Mission gleichzeitig auch noch mit beträchtlichen Finanzmitteln ausgestattet hatte. In der Tat blieb die ‚Aufklärungsaktion' nicht ohne Folgen, von denen der vorübergehende Stillstand des bolschewistischen Zulaufs in der Armee nur eine war.

Unverändert wirksam war der Druck der Straße. In Petersburg dachte kein Mensch daran, nach Hause zu gehen. Am 2. Juli verlangte wieder eine Soldatendelegation vor dem Hauptquartier der Bolschewisten den Befehl zum Losschlagen. Parteiredner, die das Demonstrationsverbot erneuerten, wurden niedergeschrieen. Gegen Abend stieß die Maschinengewehreinheit der berühmten Matrosen aus Kronstadt, einem Vorort von Petersburg, zu den bereits Versammelten. Überall wurden jetzt Uniformen und Waffen gesichtet, die Situation verschärfte sich, die Revolution lag förmlich in der Luft. Was die Kronstadter verlangten, hallte bald als zentrale Forderung durch die Nacht: der Petrograder Sowjet sollte die provisorische Regierung absetzen und selbst die Regierungsgewalt übernehmen. Genau das und nichts anderes hatte Lenin mit seinem „Alle Macht den Sowjets" ja seit Wochen proklamiert.

Trotzdem wurde die Menge besänftigt, umdirigiert und ins Leere geschoben. Sollten sie doch hinübermarschieren zum Taurischen Palais, wo der Sowjet tagte, und ihm dies direkt unterbreiten. Unter den Klängen der Marseillaise zogen die Demonstranten zum Palais und belagerten es die ganze Nacht, doch aus dem Gebäude kam keine Reaktion. Die Kronstadter Matrosen verschanzten sich daraufhin in der Peter-Pauls-Festung auf einer Insel mitten in der Newa, die durch Petersburg fließt. Die Fronten waren festgefahren, hier und da kam es zu den ersten blutigen Scharmützeln.

Kerenski verstand sofort, dass die Nacht vor dem Taurischen Palais die Generalprobe für die bolschewistische Revolution war. Das leiseste Signal aus dem Rat an die Aufständischen da draußen hätte ausgereicht, und der nicht mehr zu löschende Flächenbrand wäre entfacht worden. Offensichtlich aber hatte sich die Fraktion Lenins nicht durchsetzen können und hatte notgedrungen klein beigeben müssen. Schnelles und konsequentes Zurückschlagen von Seiten der provisorischen

Regierung war jetzt dringend geboten. Kerenski bewertete das Ganze offiziell als Putschversuch, ließ die Parteizentrale der Bolschewisten von Regierungstruppen erstürmen, die Redaktionsräume der *Prawda* besetzen, die Führungsmitglieder verhaften und die Partei verbieten.

Es war die Stunde Stalins, dieses in der Breite der Bevölkerung noch praktisch unbekannten und als unbelastet geltenden Mannes, der als einziges Mitglied des Zentralkomitees ungeschoren davonkam. Eilig brachte er Lenin erst bei der Familie Allilujew unter und dann, am 11. Juli, nach Finnland, keine hundert Tage, nachdem dieser den heimatlichen Boden wieder betreten hatte. Illegalität und Untergrund, die Kampfbedingungen, unter denen man sich erneut befand, sein alterprobtes Tummelfeld, machten Stalin zum zwar nicht formellen, aber faktischen Parteiführer, der sich nach außen hin erneut durch Mäßigung und Besonnenheit auszeichnete.

Stalin war es auch, der die Kronstadter Matrosen in der Peter-Pauls-Festung zum Aufgeben überredete, ihnen gleichwohl aber weitere Unterstützung zusicherte. Als Lenins erste Brandbriefe in Petersburg mit der Forderung eingingen, nicht mehr auf die Mehrheit in den Sowjets zu warten und sofort alle Kräfte für den „bewaffneten Aufstand"[10] zu mobilisieren, ließ er dies im Organ der ‚Kronstadter' abdrucken, nachdem er zuvor genau diesen Passus in „entschlossenen Kampf"[11] umgeändert hatte.

Ende Juli gelang es Stalin, einen halb legalen, halb illegalen Parteitag auf die Beine zu stellen, der über die weitere Marschroute befinden sollte. Als sich ein Streit darüber entspann, ob der sozialistische Gesellschaftsumbau in Russland nur dann gelingen könne, wenn der revolutionäre Funke auch in Westeuropa zündet, formulierte Stalin:

> „Die Möglichkeit ist nicht auszuschließen, dass gerade Russland das Land sein wird, das den Weg zum Sozialismus ebnet (…) Wir halten nichts von der überholten Auffassung, dass uns nur Europa den Weg weisen könnte. Es gibt einen dogmatischen und einen schöpferischen Marxismus. Ich stehe auf dem Boden des Letzteren."[12]

Ausführlich wurde auf der Konferenz diskutiert, wie mit den Räten umzugehen sei, die sich nicht zu Werkzeugen der Bolschewisten machen lassen wollten. Die Nacht vor dem Taurischen Palais steckte noch allen in den Knochen. Es war wohl schon mehr als eine Ironie des Schicksals, dass ausgerechnet Stalin die Rolle zukam, auf der Versammlung genau den Mann in die Partei zu integrieren und als Verbindungsglied zum Petrograder Sowjet aufzubauen, mit dem er sich die parteipolitische Schlacht seines Lebens liefern sollte, nämlich Leo Trotzki.

Trotzki war Anfang Mai aus dem amerikanischen Exil zurückgekehrt, hatte in nächtelangen Diskussionen mit Lenin seine Theorie von der permanenten Revolution mit dessen Vorstellungen zur Errichtung der Diktatur des Proletariats auf Linie gebracht, war daraufhin vom Menschewisten zum Bolschewisten konvertiert, in die Partei eingetreten und sofort verhaftet worden. In einem kometenhaften Aufstieg wurde er schon auf dem Juli-Kongress – in Abwesenheit – förmliches Mitglied des Zentralkomitees und keine zwei Monate später Vorsitzender des Petersburger Arbeiter- und Soldatenrats. Die Aversion gegenüber Stalin, die vor Jahren im Schachzimmer eines Wiener Caféhauses schon einmal aufgeblitzt war, blieb zwar noch unter der Decke, immerhin aber urteilte Trotzki:

> „Stalin ist von Natur aus faul. Wenn nicht seine persönlichen Interessen direkt im Spiel sind, ist er unfähig, mit Volldampf zu arbeiten. Er zieht es dann vor, seine Pfeife zu rauchen und seine Zeit abzuwarten."[13]

Unumwunden lobte er allerdings Stalins Leistung ‚im Apparat', und schon früh durchschaute er auch, dass dessen Faulheit nicht auf Bequemlichkeit, sondern auf Berechnung beruhte: eine Erkenntnis, die sich in den Tagen des Oktoberumsturzes als nur zu richtig erweisen sollte.

Alexander Kerenski und die provisorische Regierung gingen währenddessen in ihr letztes Gefecht. Die groß propagierte Militäroffensive gegen die Deutschen war schon am dritten Tag in den Gräben stecken geblieben. Entlastung sollte die Ernennung des Generals Kornilow zum neuen Obersten Befehlshaber bringen, der durch seinen Einsatz maßgeblich zum Erfolg der Februarrevolution beigetragen hatte. Bürgerliche und Liberale, deren Einfluss von Tag zu Tag zurückging, begrüßten ihn mit den Worten „Retten Sie Russland, und ein dankbares Volk wird Sie krönen!"[14], und als Riga am 21. August in die Hand der Deutschen fiel, ertönte allenthalben der Ruf nach dem starken Mann. Aus einer

Verkettung von Missverständnissen heraus, die bis hin zu banalsten Übermittlungsfehlern reichten, glaubte Kornilow sich im Einverständnis mit Kerenski bei der Vorbereitung eines Staatsstreichs, der in eine Militärdiktatur einmünden sollte. Am 26. August enthob Kerenski den General seines Amtes. Dieser verweigerte dem Ministerpräsidenten den Gehorsam und gab Befehl zum Marsch auf Petersburg. Kerenski griff zum Äußersten und bat die Bolschewisten – eine von ihm verbotene Organisation – um Beistand. Sie setzten sich mit den Kronstadter Matrosen, ihrem militantesten Arm in der Hauptstadt, in Verbindung und konsultierten Trotzki im Gefängnis. Er gab den ‚Kronstadtern' den Rat, zunächst Kornilow und dann Kerenski zu erledigen, aber nicht beide gleichzeitig. Sofort wurden die Truppen gestoppt und der General mit seinem Stab verhaftet. Kerenski ernannte sich selbst zum Oberbefehlshaber, rief Russland jetzt auch formell zur Republik aus und wähnte sich auf dem Höhepunkt der Macht. Ein großer Teil der Linken war verhaftet, die Rechten besiegt, die Bürgerlichen ausgebootet und mit den Gemäßigten bildete er die Regierung. In Wirklichkeit hatte er sich mit dem Hilferuf an die Bolschewisten selbst besiegt. Die Partei Lenins stand ‚ante portas'.

Kerenskis letztes Gefecht fiel in die Zeit, in der alle Welt, insbesondere aber das nachzaristische Russland, auf zwei Großereignisse wartete, nämlich auf den zweiten Allrussischen Sowjetkongress und, noch gespannter, auf die Verfassunggebende Versammlung. Die Demokratische Konferenz und der Demokratische Rat, das so genannte Vorparlament, Mitte September und Anfang Oktober einberufen, waren als Vorstufen zu der Verfassunggebenden Versammlung konzipiert. Der Rat, in dem sich alle gesellschaftlichen Gruppierungen und Schichten repräsentiert fanden, sollte ein Gegengewicht zu der sich zusehends nach links verlagernden Machtzusammenballung sein. Die Bolschewisten, vertreten durch den gerade erst wieder freigelassenen Trotzki, führten sich in ihm schon auf wie die Herren im Haus. Zudem wurden jetzt überall aus dem Land Wahlergebnisse gemeldet, die einem politischen Erdrutsch gleichkamen.

Als zum Beispiel am 24. September die Moskauer Stadtbezirksräte neu bestimmt wurden, sackten die Sozialdemokraten von 56,2 auf 14,4 Prozent der Stimmen ab, die Menschewisten von 12,6 auf 4,1 Prozent, und die Bolschewisten schossen von 11,5 auf 50,9 Prozent empor. Einen Tag später sah sich Trotzki zum Vorsitzenden des Petrograder Sowjet ernannt, nachdem seine Partei dort die Mehrheit der Sitze errungen hatte. In dieser Situation meldete sich Lenin aus dem Exil und forderte in zwei Briefen vom 12. und 14. September die bedingungslose, brachiale Machtübernahme. Ein Ansinnen, mit dem er bei seinen eigenen Leuten auf Ablehnung stieß. Entgegen späterer Geschichtsschreibung waren die Bolschewisten in dieser Frage praktisch bis zum Schluss tief gespalten. Auf einer eilends einberufenen Sitzung des Zentralkomitees fand sich kein einziger, der sich mit Lenins Forderung einverstanden erklärt hätte. Sechs Mitglieder stimmten sogar dafür, die Briefe des ‚Meisters' schlicht und einfach zu verbrennen. Die Mehrheit favorisierte immer noch ein friedliches, legales und parlamentarisches Hinüberwachsen in die andere Welt. Lenin, dem dies nicht verborgen geblieben war, bombardierte die Seinen mit einer wahren Flut von Artikeln, Briefen und Schreiben, die alle in dem Aufschrei gipfelten, dass der jetzige historische Moment nie wiederkommen würde. Um zu demonstrieren, dass es ihm damit ernst war, trat er formell vom Parteivorsitz zurück, verließ sein finnisches Versteck und nahm in Wyborg Quartier, dort, wo im Februar alles angefangen hatte. Eine neuerliche Zentralkomitee-Sitzung am 10. Oktober brachte die Entscheidung. An ihr nahm ein seltsamer Gast teil, ein Mann mit Perücke, dicker Hornbrille und abrasiertem Bart: Wladimir Iljitsch Lenin, der furchtlose Revolutionseinpeitscher, der zum ersten Mal seit dem Juli wieder illegal auf russischem Boden war. Seine Anwesenheit und seine Ausführungen brachten den Umschwung: Zehn der zwölf Stimmberechtigten votierten für den bewaffneten Aufstand, der auf den 20. Oktober festgelegt wurde, den Tag, an dem der zweite gesamtrussische Sowjetkongress zusammentreten sollte. Außerdem fasste man einen Beschluss von ungeahnter Tragweite. Auf Vorschlag von Felix Dserschinski wurde die Einrichtung eines „politischen Büros" beschlossen, das „in der nächsten Zeit"[15] die Führung übernehmen sollte. Diese „nächste Zeit" dauerte bis zum 31. Dezember des Jahres 1991, als aus dem „politischen Büro" längst das allmächtige Politbüro geworden war.

Am 7. Oktober hatten die bolschewistischen Vertreter das Vorparlament verlassen. Am 13. Oktober setzte ein von allen Sowjets gebildeter

Ausschuss das so genannte Militärrevolutionäre Komitee ein, dessen Vorsitz qua Amt dem Präsidenten des Petersburger Arbeiter- und Soldatenrates zustand. Damit war Trotzki der Mann der Stunde. Das Komitee, anfangs durchaus noch überparteilich zusammengesetzt, avancierte zur Kommandozentrale der Machtergreifung im Mantel scheindemokratischer Legalität. Von der Front sickerten Nachrichten durch, dass die Deutschen auf Petersburg marschierten. Der Fall der Hauptstadt wäre gleichbedeutend gewesen mit einem Rückfall in die Zeit vor Peter dem Großen, hin zu einem Russland ohne Tor zur Ostsee. Spätestens jetzt wurde klar, dass militärische und politische Gewalt binnen kurzem zusammenfallen würden. Als das Komitee begann, die Regimentskommandeure durch ihm genehme Offiziere abzulösen und diesen die Order gab, nur seinen Anweisungen zu folgen, war die Schlacht im Grunde genommen schon geschlagen, bevor auch nur ein einziger Schuss gefallen war. Truppen des Sowjets eroberten die Peter-Pauls-Festung, das strategische Herz der Stadt. In den frühen Morgenstunden des 24. Oktober kündigte Kerenski die Verhaftung des Militärkomitees an, rang sich aber nur zu einer erneuten Schließung der *Prawda* durch. Immer noch kam von der bolschewistischen Führung kein Signal, doch für Lenin gab es nun kein Halten mehr. Eigenmächtig, und zwar mit der Straßenbahn, begab er sich zum Petrograder Sowjet, dem Schauplatz der Weltrevolution. Wenig später ließ Trotzki den Nikolai-Bahnhof mit der Linie nach Moskau, den Warschauer Bahnhof, die Staatsbank, das Elektrizitätswerk, die Post sowie alle wichtigen Brücken und Plätze der Stadt besetzen. Auf der Newa richtete der Panzerkreuzer Aurora seine Kanonenrohre in Richtung Winterpalast, dem Sitz der provisorischen Regierung. Noch bevor aufständische Soldaten das Gebäude umstellten, gelang es Kerenski in einem von der amerikanischen Botschaft zur Verfügung gestellten Auto zu fliehen. Kurz nach Tagesanbruch des 26. Oktober drängten die Belagerer in das Palais und verhafteten die anwesenden Minister, ohne dass ihnen ernsthafter Widerstand entgegengesetzt wurde.

Die ruhmreiche Oktoberrevolution war nicht das Ergebnis eines Sturmangriffs, sondern glich eher einem mit Waffengewalt forcierten Wachwechsel. Mit diesem aber war Lenins grundsätzlicher Forderung nach Übernahme der politischen Gewalt vor der Einberufung des zweiten Allrussischen Sowjetkongresses fast noch rechtzeitig entsprochen worden, denn in ihm verfügten die Bolschewisten inzwischen zwar über die einfache, nicht aber über die absolute Mehrheit, sodass noch ein kleiner Rest Unsicherheit für den Erfolg des großen Husarenstreichs blieb. Und tatsächlich, als die Versammlung am Vorabend des Revolutionstages zusammentrat, wollten Menschewisten und Sozialrevolutionäre sich dem Druck der Waffen und der vollendeten Tatsachen nicht beugen und verließen unter Protest den Saal. Trotzki schleuderte ihnen die berühmten Worte hinterher: „Eure Rolle ist ausgespielt; schert euch hin, wo ihr von nun an hingehört – auf den Kehrichthaufen der Geschichte!"[16] Die Geschichte des bolschewistischen Russland hatte begonnen.

Wenn man abschließend die Umbrüche von 1917 und in ihnen die Funktion der ‚Jünger' Lenins noch einmal in den Blick nimmt, dann fällt einer in dieser Schar durch seine auffallend abwartende, hinhaltende, wenn nicht sogar bremsende Einstellung zum großen Ganzen auf, und das ist Stalin. Was immer später auch an kiloschweren Heldenepen über seine todesmutigen Taten bei der Erstürmung zaristischer und parlamentarischer Bastionen in die Welt gesetzt wurde, entbehrt jeglicher Grundlage. Zwar trotzte er als Chefredakteur der *Prawda* geschickt der konterrevolutionären Gegengewalt, die Haltung indes, die er in den konkreten Zuspitzungen der Oktoberereignisse an den Tag legte, offenbarte die Grundzüge eines zutiefst opportunistischen Charakters. Überall glänzte er durch Abwesenheit. Nicht einmal an der Zentralkomitee-Sitzung am Morgen nach der erfolgreichen Besetzung des Winterpalais nahm er teil. Trotzki sprach offen von Hinterhältigkeit und Perfidie.[17] Lenin jedenfalls war der Denker, Trotzki der Lenker und Stalin bestenfalls der Kulissenschieber. Als Lenin noch am 26. Oktober die Mitglieder der ersten Sowjetregierung bekannt gab, die sich fortan nicht mehr Minister, sondern Volkskommissare nannten, erhielt „Josef Wissarionowitsch Dschugaschwili – Stalin" das 15. und letzte Ressort, das für Nationalitätenfragen zuständig war. Die früher in Wien verfasste Arbeit sollte sich ausgezahlt haben – wenn denn irgendetwas daran überhaupt von ihm war. Trotz alledem: ein bemerkenswerter Aufstieg für einen Mann, der vor Jahresfrist noch in einem ostjakischen Jurtenzelt am Jenissei genächtigt hatte.

Der Volkskommissar

Die Eisenbahner streikten noch in der ersten Nacht. Die Drucker folgten. Sie verwahrten sich gegen die Zensur und die Schließung oppositioneller und bürgerlicher Zeitungen. Die Beamten in Petersburg und Moskau verweigerten den Dienst, die Angestellten zahlreicher Behörden und Ämter schlossen sich ihnen an. Die Lehrer, Ingenieure, Ärzte und Professoren protestierten auf das Schärfste, und alle vereinigten sich in der Forderung nach einer Regierung aus allen Parteien, mit, aber nicht nur von den Bolschewisten gebildet.

Diese saßen insofern in der Falle, als sie Kerenski immer wieder vorgeworfen hatten, die Einberufung der Verfassunggebenden Versammlung nur deshalb zu verschleppen, um den revolutionären Umbruch zu verhindern. Jetzt waren sie im Wort. Schon ihre erste, noch am frühen Morgen des 26. Oktober veröffentlichte Erklärung enthielt deshalb das Versprechen, die hierfür erforderlichen Wahlen umgehend anzuberaumen, obwohl es nicht den geringsten Zweifel daran gab, dass sich der Ruf „Alle Macht den Räten" und der parlamentarische Auftrag der Konstituante zueinander verhielten wie Feuer und Wasser.

Die Wahlen begannen am 12. November und zogen sich in der Weite des russischen Raumes bis zum Ende des Monats hin. Sie waren der erste, letzte und einzige demokratische Urnengang für die nächsten 75 Jahre, und sie brachten den Bolschewisten eine vernichtende Niederlage. Von den 703 Sitzen, die die Versammlung auf sich vereinigte, erhielten sie ganze 168, die Sozialrevolutionäre als der erklärte Sieger hingegen 380. Schnelles Handeln war geboten. Als die Delegierten am 5. Januar 1918 im Taurischen Palais zusammentraten, ergriff ein Vertrauter Lenins das Wort, erklärte Russland zur Räterepublik und die Verhandlungen damit für definitiv abgeschlossen. Das erste und einzige frei gewählte Parlament hatte somit ganze 24 Stunden amtiert. Lenin äußerte zu seiner restlosen Zufriedenheit: „Die Auflösung der Konstituante bedeutet die vollständige und offene Liquidation der Idee der Demokratie zu Gunsten des Gedankens der Diktatur. Es wird eine heilsame Lehre sein."[1] In Windeseile wurde jetzt der dritte Allrussische Kongress der Arbeiter- und Soldatenräte einberufen, mit der zentralen Maßgabe, der Auflösung der Verfassunggebenden Versammlung den ‚Segen des Volkes' zu geben. Dieser trat nur fünf Tage später zusammen, legitimierte den zweiten faktischen Staatsstreich und verabschiedete die Verfassung der Russischen Sozialistischen Föderativen Sowjetrepublik, wie sie von nun an hieß. Nach ihr durften nur noch diejenigen Menschen wählen, „die ihren Lebensunterhalt aus produktiver und gesellschaftlich nützlicher Arbeit"[2] bestritten, weshalb Kaufleute, Unternehmer, Spekulanten, Priester und andere ausgeschlossen waren. Überhaupt verkündete der Kongress als seine „Hauptaufgabe (...), jede Ausbeutung des Menschen durch den Menschen zu beseitigen".[3] Das Ministerkabinett, nunmehr „Rat der Volkskommissare", wurde formell bestätigt und seine Verantwortlichkeit gegenüber dem Sowjet festgelegt, mithin: aus den revolutionären Instanzen waren Staatsorgane geworden.

Gleichzeitig inszenierte man eine kommunistische Umerziehungsdiktatur, die in der Geschichte ihresgleichen sucht. Sie kannte nur ein Instrument, das sich ursächlich deshalb nicht mit dem Namen Stalins, sondern mit der Signatur und Handschrift Lenins verbindet, und dieses hieß Terror. Schon im Dezember 1917 forderte er in einem internen Memorandum die „Säuberung der russischen Erde von allem Ungeziefer"[4], wozu er ein Spektrum von beachtlicher gesellschaftlicher Breite rechnete: Adlige, Kapitalisten, Reiche, Konterrevolutionäre, Kulaken, Weißgardisten. Sie alle waren „Volksfeinde". Seine Skala der Maßnahmen und Methoden, mit denen ihnen gegenüber vorzugehen sei, reichte von der demütigenden Reinigung öffentlicher Klosetts bis zur standrechtlichen Erschießung. Im Grunde genommen war damit der Bürgerkrieg als direkte und gewollte Folge der Revolution eröffnet. Die allmächtigen Disziplinierungs- und Unterwerfungsmittel der neuen Herren hießen Arbeitspflicht, Brotkarte und Getreidemonopol, und der jeden geringsten Widerstand bereits im Keim erstickende Kampfbegriff hieß Sabotage. Nicht zufällig wurde die neue, parteieigene Geheimpolizei „Außerordentliche Kommission zur Bekämpfung der Konterrevolution und Sabotage" genannt. Dieser berühmt-berüchtigten Tscheka stand der gebürtige Pole Felix Dserschinski vor, der sein bisheriges Leben zumeist im Gefängnis oder in Sibirien verbracht hatte. Er rief auf einer der ersten Sitzungen des Rates der Volkskommissare aus: „Wir haben jetzt keine Gerechtigkeit zu üben. Wir sind im Krieg (...)"⁵

Der Frieden von Brest-Litowsk

Währenddessen trieb der andere, der auswärtige Krieg mit Deutschland unausweichlich seiner Entscheidung zu. Ein „Frieden ohne Kontributionen und Annexionen" hatte schon zu Lenins Aprilthesen gehört, wie ja überhaupt die Waffenruhe an der Ostfront die zentrale historische Mission war, die der Kaiser in Berlin ihm zugedacht hatte. Nur dass sich für Lenin der Übergang zum Frieden mit dem sofortigen Ausbruch der Weltrevolution verbinden sollte, was in Deutschland aber noch auf sich warten ließ. Da die russische Armee jedoch gleichzeitig in den Zustand der offenen Auflösung geriet, waren es jetzt die Bolschewisten, die sich die Pistole auf die Brust gesetzt sahen.

Am 9. Dezember 1917 begannen die Friedensverhandlungen in Brest-Litowsk. Von Seiten der Mittelmächte wurde nicht weniger als der Verzicht auf alle nichtrussischen Gebiete verlangt, die das Zarenreich sich nach und nach angeeignet hatte. Abzutreten waren mithin Polen, Finnland, Litauen und weitere Teile des Baltikums. Im Süden forderten die kaukasischen Völker ihre Freiheit. Als dann noch eine ukrainische Delegation in der Stadt erschien, die die (wenig später proklamierte) Unabhängigkeit ihres Landes forderte, war die Einschrumpfung des neuen Sowjetstaates auf das Gebiet des Großfürstentums Moskau vor den Tagen Iwans des Schrecklichen perfekt. Lenins Jünger verließen unter wütenden Protesten Brest-Litowsk, woraufhin die deutschen und österreichischen Truppen das Feuer an praktisch allen Abschnitten der Ostfront wieder eröffneten. Sie stießen tief in die Ukraine hinein, besetzten am 1. März 1918 Kiew, drangen von dort über die Krim bis in den Nordkaukasus vor und schützten die Ukraine vor dem bolschewistischen Zugriff. Im Norden arbeitete man sich fast im Laufschritt über Riga und Pleskau bis vor die Tore von Petersburg vor. Am 2. März fielen deutsche Bomben auf die Stadt.

Im Rat der Volkskommissare herrschte helle Aufregung, wenn nicht

Verzweiflung, und der noch im selben Monat gefasste Beschluss, die Hauptstadt Russlands nach 200-jähriger Unterbrechung wieder nach Moskau zu verlegen, war aus der schieren Not geboren. Lenin erklärte unmissverständlich, dass das „Spiel mit revolutionären Phrasen"[6] ein Ende haben müsse und ließ den Diktatfrieden am 3. März unterzeichnen. Im Zentralkomitee hatte er sich mit der denkbar knappen Mehrheit von sieben zu sechs Stimmen durchgesetzt.

Der Vertrag von Brest-Litowsk kam einer national-russischen Katastrophe gleich. Alle Kornkammern und die meisten Kohle- und Rohstoffreservoire waren verloren. Lenin selbst scheute sich nicht, das Dokument dem Frieden von Tilsit an die Seite zu stellen, mit dem Napoleon 1807 die Preußen nach den vernichtenden Niederlagen von Jena und Auerstätt gedemütigt hatte. Jetzt, mit dem Rücken zur Wand, wurde auf dem VII. Parteitag auch die letzte und endgültige Trennung von Sozialisten und Sozialdemokraten vollzogen. Zwar hatte man sich seit dem Krakauer Kongress von 1912 immer offener als eigenständige Partei und Organisation bezeichnet, formell aber am Namen der Sozialdemokratischen Arbeiterpartei Russlands festgehalten, ihn allerdings immer häufiger mit dem Klammerzusatz „Bolschewisten" ergänzt. Ab sofort nannte man sich offiziell Kommunistische Partei Russlands, doch ganz so, als ob noch immer von anderen Revolutionssachwaltern zu unterscheiden sei, wurde an dem Klammerzusatz festgehalten. Unmittelbar danach zog die Führungskamarilla von der Newa an die Moskwa. Felix Dserschinski nahm Quartier in der Lubjanka-Straße Nr. 22, einer Adresse, die bald zum Synonym für Folter werden und der nur noch das Gestapo-Verlies in der Berliner Prinz-Albrecht-Straße den Rang ablaufen sollte. Lenin ging in den Kreml.

Stalin, der frischgebackene Volkskommissar für Nationalitätenfragen, erhielt für die Eisenbahnfahrt von der alten in die neue Hauptstadt eines der wenigen Schlafwagenabteile zugewiesen, in das er seine erst 17-jährige Sekretärin Nadjeschda Allilujewa mitnahm. Stalin kannte die Familie schon aus den Tifliser Jahren, wo ihr Vater in der sozialdemokratischen Bewegung engagiert war. Im Schlafwagen soll er dem Mädchen gegenüber zudringlich geworden sein, woraus die Klatschküchen der Partei schnell eine vollzogene Vergewaltigung machten. Was auch immer sich damals ereignet hat: Ein Jahr später und im vierten Monat schwanger heiratete Nadjeschda den zwanzig Jahre älteren Mann, eine Ehe, die in einer Tragödie enden sollte.

Der Bürgerkrieg

Krieg, Bürgerkrieg und Kriegskommunismus, die Verteidigung der Revolution nach außen und innen, bestimmten die Moskauer Tage von Anfang an. Überall entstanden Fronten, überall wurde gekämpft, gehetzt, denunziert und gemordet. Zuerst kämpften Rote gegen Rote, nämlich die sich aufbäumenden Sozialrevolutionäre und Menschewisten, dann Rote gegen Weiße – ein unscharfer Sammelbegriff für alle nichtkommunistisch gesonnenen Kräfte –, dann Rote, aber auch Weiße gegen Grüne, nämlich die Bauern und das Dorf, wo sich der Umbruch trotz Sozialisierung, Enteignung und Landverteilung noch lange nicht durchgesetzt hatte, und schließlich Rote gegen die alliierten Interventionsarmeen aus England, Frankreich, den Vereinigten Staaten und der Tschechoslowakei. Als die Roten, die Bolschewisten, endlich gesiegt hatten, waren 16 Millionen Menschen – jeder zehnte Russe – tot, achtmal so viel, wie der gesamte Erste Weltkrieg an Opfern gefordert hatte, und das Land war nahezu vollständig verwüstet. Hunger, Armut, Diebstahl, Siechtum, Seuchen und Pest bestimmten den Alltag von Wyborg bis Wladiwostok.

Am 15. Januar 1918 wurde per Dekret die Rote Armee aus der Taufe gehoben – unter Trotzkis Führung und mit tausenden zaristischen Offizieren und Unterführern, zusammengerechnet mehr, als in allen weißen Armeen Dienst taten. Als sich im April das Eingreifen englischer und amerikanischer Verbände ankündigte, proklamierte Lenin in bemerkenswerter ideologischer Virtuosität die Kombination aus „russischem Kriegskommunismus" und „deutschem Staatskapitalismus", der „mit aller Kraft zu übernehmen" sei, ohne „vor barbarischen Methoden des Kampfes gegen die Barbarei zurückzuschrecken".[7] Gleichzeitig leisteten in den Großstädten so genannte „Hauskomitees" gnadenlose Umerziehungsarbeit. Wer nicht so wollte, wie er sollte, dem drohte die Einweisung in hastig errichtete „Besserungsanstalten", aus denen binnen weniger Jahre ein Lagersystem erwuchs, das zu den finstersten Kapiteln in der Geschichte der zivilisierten Menschheit gehört.

Das Bürgertum floh in Scharen aus den Städten auf das Land. Vor allen Dingen in den Süden, sodass sich schon im Sommer 1918 an Wolga und Don ein regelrechtes „St. Petersburg in der Steppe" gebildet hatte, von dem mit Freiwilligenarmeen die weiße Gegenbewegung ihren Ausgang nahm – in Tuchfühlung mit den Donkosaken, denen man am ehesten wirksamen militärischen Widerstand zutraute. Diese wiederum fanden wirkungsvolle Unterstützung durch die deutsche Heeresgruppe Süd, die in der Ukraine geblieben war. Aus dem Fernen Osten brach die gefürchtete Tschechoslowakische Legion gen Westen auf, mächtige, auf das Festland drängende japanische Verbände in der Hinterhand. Aus Angst, dass die nach Jekaterinburg am Ural zwangsumgesiedelte Zarenfamilie vom Feind befreit würde, gab Lenin den Befehl zu ihrer Liquidation. In der Nacht vom 16. auf den 17. Juli 1918 wurden das Herrscherpaar, die vier Töchter, der bluterkranke Sohn, der Leibarzt und mehrere Bedienstete von einem Exekutionskommando hingerichtet. Die Leichen der Erschossenen verscharrte man an Ort und Stelle. Das wilde Grab wurde erst 1989 entdeckt und die Identität der Toten anhand der Knochenreste zweifelsfrei aufgeklärt.

Die Bolschewisten waren von überall her eingekreist. Erschwerend kam hinzu, dass auch der große ideologische Rivale noch nicht als überwunden gelten konnte und sich ein letztes Mal aufbäumte: Als Anfang Juli in Moskau der fünfte Allrussische Sowjetkongress zusammentrat, stellten die Sozialrevolutionäre immerhin noch 352 Delegierte gegenüber den 745 der Bolschewisten. Sogar in Dserschinskis Tscheka arbeiteten Sozialrevolutionäre mit, unter ihnen Maria Spiridonowa, die an der Ermordung des deutschen Botschafters Graf Mirbach beteiligt war. Zweck des Kommandounternehmens war es gewesen, einen diplomatischen Bruch zwischen Moskau und Berlin herbeizuführen und gleichzeitig sozialrevolutionäre Aufstände im ganzen Land anzustacheln, die auch tatsächlich in 23 Städten ausbrachen. Sie boten den neuen Machthabern den willkommenen Vorwand, praktisch alle sozialrevolutionären Kongressteilnehmer in der Lubjanka verschwinden zu lassen und über ein Dutzend standrechtlich zu erschießen. Die Reaktion folgte auf dem Fuße: Am 30. August richtete die Sozialrevolutionärin Dora Kaplan ihre Waffe auf Lenin, der blutüberströmt zusammenbrach, das Attentat aber überlebte.

Es war der letzte Auftritt der ideologischen Nebenbuhler auf der großen historischen Bühne. Vom Rat der Volkskommissare wurde das Dekret *Über den roten Terror* erlassen, das nur zu bald seine Wirkung zeigen sollte.

Die Beziehungen zu Berlin erlitten durch den Anschlag auf den Botschafter keinen Schaden, und erst als der sowjetische Bevollmächtigte in Berlin offen für die Revolution agitierte, wurde er des Landes verwiesen. Die junge Sowjetregierung war damit weltweit diplomatisch isoliert.

Nur wenige Tage später weigerten sich im fernen Kiel Marinesoldaten, zu einem Himmelfahrtskommando gen England auszulaufen und lösten dadurch die Revolution aus. Am 9. November dankten die Hohenzollern in Berlin und kurz darauf die Habsburger in Wien ab, der Erste Weltkrieg war für das Deutsche Reich und Österreich verloren. In welchen gesellschaftlichen und politischen Wandel würde die Niederlage einmünden? Würde Lenins Hoffnung auf die Fortsetzung seiner Revolution an der Spree nun Wirklichkeit werden? Könnte es gelingen, den bürgerlich-demokratischen Umbruch von Flensburg bis Klagenfurt in einen politischen Flächenbrand zu verwandeln?

Einstweilen waren das noch kühne Zukunftsträume. Noch standen die Tschechen im Osten, die Engländer im Norden, die Weißen im Süden und die Deutschen im Westen, in der Ukraine, und tagtäglich wurden die bolschewistischen Truppen durch Überläufer dezimiert, meist ehemalige zaristische Offiziere, die in Trotzkis Roter Armee nicht heimisch geworden waren. Schon im Frühherbst hatte der Gegner so viel Terrain zurückerobert, dass sich vom 8. bis zum 23. September die Vertreter der verschiedensten Parteien und Organisationen in Ufa, im tiefsten Baschkirien, zu einer Allrussischen Staatskonferenz zusammenfanden, um den weißen Gegenstaat auszurufen.

Der Bürgerkrieg rückte in sein entscheidendes Stadium. Es wurde immer deutlicher, dass die Entscheidung nicht im Zentrum, sondern an der Peripherie fallen würde, dass der Versorgungsfrage in dem erbärmlich hungernden Land eine kaum geringere Bedeutung zukam als den Waffengängen und dass Alliierte und Weiße daran gehindert werden mussten, ihren erdrückenden Ring um Moskau zu schließen, was sich im Süden und Osten bereits anbahnte. Eine Großstadt am Unterlauf der Wolga avancierte deshalb zum Brückenkopf, der um jeden Preis gehalten werden musste. Sie hieß damals noch Zarizyn, später jedoch Stalingrad, und derjenige, der mit dieser Mission beauftragt wurde, war Stalin. Als „Beauftragter für die Proviantbeschaffung" mit beträchtlichen Sondervollmachten ausgestattet, eilte er nach Südrussland, und das gewünschte Ergebnis stellte sich bald ein. Umgeben von vierhundert Leibwächtern und mit Nadjeschda an seiner Seite hielt er Einzug in die Stadt, deckte eine Reihe angeblicher oder tatsächlicher Komplotte auf und ließ alle Beteiligten sofort hinrichten. Anweisungen der Zentrale, vorher sorgfältig zu recherchieren und zu ermitteln, blieben unbeachtet, und als ein Untergebener zu äußern wagte, dass ihm dieses Verhalten eines Tages sicher Schwierigkeiten bereiten würde, erhielt der Mann zur Antwort: „Der Tod löst alle Probleme: kein Mensch, kein Problem."[8] Dennoch oder vielleicht gerade deshalb, Stalin rettete Zarizyn vor der Besetzung durch die Weißen, und weil dies sein einziger sichtbarer Erfolg im Bürgerkrieg war, benannte er die Stadt fünf Jahre später, als längst die Heroisierung und Verfälschung des revolutionären Kampfes und der Kult um seine Person begonnen hatten, in Stalingrad um. Der Mythos von Stalingrad wurde also geboren, lange bevor die 6. Armee der deutschen Wehrmacht dort im Zweiten Weltkrieg unterging.

Der Sondereinsatz in Zarizyn bedeutete gleichzeitig den Auftakt zum Bruch mit Trotzki. Dieser hatte das Problem der Übernahme von Zarenoffizieren dadurch gelöst, dass er ihnen so genannte politische Kommissare als ideologische Aufpasser an die Seite stellte. Den Bolschewisten unter den Militärführern war dieses System von Anfang an suspekt, und einen solchen, General Woroschilow, ernannte Stalin eigenmächtig zum Befehlshaber des Heeresabschnitts Süd. Noch am selben Tag schrieb er an Lenin, dass „das Fehlen eines Papierchens von Trotzki mich natürlich nicht davon abhalten (wird)".[9] Woroschilow kannte er schon seit den Tagen in Baku, und Sergo Ordschonikidse, einen anderen alten Weggefährten, machte er zum politischen Kommissar. Beiden impfte er als erstes die Befehlsverweigerung gegenüber ehemaligen Offizieren des Zaren ein. Um endlich eine Entscheidung im Bürgerkrieg zu erzwingen, führte Trotzki die allgemeine Wehrpflicht wieder ein, mobilisierte die letzten Reserven und sprengte die Einheitsfront der Gegenregierung in Ufa. Der Held des Bürgerkrieges hieß also Trotzki. Am 4. Oktober kabelte er nach Moskau: „Ich bestehe kategorisch auf der

Abberufung Stalins"[10], doch nichts geschah. Lenin versuchte weiterhin, zwischen seinen beiden ungleichen Ziehsöhnen zu vermitteln, und ernannte den Georgier um die Jahreswende 1918/19 sogar zum Volkskommissar für Staatskontrolle, eine vorwiegend aus Spitzeltätigkeiten hinter der Front bestehende Aufgabe.

Der Sieg in Ufa bildete den Auftakt zu einer groß angelegten roten Offensive. Am 13. November erklärte die Sowjetregierung den Friedensvertrag von Brest-Litowsk für null und nichtig. Lenin entsandte seinen Revolutionseinpeitscher Karl Radek nach Berlin, mit dessen tatkräftiger Hilfe die Kommunistische Partei Deutschlands gegründet wurde. Am 5. Januar 1919 begann der Spartakusaufstand. In München übernahmen Räte die Macht, im Ruhrgebiet wurde eine Arbeiter- und Soldatenrepublik ausgerufen. Anfang Februar stand die Rote Armee vor der Grenze zu Ostpreußen. Radek frohlockte: „Der Ring der Völker ist schon nahezu geschlossen, es fehlt nur noch das wichtigste Glied, Deutschland."[11] Die große Frage war, ob Berlin fallen würde.

In Washington, London und Paris klingelten die Alarmglocken. Die Schreckensvision, dass sich die beiden Verlierer des Weltkrieges unter der roten Fahne vereinigen würden, drohte Wirklichkeit zu werden, weshalb in England ein junger Kriegsminister namens Winston Churchill den „Kreuzzug gegen den Bolschewismus" proklamierte. Alliierte Geschwader liefen in das Weiße Meer vor Archangelsk, in den Finnischen Meerbusen und in das Schwarze Meer ein, die erneute Umklammerung des roten Russland stand bevor. Im Inneren holten die reorganisierten Kräfte der Weißen zum Gegenschlag aus. Schon im Sommer nahmen sie das Baltikum, scharten estnische, lettische und litauische Freiheitskämpfer um sich und marschierten im Oktober gen Petersburg, fest auf das Eingreifen der britischen Flotte vertrauend. Zu Unrecht, da sich die Westmächte zurückzogen. Die Offensive brach in sich zusammen und den Bolschewisten gelang der Durchbruch an allen Fronten. Die Ukraine, die größte Opfergabe von Brest-Litowsk, wurde bereits im Herbst 1919 zurückerobert, im Süden konnte das Bollwerk Zarizyn abermals gehalten und die Vereinigung der gegnerischen Heeresabschnitte verhindert werden. Im November wurde Omsk eingenommen, wohin die Regierung der Weißen geflüchtet war, und zum Schluss verschanzten sich nur noch auf der Halbinsel Krim Einheiten unter dem Kommando des Generals Wrangel. Ganz Russland bis zum Baikalsee war jetzt unter kommunistischer Herrschaft, das Gebiet östlich davon bis zum Pazifik kontrollierte allerdings nach wie vor Japan.

Mit dem Versailler Vertrag erlangte Polen, das über hundert Jahre als selbstständiger Staat von der Landkarte gelöscht war, seine Unabhängigkeit zurück. Marschall Pilsudski, der neue Machthaber in Warschau, erklärte sich jedoch von Anfang an mit der Grenzziehung im Osten nicht einverstanden, marschierte in die Ukraine ein und besetzte am 7. Mai 1920 Kiew. Wrangel, der Oberbefehlshaber der Weißgardisten in Südrussland und auf der Krim, nahm dies als Signal und setzte sich mit 70.000 Mann nach Norden in Bewegung. Sympathie wurde ihm von Seiten der Polen dafür aber nicht entgegengebracht. Im Gegenteil, er setzte damit sogar eher noch probolschewistische Emotionen frei. In dieser Situation startete Lenin den Gegenschlag. Im Norden stieß General Tuchatschewski tief bis nach Polen hinein, im Süden schnitt Budjonny Wrangels Truppen ab und warf die Polen über den Bug zurück. Trotzki warnte vor einem Marsch auf Warschau, an dem Lenin unvermindert festhielt, ja, er sollte sogar nur die Zwischenstation auf dem Weg nach Berlin sein. Ziel war die Verbindung der russischen mit der deutschen Revolution. Nicht zuletzt an Stalins Eingreifen sollte dies scheitern.

Dieser war im Herbst 1919 erneut an die Südfront entsandt worden. Als die Nachricht durchsickerte, dass Tuchatschewski schon die Vororte von Warschau erreicht hatte, bestand Stalin zum Entsetzen aller Fachleute und in Missachtung der Befehle aus dem Kreml auf der Einnahme Lembergs, die so viele Kräfte im tiefsten Süden Polens band, dass Pilsudski die sowjetischen Verbände nicht nur abwehren, sondern am 14. August 1920 im so genannten „Wunder an der Weichsel" vernichtend schlagen konnte. Stalin wurde noch am selben Tag von seinem Kommando entbunden, nach Moskau zurückbeordert und zu Lebzeiten Lenins nicht wieder mit einer militärischen Aufgabe betraut. Im Frieden von Riga fand sich nicht nur die Unabhängigkeit der baltischen Staaten bestätigt, sondern es wurde auch die polnische Ostgrenze bis weit nach Weißrussland und in die Ukraine hinein verschoben. Sie blieb ein permanenter Zankapfel.

Letzter Brandherd war die ewig brodelnde Kaukasusregion. Dort hatten sich in Georgien, Armenien und Aserbaidschan mit seiner mächtigen Hauptstadt Baku formell unabhängige Staaten gebildet, die gemäß dem im Roten Oktober 1917 proklamierten Selbstbestimmungsrecht der Völker von der Sowjetregierung auch anerkannt worden waren. Jetzt, da an allen anderen Fronten Ruhe herrschte, wurde beim Moskauer Zentralkomitee ein so genanntes Kaukasus-Büro gegründet, das die Aufgabe hatte, über die kommunistischen Parteien dieser Länder Aufstände zu entfachen, die gegebenenfalls eine als „brüderliche Hilfe" deklarierte Intervention der Roten Armee erforderlich machten und damit die nationale Selbstständigkeit dieser Staaten beenden sollten. Es lag aus biographischen Gründen nahe, dass Stalin in diese Angelegenheiten eingebunden wurde, was ihn nach fast einem Jahrzehnt offiziell auf „Inspektionsreise" wieder in die Heimat führte.

Die Rückkehr des einstigen Josef Wissarionowitsch Dschugaschwili nach Baku, von Ordschonikidse perfekt vorbereitet, wurde zum triumphalen Erfolg. In der Erklärung des örtlichen Zentralkomitees war wörtlich von „unserem geliebten Führer"[12] Stalin die Rede. Dieser spottete in seiner Ansprache über das „rückständige Tiflis"[13], die Stadt seiner Kindheit und Jugend, wo die bolschewistische Machtergreifung in der Tat nicht so recht vorankam. Armenien und Aserbaidschan waren zu dem Zeitpunkt, dem Dezember des Jahres 1920, bereits in abhängige Sowjetrepubliken umgewandelt, nur in der georgischen Metropole amtierte nach wie vor eine menschewistische Regierung, für deren Unabhängigkeit alle Sozialdemokraten der westlichen Welt in flammenden Appellen eintraten. Mitte Februar 1921 griff die Rote Armee an und nach zehntägigem, blutigem Kampf gab es Georgien als eigenständigen Staat nicht mehr.

Als Stalin im Sommer in Tiflis Einzug hielt, um an einem bolschewistischen Plenum teilzunehmen, glaubte er das Feld für sich bereitet, doch es kam anders: Der Georgier wurde von seinen ehemaligen Landsleuten als „Abtrünniger" und „Verräter" beschimpft, niedergeschrien und angespuckt. Leibwächter der Tscheka mussten ihn aus dem Saal führen. Das, was als glorreiche Heimkehr gedacht war, wurde in dem skrupellosen Wandlungsprozess vom Georgier über den Bolschewisten bis hin zum großrussischen Chauvinisten zur entscheidenden Wendemarke.

Die mehr als ernüchternde Erfahrung von Tiflis beeinflusste die gesamte Organisation des künftigen Sowjetstaates, für die Stalin die verantwortliche Federführung übertragen werden sollte, nicht unerheblich. Unter dem Eindruck der katastrophal gescheiterten Versammlung verlangte er, „die Hydra des Nationalismus zu vernichten".[14] Lenin, der auf reale Ereignisse weit flexibler und intelligenter zu reagieren in der Lage war, wollte jetzt eine formell gleichberechtigte „Union Sozialistischer Sowjetrepubliken", denn „eine Sache ist die Notwendigkeit, uns gegen die westlichen Imperialisten zusammenzuschließen, eine andere Sache ist es, wenn wir selbst (...) in imperialistische Beziehungen zu den unterdrückten Völkerschaften hineinschlittern".[15] Für Stalin hingegen stand es außer Zweifel, dass alle Sowjetrepubliken, gleich ob Russen oder Nicht-Russen, den Anordnungen aus Moskau diskussionslos Folge zu leisten hatten.

Ende 1922 mussten auf massiven amerikanischen Druck hin auch die Japaner das Festland verlassen. Die einzige noch bestehende weiße Gegenregierung im fernen Wladiwostok brach dadurch in sich zusammen. Alle äußeren und inneren Feinde waren besiegt, die Invasionstruppen aus dem Westen und dem Osten genauso wie die Zarentreuen, Großagrarier, Unternehmer und das reaktionäre Bürgertum im eigenen Lande. Der Bürgerkrieg schien zu Ende, aber jetzt, da der Frieden in greifbarer Nähe lag, begann das vielleicht schrecklichste Kapitel, die brutale Unterwerfung gerade derjenigen, mit denen man das neue, andere sozialistische Russland gestalten wollte: der Arbeiter und Bauern. Auf den nationalen Terror folgte der soziale.

Der Kriegskommunismus

Für den einfachen Mann und die einfache Frau war auch vier Jahre nach dem ruhmreichen Oktober von den Errungenschaften der Revolution noch wenig zu spüren. Im Gegenteil, die Lebensmittelrationen wurden immer weiter heruntergesetzt. In den Straßen von Petersburg tauchten Anfang 1921 die ersten Flugblätter mit menschewistischen Parolen auf, die Stadt wurde von einer Welle wilder Streiks erfasst. Auf der großen Insel im Delta der Newa, dort, wo die Industriearbeiter ihre Quartiere hatten und der Blick über das Meer bis hinauf nach Kronstadt geht, verschärften sich die Demonstrationen von Tag zu Tag, und es war schon mehr als ein Menetekel für den künftigen Sowjetstaat, dass ausgerechnet an der Stelle, an der sich im Oktober 1917 die radikalste Speerspitze der Revolution formiert hatte, jetzt das erste Kapitel jenes unendlichen Fortsetzungsromans *Die Revolution entlässt ihre Kinder* geschrieben wurde.

Als der Funke auf die Kronstadter Matrosen übersprang, bildeten diese in Windeseile ein „Provisorisches Revolutionskomitee", das geheime Neuwahlen zu den Sowjets, Rede-, Presse- und Versammlungsfreiheit, gleiche Brotrationen für alle, Trennung von Partei- und öffentlichem Amt sowie die weitgehende Rücknahme von Verstaatlichungen und Enteignungen forderte. Auch wenn wortwörtlich die „Befreiung von der Gewaltherrschaft der Kommunisten"[16] verlangt wurde, so konnte doch von einer Vorstufe zur bürgerlichen Demokratie keine Rede sein. Die Kronstadter wollten auch weiterhin das Rätesystem und vor allem sollten die Freiheiten nur für Arbeiter und Bauern gelten. Dennoch war den bolschewistischen Machthabern vom ersten Moment an klar, dass das Signal aus dem aufsässigen Kronstadt, wo Stalin bereits zwei Jahre zuvor 67 Offiziere wegen einer angeblichen Verschwörung kurzerhand hatte hinrichten lassen, ihr Herrschaftsmonopol im ganzen Land in Frage stellen würde. Trotzkis Tagesbefehl vom 5. März 1921 lautete deshalb, die Rebellen zu erschießen. Ein Zehntagekrieg setzte ein, in dem selbst ernannte gegen tatsächliche Arbeitervertreter, mithin Genossen gegen Genossen kämpften. General Tuchatschewski schickte seine Truppen im dichten Schneetreiben, mit weißen Hemden getarnt, auf Schlitten über das Eis, flankiert von Panzerbeschuss und Luftangriffen. Hinter den Rotarmisten lagen Maschinengewehreinheiten der Tscheka, die Zurückweichende niederzuschießen hatten. „Feldmarschall Trotzki", wie ihn die Angegriffenen nannten, steigerte den Angriff zum Bombardement. Die Kronstadter sandten verzweifelte Funksprüche an die „Genossen Arbeiter" der ganzen Welt, in der Hoffnung, gehört zu werden. Am 18. März war der Aufstand niedergeschlagen. Die Arbeiteropposition war ausgelöscht. Nachforschungen der russischen Generalstaatsanwaltschaft aus den neunziger Jahren des 20. Jahrhunderts ergaben, dass nach dem Niederschlagen der Rebellion noch über 2000 Menschen hingerichtet worden sind.[17]

Die eigentliche Schlacht im Inneren aber wurde gegen die Bauern geschlagen, die nach wie vor über achtzig Prozent der Gesamtbevölkerung ausmachten und größtenteils weder rot noch weiß waren. Das Dorf wurde von den neuen Kremlherren als Haftungsgemeinschaft behandelt, das man bei nicht erbrachten Abgaben, Rationen und Tributen kollektiv abstrafte, so wie zu Zeiten Peters des Großen. Eine weitere Eingriffsmöglichkeit brachte die Wiedereinführung der Wehrpflicht mit sich. Ihr entziehen konnten sich – wie zu allen Zeiten und in allen Systemen – nur die Söhne der Oberschicht. Die Dörfer hingegen sahen sich überfallartig umstellt, und wenn sie die geforderten Rekrutenkontingente nicht aufbrachten, kam es zu Geiselnahmen und Erschießungen. Ähnlich verfuhr man bei der Ablieferung der Getreiderationen. Im Grunde genommen blieben sich die Bauern und die Bolschewisten für immer fremd. Oft rückte die männliche Landjugend im Winter ein und desertierte im Sommer. Die Fahnenflüchtigen wurden gnadenlos gejagt und fanden Unterstützung durch mit Sensen und Sicheln bewaffnete Partisanen. In einem Tschekabericht vom Sommer 1919 heißt es: „Nachdem wir damit begonnen hatten, einen Mann pro Deserteursfamilie zu erschießen, kamen die Grünen aus den Wäldern und ergaben sich."[18]

Ein Jahr später hatte die Regierung Lenin praktisch die Kontrolle über weite Teile des Landes verloren, das gesamte Terrain von der mittleren Wolga bis zum westlichen Sibirien war fest in den Händen von Grünen, wie der ländliche Widerstand genannt wurde. General Budjonny, gerade vom Vormarsch auf Warschau und dem Kampf gegen den äußeren Feind zurückgekehrt, begann daraufhin mit etlichen hunderttausend Soldaten, Reiterei, Artillerie und Flugzeugen einen brutalen Niederwerfungskrieg gegen die eigene Bevölkerung auf dem Land, in dem die vergleichsweise wohlhabenden Kosaken seit jeher eine besondere Rolle eingenommen hatten. Auch von Moskau wurde ihnen eine besondere ‚Behandlung' zugedacht. Bereits im Januar 1919 verabschiedete das Zentralkomitee der Kommunistischen Partei eine Geheimresolution mit dem folgenden Wortlaut:

> „Im Lichte der Erfahrungen des Bürgerkriegs gegen die Kosaken ist es notwendig anzuerkennen, dass die einzige politisch korrekte Maßnahme ein erbarmungsloser Kampf und massiver Terror gegen die reichen Kosaken ist, die vernichtet und physisch bis zum letzten Mann liquidiert werden müssen."[19]

Dieses zum vielfachen Mord aufrufende Dokument ist erst seit 1989 zugänglich.

Allein durch die Unterwerfung der Bauern und die Enteignungen und Verstaatlichungen der Industrie, der Banken, der Handelsflotte, des Grund- und Hausbesitzes sowie aller Unternehmen mit mehr als zehn Beschäftigten war noch keine kommunistische Wirtschaft entstanden, sondern ein nur schwer zu entwirrendes Geflecht aus militärischem Kommando, aus Mangelwirtschaft, Naturaltausch, Schwarzmarkt, Versorgungsdiktatur, Zwangseintreibung, Plünderung und Diebstahl. „An die Stelle attraktiver Abnahmepreise traten Bajonette, Requisition ersetzte den Markt."[20] Soziale Spannungen, auch zwischen Stadt und Land, waren die Folge. Das Geld als Wertäquivalent spielte keine Rolle mehr, die Inflation stieg auf über tausend Prozent, Rubelscheine wurden zum Feueranzünden verwendet. Da es die Grundnahrungsmittel wie auch Gas, Wasser, Strom, Post und Telefon gratis gab und Mietzahlungen abgeschafft waren, bestand auch gar kein Anreiz, etwas zu verdienen. Es herrschte so etwas wie eine „ökonomische Steinzeit".[21] Den Schwarzhändlern waren Tür und Tor geöffnet, und man schätzt, dass die Schattenmärkte im Bürgerkrieg bis zu siebzig Prozent aller Nahrungsmittel verteilten, wohlweislich und bewusst nie ernsthaft von der Staatsmacht beeinträchtigt.

Die Versorgungslage verschlechterte sich immer mehr, und im Winter 1921/22 brach die schlimmste Hungersnot aus, die Russland seit Menschengedenken erlebt hatte. Die Industrieproduktion sank auf nur noch ein Zehntel des Standes vor dem Weltkrieg ab, und die Arbeiter begannen der Partei davonzulaufen. Immer stärker setzte sich auch im Rat der Volkskommissare das Bewusstsein durch, dass es so, wie es war, einfach nicht mehr weiterging, und wieder war es Lenin, nicht Stalin, der das Steuer herumriss.

Der Generalsekretär

Den Ausschlag gab die Nachricht vom Aufstand der Kronstadter. Wenn diejenigen, auf deren Speerspitzen die Revolution erkämpft worden war, sich von ihr abwandten, sollte dies zu denken geben. Lenin unterbrach den gerade laufenden X. Parteitag und scheute sich nicht, wie im Frühjahr 1918 von der Wiedereinführung des Staatskapitalismus zu sprechen. Was im Kriegskommunismus und im Bürgerkrieg noch so brutal ausgelöscht worden war, sollte quasi über Nacht wieder zum zentralen Wirtschaftsmotor werden – der Markt. Lenin verlangte, dass der Parteitag „noch heute Abend der ganzen Welt"¹ mitteile, dass die Ablieferungspflicht für Getreide aufgehoben sei. An ihre Stelle trat am 21. März 1921 eine Nationalsteuer. Das Korn der Kulaken wurde ab sofort nicht mehr mit Waffengewalt eingetrieben. Der Chefideologe hatte erkannt, dass die Revolution gegen die Bauern nicht durchzusetzen war. Im Bürgerkrieg hatte man zwar den äußeren Feind besiegt, aber der innere, das riesige Heer der Landbevölkerung, entzog und widersetzte sich bis zum offenen Boykott.

Die Formel, die Lenin dem entgegenzusetzen wusste, war genauso einfach wie durchdacht. Nur eine *Smitschka*, ein Schulterschluss, ein Bündnis zwischen Stadt und Land, konnte Staat und Revolution noch retten. Allerdings um den Preis, dass die neuen Kremlherren ein gutes Stück von der reinen Lehre zurückweichen und auf Errungenschaften des Klassenfeindes zurückgreifen mussten. Der neue Weg wurde auch äußerlich, auf allen Flaggen, Bannern und Wimpeln, die über den zahllosen Parteiversammlungen wehten, sichtbar gemacht, indem der Hammer als das Symbol der Industrialisierung und der Stadt von nun an – bis 1991 – von der Sichel als dem Symbol der Ernte und des Landes umschlungen wurde. Wie unklar und unscharf das Ganze trotz dieser markanten Emblematik aber war, zeigte der Name, unter dem die Kursänderung stand, denn mit Neuer Ökonomischer Politik (NÖP), wie sie genannt wurde, verband der einfache *Muschik* („Bauer") vermutlich nur die Vorstellung, dass die alte ökonomische Politik falsch gewesen sein musste.

Mit der Möglichkeit, die Ernteerträge wieder relativ frei verkaufen zu können, ging einher, dass die Bezahlung mit Schein und Münze sich erneut durchsetzte, was einen erstaunlich schnellen und stabilen Wertgewinn des Rubels nach sich zog. Schon 1924 trat an die Stelle der Naturalsteuer eine reine Geldsteuer. Lenin selbst verfügte, dass nun auch in allen anderen Wirtschaftssektoren Reprivatisierungen Platz zu greifen hatten, im Einzelhandel, bei den Dienstleistungen und nicht zuletzt in den staatstragenden Industriebetrieben. Überall sollte jetzt das Gesetz der wirtschaftlichen Rechnungsführung, mithin das Prinzip von Gewinn und Verlust gelten, so wie in Berlin, London und an der New Yorker Wallstreet. Bereits 1923 erzielte Russland wieder, wie schon vor dem Ersten Weltkrieg, Agrarüberschüsse und legte einen ausgeglichenen Staatshaushalt vor. Es begann das kurze, nämlich nur ganze drei Jahre währende Goldene Zeitalter der NÖP, das beachtlich weiten Teilen der Bevölkerung in Stadt und Land eine Art Wohlstand, zumindest aber ein Leben ohne Hunger und Durst ermöglichte.

Umso mehr erhebt sich deshalb die Frage, warum das viel versprechende sozialistisch-kapitalistische Experiment, auf das sich Reformer wie Nikita Chruschtschow, Enrico Berlinguer und Michail Gorbatschow später ausdrücklich berufen sollten, so schnell und endgültig scheiterte. Eine erste und nicht unerhebliche Antwort begründet sich darin, dass dem notwendigen Wandel praktisch keine Zeit gegeben wurde, sich zu entfalten. Das Genie Lenin sah nur zu klar, dass die NÖP „mindestens ein Jahrzehnt, wahrscheinlich mehr"[2] benötigen würde, bis die ruinierte russische Wirtschaft wieder gesundet sei. Insgeheim und im privaten Kreis sprach er sogar von einem Vierteljahrhundert, kalkulierte also bis 1945. Beides, weder der Maximal- noch der Minimalzeitraum, ist dem merkwürdigen wirtschaftlichen Mischsystem auch nur ansatzweise beschieden gewesen.

Ein Zweites trat hinzu: Die NÖP entfaltete sich nicht in parlamentarischen Strukturen mit einer auf Zeit gewählten Regierung, sondern in einer Einparteiendiktatur, die auf eben jenem X. Parteitag, der die ersten Schritte zu der neuen Wirtschaftspolitik hin vorbereitete, gleichzeitig die entscheidenden Weichenstellungen zur immer währenden Festigung der Macht der Kommunistischen Partei vornahm. Mit dem genauso westlich wie fortschrittlich klingenden Begriff des „demokratischen Zentralismus" wurde in den Statuten das kategorische Fraktionsverbot verankert, das die bindende Autorität der höheren gegenüber den niedrigeren Parteiinstanzen, letztlich also die strikte Unterordnung unter die Richtlinien und Entscheidungen der Führung festschrieb. Was auf diese Weise nach dem Schock von Kronstadt erreicht werden sollte, war klar. Die Partei hatte, damit sich so etwas nicht wiederholte, von der Kommandozentrale aus handlungsfähig und schlagkräftig zu sein. Die organisatorische rangierte vor der ideologischen Einheit. Anders Denkende, Abweichler oder solche, die eine Meinungsbildung von unten nach oben oder von der Peripherie zur Zentrale realisieren wollten, verstießen nunmehr gegen das Fraktionsverbot, wurden der Spaltung verdächtigt, verhaftet, verhört, verschleppt und nicht selten physisch vernichtet. Damit war aber auch schon von diesem frühen Zeitpunkt an klar, wer innerhalb der Partei in die beherrschende Rolle und Funktion aufsteigen konnte, ja musste: nicht ihre Chefdenker und -lenker, nicht ihre Wirtschafts- und Militärtheoretiker, und schon gar nicht ihre kulturelle Intelligenz, sondern nur, wer die unumschränkte Regie über Mitgliedschaft, Karteikästen, Sitzungen und Seilschaften besaß.

Das Gewicht der Funktionäre, Bürokraten und ‚Apparatschiks' wuchs von Tag zu Tag. Die Ausformung und Gestaltung des neuen Staates wurde im Politbüro und nirgendwo sonst vorgenommen. Ihm, einem selbstverständlich rein sowjetrussischen Gremium, hatte sich nun über kurz oder lang auch die bereits im März 1919, mitten im Bürgerkrieg gegründete Kommunistische Internationale (Komintern) unterzuordnen, die die Oktoberrevolution von Moskau aus in aller Herren Länder tragen sollte. Dem Politbüro hatte die im Februar 1921 eingerichtete Staatliche Plankommission Gosplan lückenlosen Bericht abzustatten, die ab 1923, mitten in der sich langsam entwickelnden NÖP-Privatwirtschaft, den Betrieben Kennziffern, also Jahreswirtschaftspläne, vorgab, die auf die Dauer jede Freiheit des Marktes zunichte machten. Und von ihm empfing jene Geheimbehörde mit dem unverfänglich klingenden Namen „Staatliche Politische Verwaltung" ihre Direktiven, obwohl sie offiziell eine Abteilung des Volkskommissariats für Inneres war. Die russische Abkürzung ihres Namens lautete GPU, sie trat an die Stelle der Tscheka, und ihr neuer Leiter war mit Felix Dserschinski auch der alte.

Am 3. April 1922 wählte die Vollversammlung des Zentralkomitees den weithin immer noch unbekannten Josef Wissarionowitsch Stalin zum Generalsekretär der Partei und damit automatisch zum Vorsitzenden des Politbüros. Er war jetzt oberster Personalchef, Herr über Einstellungen und Entlassungen und hielt damit praktisch alle Fäden in der Hand. Auch in anderen, dem ZK untergeordneten Verwaltungs- und Kontrollfiltern wie dem Organisations- oder kurz Orgbüro lief nichts an ihm vorbei. An der Ausformulierung der Neuen Ökonomischen Politik hat sich Stalin, wie in keiner Entwicklungsphase der Partei bis dahin, nicht mit einer einzigen Silbe beteiligt, wohl aber legte er dem X. allrussischen Kongress Ende des Jahres einen Entwurf vor, der die Begründung einer „Union der Sozialistischen Sowjetrepubliken" (UdSSR) vorsah. Am 27. Dezember 1922 rief der Kongress den zumeist kurz „Sowjetunion" genannten Staat aus, der an die Stelle der bisherigen Russischen Föderativen Sozialistischen Sowjetrepublik trat, die nunmehr zu einem Teil der UdSSR wurde, allerdings zu ihrem mit Abstand größten. Mit diesen Instanzen und Institutionen war jetzt der äußere Rahmen geschaffen, in dem sich der an Brutalität beispiellose Bruderkrieg zwischen Stalin und Trotzki um die Nachfolge Lenins vollzog, dessen langes Siechtum und Sterben mit seinem ersten Schlaganfall am 20. März 1922 begann.

Das Ende Lenins

Lenin hatte von frühester Jugend an ruinösen Raubbau an seiner Gesundheit betrieben. Durchweg von politischen Visionen getrieben, gönnte er sich meist nicht mehr als drei bis fünf Stunden Schlaf. Als ihn 1918 die Kugeln der Attentäterin Dora Kaplan niederstreckten, riskierte man es wegen bereits damals diagnostizierter fortschreitender Arterienverkalkung nicht, ihm alle Geschosse operativ zu entfernen. Zwei Kugeln blieben in seinem Kopf, eine steckte drei Millimeter neben der Halsschlagader. Jetzt forderte der rastlose Lebenswandel, eine ständige

Abfolge aus endlosen Grundsatzreden, analytisch blitzschnell und messerscharf umgesetztem Aktenstudium, eruptiven Diktaten und cholerischen Wutausbrüchen, seinen Tribut. Er war rechtsseitig gelähmt, verlor eine Zeit lang sein Sprachvermögen und musste in einem Landhaus außerhalb Moskaus gepflegt werden. So sehr es ihm widerstrebte, erkannte er doch mit seinen gerade 52 Jahren die Notwendigkeit, seine Nachfolge zu regeln. Als Vorsitzender der Partei und des Rats der Volkskommissare war er der unumstritten erste Mann im Staat. Wer sollte, wer konnte ihn ersetzen?

Trotzki war beileibe nicht sein Favorit. Er sah und schätzte dessen intellektuelle Gleichrangigkeit und rhetorische Brillanz, erkannte aber auch früh dessen Menschenferne und den Hang, sich abzusondern. Vor allem aber fehlte dem menschewistischen Seiteneinsteiger eines: der bolschewistische Stallgeruch, was ihn kaum zum allseits akzeptierten Mann an der Spitze befähigte. Stalin schätzte er hingegen wegen der Nähe zur Parteibasis: Mochten ihn einige auch als ‚grauen Fleck' und wandelndes Mittelmaß verspotten, so war er es doch, der das täglich wachsende Heer der Eintrittswilligen in die Kommunistische Partei sichtete und sondierte. Dazu kam, dass er als Leiter der Arbeiter- und Bauerninspektion den Apparat von innen kannte. Gerade weil er nicht zur Parteiintelligenz gehörte, war er der Mann der einfachen Leute, die vielfach ohne Arbeit, Brot und Bildung waren, die oft genug nicht einmal lesen und schreiben konnten und jetzt vom Personalchef der Partei als Funktionäre ausgewählt wurden und daher plötzlich alles bekamen. Er war ihre Sicherheit und Zukunft.

Allein im Laufe des Jahres 1922 ernannte Stalin 10.000 Provinzfunktionäre, die meisten davon nach persönlicher Prüfung und Verpflichtung. Natürlich wusste Lenin dies und er stimmte der Berufung Stalins zum Generalsekretär deshalb, wenn auch mit einigen Bauchschmerzen, zu. Stalin verlangte von den Seinen nicht nur Loyalität und Ergebenheit, sondern auch skrupellose Einsatzbereitschaft. Notfalls mussten sie dazu bereit sein, das Dorf, in dem sie aufgewachsen waren, in Flammen aufgehen zu lassen und den Dorfältesten am nächsten Baum aufzuhängen, und da keiner von ihnen in die Armut und Arbeitslosigkeit zurück wollte, aus der er gekommen war, taten sie, wie ihnen von oben geheißen wurde. In ideologisch einfach gerasterten Schnellkursen wurde ihnen gleichzeitig mit einer gefährlich fragmentarischen Halbbildung das Bewusstsein eingetrichtert, den Typus eines neuen, anderen und überlegenen Menschen zu verkörpern.

Ausgerechnet diesem zweifelhaften Führungspersonal der mittleren und unteren Ebenen predigte Stalin schon 1921, dass die Kommunistische Partei als eine Art „Schwertbrüderorden innerhalb des Sowjetstaates"[3] anzusehen sei, wobei er ganz offenkundig auf jenen mittelalterlichen Ritterorden der Livländischen Bruderschaft anspielte, der das Baltikum einst unterworfen und kolonisiert hatte. Bereits zu Lebzeiten Lenins wurde damit eine Entwicklung in Gang gesetzt, mit der sich die Partei alle staatlichen Instanzen nach und nach unterordnete, diese zu reinen Vollzugsorganen herabstufte und machtpolitisch schließlich an deren Stelle trat. Generalsekretär und Politbüro entschieden über alle Richtlinien der Politik, der Rat der Volkskommissare, die späteren Minister, wurden der Mitsprache beraubt. Die Partei wurde nicht nur zum Staat im Staate, sie war der Staat, und so blieb es siebzig Jahre lang, bis zum Ende der Sowjetunion. Stalin stand am Anfang dieser Entwicklung.

Im September schien Lenin leidlich genesen zu sein und nahm seine Arbeit wieder auf. Schnell erschloss sich ihm das wachsende Gewicht des Apparats, vor allem des Organisationsbüros, dessen Leitung seit dem XI. Parteitag gleichfalls in den Händen Stalins lag. Auf Lenins Ablehnung stieß auch das Vorgehen Stalins gegen seine eigenen, nach Unabhängigkeit strebenden georgischen Landsleute. Schließlich stand man unmittelbar vor der Gründung der Sowjetunion, die für Lenin nur als Union national gleichberechtigter Republiken ohne russische Oberherrschaft denkbar war. Er empfing Trotzki im Kreml. Gerüchte über eine Annäherung, ja ein Bündnis der beiden machten die Runde, und es waren wohl auch mehr als Gerüchte. Da traf Lenin in der Nacht zum 5. Dezember 1922 der zweite schwere Schlaganfall.

Stalin, durch seine Spitzel längst informiert, riss sofort die Kontrolle über den Kranken an sich. Jedweder Besuch, Kontakt und brieflicher Verkehr, ja sogar der Zugang der Ärzte, unterlag seiner Genehmigung. Das Politbüro veröffentlichte eine Anweisung, dass „Wladimir Iljitsch" nichts erreichen dürfe, was ihn „zum Nachdenken veranlassen"[4] könnte. Streng genommen war Lenin Stalins Gefangener. Trotzdem gelang es ihm, am 22. Dezember durch seine Frau Nadjeschda Krupskaja einen

Brief an Trotzki auf den Weg zu bringen, was Stalin in derart helle Aufregung versetzte, dass er Lenins Frau zu sich rief und sie als „syphilitische Hure"[5] beschimpfte. Als Lenin davon hörte, erlitt er den dritten Schlaganfall. Stalin besorgte sich jetzt medizinische Lehrbücher, aus denen er die Überzeugung gewann, dass sein ehemaliger politischer Ziehvater bald sterben würde. Gegenüber Genossen höhnte er geringschätzig: „Lenin kaputt."[6] Auch das kam dem Schwerkranken zu Ohren, woraufhin er zu seiner Schwester Maria sagte: „Noch bin ich nicht gestorben, aber unter Stalins Führung haben sie mich bereits begraben."[7] Allerdings verschlechterte sich sein Gesundheitszustand jetzt so sehr, dass er selbst um Gift bat, was Stalin ihm aber verweigerte.[8] In der perfiden Inszenierung des Nachfolgekampfes erschien ihm ein lebender Lenin immer noch nützlicher als ein toter. Was er nicht wusste, war, dass eben dieser Halbtote in eben diesem Zeitraum, vom 23. Dezember 1922 bis zum 4. Januar 1923, wieder und wieder von Schwächeanfällen, Kreislaufzusammenbrüchen und tiefer Bewusstlosigkeit unterbrochen, einen in Umfang und Substanz beachtlichen Nachlass aus Notizen, Bruchstücken und geschlossenen Texten diktierte, der als Lenins Vermächtnis und Testament in die Geschichte eingehen sollte. Hätte Stalin davon Kenntnis gehabt, dann hätte er Lenin den gewünschten Giftbecher vermutlich gegeben, ohne mit der Wimper zu zucken. Die Schriftstücke wurden, nachdem Stalin über den Inhalt informiert worden war, versiegelt und Nadjeschda Krupskaja übergeben, denn vermutlich hätte ihre Veröffentlichung[9] sein sofortiges politisches Ende bedeutet.

Lenins gesamtes Testament ist durchdrungen von der Erkenntnis, dass die kulturell und intellektuell rückständige russische Gesellschaft, insbesondere aber ihre Arbeiter und Bauern, 1917 gar nicht reif gewesen seien für die Revolution. Das Ganze sei das denkbar Falscheste zum falschen Zeitpunkt am falschen Ort gewesen. Jeder Versuch, in diesen fehlgeleiteten Prozess jetzt noch staatlich-administrativ oder gar mit anderen Methoden eingreifen zu wollen, müsse unweigerlich in der Tyrannei enden (!). Keinen Zweifel ließ er nunmehr auch daran, wen er als größte Gefahr in dieser Entwicklung sah:

> „Seitdem Genosse Stalin Generalsekretär geworden ist, vereinigt er in seiner Hand eine ungeheure Macht, und ich bin nicht davon überzeugt, dass er diese Macht immer mit der gebotenen Vorsicht zu nützen wissen wird."[10]

Wenig später verglich er Stalin mit einem „großrussischen Chauvinisten, ja im Grunde Schurken und Gewalttäter"[11], der kleine Nationen, wie Georgien, unterdrücke, wo doch die Russen „größte Vorsicht, Zuvorkommenheit und Nachgiebigkeit"[12] an den Tag legen müssten. In Klammern fügte er hinzu: „Es ist bekannt, dass russifizierte Menschen fremder Nationalität in der Bekundung ihrer echt russischen Haltung immer über das Ziel hinausschießen (...)"[13] In einer sozialistischen Föderation müssten „unterdrückte Nationen" wie Georgien sogar mehr Rechte haben als die „unterdrückende Nation", weil nur ein solcher Status „jene Ungleichheit aufwiegt, die sich faktisch im Leben ergibt".[14] Schließlich folgten jene berühmt gewordenen Sätze:

> „Stalin ist zu grob, und dieser Mangel, der in unserer Mitte und im Verkehr zwischen uns Kommunisten durchaus erträglich ist, kann in der Funktion des Generalsekretärs nicht geduldet werden. Deshalb schlage ich den Genossen vor, sich zu überlegen, wie man Stalin ablösen könnte, um jemand anderen an diese Stelle zu setzen, der sich in jeder Hinsicht vom Genossen Stalin nur durch einen Vorzug unterscheidet, nämlich dadurch, dass er toleranter, loyaler, höflicher und den Genossen gegenüber aufmerksamer, weniger launenhaft usw. ist."[15]

Damit war klar, dass Lenins Testament gleichzeitig Stalins Entlassungsurkunde sein sollte. Obwohl in ihm Bucharin als der „Liebling der ganzen Partei"[16] und Trotzki als der „unzweifelhaft fähigste Mann in dem derzeitigen Zentralkomitee"[17] bezeichnet wurden, ließ Lenin es offen, wer Generalsekretär werden sollte. Hauptsache, es war nicht der grobschlächtige Schustersohn aus Gori. Erst am 5. März erfuhr er in voller Tragweite, wie seine Frau behandelt worden war. Unverzüglich diktierte er zwei Briefe an Stalin. Dieser sollte sich für seine „Grobheit" entschuldigen oder „unsere Beziehung als beendet"[18] betrachten. Aus Stalins hinhaltender, ignoranter Antwort sprach im Grunde genommen tiefste Verachtung für den Sterbenden, der vier Tage später den vierten Schlaganfall erlitt, halbseitig gelähmt war und nur noch einfache Wörter wie *wot – wot* („da, da") stammeln konnte. Trotzdem hatte Stalin den Kampf noch nicht gewonnen. Denn jetzt erschienen lange verschleppte Lenin-Artikel in der *Prawda*, in denen die Arbeiter- und Bauerninspektion vernichtend kritisiert wurde. Trotzki hatte die ausdrückliche Anweisung erhalten, „die Verteidigung der georgischen Sache"[19] zu übernehmen, und über allem schwebte die Gefahr, dass Lenins Vermächtnis auf dem kommenden XII. Parteitag publik werden würde. Wäre es so gekommen, die Weltgeschichte hätte einen anderen Lauf genommen und Millionen Menschen wäre ein grausamer Tod erspart geblieben. In einem der letzten vollständigen Sätze, die Lenin (gegenüber seiner Frau) aussprach, hieß es, dass Stalin „die elementarste menschliche Aufrichtigkeit abgeht".[20]

Etwa zur selben Zeit äußerte sich eben dieser Stalin im Gespräch mit Dserschinski, wie er innerparteiliche und generell zwischenmenschliche Auseinandersetzungen auszutragen pflege. Man müsse „das Opfer auswählen, sorgfältig Pläne machen, einen unstillbaren Rachedurst löschen und dann zu Bett gehen (...) Es gibt nichts Süßeres auf der Welt".[21]

Lenins Gedanken zur Absetzung Stalins als Generalsekretär wurden auf dem Parteikongress nicht verlesen. Trotzki, obwohl sicherlich zu Einigem autorisiert, machte von der Bombe in seinen Händen keinen Gebrauch, sondern schwieg während der ganzen Debatte. „So wurde Lenins ‚Bombe' nicht nur zum Blindgänger, sondern sie rollte auch noch dem Falschen in den Weg."[22] Schritt für Schritt wendete Stalin jetzt mit eiskaltem Raffinement alles ins Gegenteil. Wladimir Iljitsch Lenin starb am 21. Januar 1924 nach einem letzten schweren Schlaganfall. Stalins damaliger Sekretär Baschanow berichtete über dessen Reaktion: „Ich habe ihn nie glücklicher gesehen als in den Tagen nach Lenins Tod. Er lief mit einem Gesicht, das Genugtuung ausstrahlte, im Büro auf und ab."[23] Das Volk indes verhielt sich anders. Trotz der arktischen Kälte von minus 35 Grad strömten die Menschen scharenweise schluchzend auf die Straßen, Lenin-Bildchen in den Händen, die sie wieder und wieder küssten. Frauen fielen in Ohnmacht. Die Trauer war spontan, herzlich und echt. In den folgenden drei Tagen stand eine halbe Million Menschen mit halb abgefrorenen Füßen an, um an dem aufgebahrten Leichnam vorbeizudefilieren. Aus Petersburg wurde Leningrad. Lenin selbst hatte sich jede größere Zeremonie ausdrücklich verbeten. Dieser letzte Wunsch sollte ihm nicht erfüllt werden.

Stalin sandte die Todesbotschaft in das Land, er hielt die Totenwache und er führte den Trauerzug an. Seine Rede auf der Gedenkfeier begann mit den Worten: „Genossen! Wir Kommunisten sind Menschen von besonderem Schlag. Wir sind aus besonderem Stoff gemacht. (...) Es gibt nichts Höheres als den Namen eines Mitglieds der Partei, deren Gründer und Führer Genosse Lenin ist."[24] Es folgte der sechsfache, jedes Mal mit der Formulierung „Als Genosse Lenin von uns schied" eingeleitete Schwur, die Reinheit und die Einheit der Partei zu wahren, die Diktatur des Proletariats zu schützen, das Bündnis der Arbeiter und Bauern und die Union der Republiken zu festigen sowie der Kommunistischen Internationale die Treue zu bewahren. Am Ende hieß es jeweils wie bei einer katholischen Litanei: „Wir schwören dir, Genosse Lenin, dass wir auch dieses dein Gebot in Ehren erfüllen werden!" Obwohl Nadjeschda Krupskaja öffentlich verlangt hatte, dass es keine „äußere Verehrung seiner Person" geben dürfe, wurde der Leichnam Lenins einbalsamiert, mumifiziert und in ein pompös ausgestattetes Mausoleum an der Kremlmauer gebracht, das von Anfang an als nationale Wallfahrtsstätte konzipiert war.

Lenin wurde nicht begraben und bestattet, da er noch ‚gebraucht' wurde, und zwar von Stalin. Dieser ließ den damals renommiertesten Hirnforscher, Oskar Vogt, von Berlin nach Moskau übersiedeln und stellte ihm ein ganzes Institut zur Verfügung. Dessen Analyse des Gehirns Lenins sollte dem Rest der Welt die uneinholbare Überlegenheit des weltweit ersten sozialistischen Staates darlegen und beweisen.

Die Wirklichkeit hinter den Kulissen aber stand in großem Widerspruch zu dem nach außen inszenierten Totenkult. Stalins Sekretär Xenofontow berichtet, dass „sein ganzes Gesicht vor Zufriedenheit"[25] strahlte. Er hielt das Spiel für gewonnen und die Machtergreifung für vollzogen. Neben Lenins Tod kam ihm noch ein anderer glücklicher Umstand zu Hilfe: Trotzki war an einem merkwürdigen Fieber erkrankt, das er fern von Moskau am Schwarzen Meer auskurieren musste, wo er auch die Nachricht vom Ableben des ‚Meisters' erhielt. In einem von Stalin persönlich unterzeichneten Telegramm an Trotzki hieß es, dass dieser zu den Feierlichkeiten nicht mehr rechtzeitig zurück sein könne (was gelogen war) und deshalb lieber seinen Genesungsprozess fortsetzen solle.[26] So kam es, dass im Trauerzug einer der beiden potenziellen Nachfolger des Verstorbenen fehlte.

Das Ende Trotzkis

Unveränderbar allerdings waren die Machtverhältnisse zu dem Zeitpunkt noch nicht. Nach wie vor hing Lenins ‚Bombe' in der Luft, deren Explosion, also die Veröffentlichung des Testaments, unverändert Stalins politischen Tod hätte bedeuten können. Der nächste Parteitag rückte näher, eine Vollversammlung des Zentralkomitees im Mai sollte seiner Vorbereitung dienen. Zwischenzeitlich hatte der Generalsekretär den gesamten Text in Erfahrung gebracht. Wutentbrannt beschimpfte er erneut die Krupskaja. Der Text wurde dann im Mai im ZK verlesen. Lähmendes Schweigen machte sich breit. Es war eine Stimmung wie beim Jüngsten Gericht. „Stalin sah klein und hässlich aus"[27], berichtete ein Teilnehmer. Auch Trotzki, wieder in Moskau zurück, sagte kein einziges Wort. Schließlich bot Stalin seinen Rücktritt als Generalsekretär an, versehen mit der Anmerkung, Lenin sei bei der Abfassung des Testaments nicht er selbst gewesen, sondern „ein kranker Mann, umgeben von Weibervolk".[28] Das Angebot wurde einstimmig abgelehnt. Mit vierzig zu zehn Stimmen entschied das ZK außerdem, dass das Vermächtnis des Patriarchen nicht ans Licht der Öffentlichkeit gelangen sollte. Stalin war gerettet. Der nachfolgende Parteitag erhob ihn „vom Stand der Unterordnung auf den ersten Platz" (Isaac Deutscher).

Im Herbst 1924 wagte Stalin es bereits, Trotzkis Rolle während der Oktoberrevolution herunterzuspielen und zu verfälschen. Unermüdlich intrigierte er weiter. Am 17. Januar 1925 musste Trotzki eine mächtige Bastion räumen und vom Posten des Kriegskommissars zurücktreten. Ohne Widerspruch führte er die Anordnungen „des Generalsekretärs" aus. Noch war er Mitglied im siebenköpfigen Politbüro (von dem Stalin später sechs Personen umbringen ließ, Trotzki eingeschlossen), doch die nächste Demütigung sollte bald folgen. Als ein amerikanischer Journalist die ‚Bombe' doch noch hochgehen ließ und Lenins Testament veröffentlichte[29], wurde Trotzki gezwungen, dieses in einer persönlich unterzeichneten Erklärung als „bösartige Erfindung"[30] hinzustellen.

Auf dem XIV. Parteitag Ende des Jahres 1925 wurden allerdings deutliche Warnsignale gegen den unaufhaltsamen Aufstieg Stalins laut. Zwar hielt dieser erstmals das Hauptreferat, fast postwendend erhielt er aber zur Antwort: „Wir sind gegen die Aufstellung einer Theorie vom

‚Führer', wir sind dagegen, einen ‚Führer' zu schaffen."[31] Augenblicklich entstand Tumult im Saal. Die Möglichkeit, der Allmacht einer Einzelperson den Weg zu verbauen, schien gegeben, unüberhörbar waren aber auch die „Hurra"-Rufe der Provinzfunktionäre, als Stalin, die Situation blitzschnell erfassend, ans Pult trat und sagte: „Ihr wollt das Blut von Bucharin? Wir werden euch sein Blut nicht geben, das sollt ihr wissen."[32] Um den ging es aber gar nicht, es ging nach wie vor um den Zweikampf zwischen ihm und Trotzki. Geschickt waren die Wogen der Empörung irgendwohin gelenkt worden, wo sie sich folgenlos totliefen. Als Trotzki sich endlich öffentlich äußerte und Stalin einen „Totengräber der Revolution"[33] nannte, war es bereits zu spät, um damit noch Erfolg zu haben. Er wurde aus dem Politbüro ausgeschlossen. Mutig fragte er, wann die selbst ernannten Richter der Russischen Revolution ihre Gegner auf die Guillotine zu bringen gedächten, was zu seinem Rauswurf aus dem Zentralkomitee führte.

Der XV. Parteitag im Dezember 1927 sah Trotzki nicht mehr als Delegierten, nicht einmal mehr als Gast, da seine Mitgliedschaft in der Kommunistischen Partei der Sowjetunion (KPdSU), wie sie sich seit 1922 nannte, gelöscht worden war. Einen Monat später musste er Moskau verlassen und wurde auf dem Bahnhof von Alma-Ata im hintersten Kasachstan von der Geheimpolizei in Empfang und Gewahrsam genommen. Der Kampf war entschieden. Dass Stalin den Helden der Revolution trotzdem weiter verfolgte und verbannte, um den halben Erdball hetzte und ihm Asyl gewährenden Staaten mit dem Abbruch der diplomatischen Beziehungen und wirtschaftlichem Boykott drohte, ein Heer von Agenten, Spionen und Spitzeln auf ihn ansetzte, seine Familie in den Tod trieb und ihn selbst schließlich ermorden ließ, gibt Zeugnis von Stalins Einschätzung des intellektuellen und historischen Ranges dieser Person. Solange Trotzki lebte, gab es noch einen, der über Stalins tatsächliche, sprich lächerliche Rolle während der Oktoberrevolution Kunde geben konnte. Solange Trotzki lebte, gab es noch einen, der als Interpret und Umsetzer der Lehren Lenins nicht nur kompetenter, sondern möglicherweise auch berufener war, einen, der nicht nur brutaler Macher, sondern auch genialer Denker war. Die Frage, wer bis zum Schluss vor wem mehr Angst hatte, der Verfolgte vor dem Verfolger oder der Verfolger vor dem Verfolgten, muss offen bleiben.

Trotzkis Angriffe auf Stalin gingen auch aus der Verbannung weiter. 1928 wurden über tausend politische Briefe und fast ebenso viele Telegramme zwischen Alma-Ata und Moskau vermittelt, mit dem Ergebnis, dass irgendwann einmal ein Bevollmächtigter der GPU vor Trotzkis Tür stand. Er überreichte ihm den ultimativen Befehl, die „Leitung der Opposition"[34] gegen Stalin einzustellen. Am 18. Januar 1929 wurde dem Politbüro fast unisono ein Antrag vorgelegt, in dem die Ausweisung Trotzkis aus der Sowjetunion verlangt wurde. So etwas hatte es zuvor noch nie gegeben. Bucharin entrüstete sich, aber er blieb die einzige Gegenstimme in einem ansonsten Stalin längst gefügigen Kreis. Trotzki emigrierte nach Istanbul. Sofort erreichte die türkische Regierung eine scharfe Protestnote, und der Oppositionelle sah sich auf die einsame Insel Prinkipo verbannt. Aber selbst von dort gelang es ihm, auf abenteuerlichen Wegen ein Presseorgan, das *Bulletin der Opposition*, in die Heimat zu bringen. Über dessen Verbreitungsgrad dürfte er sich nicht die geringsten Illusionen gemacht haben, viel wichtiger war ihm jedoch die Gewissheit, dass einer jede Nummer von der ersten bis zur letzten Zeile las: Josef Stalin. Dieser hatte keineswegs vergessen, dass auch Lenins Exilzeitschrift *Iskra* alles andere als ein Massenblatt gewesen war und trotzdem großen Einfluss gehabt hatte.

Das Blatt enthielt erstaunliche Insider-Informationen, schonungslos korrekte Zahlen über die katastrophale wirtschaftliche Lage der Sowjetunion, und selbstverständlich fand auch Lenins testamentarischer Rat, Stalin zu entfernen, wieder und wieder Eingang in die dort veröffentlichten Artikel. Eine innersowjetische Oppositionsbewegung kam dadurch allerdings nicht zu Stande. Auch als Trotzki daraufhin die Sympathien der Welt auf sich vereinigen wollte und der kommunistischen seine eigene, faktisch noch heute bestehende Internationale entgegensetzte, blieb dieser Gründung wenig Erfolg beschieden. Stalin ließ ihm die sowjetische Staatsangehörigkeit aberkennen. Trotzki ging nach Norwegen. Die Späher fanden ihn auch dort und meldeten es. Noch am selben Tag traf in Oslo ein diplomatisches Schriftstück aus Moskau mit der Androhung härtester Embargomaßnahmen ein. Aber das Land der Fjorde weigerte sich standhaft, Trotzki auszuweisen oder gar an die Sowjetunion auszuliefern. Trotzdem verließ dieser das Land. Die letzte Station seiner Odyssee hieß Mexiko. Alle seine Kinder waren bereits unter den merkwürdigsten Umständen gestorben, als er dort am 20. August 1940 in der sommerlichen Gluthitze an einer Stalin-Biographie, einer gnadenlosen Abrechnung, arbeitete und der gedungene Attentäter Ramon Mercader mit dem Eispickel in der Hand ins Zimmer stürmte.

Bei aller persönlichen Feindschaft und bei allem tödlichen Hass ging es in der Auseinandersetzung zwischen Trotzki und Stalin vor allem um ideologische Differenzen, wie etwa um die Bewertung des revolutionären Erfolges von 1917 im internationalen Kontext. Denn je länger dieser zurücklag, umso unübersehbarer war es, dass die Völker die Signale nicht erhört hatten, insbesondere eines nicht: das deutsche, dem Lenin schon vor dem Sturm auf das Winterpalais die alles entscheidende Rolle für die Auslösung der Weltrevolution zugewiesen hatte. Was war nun damit? Was war mit dem „deutschen Oktober"? Stand er unmittelbar bevor oder sollte er nie kommen? Als sich die politische und wirtschaftliche Lage Deutschlands im Herbst 1923 zuspitzte, geriet die Frage immer dringlicher auf die Tagesordnung des Politbüros.

Das Scheitern des „deutschen Oktober"

Die Republik von Weimar war von Beginn an von außen und innen belagert. Außenpolitisch isoliert, erdrückenden Reparationsverpflichtungen unterworfen und mit einem 100.000-Mann-Heer ihrer Verteidigungsfähigkeit faktisch beraubt, musste die Regierung tatenlos mit ansehen, wie die französische Armee das Rheinland und das Ruhrgebiet besetzte. Gleichzeitig versuchten paramilitärische Verbände von rechts und links die erste Demokratie auf deutschem Boden zu stürzen. Eine rechtsextreme so genannte Organisation Consul verübte mit einem von Flensburg bis zum Bodensee reichenden Netz von Mitarbeitern eine Serie blutiger Anschläge, die linken Demokraten in die Schuhe geschoben wurden und das Vertrauen in das neue, parlamentarische System bei der Bevölkerung untergraben sollten. Auf der anderen Seite verfügte die Kommunistische Partei Deutschlands (KPD) über einen Organisationsapparat, ein Presseimperium und mit dem Rotfrontkämpferbund über eine Streitmacht, die sich nicht nur für Saalschlachten eignete. Außerdem befehligte sie die Proletarischen Hundertschaften, Wehrorganisationen, die offiziell dazu da waren, die Republik vor rechtsextremen

Umtrieben zu schützen. Vielerorts, so zum Beispiel in Sachsen und Thüringen, billigte die Polizei deshalb das Vorgehen dieser Trupps, in denen sich auch viele Sozialdemokraten engagierten. Der Druck der Straße nahm mit jedem Tag zu, die existenzielle Not der Menschen steigerte sich ins Unerträgliche und die Währung fiel ins Bodenlose. Am 29. September 1923 kostete ein Kilo Roggenbrot drei Millionen Reichsmark. Wann eigentlich zuschlagen, wenn nicht jetzt, so hieß es immer lauter im Moskauer Politbüro. Es gab keinen Zweifel: Deutschland war reif für die bolschewistische Revolution nach dem Muster des Oktoberumsturzes von 1917 in Petrograd. Mochten sich im Führungstriumvirat um Lenin, Stalin und Trotzki auch längst Risse zeigen, hierin waren sie sich einig.

Karl Radek, der Deutschlandexperte des Politbüros, pendelte unablässig zwischen Moskau und Berlin hin und her. Seine Analysen berechtigten zu den kühnsten Hoffnungen. Unklar und strittig war nur die Frage der Bündnispartner, denn die Kommunisten allein würden so ein großes Land wie Deutschland nicht herumreißen können. Trotzki, der alte Menschewist, tendierte zu den Sozialdemokraten, Stalin und Radek zu den nationalistischen Rechtskräften. Als Albert Leo Schlageter, ein rechtsradikaler Partisan, im Ruhrkampf von den Franzosen standrechtlich erschossen wurde, feierte Radek ihn als „mutigen Soldaten der Konterrevolution".[35]

Am 12. August 1923 stürzte die Reichsregierung in Berlin. Der Jungkommunist Walter Ulbricht verlangte die sofortige Installierung einer Arbeiterregierung. Doch die Bürgerlichen setzten sich noch einmal durch. Mit dem Nationalliberalen Gustav Stresemann, einer anerkannten Integrationsfigur als neuem Kanzler, zogen sie ihre letzte Karte. In Moskau wurde hektisch eine Geheimsitzung des Politbüros nach der anderen anberaumt. Was man auf diesen Sitzungen beschloss, verschwand für 75 Jahre in den Aktenschränken. Auch mit *Glasnost* und Gorbatschow kam es noch nicht zur Öffnung dieser Bestände im Geheimarchiv des ZK. Deshalb wissen wir erst seit 1995, dass am 4. Oktober 1923 Ort, Zeit und Ablauf des geplanten Umsturzes in Deutschland definitiv festgelegt wurden. Mit ausgesprochenem Sinn für chronologische Symbolik sollte alles am 9. November, dem fünften Jahrestag der deutschen Novemberrevolution, beginnen, allerdings nicht in Berlin, sondern in Kiel, wo meuternde Matrosen 1918 das Startsignal zum Hinwegfegen der alten Herrschaft gegeben hatten. Dort, an der Förde, sollte der Auftakt zum deutschen Sowjetstaat, zur Bildung der „Vereinigten Staaten der Arbeiter- und Bauernrepubliken von Europa"[36] und der sich anschließenden Weltrevolution stattfinden. Um dieses große Ziel zu erreichen, wurden den eigenen „arbeitenden Massen" umfassende Hilfsleistungen abverlangt. Sie mussten Lohnsenkungen hinnehmen, eine Million Tonnen Getreide an der Westgrenze und zur Verschiffung in den Hamburger Hafen bereitstellen, und die Frauen sollten ihre Eheringe zum Einschmelzen abliefern.

Mit einem speziellen Mobilisierungsbefehl erfasste man für den Einsatz in Deutschland geeignete Genossen, deutsch sprechende Balten und ehemalige Kriegsgefangene. Insgesamt sollten 2,3 Millionen Rotarmisten Gewehr bei Fuß stehen. Stalin notierte: „Revolution in Deutschland und unsere Hilfe mit Lebensmitteln, Kriegsmaterial, Menschen bedeutet Krieg. (...) Wir müssen uns auf den Krieg vorbereiten."[37] Als unvermeidbar erschien ihm ein erneuter Waffengang mit dem Durchmarschland Polen und den baltischen Staaten sowie mit Frankreich und England. Aber, so schrieb ein anderes Politbüromitglied, „das Bündnis Sowjetdeutschlands mit der UdSSR würde (...) einen militärischen Kraftkern schaffen", der alle anderen europäischen Staaten in die Knie zwingt. Für das Volk wurde die Losung ausgegeben „Deutsche Dampfhämmer und sowjetisches Brot werden gemeinsam die Welt erobern."[38] Schon hingen die ersten Spruchbänder über den Moskauer Straßen, in denen man die deutsche Revolution begrüßte. Trotzki, damals noch in Amt und Würden, bat darum, von allen Ämtern in Russland, einschließlich des Kriegskommissariats, entbunden zu werden und, so wie 1917 in Petersburg, nunmehr auch in Berlin den logistischen und generalstabsmäßigen Ablauf des Umsturzes befehligen zu dürfen, was Stalin persönlich verhinderte. Eine Intervention der deutschen Genossen zugunsten Trotzkis blieb erfolglos. Stattdessen erhielten sie 50.000 Goldrubel als „Sonderdepot".[39] Am 9. Oktober erschien in der *Roten Fahne*, dem Parteiorgan der KPD, ein handgeschriebener Brief Stalins im Faksimile, in dem es hieß: „Der Sieg des deutschen Proletariats wird ohne Zweifel das Zentrum der Weltrevolution von Moskau nach Berlin versetzen."[40]

Am nächsten Morgen traten Kommunisten in die sozialdemokratisch geführte Landesregierung von Sachsen ein, die thüringische KP folgte dem Beispiel wenig später. Hatte sich die Frage nach dem Bündnispartner damit von selbst erledigt? Die Spannung stieg ins Unerträgliche. Örtliche Organisationsleiter wie Walter Ulbricht begannen mit den konkreten Vorbereitungen für den Aufstand. Der Apparat stand. Seit Monaten waren 24 russische Bürgerkriegsexperten unter einem „Militärpolitischen Reichsleiter" in Deutschland anwesend. Ihm assistierte ein „Militärrat" der KPD. Sechs deutsche Funktionäre wurden zu regionalen „Oberleitern" ernannt, mit einem Russen als Stabschef. Das eigentliche „Revolutionskomitee" wurde von einem polnischen Kommunisten geleitet. Immer neue Offiziere der Roten Armee sickerten ins Reich ein. Sie sollten proletarische Hundertschaften mit einer geschätzten Gesamtstärke von 100.000 Mann in den Kampf führen. Sondereinheiten waren der „Terrorapparat", der „Zersetzungsapparat" sowie das „Waffen- und Munitionsbeschaffungsamt". Der „Militärpolitische Reichsleiter" erhielt aus der bettelarmen Sowjetunion 200.000 Dollar zum Ankauf von Dynamit, Munition und Cholera-Bakterien für die biologische Kriegsführung. 150.000 Flugblätter wurden im ganzen Reich verteilt, in denen dazu aufgerufen wurde, alle auffindbaren Waffen an sich zu nehmen. Ein Generalstreik sollte das endgültige Signal zum Losschlagen sein.

Alles hing von einer Konferenz der sächsischen Gewerkschafter und Betriebsräte am 21. Oktober in Chemnitz ab, auf der die Sozialdemokraten in der Mehrheit waren. Die auf der Gewerkschaftskonferenz aufgestellte Forderung nach einem Generalstreik wurde jedoch von der sozialdemokratischen Mehrheit abgelehnt. Daraufhin rannten die KPD-Funktionäre zum Chemnitzer Bahnhof, wo ihre Kuriere darauf warteten, mit dem Einsatzbefehl in alle deutschen Lande gesandt zu werden. Sie konnten alle bis auf einen, Hermann Remmele, aufhalten, der bereits nach Kiel unterwegs war, von wo aus der Umsturz begonnen werden sollte. In der Nacht war auch Radek aus der Kremlmetropole zurückgekehrt. Er unterstützte den inzwischen gefassten Beschluss, nicht mehr bis zum 9. November zu warten. Der Startschuss zur Revolution sollte jetzt schon am 23. Oktober um 5 Uhr früh fallen. Remmele machte auf seinem Weg an die Förde in Hamburg Halt, um dem Genossen Ernst Thälmann die Frohbotschaft zu überbringen. Erst auf dem Kieler Hauptbahnhof erreichte ihn die Mitteilung, dass alles abgeblasen sei. Aber in Hamburg hatten die Vorbereitungen für die revolutionäre Machtübernahme längst begonnen. 17 Polizeireviere wurden gestürmt. Heckenschützen postierten sich auf den Dächern, Gerüchte, dass die Rote Flotte in den Hamburger Hafen einlaufen werde, machten die Runde. Doch kein einziger Werftarbeiter rührte seine Hand. Die proletarischen Massen schwiegen. Nach anderthalb Tagen war der Aufstand in Hamburg kläglich in sich zusammengebrochen. Einhundert Menschen hatten bei dem Umsturzversuch ihr Leben lassen müssen. Zeugnisse aus Stalins Feder belegen, dass er einer Alleinregierung der KPD in Deutschland keine Chance gab. Schon am 2. August 1923 hatte er an den Vorsitzenden der Kommunistischen Internationale geschrieben: „Selbstverständlich schlafen die Faschisten nicht (...)" Und dann folgt der Satz, der einen in seiner Prophetie erschaudern lässt: „Für uns ist es günstiger, wenn die Faschisten als erste angreifen."[41]

Die ernüchternde Lektion von der Hamburger Wasserkante wurde zum entscheidenden Wendepunkt im revolutionären Selbstverständnis des jungen Sowjetstaates. Während Trotzki weiter von der permanenten und weltweiten Revolution träumte, wurde Stalin schlagartig klar, dass das Mutterland der Werktätigen für lange Zeit, möglicherweise sogar für immer auf sich selbst gestellt bleiben würde. Seine These vom „Sozialismus in einem Land", wenn auch expressis verbis erst ein Jahr später ausformuliert, war in den Tagen des Scheiterns von Berlin, Chemnitz, Hamburg und Kiel entstanden. Sie wurde nun für über ein Jahrzehnt zur offiziellen Doktrin der sowjetischen Außenpolitik. Im Übrigen sollte es ja auswärtige Politik nach dem Oktober 1917 gar nicht mehr geben, sondern nur noch Weltinnenpolitik. Von den beiden mit Außenbeziehungen befassten Organen, der Kommunistischen Internationale und dem Volkskommissariat für auswärtige Angelegenheiten, genoss nach der reinen kommunistischen Lehre deshalb auch das Erstere klare Priorität. Die Sowjetbotschafter im Ausland bekamen folglich die Anweisung, auf den diplomatischen Parketten bewusst Protokoll und Etikette zu verletzen und mit revolutionären Parolen zu agitieren. Allerdings hatten sie hierzu wenig Gelegenheit, da die Regierungen in den kapitalistischen Metropolen Paris, London und Rom nicht daran dachten, den Leninstaat anzuerkennen. Vielmehr griffen sie in den Bürgerkrieg zwischen „Weißen" und „Roten" mit eigenen Interventionsarmeen ein und verstärkten so die Belagerungs- und Umzingelungsängste der Sowjets. In dieser Hinsicht war der im April 1922 abgeschlossene Vertrag von Rapallo ein Geniestreich Moskaus, denn mit ihm wurde das bürgerliche Deutschland aus der Front der Einkreisungsgegner herausgebrochen. Die hierdurch entstandene Konstellation „mit Deutschland gegen den Westen" bildete nunmehr bis 1941 die Leitlinie der gesamten sowjetischen Außenpolitik. Sie hatte nur einen Preis: die Weltrevolution. Stalin war bereit, ihn zu zahlen, Trotzki nicht. Die automatische Folge dieser Entwicklung war der rapide Bedeutungsverlust der Komintern, die Stalin bald nur noch den „Kramladen" nannte. Die klassische Diplomatie siegte über die revolutionäre Phraseologie.

Die internationalen kommunistischen Parteien, vor allen Dingen die deutsche, wurden zu Erfüllungsgehilfen der sowjetischen Innen-, Außen- und Wirtschaftspolitik degradiert sowie gleichzeitig bolschewisiert und stalinisiert. Danach bedeuteten dem Kreml die alten nationalkonservativen, aber immerhin ostorientierten Eliten in Regierung und Reichswehr mehr als die ‚eigene' Partei in Berlin. Gefahr war immer dann im Verzug, wenn in Berlin Kräfte ans Ruder kamen, die auf einen Ausgleich oder sogar auf ein Bündnis mit dem Westen ausgerichtet waren. Dies galt natürlich für den Nationalliberalen Stresemann, dies galt ganz besonders aber auch für die SPD. Sie avancierte deshalb zum erklärten Feind der Moskauer Außenpolitik. Nur in dieser Optik ist ein Zitat verständlich, das Stalin erstmals 1924 äußerte, später mehrfach bekräftigte und 1928 schließlich zur verbindlichen These erklärte. Ihr wesentliches Kennzeichen ist eine fatale Fehleinschätzung der NSDAP, die noch eine praktisch unbedeutende Partei war, als Stalin in dem *Zur internationalen Lage* betitelten Aufsatz schrieb:

> „Der Faschismus ist eine Kampforganisation der Bourgeoisie, die sich auf die aktive Unterstützung der Sozialdemokraten stützt. Die Sozialdemokratie ist objektiv der gemäßigte Flügel des Faschismus. (...) Diese Organisationen schließen einander nicht aus, sondern ergänzen einander. Das sind keine Antipoden, sondern Zwillingsbrüder."[42]

Glaubte Stalin tatsächlich, was er hier sagte, oder diente diese ungeheuerliche Gleichsetzung ganz anderen Zwecken? Auffällig ist die zeitliche Nähe dieser Aussage zur Begründung der Lehre vom „Sozialismus in einem Land", der Loyalitätsprüfung für alle Linientreuen in den nächsten 15 Jahren. Stalin war kein Freund des kommunistischen Umsturzversuches von 1923 in Deutschland gewesen, hatte sich unter dem Eindruck der Katastrophenmeldungen von der Ruhr (des wirtschaftlichen Zusammenbruchs, der Hyperinflation und des Einmarschs der französischen Armee) aber umstimmen lassen. Jetzt, da alles gescheitert war, galt es den eigenen, selbstverständlich richtigen Überzeugungen den Weg zu bahnen, die da hießen: Ruhe an allen Fronten, Primat der Innenpolitik, Aufbau und Konsolidierung. Dies erschien um so dringlicher, da keiner wusste, wann der nächste Krieg kommen würde, es aber hieß, für ihn gerüstet zu sein. Stalin glaubte zu keinem Zeitpunkt, dass Deutschland die 1919 in Versailles auferlegten Knebelungen widerstandslos hinnehmen würde. Deshalb traute er dem neuen Bundesgenossen auch nach dem Husarenstück von Rapallo nicht, und sein Argwohn verschärfte sich noch, als Stresemann 1925 im Vertrag von Locarno die Westgrenze mit Frankreich anerkannte, die Frage der deutschen Ostgrenzen aber bewusst offen ließ. Der Kommentar des Kreml-Herrn hierzu lautete: „Locarno trägt den Keim eines neuen Krieges in Europa in sich."[43] Schon vorher hatte er mit fast sibyllinischer Vorahnung geurteilt:

> „Sollte aber der Krieg beginnen, so werden wir nicht untätig zusehen können – wir werden auftreten müssen, aber wir werden als letzte auftreten. Und wir werden auftreten, um das entscheidende Gewicht in die Waagschale zu werfen, ein Gewicht, das ausschlaggebend sein dürfte."[44]

Zwar dokumentierte der Berliner Vertrag von 1926 noch einmal die Gewissheit, dass Deutschland sich nicht in einen gegen die Sowjetunion gerichteten Westblock eingliedern ließ, aber ein Bodensatz Misstrauen blieb. Der Geist von Rapallo war nur notdürftig reanimiert. Als Großbritannien 1927 die erst vor drei Jahren begonnenen diplomatischen Beziehungen mit Moskau abbrach und 1928 in Berlin ein sozialdemokratischer Kanzler an die Macht gewählt wurde, sah sich das Mutterland des Sozialismus wieder auf die Sicherung seiner eigenen Grenzen zurückgeworfen, die es im Bürgerkrieg nach allen Seiten hatte verteidigen müssen. Kriegspsychose, ja Kriegshysterie griff um sich, und der Kurs in der Innen- und Wirtschaftspolitik wurde erneut geändert.

Das Schicksal der NÖP und der „Sozialismus in einem Land"

Offiziell galt in der Sowjetunion seit 1921 die Lehre von der Neuen Ökonomischen Politik, jener noch von Lenin eingeführten kommunistisch-kapitalistischen Mischwirtschaft, die schnell beachtliche Erfolge gezeitigt hatte. Schon 1923 produzierten die Bauern mehr Getreide, als auf den Märkten in den Städten profitabel verkauft werden konnte, mit der Folge, dass sie es auf Nebenmärkten zu höheren Preisen veräußerten, ans Vieh verfütterten und das selbst gemästete Kalb auf den Tisch brachten. Andere Getreideüberschüsse landeten in der Schwarz-Destille im eigenen Keller. Kurz, die Partei hatte das Dorf nach wie vor nicht erobert. Nicht umsonst betrachteten ihre Hardliner die NÖP deshalb auch als erzwungenen Rückzug oder sogar als das Scheitern der Revolution.

Vielleicht hießen die Alternativen Russlands also gar nicht Lenin, Stalin oder Trotzki, sondern die Bauern unterwerfen oder sie nicht unterwerfen. Es war die große Zeit Bucharins, der 1925 die erste allgemeine Theorie der NÖP vorlegte. Sie war ein Plädoyer für den starken, produktiven Bauern, dem eine Landpacht auf unbegrenzte Zeit und die Anstellung von bis zu zwölf Lohnarbeitern gestattet werden sollte. Das Land sollte, was wie ein Widerspruch in sich klingt, über den Markt in den Sozialismus hineinwachsen – und züchtete dabei den alten Klassenfeind, den Großbauern, den Kulaken, wieder heran. Kontrolliert wurden Markt und Produktion durch den Obersten Wirtschaftsrat, die Staatsbank und die Staatliche Plankommission. Zu gute Geschäfte einzelner konnten den Vorwurf hervorrufen, „Spekulanten" zu sein, und zur Verhaftung führen.

1927 ereilte den jungen Sowjetstaat deshalb eine merkwürdige Krise. Nicht, dass die Bauern – trotz aller Schikanen – nicht in der Lage gewesen wären, Überschüsse zu erzeugen. In diesem Jahr aber wurden gesetzliche Neuregelungen geschaffen, die sie nur als knallhartes Preisdiktat auffassen konnten, da Ware und Geldwert nicht annähernd in einem äquivalenten Verhältnis standen. Hinter dieser Neuerung steckte Stalin, der zwei Jahre später auch in der Wirtschaft zum Zwangsregiment des Kriegskommunismus zurückkehrte. Die NÖP scheiterte, weil sie scheitern sollte. Bucharin hatte bis zum Schluss versucht, es den Bauern und dem Markt zu überlassen, einen Ausweg aus der Krise zu finden, Stalin hingegen sah völlig klar, dass ein immer größerer Erfolg der selbstständigen Bauern über kurz oder lang auch das Machtmonopol der Partei und die von ihr propagierte Ideologie bedrohen würde. Aus diesem Grund hieß die Parole ab 1929 Zwangskollektivierung und Industrialisierung. Der brutale Kampf gegen das Dorf ging weiter. Von diesem Jahr an kam Sowjetrussland, zu zaristischen Zeiten die Kornkammer Europas und der Welt, nicht mehr ohne Getreideimporte aus, und zwar bis heute.

Nicht zufällig begann die radikale und totale Wendung zu Kollektivierung und Industrialisierung, von Stalin als zweite, ja eigentliche Revolution verstanden, als er sicher sein konnte, die unumschränkte Alleinherrschaft errungen zu haben, da alle Gegner innerhalb und außerhalb der Partei und des Landes niedergerungen waren. Mit der Exilierung Trotzkis war die linke Opposition in den eigenen Reihen ihrer Symbolfigur beraubt und zur Wirkungslosigkeit verurteilt. Mit der Beendigung von Bucharins NÖP war die rechte Opposition in den eigenen Reihen ihres Vordenkers und Sprachrohrs beraubt und entkräftete schnell. Im gewaltsam wieder zusammengeführten Riesenreich kam es zwar noch zu nationalen und sozialen Rebellionen, aber hier wurde jetzt kein Pardon mehr gegeben. Der Menschewistenaufstand in Georgien und die Erhebungen kaukasischer Bergvölker, insbesondere der widerständigen Tschetschenen Mitte der zwanziger Jahre, erstickten im Bombenhagel der Roten Luftflotte. Im Januar 1928 fuhr Stalin erstmals seit dem Bürgerkrieg wieder aufs Land, nach Sibirien, weil sich Bauern weigerten, ihr Getreide zu den staatlich diktierten Niedrigpreisen abzuliefern. Er sprach sofort von „Kulakenstreik" und drohte den dortigen Parteiorganisationen einen „bestialischen Druck" an, falls sie nicht gegen die „Obstrukteure" vorgehen würden. Die Menschen versuchten sich zu widersetzen. In „Weiberrevolten"[45] wurden die örtlichen Parteibüros belagert und die Herausgabe des zwangseingetriebenen Getreides gefordert. Stalin erklärte, dass „der Kulak die Sowjetmacht an der Kehle gepackt"⁴⁶ habe und mit dem Aufbau von Kolchosen und Sowchosen begonnen werden müsse. Im April 1929 deklarierte man im ZK-Plenum das Ziel, binnen fünf Jahren zwanzig Prozent der bäuerlichen Betriebe zu verstaatlichen, ein realistisches, fast bescheidenes Ziel ganz nach Maßgabe des ersten Fünfjahresplans, der bis 1933 verwirklicht sein sollte. Am 31. Oktober 1929 war in der *Prawda* hingegen bereits von der „totalen Kollektivierung" die Rede. Gleichzeitig wurden alle Lebensmittel rationiert und die Brotkarte wieder eingeführt. Ab August des Jahres galt die „ununterbrochene Arbeitswoche", worunter eine Sechstagewoche mit einem unterschiedlichen freien Tag für jeden Arbeitenden zu verstehen war. Dadurch gab es praktisch nur noch Werktage. Das Land sollte, in der poetischen Verklärung damaliger Arbeiterlyrik, in einen permanenten Wachzustand versetzt sein. Stalin frohlockte:

> „Wir werden zu einem Land des Metalls, einem Land der Automobilisierung, einem Land der Traktorisierung. Und wenn wir die Sowjetunion aufs Automobil und den Bauern auf den Traktor gesetzt haben – mögen dann die ehrenwerten Kapitalisten, die sich mit ihrer Zivilisation brüsten, versuchen, uns einzuholen."⁴⁷

Irgendwie erinnerte das Ganze an Lenins alte Kampagne „Russland soll elektrisch werden", mit der die „bäuerliche Finsternis erhellt" und „sozusagen die elektrische Bildung der Massen"⁴⁸ vorangetrieben werden sollte. Das entscheidende Wort fiel am 27. Dezember 1929, eine Woche nach Stalins mit unvorstellbarem Pomp begangenem fünfzigsten Geburtstag. Auf einer Konferenz mit Agronomen nannte er das Ziel der Kollektivierung, nämlich die „Liquidierung des Kulakentums als Klasse".⁴⁹ Da die Bezeichnung Kulak aber längst ein Synonym für selbstständige Bauern insgesamt war, bedeutete das nichts anderes als einen blutigen, fünf Jahre währenden Krieg im eigenen Land.

Demgegenüber ist es ausgesprochen fraglich, ob die Einkreisungsfurcht vor dem kapitalistischen Ausland Stalin wirklich die Hand bei seiner „zweiten Revolution" geführt hat, so wie er es nach außen propagierte: „Wir sind hinter den fortgeschrittenen Ländern um fünfzig bis hundert Jahre zurückgeblieben. Wir müssen diese Distanz in zehn Jahren durchlaufen. Entweder wir bringen das zustande, oder wir werden zermalmt."⁵⁰ Um für einen etwaigen Krieg intern konsolidiert zu sein, sollte entsprechend der Vorstellung vom „Sozialismus in einem Land" die Zeit zur Festigung und Klassenbereinigung genutzt werden.

Die genauso absurde wie fatale These vom „Sozialfaschismus", die Stalin 1928 dem VI. Kongress der Kommunistischen Internationale als verbindliche Leitlinie regelrecht aufzwang, hat hier ihren Ursprung. Er konstruierte eine angeblich veränderte internationale Situation, die „Kollaboration" zwischen Sozialdemokraten und Faschisten, die „Kampforganisationen", ja „Zwillingsbrüder" der Bourgeoisie seien, damit es innerhalb der eigenen Grenzen ja niemand wagte, mit Rechtsabweichlern zusammenzuarbeiten. Der Machtkampf in der KPdSU war wichtiger als die weltpolitische Realität, und zwar auch dann noch, als Hitler längst immer mächtiger wurde. Aber da war es zu spät. Nur weil in der Sowjetunion Kommunisten ab sofort nicht mehr mit privatwirtschaftlich organisierten Bauern zusammenarbeiten durften, wurde dieses Verbot automatisch auch auf das Ausland, auf die Beziehung zwischen Sozialdemokraten und Kommunisten übertragen. Trotzki hingegen warnte 1931 von der türkischen Insel Prinkipo aus:

> „Arbeiter, Kommunisten! Bedenkt, wenn der Faschismus in Deutschland zur Macht kommt, so wird er über eure Schädel und Gebeine hinwegwalzen wie ein schrecklicher Panzer. (...) Ihr könnt nur dann siegen, wenn ihr mit den Sozialdemokraten gemeinsam kämpft. Beeilt euch, ihr habt keine Zeit mehr zu verlieren (...)."[51]

Am 21. Dezember 1929 wurde im ganzen Land Stalins fünfzigster Geburtstag begangen. Er stand auf dem Höhepunkt innerparteilicher Macht. Bis ins entlegenste Dorf hinein entfaltete sich ein Personenkult, der nicht Verehrung, sondern Unterwerfung verlangte. Kein Platz, kein Saal, kein Schaufenster ohne Stalin-Büste. An diesem 21. Dezember wurde Stalin, weil es das „natürliche Lebensgesetz" einer sich mitten im Kampf befindlichen Partei sei, dass der Beste und Weitsichtigste den höchsten Titel erhält, als *woschd*, als neuer und eigentlicher Führer ausgerufen – jene Anrede und Bezeichnung, die eigentlich für Lenin reserviert gewesen war. Diese Krönung war weder zufällig noch ein spontaner Willensakt der Untergebenen, sondern von ihm selbst von langer Hand vorbereitet und inszeniert. Schon 1925 war die südrussische Bürgerkriegsfestung Zarizyn in Stalingrad umbenannt worden. In der Folgezeit kamen nicht nur sechs Stalinos dazu, sondern auch Orts- und Städtenamen, wie Stalinabad, Stalinogorsk, Stalinskoje, Stalinski, Staliniri und Stalinsk. Der höchste Berg der Sowjetunion hieß fortan Pik Stalin wie auch später die höchsten Erhebungen in Bulgarien und der Tschechoslowakei. Die Zahl der Dörfer, Weiler und Häuseransammlungen, die schlicht und einfach „Stalin" hießen, ist nie ermittelt worden.

Nadjeschdas Ende

Wenn er überhaupt ehrliches und offenes Ansehen in der Bevölkerung genoss, dann hing dies nicht zuletzt damit zusammen, dass man ihn in einfachen und normalen, auf jeden Fall vorbildhaften Familienverhältnissen wähnte, aber die Idylle trog. Stalin und seine junge Frau Nadjeschda hatten eine Wohnung im Kreml und ein Landhaus in der Nähe von Moskau, das Subalowo. 1921 gebar sie den Sohn Wassili und 1926 die Tochter Swetlana. Es war Nadjeschda, auf deren Betreiben hin Jascha (Jakob), das Kind aus Stalins erster Ehe mit Jekaterina Swanidse, von den Großeltern in Georgien weggeholt wurde und einen Platz in der Familie bekam, und es war nicht die Stiefmutter, sondern der leibliche Vater, der ein friedliches Zusammenleben unmöglich machte. Jascha sprach anfangs nur gebrochen Russisch, und auch später legte er den georgischen Akzent nie ab. Damit war er gewissermaßen der Wiedergänger, der leibhaftige Beweis und die Verkörperung für die wohl größte Verlogenheit und Verleugnung im Leben Stalins, nämlich sein ‚unechtes' Russentum und seine ignorierte georgische Herkunft – gegen Georgien hatte er die Rote Armee marschieren lassen. Er hänselte und verletzte Jascha und setzte ihn zurück, wo immer es nur ging. Nadjeschda hielt mit einem Widerstandswillen und Mut dagegen, der dem Alleinherrscher in der eigenen Partei schon längst nicht mehr begegnete. Zudem trieben Jaschas stoische Ruhe und die vermeintliche Gelassenheit, mit der er alle Kränkungen hinnahm, Stalin zur Weißglut. Seine Verachtung steigerte sich noch, als der ‚missratene Sohn' zweimal hintereinander eine Jüdin heiratete, und als Jascha einen (fehlgeschlagenen) Selbstmordversuch unternahm, kommentierte Stalin dies nur mit einem höhnischen „Der kann ja nicht mal richtig schießen!"[52] Nadjeschdas Eltern sprangen ein und nahmen den jungen Mann bei sich auf. Im Zweiten Weltkrieg geriet er in deutsche Kriegsgefangenschaft. Nach Swetlanas Aussage kam aus Berlin das Angebot, Jascha auszutauschen, was sein Vater nur mit einem kategorischen „Nein, Krieg ist Krieg"[53] beantwortete. Soweit Unterlagen aus dem amerikanischen Außenministerium als verlässlich anzusehen sind, ist Jakob Dschugaschwili im Frühjahr 1943 bei dem Versuch, aus dem Konzentrationslager Sachsenhausen zu fliehen, durch die dortigen Wachposten erschossen worden. Von Beileidsbekundungen aus Moskau ist nichts bekannt.

Bereits Mitte der zwanziger Jahre verschlechterte sich die Beziehung zwischen Stalin und Nadjeschda. 1926 packte sie zum ersten Mal ihre Sachen und flüchtete zu den Eltern nach Leningrad, kehrte jedoch nach kurzer Zeit wieder zurück. Aber die Beziehung war nicht mehr reparabel. Nadjeschda hatte seither ein eigenes Schlafzimmer, Stalin schlief zumeist sowieso nur noch im Büro. Nadjeschda bekannte, dass ihr alles zum Hals heraushing, auch die Kinder, die mehr und mehr von Kinderpflegerinnen und Gouvernanten betreut wurden. Freunde und Bekannte fragten sich, wo ihre alte Herzlichkeit geblieben war, hysterische Anfälle waren an der Tagesordnung. Wieder flüchtete sie, diesmal nach Berlin, wo sie weltweit anerkannte Neurologen konsultierte. Über den Therapieerfolg kann nur spekuliert werden, nicht jedoch darüber, dass es sich um eine nachgeburtliche Depression (1926) gehandelt haben dürfte, die zu dieser Zeit nicht erkannt und therapiert werden konnte und sich deshalb verschlimmerte. Es ist nachgewiesen, dass Nadjeschda in den 14 Jahren ihrer Ehe zehnmal abtreiben ließ.[54] Der Überfluss, in dem die neue Kreml-Aristokratie schwelgte, widerte sie zusehends an. Freundinnen hatten ihr von der beginnenden Hungersnot in der Ukraine erzählt, auch von zweifelsfrei nachgewiesenen Fällen von Kannibalismus. Sofort erstattete sie Stalin Bericht, mit dem Ergebnis, dass er alle diese Freundinnen verhaften ließ. Verzweifelt suchte sie nach einem Sinn und erhielt die Erlaubnis, an der Industrieakademie Kurse in Textilproduktion zu geben. Aber eine Stabilisierung ihrer Person oder der Ehe trat dadurch nicht ein. Immer wieder kam es zu Streitigkeiten, und auch Stalin reagierte nur noch gereizt. Ein gebratenes Hähnchen, das angeblich nicht schmeckte, warf er aus dem Fenster und eine Telefonleitung riss er aus der Wand, als die Verbindung nicht schnell genug hergestellt wurde.[55] Swetlana erzählte, dass er einmal

Pfeife rauchend in seinem Zimmer auf und ab ging und dabei andauernd auf den Boden spuckte. Als sein Papagei daraufhin das Spuckgeräusch nachahmte, schlug Stalin ihm die Pfeife so heftig auf den Kopf, dass der Vogel tot umkippte.

Den letzten Anstoß zur Katastrophe gab das Verhältnis zu Alkohol und Geselligkeit. Zu den wenigen Äußerungen, die in der Bevölkerung positiv aufgenommen wurden, gehörte jenes Zitat, mit dem Stalin 1927 die Wiedereinführung des staatlichen Alkoholmonopols begründet hatte, mit dessen Einnahmen später die Hälfte (!) aller industriellen Investitionen finanziert wurde. Er sagte: „Was ist besser, das Joch des ausländischen Kapitals oder die Zulassung des Wodka? Das war die Frage, vor der wir standen. Es ist klar, dass wir uns für den Wodka entschieden."[56] Nadjeschda hasste jede Form von Alkohol. Schon nach dem Genuss von einem Glas Wein wurde ihr schlecht.[57] Über Stalins Alkoholkonsum ist viel geredet und geschrieben worden. Er trank, aber er war kein Trinker. Sein Wille zur Macht gebot ihm auch hier Selbstkontrolle und Begrenzung. In Abhängigkeiten, wie er sie zu Hause in Gori erlebt hatte, gedachte er sich nicht zu begeben. Lieber brachte er andere in Abhängigkeit und nötigte, zwang sie zu Zecherei und Gelage. Wer nicht trank, machte sich verdächtig. Er selbst stellte sich gern betrunkener, als er wirklich war, um die Reaktion seiner Saufkumpane allzeit überprüfen zu können oder um sich über ihre Hilflosigkeit ganz einfach lustig zu machen.

Am 8. November 1932 luden Stalins getreuer Paladin Woroschilow und dessen Frau anlässlich der Feierlichkeiten zur Wiederkehr der Oktoberrevolution zu einem Essen in den Kreml. Schon beim Anblick der festlich gedeckten Tafel sprudelte es aus Nadjeschda nur so heraus: Was denn mit dem Hunger in der Ukraine und all den unglücklichen Menschen im Lande sei. Unter den Revolutionsveteranen trat augenblicklich peinliche Stille ein. Stalin kochte. Zunächst zwang er seine Frau, ihr Glas ganz auszutrinken. Was dann geschah, blieb lange im Dunkeln. Nachdem Ende 1989 Chruschtschows Lebenserinnerungen endlich in vollständiger Form veröffentlicht worden sind, ergibt sich ein etwas klareres Bild. Demnach fing Stalin an zu toben und warf eine brennende Zigarette in den Ausschnitt von Nadjeschdas Kleid, die – von wütenden Flüchen begleitet – aufstand und ging. Molotows Frau, mit der sie ein

Vertrauensverhältnis verband, eilte ihr in die Kremlwohnung hinterher, kehrte aber zu der Abendgesellschaft zurück, als sie der Meinung war, dass Nadjeschda sich beruhigt hatte. Da Stalin nicht kam, rief diese nach einiger Zeit den Ordonnanzoffizier des Banketts an und fragte, wo ihr Mann bliebe. Sie erhielt zur Antwort, er sei in die Datsche gefahren, woraufhin sie nachhakte, ob allein oder in Begleitung. „Mit Gusjows Frau"[58], wurde ihr nunmehr kundgetan, einer Genossengattin, mit der Stalin schon vorher ein Techtelmechtel nachgesagt worden waren. Auf diese Nachricht hin schrieb Nadjeschda einen Abschiedsbrief und erschoss sich, 31 Jahre jung.

Als Stalin wenige Tage später den in einem Gebäude vor dem Roten Platz aufgebahrten Leichnam aufsuchte, soll er gesagt haben: „Sie hat mich als Feind verlassen!"[59] Offensichtlich begleitete er den Leichenzug noch einige Minuten, zu Nadjeschdas Grab auf dem Moskauer Nowodewitschje-Friedhof hingegen hat ihn nie ein Weg geführt. Politisch am Ziel und an der Macht, musste er sich eingestehen, persönlich und privat am Ende zu sein. Eine feste Beziehung, gar eine Ehe, ist er nie wieder eingegangen. Subalowo wurde zu Gunsten der nur acht Kilometer vom Kreml entfernten Kunzewo-Datsche aufgegeben, wo er die Abende in Männergesellschaften verbrachte. Das Kapitel Familie, ja das Kapitel soziale Bindung, war für ihn beendet.

Der Alleinherrscher

Im Mai 1928 erreichte Stalin der Brief eines GPU-Spitzels aus der Stadt Schachty im Kohlerevier des Donezbeckens, in dem von einer angeblich weit verzweigten Organisation von Ingenieuren und Technikern die Rede war, deren Ziel die Schädigung der Produktion sein sollte. Zu den Mitgliedern dieser Gruppe gehörten auch fünf „bürgerliche Spezialisten" des deutschen AEG-Konzerns. Der GPU-Informant war ein Kleinkrimineller, der durch die Oktoberrevolution aus dem Gefängnis befreit worden war, sich dann das Vertrauen Stalins erschlichen hatte und diesen mehrfach in den Urlaub hatte begleiten dürfen. Wenn dieser Mann nun von Sabotageakten im Auftrag ausländischer Kapitalisten sprach, dann dürfte die Grenze zwischen Wahrheit und Wichtigtuerei ausgesprochen fließend gewesen sein. Die Sache wurde jedenfalls Anfang Mai in Moskau vor Gericht verhandelt. Staatsanwalt in dem Verfahren war ein gewisser Krylenko, der Vorsitzende Richter hieß Andrej Wyschinski und war ein Zellengenosse Stalins während dessen Bakuer Haftzeit von 1907 gewesen. Man war also gewissermaßen unter sich. Alle fünfzig Angeklagten wurden für schuldig befunden und elf zum Tode verurteilt, fünf davon auch tatsächlich hingerichtet. Alle anderen erhielten hohe Haftstrafen, und auch von den deutschen Ingenieuren kamen trotz massiver diplomatischer Intervention der deutschen Regierung nur zwei auf freien Fuß. Der Prozess um die so genannten ‚Schädlinge von Schachty' wurde zum Auftakt und Muster aller späteren Schauprozesse. Er war der Beginn einer neuen Stufe des unbarmherzigen Klassenkampfes, der Ausländerfeindlichkeit und des Fremdenhasses in der Sowjetunion. Nun begann die radikale Phase in der Ausmerzung der Rechtsopposition, der „Säuberung" der Partei und der Lösung der so genannten „Kaderfrage". Jetzt nahm die forcierte Industrialisierung und Kollektivierung, die Verfolgung, Enteignung, Deportation und millionenfache Vernichtung der Kulaken, die Errichtung eines gigantischen Systems von Straf- und Todeslagern ihren Anfang – kurz: Die Sowjetunion stand am Beginn jener Epoche, die unter der Bezeichnung „Stalinismus" als einer der schwärzesten Zeitabschnitte in die Geschichte der Menschheit einging.

Eines der ersten namhaften Opfer der Terror- und Verfolgungswelle war Nikolai Bucharin – Stalins wissenschaftlicher Mentor aus den Wiener Tagen, Lenins „Liebling der Partei", der Theoretiker der NÖP und letzte politische Überlebende aus dem alten bolschewistischen Führungsstab. Der Kampf verlief zunächst verdeckt, nach der bis dahin üblicherweise verfolgten Methode. Bucharin selbst wurde isoliert, alle seine Anhänger wurden nach und nach aus dem Apparat herausgefiltert. Die nun einsetzende Kollektivierung vertiefte den Bruch zwischen Stalin und Bucharin.

Im Frühjahr 1929 nannte Stalin ihn erstmals den „Führer der Rechtsopposition".[1] Bucharin seinerseits gab sich über das beiderseitige Verhältnis keine Illusionen mehr hin und bezeichnete Stalin im privaten Kreis als einen gewissenlosen Intriganten, der das Land in den Abgrund führen werde. Für jeden anderen hätte das den sicheren Tod bedeutet, aber die innerparteiliche Autorität des Revolutionsveteranen war noch zu groß. Er wurde zwar als Vorsitzender der Kommunistischen Internationale und als Chefredakteur der *Prawda* abgelöst sowie aus dem Politbüro ausgestoßen, aber mit dem harten Vorgehen gegen Trotzki war das alles nicht vergleichbar. Wenn Stalin in seinem Leben überhaupt zu so etwas wie Freundschaft fähig gewesen war, dann gehörte Bucharin zu den ganz wenigen Menschen, die er mit dieser Empfindung in Verbindung brachte. Noch im Juni 1928 hatte er versucht, ihn im vertraulichen Gespräch mit den Worten „du und ich, wir sind der Himalaya, die anderen sind nichts"[2] wieder für sich einzunehmen, doch schon ein Jahr später schrieb er an Molotow, dass Bucharin „immer tiefer sinkt. (...) Das typische Beispiel für einen rückgratlosen intellektuellen Schaumschläger in der Politik (...) Gott mit ihm".[3] Ende 1929 entging Bucharin dem bereits sicheren (Schau-)Prozess nur dadurch, dass er alle seine ‚Irrtümer' widerrief. Er wurde in die Provinz verbannt, erhielt jedoch einige Jahre später als Redaktionsleiter der *Iswestija*, der zweitwichtigsten Zeitung im Land, eine Art Bewährungschance, aber das war nur ein Aufschub auf Zeit.

Der erste Fünfjahresplan

Mit der Entmachtung Bucharins und der Rechtsopposition waren der letzte Rest marktwirtschaftlichen Denkens und der letzte Freiraum offener Meinungsäußerung getilgt. Was nun begann, war ein Zeitalter zentraler Planung und totalitärer Ordnung. Kontrolle, Druck und Gewalt bestimmten das öffentliche Leben. Alle ökonomischen Projektionen gingen von Maximalerwartungen aus: Die Produktivitätsraten mussten ständig steigen, die Herstellungskosten kontinuierlich sinken, die Rüstungsausgaben immer weiter zurückgehen, der Handel mit dem kapitalistischen Ausland sprunghaft zunehmen. Nichts davon trat ein. „Die Wirklichkeit wurde nur noch am Rande zur Kenntnis genommen."[4] Als den Planern die im ersten Fünfjahresplan von 1928 bis 1933 zu erreichenden Wachstumsraten vorgegeben wurden, stockte ihnen der Atem. Allein bei der Schlüsselkennziffer der gesamtwirtschaftlichen Investitionen sollte während dieses Zeitraums eine Steigerung von bis 440 Prozent erreicht werden, woraufhin die in der staatlichen Planungskommission Gosplan arbeitenden Fachleute eine dramatische Inflation, soziale Unruhen, bürgerkriegsähnliche Zustände und eine vernichtende Hungerkatastrophe voraussagten. Alles davon trat ein. Kein einziges Ziel des ersten Fünfjahresplans wurde wirklich erreicht, im Gegenteil, in etlichen Sektoren war im Vergleich zu 1928 sogar ein deutlicher Rückgang zu verzeichnen. Gigantische Vorzeigeprojekte wie das riesige Stahlwerk Magnitogorsk im Südural sollten den Misserfolg übertünchen.

Entscheidend blieb, dass die Planer den Faktor Arbeit völlig falsch eingeschätzt und berechnet hatten. Entgegen den Vorgaben des Fünfjahresplans verdoppelte sich die Zahl der Arbeiter bis 1932 auf 22,8 Millionen, und die Inflation stieg jährlich um vierzig Prozent. Um diese Entwicklung aufzufangen, mussten immer höhere Löhne gezahlt werden, wobei zugleich die Kaufkraft immer mehr sank, denn den ideologischen Vorgaben entsprechend wurden ja gleichzeitig die letzten Bauernmärkte, Handelsmessen und Kaufmannsläden geschlossen.

Schon ab Mitte 1929 konnte der russische Normalverbraucher fast alle Grundnahrungsmittel nur noch auf Karte, also auf dem Weg der staatlichen Zuteilung bekommen. Realeinkommen und Lebensstandard sanken kontinuierlich. Der große Kollaps erschien nur noch als eine Frage der Zeit. Das Traktorenwerk in Stalingrad beispielsweise, ein weiteres Musterprojekt der stalinistischen Planwirtschaft, sollte im Sommer 1930 mit der Auslieferung von 2000 Zugmaschinen beginnen. Stattdessen verließen im Juni dieses Jahres nur acht, im Juli kein einziger, im August zehn und im September 25 Traktoren das Band. Ein amerikanischer Ingenieur berichtete, dass alle dort gefertigten Fahrzeuge nach nur siebzig Betriebsstunden wieder in ihre Einzelteile zerfielen, wobei Pfusch nur die eine Seite der Medaille war und Inkompetenz die andere. Denn viele Arbeiter waren enteignete Bauern, von denen die meisten noch nie in ihrem Leben eine Metallschraube in der Hand gehabt hatten. Haus, Pflug und sonstige Gerätschaften, ja selbst die Dübel in der Wand waren auf dem Land aus Holz. Die vom deutschen, englischen oder amerikanischen ‚Klassenfeind' zur Verfügung gestellten Betriebsanleitungen für den Bau der Maschinen konnte keiner lesen. Fehlkonstruktionen, Ausschuss und falsche Planvollzugsmeldungen waren die notwendige Folge. Wie diese Fabrik, so erschien bald die ganze Sowjetunion wie ein einziges potemkinsches Dorf.

Die Verfolgung und Vernichtung der Kulaken

Unterdessen begann im großen Stil die Jagd auf die Kulaken, die Schicht der russischen Mittel- und Großbauern. Noch 1926 belief sich die Zahl aller Kolchosen in der UdSSR auf ganze 18.000, eine geradezu lächerlich geringe Zahl. Nur die Ärmsten der Armen, die sowieso nichts hatten, waren ihnen ‚freiwillig' beigetreten. Auch zwei Jahre später hatten sich erst 1,7 Prozent aller bäuerlichen Haushalte genossenschaftlich organisiert, sodass die sowjetische Führung gezwungen war, andere Wege zu gehen: sie paktierte nun mit der Dorfarmut und den ‚Habenichtsen' gegen die vermeintlich oder tatsächlich reichen Kulaken. Doch auch hier gab es innerhalb von Staats- und Parteiführung Differenzen: Nikolai Bucharin und Josef Stalin, die beiden Hauptkontrahenten, sprachen zu dieser Zeit schon längst nicht mehr miteinander. Ersterer wollte eine Umgestaltung des Dorfes hin zu „europäischen" Verhältnissen, für den Letzteren zählte dagegen nur das Diktat der Klasse. Bis zum April 1929 hatte man die Politik verfolgt, dass sich die selbstständigen Bauern freiwillig zu Kolchosen zusammenschlossen. Danach jedoch ging man zur

Zwangskollektivierung über. Bucharins Meinung, dass die Kollektivierung nur dann einen Sinn mache, wenn sie in einem unauflöslichen Zusammenhang mit der Industrialisierung, das heißt mit dem Einsatz von Traktoren, Maschinen und modernstem Gerät einhergehe, bewahrheitete sich aber nun an allen Ecken und Enden, eben weil diese Gerätschaften jetzt an allen Ecken und Enden fehlten. „Eine reale Kollektivierung fand in der Regel nicht statt."⁵ Denn die beitretenden Bauern verkauften vorher schnell ihr Vieh, und die Kolchosen blieben ein Armenhaus. Man hätte ihnen Zeit zur Konsolidierung lassen müssen, doch genau das Gegenteil geschah. Stalin drückte auf das Tempo. In einem regelrechten Sturmangriff auf die dörfliche Wirtschafts- und Sozialordnung wurden die althergebrachten Verhältnisse auf dem Land hinweggefegt. Bereits im März 1930 galten über sechzig Prozent der Betriebe in der Ukraine und an der Wolga sowie 83,3 Prozent im zentralen Schwarzerdegebiet als kollektiviert. Damit hatte die heiße Phase der Kulakenverfolgung begonnen, denn natürlich ließ sich ein solches rapides Vorgehen nicht ohne Zwang bewerkstelligen, ganz gleich, ob diese Zahlen nun der Wahrheit entsprachen oder nicht. Wer und was ein Kulak war, bestimmte in der Regel ein Dreierausschuss aus dem örtlichen Parteivorsitzenden, dem Sprecher des Kollektivsowjets und dem lokalen GPU-Chef. Dabei waren der Willkür Tür und Tor geöffnet. Was Staat und Industrie nicht erwirtschaften konnten, nahm man sich jetzt anderswo.

Am 2. März 1930 erschien dann plötzlich unter der Überschrift *Vor Erfolgen von Schwindel befallen* ein bemerkenswerter Artikel Stalins in der *Prawda*. Er beinhaltete nichts anderes als den Befehl zum sofortigen Stopp der Enteignungen, was zu einer regelrechten Flucht aus den Kollektiven führte. Wie sollte bei diesem Zickzackkurs eigentlich ein sinnvolles Wirtschaften möglich sein? Bis Anfang September 1930 sank nun der Anteil der vergemeinschafteten Haushalte in der gesamten Sowjetunion auf zwanzig Prozent ab, wobei nur zu auffällig war, dass die von Stalin verordnete Schonzeit mit der Vegetationsperiode auf den Feldern zusammenfiel. Im Frühherbst, als die Frucht vom Halm war, setzte die Zwangskollektivierung deshalb auch in unverminderter Schärfe wieder ein.

Da der ‚klassische' Kulak bereits als ‚Klassenfeind' erkannt und niedergerungen galt, wurden jetzt die ‚Halb- und Unterkulaken' als Ziel der Kollektivierung entdeckt, womit im Grunde genommen alle Menschen gemeint waren, die irgendetwas gegen die Kommunistische Partei hatten.

Die große Hungersnot 1932/33

Da die Hektarerträge der Kol- und Sowchosen weit hinter denen der noch verbliebenen Einzelbauern zurückblieben, kam es 1932/33 zur Hungersnot. Es ist in der Forschung umstritten, ob sie als Verkettung ‚unglücklicher', zum Beispiel klimatischer Umstände, als eine – auch von den Kulaken – selbst erzeugte Notlage oder als staatlich bewusst herbeigeführte Massenausrottung insbesondere des ukrainischen Volkes bewertet werden muss. Sicher gilt aber: „In keinem Fall kann man die Partei- und Staatsführung aus der Verantwortung entlassen."[6] Denn sie sah sich bei der Zwangskollektivierung in der Tat im Einklang mit der reinen marxistischen Lehre und dem ‚gesetzmäßigen' Geschichtsablauf, der die Bauern als Überbleibsel einer hoffnungslos archaischen Klasse zum Untergang, ja zur ‚Vernichtung' verurteilt hatte. Die Ursache der großen Hungersnot waren folgerichtig eigentlich nicht die gesunkenen Ernteerträge, sondern der von der sowjetischen Führung entfachte Krieg gegen die Landbevölkerung. Die Dörfer wurden umstellt, Dorflehrer und Dorfpriester verjagt, die Dorfkirchen geschlossen und die Glocken vom Turm geholt. Seit Jahrhunderten natürlich gewachsene Strukturen wurden zerstört.

Als das neue System installiert war, gab es in der Sowjetunion pro Kopf weniger Lebensmittel als vor 1913. Noch 1939 verfügten nur 4,5 Prozent aller Kolchosen über Strom. Viele der Betroffenen empfanden die Zwangskollektivierung deshalb als Wiederherstellung jener Leibeigenschaft, die erst 1861 abgeschafft worden war. Der sichtbarste Ausdruck dieser Abhängigkeit war der 1932 eingeführte Inlandspass, ohne den es fortan weder Wohnung noch Brotration noch Arbeitsplatz gab. Es bestand eine permanente Meldepflicht, deren Erfüllung durch tagtägliche Einstempelung nachzuweisen war. Durch die überbordenden Investitionsraten, denen kein Wachstum, sondern eine dramatische Verknappung der Waren nachfolgte, kam es während des ersten Fünfjahresplanes zu einer Inflation in sechsstelliger Höhe, der die Planer nur durch Betätigen der Notenpresse begegnen konnten. Was dadurch entstand, war für die Sowjetunion fatal: eine Geldwirtschaft ohne Markt und ein Auf und Ab von Preisen, Löhnen und Steuern, das sich an keiner ökonomischen Logik orientierte, sondern nur an den Vorgaben des Politbüros: die so genannte „Kommandowirtschaft" war geboren.

Eine Gesamtbeurteilung von Kollektivierung und Industrialisierung, von Stalins ‚zweiter Revolution' also, muss zu dem Schluss kommen, dass nicht der Wohlstand, sondern die Armut wuchs. Obwohl Privateigentum, Markt und Profit eigentlich abgeschafft waren, bestanden Schwarzmarkt und Schattenwirtschaft fort. Statt der angestrebten gesellschaftlichen Gleichheit dominierten neue Formen der Abhängigkeit. An die Stelle der Ausbeutung des Menschen durch den Menschen trat die Ausbeutung durch eine Partei, und diese traf als Erstes und in voller Wucht die Kulaken.

Wer jedoch zu den Kulaken gehörte, das wusste eigentlich keiner so genau. Eine offizielle Definition dieser ‚Klasse' wurde von staatlicher Seite, das heißt von der Kommunistischen Partei, verhindert und verboten. Die Vorstellung, dass zu den Kulaken vor allem die reichen Bauern gehörten, ist so nicht haltbar: Bei einer Erhebung aus dem Jahr 1927 besaßen selbst wohlhabende Landwirte nicht mehr als zwei Kühe sowie zehn Hektar Nutzfläche, wovon sie oft eine achtköpfige Familie ernähren mussten. Der besonnene Kopf Bucharin bemerkte einmal:

> „Der Bauer zögert, seine Scheune durch ein stabiles neues Dach zu schützen aus Angst, zum Kulaken erklärt zu werden; kauft er eine Maschine, dann muss er aufpassen, dass die Kommunisten nichts davon merken. Der Einsatz neuer Techniken wird zu einem konspirativen Akt."[7]

Im ganzen Land verbreitete man eine geradezu hysterische Lynchstimmung. Denunzianten wurden gefördert, gefeiert und in „Ehrenbücher" eingetragen, so zum Beispiel im Falle des elfjährigen Pawel („Pawlik") Morosow, der seine Eltern wegen einiger Bagatellen verpfiff und daraufhin der gesamten sowjetischen Jugend als Vorbild hingestellt wurde. Viele folgten anschließend seinem Beispiel.

Bereits Anfang 1930 hatte das System der Zwangskollektivierung eine solche Radikalität entfaltet, dass über 14 Millionen Kulakenhaushalte enteignet worden waren. Der bäuerliche Familienbetrieb als volkswirtschaftliche Produktivkraft existierte somit in der Sowjetunion nicht mehr. Ernteergebnisse durften nicht mehr publiziert werden, ja es gab sogar das offizielle Verbot, selbst die Getreideerträge festzustellen, „weil es das Bild der tatsächlichen Verhältnisse verzerren würde".[8] Nikita Chruschtschow enthüllte im Jahr 1953, dass die Ernten damals in der Regel um mindestens vierzig Prozent zu hoch geschätzt worden waren.

Die Bauern wären aber keine Bauern gewesen, wenn sie sich nicht gegen die Maßnahmen der Zwangskollektivierung gewehrt hätten. Allein 1930 erhoben sich insgesamt 2,5 Millionen Menschen in 14.000 verschiedenen Aufständen, Revolten und Massenkundgebungen. Die Moskauer Regierung musste einräumen, dass eine „regelrechte Welle von Bauernkriegen"[9] auf sie zurollte. Währenddessen stürmten die Entkulakisierungsbrigaden weiterhin die Dörfer und Höfe. Sie drangen mit dem Brecheisen in verschlossene Häuser ein, durchsuchten sie und nahmen noch die letzte Scheibe Brot mit, und zwar in vollem Einklang mit dem Gesetz „Über den Schutz des staatlichen Eigentums", das Stalin am 7. August 1932 erlassen hatte. Übergabebereite Kulaken bekamen für ihre Kuh 15 und für ihr Holzhaus sechzig Kopeken als Entschädigung, was einem Hundertstel bzw. einem Tausendstel des realen Wertes entsprach. Anschließend wurden die Menschen in Viehwaggons abtransportiert. Schon 1931 hieß es aber in einem offiziellen Dokument zur Entkulakisierung, dass diese Operation volkswirtschaftlich keinen Nutzen brachte, sondern sogar ein erhebliches Zuschussgeschäft war, da der Wert eines durchschnittlichen, angeblich so vermögenden Kulakenbetriebes lächerliche 564 Rubel betrug, die Deportationskosten pro Familie sich aber auf weit über tausend Rubel beliefen. Den Entkulakisierungstrupps hatte man staatlicherseits Quoten vorgegeben, die sie nur erbringen konnten, wenn in den erstürmten Dörfern praktisch jeder, auch „sozial fremde Elemente"[10] zu Kulaken erklärt wurden. Im Sommer 1933 bereiste der französische Linkspolitiker Edouard Herriot den Westen der Sowjetunion, um die in den Westen durchgesickerte Nachricht von einer immer weiter um sich greifenden Hungersnot im Land auf ihren Wahrheitsgehalt hin zu überprüfen. Er hielt dabei fest: „Ich habe die Ukraine durchquert und kann nur bestätigen, dass ich sie wie einen Garten mit vollen Erträgen erlebt habe."[11] Nicht nur Herriot erlag einer Inszenierung der GPU, denn die offizielle Leitlinie in der sowjetischen Propaganda hieß: Hunger in der Ukraine gibt es nicht. Im Gegensatz zu den Erntekatastrophen von 1921/22, als ein noch größeres Massensterben durch Hilferufe an die Vereinigten Staaten und millionenfache Care-Pakete verhindert wurde, gab es die neuerliche Tragödie einfach nicht. Die sowjetischen Zeitungen waren voll von Bildern mit fröhlichen, lachenden Menschen, die gerade dabei waren, das Alphabet zu lernen.

Wer es in den betroffenen Dörfern und dahinsiechenden Landstrichen auch nur wagte, von Hunger zu sprechen, wurde mit zehn Jahren Gefängnis bestraft oder erschossen. Das führte dazu, dass viele Bescheid wissen konnten, aber nur wenige Bescheid wissen wollten. Selbst Bucharin, der die gesamte Zwangskollektivierung bald ein „militär-feudalistisches"[12] System nannte, äußerte sich nur in vertrauter Runde offen über die damals stattfindende „Massenvernichtung von Menschen ohne jede Verteidigungsmöglichkeit".[13]

Die volle Wahrheit über die große Hungersnot 1932/33 ist im Grunde genommen erst durch die Untersuchungen ans Licht gekommen, welche seit 1988 erschienen sind. Danach ergibt sich das folgende Bild: In den Zeiten der Neuen Ökonomischen Politik Lenins hatten die Bauern in etwa jeweils ein Viertel ihrer Ernte für den privaten Verbrauch, die Aussaat, den Verkauf und die Verfütterung an das Vieh eingesetzt. 1930 nun zog der Staat in der Ukraine dreißig Prozent der Ernte ein. Obwohl die Erträge daraufhin deutlich zurückgingen, wurde diese Form der „Steuererhebung" 1931 sogar auf 41,5 Prozent gesteigert. Der Konflikt war damit vorprogrammiert. Die Kolchosebauern stahlen das Korn nachts vom Feld und vergruben es. So genannte Stoßbrigaden mussten entsandt werden, um das Korn zu holen. Diese Maßnahmen (und die geschilderten Abgabesätze) wurden dann auch auf die anderen Getreideanbaugebiete der Sowjetunion ausgedehnt, also auf den nördlichen Kaukasus, das Schwarzerdegebiet, die Donebene, den größten Teil Kasachstans und die untere Wolga. Von dort schrieb ein Schulungsleiter der Partei an seinen Vorgesetzten:

> „Alle Gefängnisse sind brechend voll. Im Gefängnis von Balachowo sitzen schon fünfmal so viele Leute, wie ursprünglich für das Gefängnis vorgesehen (...), 48 von ihnen waren noch keine zehn Jahre alt (...). Die einzige Form der ‚Arbeit der Massen' ist der ‚Sturm': Man ‚stürmt' auf das Saatgut los, auf die Banken,

auf die Zuchtbetriebe, auf die Arbeit usw. (...) Nachts wird belagert, von 9 oder 10 Uhr abends bis in das Morgengrauen."[14]

Da trotzdem nicht genug Korn hereinkam, beschloss man, ein allgemeines Handelsverbot auszusprechen, alles Verkäufliche einzuziehen, alle laufenden Kredite einzufordern und alle „Saboteure", „fremden Elemente" und „Konterrevolutionäre"[15] festzunehmen. Falls auch das nichts nützte, sollte die Deportation der gesamten Bevölkerung angeordnet werden. Da Stalin erkannte, dass dieses Vorgehen nicht den von ihm gewünschten Effekt hatte, entschied er sich für eine andere Lösung: Der ‚Feind' wurde nun ausgehungert. Die aus diesem Grunde für 1932 verfügte Anhebung der Abgabesätze auf 73,5 Prozent der Erträge bedeutete die gezielte und geplante Existenzvernichtung ganzer Völkerschaften. Schon im Sommer des Jahres kursierten erste Berichte über eine für den Winter zu erwartende „kritische Versorgungslage".[16] Am 22. Januar 1933 unterzeichneten Stalin und Molotow einen Erlass an die Lokalbehörden und an die GPU, mit dem „die Massenabwanderung der ukrainischen und nordkaukasischen Bauern in die Städte"[17] verboten wurde. Das bedeutete den sicheren Tod für Millionen von Menschen. Die beiden Kremlgewaltigen blieben in ihrer Begründung für dieses Vorgehen ganz auf der Linie des eingangs des Kapitels erwähnten Schachty-Prozesses: „Das Zentralkomitee und die Regierung haben Beweise dafür, dass die Massenflucht der Bauern von (...) polnischen Agenten organisiert worden ist."[18] Panik machte sich breit und ein an Grausamkeit nicht mehr zu übertreffender Überlebenskampf begann. Der italienische Konsul im ukrainischen Charkow, das mitten in den Hungergebieten lag, verfasste den folgenden erschütternden Augenzeugenbericht:

„Seit einer Woche wurde ein Dienst organisiert, um die ausgesetzten Kinder einzusammeln. Denn neben den Bauern, die in die Städte strömen (...), gibt es auch Kinder, die hierher gebracht und dann von deren Eltern, die zum Sterben in ihre Dörfer zurückkehren, in der Hoffnung ausgesetzt werden, dass irgend jemand in der Stadt sich ihrer Nachkommenschaft annimmt. (...) Das Sanitätspersonal ist mit der ‚Selektion' beauftragt. Diejenigen, die noch nicht aufgedunsen sind und eine Chance zum Überleben haben, kommen in die Barackenlager, wo ein Volk (...) mit dem Tode kämpft. (...) Die Aufgedunsenen werden mit Güterzügen aufs Land hinausgefahren und 50 bis 60 Kilometer hinter der Stadt ausgesetzt, wo sie sterben, ohne dass man sie sieht. (...) Sofort nach der Ankunft an den Stellen, an denen entladen wird, werden große Gruben ausgehoben, und die Toten aus den Waggons herausgeholt. (...) Jede Nacht werden in Charkow 250 Leichen eingesammelt, verhungerte oder Typhustote. Wie man feststellte, hatten viele von ihnen keine Leber mehr. Sie schien durch einen großen Schnitt in das Fleisch herausgerissen worden zu sein. Die Polizei stieß schließlich auf einige mysteriöse ‚Amputierer', die zugaben, mit diesem Fleisch die Füllung der pirojki (kleine Pasteten) zubereitet zu haben. Die pirojki hatten sie anschließend auf dem Markt verkauft."[19]

Dass es bei der Umerziehung zum neuen Sowjetmenschen durchaus auch ‚Erfolge' gab, beweist das 1996 in russischen Archiven gefundene Tagebuch eines jungen Kulakensohnes, der 1931 in die Hauptstadt gegangen war, um dort sein Glück zu machen. Er verleugnete seine ‚schlechte' Herkunft, wurde Druckerlehrling bei der *Prawda*, kleiner Funktionär, GPU-Spitzel, Regimekritiker und schließlich Terroropfer. Beständig arbeitete er an seinem Bewusstsein und prüfte sich selbst daraufhin, was er für die Errichtung der sozialistischen Gesellschaft hinnehmen könne bzw. müsse. Unter dem Datum des 14. August 1933 notierte er die folgenden Zeilen:

„Es gibt massenhaft Fälle von Kannibalismus (...). Ich weiß nicht, warum, aber ich habe überhaupt kein Mitgefühl dafür. So muss es sein, damit die bäuerliche kleinbürgerliche Psychologie leichter zur von uns benötigten proletarischen umerzogen wird. Und die, die verhungern – sollen sie ruhig. Wenn sich einer schon nicht gegen den Hungertod verteidigen kann, bedeutet das, er ist willensschwach. Was kann so einer schon der Gesellschaft geben?"[20]

Sogar intellektuelle Kapazitäten befanden sich während der großen Hungersnot ganz auf Parteilinie: So etwa der Schriftsteller und spätere Nobelpreisträger Michail Scholochow, der im April 1933 mitten aus den Hungergebieten einen direkt an Stalin adressierten schonungslosen Bericht schickte, in dem er um die Entsendung von „wahren Kommunisten bat, die den Mut haben, alle diejenigen, die dem Aufbau der Kolchosen in diesem Distrikt einen tödlichen Schlag versetzt haben, zu entlarven (...) Sie sind unsere einzige Hoffnung".[21] In seinem Antwortbrief, der in Stil und Diktion von beträchtlicher intellektueller Ärmlichkeit gekennzeichnet ist, konzedierte Stalin „eine leichte Erkrankung unseres Apparates" und entschuldigte sich dafür, „dass einige unserer Parteifunktionäre (...) sogar regelrecht sadistisch werden können".[22] Das aber ändere nicht das Geringste daran, „dass Ihre geschätzten Bauern einen Zermürbungskrieg gegen die Sowjetunion geführt haben. Einen Kampf auf Leben und Tod, lieber Genosse Scholochow!"[23]

Ursächlich für das große Sterben war der von der Kommunistischen Partei erteilte Befehl zur forcierten Kollektivierung, mit dem der Widerstand der ukrainischen Unabhängigkeitsbewegung endgültig gebrochen werden sollte. Aus ihm erwuchs „die schnellste gegen eine einzelne Volksgruppe gerichtete Massentötung des 20. Jahrhunderts und womöglich der Geschichte".[24] Über die genauen Opferzahlen wird seither gestritten. Stalin selbst brüstete sich später gegenüber Churchill mit zehn Millionen Getöteten. Sicher ist, dass allein im Winter 1932/33 mindestens acht Millionen Menschen, davon sechs bis sieben Millionen Ukrainer, gestorben sind. Noch schwieriger ist es, die Gesamtzahl aller im Ausrottungskampf gegen die tatsächlichen oder vermeintlichen Kulaken zu beklagenden Opfer zu ermitteln. In seriösen Einschätzungen und Recherchen wird die Zahl von 11,4 Millionen Ukrainern, Kasachen, Kaukasiern und Wolgadeutschen genannt. Ende der dreißiger Jahre waren über achtzig Prozent der Ukrainer mit Hochschulbildung eliminiert. Dass überhaupt Teile der ukrainischen Intelligenz überlebten, war einzig und allein der Tatsache zu verdanken, dass der Westen des Landes anfangs noch polnisch war und erst 1939 zur Sowjetunion kam.

Stalins „Ukrainophobie"[25], wie Andrej Sacharow es später nennt, verließ ihn bis zu seinem letzten Atemzug nicht. Seine Vorstellung vom „fortschrittlichen Proletariat", die zusehends mit dem Russischsein gleichgesetzt und damit ethnisch aufgeladen wurde, beinhaltete eine mehr und mehr koloniale Attitüde gegenüber allen anderen Völkern des Riesenreichs, besonders aber gegenüber dem ukrainischen, dessen genaue Opferbilanz sich wohl nie endgültig wird feststellen lassen. Am ehesten hätten die Ergebnisse der Volkszählung von 1937 Aufschluss geben können, deren Daten Stalin aber verschwinden und deren Organisatoren er erschießen ließ, da sonst zu viel Wahrheit ans Licht gekommen wäre.

Die nunmehr seit 1991 verfügbaren demographischen Angaben bestätigen im Wesentlichen das bisher existierende Bild von der Vernichtung der Kulaken und der großen Hungersnot. Mit der Eliminierung des Bauerntums ging die Fähigkeit zur vernünftigen Bodenbearbeitung und -kultivierung für immer verloren. „Die Landarbeit im größten Flächenstaat der Erde steht seither unter einem Fluch."[26] Es wird bis zum Jahr 2002 dauern, bis russische Bauern wieder Grund und Boden kaufen dürfen. Mit der Beseitigung der bäuerlichen Landwirtschaft war gleichzeitig aber auch die Industrialisierung, deren Basis und Finanzierung aus den Erträgen des umorganisierten Agrarsektors gewonnen werden sollte, zum Scheitern verurteilt. Zwar sah man von staatlicher Seite sehr wohl, dass die Enteignung, Umsiedlung und Deportation von 25 Millionen Bauernfamilien bis 1937 zunächst nicht ohne wirtschaftliche Einbußen realisiert werden konnte. Vielmehr lief Stalins Masterplan darauf hinaus, die Zwangsumgesiedelten mit ihrem seit Generationen erworbenen Wissen zur Erschließung und Urbarmachung der Extremregionen einzusetzen und sie dort im wahrsten Sinne des Wortes zu verbrauchen. Mit diesem Vorhaben öffnet sich aber die Tür zum menschenverachtendsten Kapitel der sowjetischen Geschichte. Denn die Art und Weise, wie sich diese Kolonisierung vollzog, ist gleichbedeutend mit der krakenhaften Entwicklung eines immer dichter werdenden Netzes aus Erziehungs- und Besserungsanstalten, Gefängnissen, Verbannungs-, Straf-, Arbeits-, Konzentrations- und Vernichtungslagern, dessen ursprüngliche Aufgabe und Funktion es zwar war, bewusstseinsmäßig ‚rückständige' Menschen umzuerziehen, das aber schließlich im offenen Mord- und Massenterror endete. Von Anfang an waren die Lager zudem nicht nur als Tötungsmaschinerie, sondern auch als Wirtschaftsfaktor konzipiert. Die Wurzeln für dieses Konzept reichen bis in das Umfeld der Oktoberrevolution zurück und sind nicht ursächlich mit der Person Stalins verknüpft.

Anfänge und Ausbreitung des *Gulag*

Es war Leo Trotzki, der als Volkskommissar für das Kriegswesen bereits im Juni 1918 die Erfassung „parasitärer Elemente" für die Durchführung unangenehmer Arbeiten forderte. Schon am 9. August befahl Lenin:

„Es ist notwendig, eine besondere Gruppe von ausgesuchten, zuverlässigen Männern zu organisieren. Diese müssen einen unbarmherzigen Massenterror gegen Kulaken, Geistliche und Weißgardisten durchführen. Alle verdächtigen Personen sind in einem Konzentrationslager außerhalb der Stadt festzusetzen."[27]

Da diese Personengruppen als nicht umerziehbar und damit nicht besserungsfähig galten, waren sie von vornherein zur Absonderung vorgesehen. Zwangsarbeit als „Waffe gegen Kapitalisten und Reiche"[28] wurde von Lenin schon im Oktober 1917, also noch in der Stunde des Umbruchs, in Erwägung gezogen. Anfang 1918 unterzeichnete er eine Verfügung, nach der „Sabotage von Millionären" mit „Arbeit im Bergwerk" zu bestrafen war. Sein Dekret vom 17. Dezember 1917 ermöglichte die „obligatorische soziale Arbeit"[29] für alle politisch Missliebigen. 1920 wurde in einem ehemaligen Kloster auf den Solowezki-Inseln (im Weißen Meer gelegen) im Gouvernement Archangelsk am nördlichen Polarkreis das erste reguläre Lager eröffnet, in dem zunächst nur Bürgerkriegsgegner festgehalten wurden. Die geographische Oberflächenform dieser Inselgruppe und die einem Archipel vergleichbare Art und Weise ihrer Lage im Meer inspirierte den Schriftsteller Alexander Solschenizyn zu seiner bekannten literarischen Aufarbeitung des hier seinen lokalen Ausgangspunkt nehmenden Terrorsystems unter einem Titel, der seither zum Synonym für eines der größten Menschenrechtsverbrechen in der Geschichte geworden ist: *Archipel Gulag*.

1922 waren bereits 23 Lager in Betrieb. Mit dem Sieg im Bürgerkrieg, der Einführung der Neuen Ökonomischen Politik und der offiziellen Beendigung des Kriegskommunismus sollte der Druck auf die Bevölkerung gemindert werden und der „rote Terror" sein Ende finden. Ein neues Strafgesetzbuch wurde kodifiziert, in dem man zwei Lagersysteme unterschied, nämlich einerseits die „Besserungsarbeitseinrichtungen", die dem Volkskommissariat des Innern, in der russischen Abkürzung NKWD, unterstanden, und die „Lager zur besonderen Verwendung" unter Leitung der GPU, die nichts anderes als Konzentrations- und Terrorinstrumente gegenüber dem politischen Gegner waren. Insbesondere diese Lager bildeten organisationsgeschichtlich die Vorläufer des späteren Stalinschen *Gulag*-Imperiums.

Bis Mitte der zwanziger Jahre hielt die Partei jedoch noch an dem Gedanken der „Besserung durch Arbeit" fest, während die reine wirtschaftliche Ausbeutung der Häftlinge dem zunächst noch untergeordnet war. Das NKWD gab am 16. Oktober 1924 sogar einen neuen Kodex heraus, in dem der Begriff „Zwangsarbeit" mit „Erziehung durch Arbeit" ersetzt war und Ketten, Einzelzellen, Handschellen und Nahrungsentzug verboten wurden.

All dies fiel aber weg, als sich schon in der Anfangsphase des ersten Fünfjahresplans zeigte, dass keines der gesetzten wirtschaftlichen Ziele auch nur annähernd erreicht werden konnte. Von nun an verflochten sich – durch die Hand Stalins – Planwirtschaft, Gerichtsbarkeit und Lagersystem zu einem immer engeren Abhängigkeitsverhältnis. Sichtbarster Ausdruck dieser radikalen Umorientierung war der 1927 nachträglich in das neue Strafgesetzbuch eingefügte Artikel 58, der 1934 verschärft wurde und bis 1959 in Kraft blieb. Dieser Passus, dessen Bestimmungen mehr mit Verfolgungswahn als mit juristischer Argumentation zu tun hatten, definierte in 14 Unterpunkten, was als „Vaterlandsverrat" anzusehen und entsprechend abzuurteilen war. Seitdem wimmelte es zwischen Odessa und dem Ochotskischen Meer nur so von „Agenten der Weltbourgeoisie" (Artikel 58, Absatz 4) und von „Diversanten", die in Kollaboration mit einem „anderen Staat der Sowjetunion den Krieg erklären" wollten (Absatz 5). Der Artikel 58, der unübersehbar Stalins einsetzende Paranoia widerspiegelte, wurde zum zentralen Rekrutierungsinstrument für den sowjetischen Lagermoloch, der nun längst primär wirtschaftliche Funktionen wahrzunehmen hatte.

Aufgrund von Welt- und Bürgerkrieg, Hunger und Seuchen gab es schon 1926 einen akuten Arbeitskräftemangel von etwa vier Millionen Männern, der sich zudem Jahr für Jahr steigerte. In den Arbeitsprozessen selbst offenbarten sich immer gravierendere Effizienzprobleme. Unzulängliche Arbeitsproduktivität und -qualität, Fehlplanungen, schlechte und veraltete Anlagen, mangelnde Fachkompetenz, hohe Produktionskosten, schlechte Disziplin und fehlende Motivation, häufiger Arbeitsplatzwechsel, Fehlen, Bummeln und Krankmachen, Produktion von Ausschuss oder von Stückzahlen um jeden Preis sowie Raubbau an Mensch, Gesundheit, Natur und Umwelt waren an der Tagesordnung. Was lag da näher, als Trotzkis alten Gedanken von den „Armeen der Arbeit" wieder aufzunehmen, die Menschen in Kasernen und Lager einzuweisen und sie dort unter Zwang das tun zu lassen, was sie draußen nicht freiwillig tun wollten? Auf den Schachty-Prozess 1928 folgten zahllose Verfahren gegen „Saboteure", die fast durchweg mit Todesurteilen gegen die angeklagten Fachleute und Experten endeten. Bis 1933 waren auf diese Weise praktisch alle Ingenieure in der Sowjetunion abgelöst, inhaftiert oder ermordet worden. Ihre Stellen nahmen jetzt kommunistische Funktionäre ein, die freilich von Tuten und Blasen keine Ahnung hatten. Der Verlust war nie wieder gutzumachen. Von den Millionen, die sich jetzt in den Lagern befanden, besaßen viele Kompetenz und technisches Know-how. Die Unzahl der inhaftierten Spezialisten, Facharbeiter, Manager, Verwaltungsfachleute, Lehrer und Planer war dort aber volkswirtschaftlich ohne Nutzen. Unter Zwang konnten und wollten sie weit weniger tun, als sie zu leisten im Stande waren, von der menschlichen Herabwürdigung gar nicht zu reden. Mit den gleichfalls millionenfach einströmenden enteigneten Bauern konnten sie nichts anfangen. Zwei Welten stießen aufeinander. Die industriellen Zuwachsraten, die durch die Lagerarbeit eigentlich gesteigert werden sollten, fielen Jahr für Jahr. Trotzdem wurde das Terrorsystem immer drakonischer erweitert.

Der Bau des Weißmeer-Ostsee-Kanals

Irgendwann, „so um 1929"[30], wurde ein Mann namens Naftali Frenkel zu Stalin zitiert. Er wollte von seiner jüdischen und kaufmännischen Vergangenheit weg, derentwegen er verhaftet und von seiner Heimat am Schwarzen Meer ins karelische Lager Kem hoch im Norden deportiert worden war. Der Mann fiel in der Verbannung von Anfang an positiv auf. Die unter seiner Anleitung von den Häftlingen produzierten Schuhe erwiesen sich als so wetterresistent, dass sie sogar an die Moskauer Bevölkerung ausgegeben werden konnten. Frenkel wurde zum Chef der Wirtschaftsstelle im Kreml ernannt und formulierte in dieser Eigenschaft die These, dass der Lagerinsasse gezwungen werden muss, in den ersten drei Monaten nach seiner Ankunft bis zur völligen Erschöpfung (oder bis zum Tod) zu arbeiten. Danach sei er sowieso wertlos und nur eine Ernährungslast. Diese These gefiel Stalin. Frenkel unterbreitete ihm Vorschläge zur Effizienzsteigerung, die zum zentralen Bestandteil des Lageralltags in der ganzen Sowjetunion wurden, so insbesondere die Bestimmung, die tägliche Essensration kategorisch an die Normerfüllung zu binden. Wer also in seiner Leistung nachließ, sah damit automatisch dem Hungertod entgegen. Im sibirischen Kolymagebiet starb daraufhin jeder zweite Häftling. 1933 vertraute der Leiter des Kemer Lagers einem finnischen Kommunistenführer Folgendes an:

> „Es hätte doch keinen Sinn, sie (die Lagerinsassen) länger als notwendig zu ernähren und am Leben zu erhalten. Am besten nutzt man ihre Arbeitskraft noch so lange wie möglich. Diese Leute hier im Lager Kem und in Solowetzkije sind die schlimmsten Elemente; (...) Es ist nur natürlich, dass man diese Leute umkommen lässt. Sie sind ausnahmslos ein solcher Abschaum, dass es am besten ist, ihre Arbeitskraft bis zum letzten auszunutzen und sie dann in die Grube zu werfen."[31]

Naftali Frenkel, der – mit dem Leninorden dekoriert – 1931 auf freien Fuß kommt, wurde zum Planer, Lenker und Cheforganisator des Systems mit der Bezeichnung *Glawnoje Uprawlenije Lagerei*, abgekürzt GULag oder einfacher *Gulag*. Übersetzt heißen die Worte nichts anderes als „Hauptverwaltung der Lager". Eine solche gab es seit 1928, und sie war dem NKWD unterstellt. Schon bis zu diesem Zeitpunkt waren in den Barackenstädten der Sowjetunion bereits drei Millionen Menschen umgekommen, jetzt wuchs der *Gulag* binnen weniger Jahre auf 8000 Lager an.

Mehr denn je wurde dem System die Aufgabe zugewiesen, nicht nur der Kontrolle und der Einschüchterung, sondern auch dem wirtschaftlichen Aufbau zu dienen. Ganze Häftlingsscharen wurden eingesetzt, um gigantische Industrieanlagen und weit verzweigte Infrastruktureinrichtungen auf die Beine zu stellen. Gleich das erste dieser Projekte, das im Gegensatz zu den folgenden noch nicht geheim gehalten wurde, sollte alle Dimensionen sprengen, und zwar auch in erzieherischer Hinsicht, da es als „der Welt erstes Experiment (galt), durch die Nutzung von Arbeit hartnäckig rückfällige Häftlinge und politische Feinde umzuschmieden".[32] Das Unternehmen, um das es dabei ging, war der Weißmeer-Ostsee-Kanal, auf Russisch Belomorkanal, der den Schiffen von den karelischen Häfen und von Archangelsk aus die mühsame, 4000 Kilometer lange Fahrt um Skandinavien und durch das arktische Meer ersparen sollte. Stattdessen sollte Leningrad über den Ladoga- und den Onega-See sowie über die neue, 230 Kilometer lange Wasserstraße erreicht werden können, die nach ihrer Fertigstellung (selbstverständlich) „Stalin-Kanal" hieß, und zwar noch bis 1961. Schon Peter der Große hatte 1702, während der Nordischen Kriege mit Schweden, an gleicher Stelle eine Schneise in den Wald schlagen lassen, war aber nach 180 Kilometern stecken geblieben. Genau hier machte sein selbst ernannter Nachfolger jetzt weiter. In den Wäldern an der Trasse wimmelte es nur so von Straflagern. Um über ausreichend technische Intelligenz zu verfügen, wurden alle Ingenieure der „Direktion für Wasserwirtschaft Zentralasiens" unter dem Vorwurf der Sabotage verhaftet, verurteilt und in einen für sie völlig fremden Teil der Sowjetunion verfrachtet. Stalin gab eine Bauzeit von zwanzig Monaten vor. Für die anderen großen Kanalverbindungen der Welt, z. B. den Nord-Ostseekanal, den Suezkanal oder auch den Panamakanal war ein Vielfaches dieser Zeitspanne benötigt worden. Die Hauptbauleitung quartierte sich in Medweschegorsk ein, weshalb die Stadt bis 1992 (!) von keinem Ausländer betreten werden durfte. Das Arbeitskommando wurde Naftali Frenkel übertragen, der das nahe Lager Kem, den geplanten Endpunkt der Strecke, zu diesem Zweck als freier Mann verließ. Die Trasse bestand fast ausschließlich aus felsigem Boden oder vereistem karelischem Sumpf.

Die Kontrolle und die Verantwortung für das Gelingen lagen in den Händen der GPU. Im September 1931 war Baubeginn, im April 1933 sollte alles fertig sein. Ein Maschinenpark stand nicht zur Verfügung. Devisen durften nicht in Anspruch genommen werden, und von den 100.000 eingesetzten Häftlingen hatte kaum einer technische Hilfsmittel zu Hand. Zement, Beton, Stahl, Kräne, Sägen und Äxte gab es nicht, wobei alle Abstützungen mit Holzpfählen vorgenommen wurden. Viele gruben mit der bloßen Hand. Frenkel, der vom Kanalbau überhaupt keine Ahnung hatte, fertigte die Pläne an und wurde zum Chefingenieur befördert. Unter den Zwangsarbeitern griffen Fleckfieber und Typhus um sich, fast alle bekamen Skorbut. Jeden Monat starben tausende von Menschen, deren Skelette und Knochen als Füllmaterial Verwendung fanden. Am zentralen Schacht wurde eine Tafel mit der Inschrift „Die Übererfüllung der Normen ist der kürzeste Weg zur Freiheit" angebracht.

Der Bau des Weißmeer-Ostsee-Kanals war der erste große Testlauf zur Erprobung des Frenkelschen Normensystems, über das 37 GPU-Leute wachten, die einzigen freien Menschen auf der Großbaustelle. Die eigentlichen Kontroll-, Wach- und Verwaltungsfunktionen übten (aufgestiegene) Häftlinge, so genannte „Vertrauensleute", aus, denen die Hinrichtung drohte, falls jemand floh. Die als „Kanalarmisten" bezeichneten Gefangenen arbeiteten in drei Schichten rund um die Uhr, die einzelnen Bauverwaltungen an der Strecke wurden Anfang 1933 in „Kampfabschnittsstäbe" umbenannt. Täglich prügelten Wachmannschaften die neu angekommenen Häftlinge aus den Viehwaggons. Enteignete Kulaken arbeiteten neben Schwerkriminellen. Das Ganze war ein einziges Arbeits- und Todeslager, ein Unternehmen zur ‚Ausrottung durch Arbeit'. Jeder zweite Kanalarbeiter starb, und wer überlebte, wurde anschließend zum Bau des Moskwa-Wolga-Kanals abtransportiert. Am 1. Mai 1933 war das Wunderwerk in der vorgeschriebenen Zeit vollendet. Stalin ging an Bord des ersten die neue Wassermagistrale passierenden Schiffes. Neben ihm stand Sergej Kirow, der junge, charismatische und in der Bevölkerung durchaus beliebte Parteichef von Leningrad. Bei der Jungfernfahrt auf dem neuen Wasserweg wurden ihre Gesichter dann aber von Kilometer zu Kilometer lang und länger. Alle zwölf Kilometer mussten sie sich zeitaufwändig einschleusen lassen und jede Schleuse wurde, wie zu Zar Peters Zeiten, mit der Hand bedient. Von Elektrifizierung keine Spur. Der größte Fehler aber bestand darin, dass die nasse Handels- und Aufmarschstraße nur ganze drei Meter tief und damit für Transport- und Kriegsschiffe absolut untauglich war. „In Eile erkoren, blind geboren"[33], schrieb Solschenizyn dazu, eine Tatsache, die sich wohl auch Stalin eingestehen musste, als er (endlich) am Zielort ankam. Wegen der von ihm vorgegebenen knappen Fristen war an allen Ecken und Enden herumgetürkt worden, bis ein primitiv angelegtes, wirtschaftlich und logistisch kaum nutzbares, stehendes Gewässer entstanden war. Angängige Fracht musste im Leningrader Hafen auf flache Schuten verzurrt und am Weißen Meer wieder auf Hochseeschiffe verladen werden, und für die Hälfte des Jahres fror sowieso alles zu. Auch bei der Partei- und Regierungsspitze musste man sich der bitteren Wahrheit stellen, dass das ganze Projekt hochgradig unrentabel war. Da der Sozialismus aber keine Niederlagen kannte, wurde trotzdem ausgiebig gefeiert, besonders von denen, die keine Hand gerührt hatten. Maxim Gorki rühmte das Kanalwerk als „ausgezeichnet gelungenes Experiment der Verwandlung einer großen Masse ehemaliger Feinde (...) in tüchtige und für die staatsnotwendige Arbeit begeisterte Mitarbeiter dieser Gesellschaft".[34] Die aufgetretenen Mängel wurden den am Bau beteiligten Ingenieuren angelastet, deren Haftstrafen sich deshalb wegen erneuter „Sabotage" verdoppelten. Wirklichkeit und Willkür fanden also im Stalinschen Terrorsystem zu einem frappierend glatten Nutzungsverhältnis. Was sich hier im russischen Norden vollzog, das erfuhr seine grausame Entsprechung in den Kohlegruben Sibiriens, den unendlichen Bahnbauprojekten Mittelasiens und der mörderischen Goldgewinnung in Kolyma, auch wenn die Todesraten dort nicht so hoch waren wie am Weißen Meer, sondern ‚nur' bei 15–20 Prozent lagen.[35]

Kampf der SPD, nicht der NSDAP

Die Welt außerhalb der Sowjetunion und damit auch die Außenpolitik galten in den späten zwanziger und den frühen dreißiger Jahren für Stalin wenig. Am liebsten hätte er sich mit seinem Staat auf einen einsamen Stern gewünscht, um den „Sozialismus in einem Land" ungestört aufzubauen. Dass die Japaner in der Mongolei ungestüm aufs Festland drangen, dass gleich in einem halben Dutzend europäischer Staaten, von Portugal und Spanien über Österreich bis ins Baltikum und nach Finnland, national-autoritäre und faschistische Machthaber an die Regierung strebten bzw. im Pilsudski-Polen und Mussolini-Italien bereits an der Macht waren, nahm er natürlich wahr, aber es beeinflusste sein Denken und Handeln nicht sonderlich. Auf die Revolutionierung dieser Staaten im kommunistischen Sinne gab er nichts mehr, und von England und Frankreich, den beiden großen intakten europäischen Demokratien, fühlte er sich immer noch bedroht.

Die übergreifende außenpolitische Maxime des Kreml hieß also „Ruhe an allen Fronten", vor allem im Verhältnis zum Westen, wo Deutschland die eigentliche Schlüsselgröße darstellte. In Berlin war 1928 nach langen Jahren wieder ein Sozialdemokrat Kanzler geworden, und das beunruhigte den Kremlherrn weit mehr als das täglich frechere Auftreten der braunen Rotten Hitlers. Die Träger der Rapallo-Politik, auf der die seitdem positiven Beziehungen zwischen Deutschland und der Sowjetunion beruhten, waren nun einmal die bürgerlichen Parteien und nicht die SPD gewesen, die, den Spuren des Liberalen Stresemann folgend, immer deutlicher den Ausgleich mit Frankreich suchte. Überdies hatte der Sozialdemokrat Philipp Scheidemann im Reichstag ein vor der Weltöffentlichkeit streng gehütetes Geheimnis, die Zusammenarbeit zwischen Reichswehr und Roter Armee, offen gelegt und gehöhnt, die KPD könne bei ihrem nächsten Aufstand jetzt wenigstens sicher sein, dass mit Sowjetgranaten auf deutsche Arbeiter geschossen werde.

Da die Beziehungen mit England seit 1927 abgebrochen und hoffnungslos zerrüttet waren, konnte die diplomatische Architektur Moskaus nur darauf abzielen, „einen in globaler Perspektive des Gegengewichts zur britischen Weltmacht konzipierten kontinentaleuropäischen Ausgleich zwischen der Sowjetunion, dem Deutschen Reich, Frankreich und Polen zu erreichen".[36] 1931 und 1932 schloss Stalin mit den beiden letztgenannten Staaten Nichtangriffspakte ab, wobei er das Vertragswerk mit Polen allerdings durch ein Interview mit dem deutschen Schriftsteller Emil Ludwig, in dem er erklärte, dass die Sowjetunion niemals der Garant der polnischen Grenzen sein werde, gehörig relativiert hatte.[37]

Der entscheidende Störfaktor, die eigentliche Gefahr in Deutschland, war für Stalin nicht die NSDAP, sondern die SPD. Auch wenn die auf dem VI. Kominternkongress 1928 abgesegnete These von der unaufhörlichen „Faschisierung" der Sozialdemokratie Stalin vor allem im eigenen innerparteilichen Machtkampf gegen die „Rechtsabweichler" dienen sollte, so erwies sie sich jetzt doch auch außerhalb der Landesgrenzen der Sowjetunion als nützlich. Den Genossen in Deutschland wurde jedwede Zusammenarbeit mit der SPD verboten, sogar als die Nazis schon vor den Toren der Macht standen. Die Weimarer Republik hatte ihre Kanzler, Kabinette und Koalitionen bisher im Dutzend verschlissen. Wie lange, so dachte Stalin, würde Hitler sich halten können? Zudem: War der Mann, dessen Partei die Bezeichnungen „Arbeiter" und „sozialistisch" in ihrem Namen führte, nicht für die eigenen Zwecke gut zu gebrauchen? Ende 1932 zitierte Stalin das KPD-Führungsmitglied Heinz Neumann zu sich und fragte: „Glauben Sie nicht auch, dass, falls in Deutschland die Nationalsozialisten zur Macht kommen, sie so ausschließlich mit dem Westen beschäftigt sein werden, dass wir in Ruhe den Sozialismus aufbauen können?"[38] Auf einer im gleichen Zeitraum abgehaltenen Konferenz des Komintern-Exekutivkomitees war erstmals vom „Faschismus als Bundesgenossen" (*sojusnik*) die Rede, und der Jungkommunist Herbert Wehner berichtete, dass wenig später in Berlin ein Telegramm aus Moskau eintraf, in dem gemäß der These vom „Sozialfaschismus" der verschärfte Kampf gegen die SPD gefordert wurde.[39] Eine ideologische Volte jagte jetzt die andere. Bald wurde Hitler gar als „Vorbote", „Wegbereiter" oder „Eisbrecher"[40] der deutschen Revolution bezeichnet, weil auch er ein Feind der Sozialdemokratie war, den bürgerlichen Herrschaftsapparat zerschlagen und den Kommunisten damit eine Menge Arbeit abnehmen würde. *Sojusnik* Hitler. Kein Zweifel, so lautete Stalins Überzeugung, der Nationalsozialismus ist ein nützlicher und wertvoller „Schrittmacher auf dem Weg zu einem Sowjetdeutschland".[41] Noch im Dezember 1933 hieß es auf einer Plenumssitzung der Komintern, dass in Deutschland kein „Systemwechsel", sondern nur „eine Zwischenstation in der weiteren Ausreifung der revolutionären Krise"[42] stattgefunden habe. Schon ab 1931 war der KPD-Führung in Berlin befohlen worden, bei Volksentscheiden, Streiks und Demonstrationen gemeinsam mit der NSDAP vorzugehen, was auch geschah.[43] Hat Stalin Hitler in den Sattel geholfen? Die Frage ist falsch gestellt. Der eigentliche Vorwurf muss lauten, dass derselbe Mann, der in der Ukraine aus Gründen der reinen kommunistischen Lehre Millionen Menschen verhungern ließ, über die von ihm gelenkte Komintern nach außen hin gleichzeitig völlig inkonsequent handelte. Ein kommunistisches Sowjetdeutschland war nämlich das Letzte, was Stalin 1933 haben wollte. Am 15. Dezember 1932 ließ er seinen Außenminister Litwinow in Berlin gegenüber dem Reichskanzler Schleicher äußern, es sei „durchaus natürlich, wenn man die Kommunisten in Deutschland so behandelte, wie man in Russland Staatsfeinde zu behandeln pflege".[44] Hitler war für ihn eine vorübergehende Erscheinung, eine Spielfigur der Rechten, der Hochfinanz und der Industrie, ein „Agent des Monopolkapitals"[45], der genauso schnell wieder verschwinden würde, wie er gekommen war. Man konnte den Mann gut gebrauchen, um wenigstens eine Zeit lang Ruhe im Westen zu haben und die Kollektivierung im eigenen

Land in aller Brutalität fortsetzen zu können. In dem Wirkungszusammenhang aus Sowjetunion, Sozialfaschismus und dem Ende von Weimar besteht Stalins historische Schuld darin, dass er nicht zum ersten und nicht zum letzten Mal in einer weltpolitisch entscheidenden Situation Entwicklungen und Phänomene, in diesem Fall den Charakter der NSDAP, völlig falsch einschätzte, sich ausschließlich am Primat der Machterhaltung nach innen orientierte und bereitwillig die deutschen Genossen verriet. „Nicht mit Wissen und Willen, sondern in dogmatischer Verblendung und gleichsam mit abgewandtem Antlitz hat Stalin so seinen bedeutsamen Beitrag zum Aufstieg Hitlers geleistet."[46]

Auch nach der so genannten Machtergreifung, ja sogar nach dem Reichstagsbrand und der unmittelbar einsetzenden gnadenlosen Kommunistenverfolgung in Deutschland verharrte die KPD in „revolutionärem Attentismus"[47], in Achtung und Wartehaltung vor dem „Eisbrecher" Adolf Hitler, mit dem Stalin im Mai 1933 den Neutralitäts- und Freundschaftsvertrag von 1926 so seelenruhig verlängerte, als sei nichts gewesen. In den deutschen und russischen Offizierskasinos bekräftigte die Generalität beider Seiten die Zusammenarbeit zwischen Reichswehr und Roter Armee und verabschiedete sich mit der Floskel, dass „die alte Kameradschaft bestehen bleiben sollte".[48]

1934 erschien in London unter dem Decknamen „Ernst Henri" die Auftragsarbeit eines sowjetischen Journalisten mit dem Titel *Hitler over Europe?*, die in der UdSSR bis in die sechziger Jahre hinein ein Standardwerk blieb. Hierin wird der Ruhrmilliardär Fritz Thyssen als Drahtzieher einer „braunen Internationale" präsentiert, von der Hitler seine Befehle erhalte. Der Antisemitismus der Nazis sei ein reines Täuschungsmanöver, in Wirklichkeit seien Juden die Hauptfinanziers dieser „braunen Internationale". Über die antijüdischen Ausschreitungen in Berlin und anderen deutschen Großstädten verlor die *Prawda* kein einziges Wort, Hitlers Machtübernahme am 30. Januar 1933 hatte sie auf ihrer sechsten und letzten Seite in ein paar dürren Zeilen vermeldet. Ein Jahr später, auf dem XVII., dem so genannten „Parteitag der Sieger", malte Stalin wie auch schon früher das Gespenst der Einkreisung an die Wand: „Diejenigen (...), die versuchen sollten, unser Land zu überfallen, werden wir zerschmettern, damit ihnen in Zukunft die Lust vergeht, ihre Schweineschnauze in unseren Sowjetgarten zu stecken.'"[49] Mit der mehrfach wiederholten Ergänzung, dass „der Faschismus an sich kein Grund (sei), sich zu streiten"⁵⁰, betonte er aber, bei diesem Feindbild nicht Deutschland vor Augen zu haben. An eben diesem Tage, dem 26. Januar 1934, schloss Hitler einen zehnjährigen Nichtangriffspakt mit Polen, und Stalin fiel aus allen Wolken. Jetzt erst begannen sich ihm langsam die Augen zu öffnen, und er verstand, wohin die Reise des expansionslüsternen NS-Deutschland führen würde. Die Zusammenarbeit zwischen Reichswehr und Roter Armee wurde eingestellt. Vollends auf den Boden der Tatsachen zurückgeholt sah er sich, als Hitler im Sommer 1934 die Morde an SA-Chef Röhm und Reichskanzler a. D. von Schleicher anordnete. Schlagartig wurde ihm klar, dass ihm hier ein in krimineller Energie Ebenbürtiger erwachsen war.

Stalin und Kirow

Seit Ende 1932 durchlebte Stalin eine schwere persönliche Krise. Der Gefühllose, dem Leben und Tod auch ihm nahe stehender Menschen sonst völlig gleichgültig waren, konnte den Selbstmord seiner Frau Nadjeschda Allilujewa nur äußerlich überwinden. Ihre Gastfreundschaft und das familiäre Zusammensein auf der Datsche Subalowo, in der seine Vertrauten Molotow, Woroschilow und Ordschonikidse, aber auch Kirow ein und aus gingen, hatte er immer geschätzt. Deshalb kann es nur bedingt als Finte angesehen werden, wenn er sich bald nach Nadjeschdas Freitod während einer Politbürositzung erhob und sagte: „Vielleicht bin ich wirklich ein Hindernis für die Einigkeit in der Partei geworden. Wenn dem so ist, Genossen, so bin ich bereit zu verschwinden."⁵¹ Augenblicklich trat eine tiefe Stille ein, und alles blickte betreten zu Boden. Keiner rührte sich, bis Molotow die peinliche Szene mit den Worten „Schluss damit! Schluss! Du hast das Vertrauen der Partei"⁵² beendete. Trotzdem ging die Diskussion weiter. In Moskauer Hinterzimmern und Küchenkabinetten, an denen auch Sergo Ordschonikidse teilnahm, wurde immer lauter die Frage erörtert, ob Stalin noch der richtige Mann sei. Der Thron des Alleinherrschers wankte. Schließlich einigte man sich darauf, den Generalsekretär auf den höchsten Staatsposten, den Vorsitz im Rat der Volkskommissare, wegzuloben und Kirow seine Stelle an der Spitze der Parteihierarchie zu übertragen. Natürlich gab es in diesen Hinterhofversammlungen auch undichte Stellen und schnell waren Zuträger bei Stalin. Er zitierte Kirow zu sich, stellte ihn zur Rede und dieser stritt nicht ab, dass solche Pläne erörtert worden seien. Auf dem XVII. „Parteitag der Sieger" wurde Kirows Rede mehrfach von stürmischen Ovationen unterbrochen, allein rhetorisch war der Niveauunterschied zu Stalin unübersehbar. Er hatte, wie wir aus einem 1987 erstmals veröffentlichten Zeugnis wissen, von da an „für diesen Parteitag und natürlich für Kirow persönlich nur Feindseligkeit und Rachedurst"[53] übrig.

Nach außen hin demonstrierte Stalin Versöhnungsbereitschaft und ließ sogar Bucharin wieder ins Zentralkomitee wählen. Bezeichnenderweise stimmten bei den geheimen Wahlen zum ZK nur drei Mitglieder gegen Kirow, aber 270 (und damit fast ein Viertel der Delegierten) gegen Stalin, der nur noch deshalb in das Zentralkomitee kam, weil man genauso viele Kandidaten aufgestellt hatte, wie Mitglieder zu wählen waren. Daraufhin befahl er, im Protokoll für ihn wie auch für Kirow je drei Gegenstimmen zu vermerken. Geschichte wurde also nicht erst im Nachhinein, sondern gleich vor Ort gefälscht. Als 1957 eine von Chruschtschow eingesetzte Sonderkommission die Akten des Parteitages überprüfte, stellte sie fest, dass 267 Stimmzettel aus der Wahlurne entwendet worden waren. Von den 1966 Delegierten des XVII. Parteitages wurden in den Folgejahren 1934 wegen angeblicher konterrevolutionärer Tätigkeit verhaftet, und auch von den 139 Mitgliedern des damals neu gewählten Zentralkomitees wurden 98 verhaftet und anschließend hingerichtet.

Von jetzt an kamen nur noch Stalin-Vertraute in Schlüsselpositionen von Partei und Staat. Die GPU sah sich fest ins Volkskommissariat für Inneres integriert und erhielt nunmehr auch dessen Bezeichnung, nämlich NKWD. Zu den Leitern der Geheimpolizei avancierten nacheinander Gennrich Jagoda, Nikolai Jeschow und Lawrenti Berija. All dies änderte aber nichts daran, dass Kirow der eigentliche Sympathieträger in den Reihen der KPdSU blieb. Wo immer er war, scharte er mit seinem fröhlichen, offenen und warmherzigen Wesen die Menschen um sich. Er wirkte ganz anders als der kalte, verschlossene und misstrauische Stalin, was diesem selbst nicht verborgen bleiben konnte. Man kannte sich seit 1917 und fuhr sogar zusammen in den Urlaub ans Schwarze Meer.

Kirow hatte die Leningrader Abteilung der Partei hervorragend aufgebaut, sie war seine Bastion in der Stadt mit dem Mythos der Revolution. Im Sommer 1934 nahm ihn Stalin wieder mit in den Süden und konfrontierte ihn dort mit der Forderung, nach Moskau umzuziehen, weil er ihn dort besser unter Kontrolle zu haben glaubte. Der Urlaub endete im Misserfolg, und bis in den Herbst hinein verstärkten sich die Animositäten zwischen den beiden. Am 1. Dezember 1934 wurde Kirow im Gebäude des Leningrader Stadtkomitees von dem 30-jährigen Kommunisten Leonid Nikolajew erschossen.

Stalin selbst eilte nach Leningrad, um den Mörder Tag und Nacht zu vernehmen. Kirow erhielt ein Staatsbegräbnis, bei dem Stalin die Totenwache hielt. Die Ermittlungen und Prozesse gegen Nikolajews Hintermänner dauerten volle vier Jahre und der Attentäter wurde schließlich in einem Sonder- und Geheimverfahren, in dem er keinen Rechtsbeistand erhielt, zum Tode verurteilt und hingerichtet.

Aus der Vielzahl der Ungereimtheiten und Merkwürdigkeiten rund um den Mord an Kirow verdienen einige besondere Aufmerksamkeit. Nikolajew war vorher bereits zweimal vom örtlichen NKWD verhaftet worden, weil er Kirow aufgelauert hatte, und zwar bewaffnet und mit einer schriftlich fixierten Route von dessen Spazierweg. Beide Male war er aber nach kurzem Verhör wieder auf freien Fuß gesetzt worden, mitsamt seiner Waffe. Am 1. Dezember 1934 hatte er völlig ungehindert in die Leningrader Parteizentrale gelangen können, weil dort kurz zuvor die Bewachung von allen drei Etagen abgezogen worden war. Kirows persönlicher Leibwächter hatte Nikolajew nicht in Kirows Büro begleitet, weil er zufälligerweise unten am Eingang durch neue, aus Moskau entsandte Wachen aufgehalten worden war. Es war natürlich klar, dass den Aussagen dieses Mannes im Prozess eine ungeheure Bedeutung zugekommen wäre, nur, dazu kam es nicht mehr. Auf dem Weg zum Gericht griff einer der beiden NKWD-Leute, die den Leibwächter begleiteten, dem Fahrer ins Lenkrad, sodass das Auto eine Hauswand streifte. Niemand wurde dabei verletzt, das Auto konnte seine Fahrt sogar fortsetzen, der Leibwächter allerdings war auf der Stelle tot. Die beiden NKWD-Männer wurden wenig später erschossen. Als Stalin Nikolajew im Verhör fragte, warum er Kirow ermordet habe, zeigte dieser auf die anwesenden Geheimdienstleute und forderte ihn auf, sich bei ihnen zu erkundigen. Der NKWD-Chef Jagoda gab drei Jahre später, als er selbst auf der Anklagebank saß, zu, seiner Leningrader Dienststelle die Anweisung gegeben zu haben, „dem Terrorakt gegen Kirow keine Hindernisse in den Weg zu legen"[54], und Chruschtschow schrieb in seinen Memoiren: „Ich bin der Meinung, dass dieser Mord von Jagoda organisiert wurde, der nur in einem geheimen Auftrag Stalins handeln konnte, den er sozusagen unter vier Augen erhalten hatte."[55] Ob Stalin nun letztlich für das Attentat verantwortlich war oder nicht – auf jeden Fall nutzte er, wie schon im Schachty-Prozess, geschickt die Gunst der Stunde. Noch am Abend des Mordtages wurde ein Notstandserlass herausgegeben, der dafür sorgte, dass der Alleinherrscher wieder fest im Sattel saß. Das Politbüro stellte er zwei Tage später vor vollendete Tatsachen.

Dies war der Beginn der großen „Säuberung", denn mit dem Notstandsgesetz vom 1. Dezember 1934 wurden die Ermittlungsorgane in der ganzen Sowjetunion angewiesen, alle vermeintlich geplanten Terrorakte im Lande aufzuspüren und unverzüglich mit Todesurteilen zu ahnden. Die gleichen Methoden, mit denen vorher ‚nur' Kulaken, Konterrevolutionäre und ausländische Saboteure verfolgt und terrorisiert worden waren, wurden jetzt auf die Mitglieder der eigenen Kommunistischen Partei angewandt. Und immer mehr dieser ‚Untersuchungen' von Parteigenossen endeten im Lager oder gleich mit der Hinrichtung.

Gleichzeitig diente das Mittel der Denunziation als Überlebensmethode: Für den Prozess gegen den Kirow-Attentäter Nikolajew hatte Stalin handschriftlich zwei Listen des Leningrader und des Moskauer „terroristischen Zentrums"[56] angefertigt. Anschließend hatte man Nikolajew in der Anklageschrift beschuldigt, Kirow auf Befehl dieser „konspirativen Zentren" umgebracht zu haben, die alsdann die Ermordung Stalins, anderer Parteigrößen und schließlich den politischen Umsturz geplant hätten. Mit dem Versprechen, ihn freizulassen, wenn er all dies gestehe, wurde das Verfahren gegen den Kirow-Attentäter der Auftakt zu einer endlosen Reihe von Schauprozessen mit erfundenen, erpressten und absurden Geständnissen, die allesamt mit dem Todesurteil endeten. Nikolajew gestand und endete trotzdem auf dem Schafott. Damit war der letzte Hauch von Legalität und Rechtsstaatlichkeit aus der Sowjetunion, dem weltweit ersten sozialistischen Musterstaat, gewichen.

Der „Vater" des Terrors

Zielscheibe von Terror und Vernichtung wurden nun, in immer neuen und immer schneller aufeinander folgenden Wellen, die Funktionäre in Partei, Wirtschaft, Verwaltung und Justiz, die linientreue Intelligenz in Wissenschaft, Hochschule und Universität, die mittlere und höhere Führungsschicht der Armee bis hinauf zur Generalität und schließlich das Personal des Geheimdienstes selbst – mithin die Gesamtheit all derjenigen Fachleute und Kader, mit denen die neue Sowjetunion aufgebaut werden sollte. Gefährdet waren – bis auf Stalin – eigentlich alle. Sogar der Name der inoffiziellen Nummer „Zwei", Wjatscheslaw Molotow, fand sich einmal auf einer der Todeslisten.[1] Gleichzeitig ging auch die Verfolgung der als „Konterrevolutionäre" diffamierten Kulaken, Oppositionellen, Juden, Priester und anderer weiter. Zu diesen als „Klassenfeinde" zusammengefassten Gruppen gesellten sich jetzt in den Gefängnissen, Lagern und *Gulags* mit den so genannten „Volksfeinden" die Mitglieder von Partei und Verwaltung. Allen drohte das gleiche Schicksal. Unter dem Begriff der „Säuberung" von ‚feindlichem Gesellschaftsgut' entfaltete sich eine totalitäre, alle und alles umfassende Gewalt.

Den überall gegenwärtigen, für jede Fehlentwicklung und für jeden Mangel verantwortlichen Feind verkörperte nach wie vor jene Person, die sich schon längst nicht mehr im Land befand: Leo Trotzki. Der Trotzkismus wurde völlig beliebig als Menschewismus, Kapitalismus, Imperialismus oder Faschismus deklariert und diente Stalins Chefanklägern in den endlosen Schauprozessen als Hauptbestandteil ihrer Argumentation. Natürlich plante er den Marsch auf Moskau, den Sturz Stalins und dessen Ermordung. Wer des Trotzkismus beschuldigt wurde, konnte mit dem Leben abschließen. Alle waren verdächtig, jeder belauerte jeden, jeder konnte, sollte, musste jeden zur Anzeige bringen, und sei es den eigenen Vater, Mutter, Bruder, Schwester, Genossen, Kollegen oder Freund. Familien wurden auseinander gerissen, Freundschaften zerbrachen und Betriebe zerfielen. Es war Wahnsinn, aber mit Methode, und es war Terror, aber mit System. Alle sollten in Abhängigkeit und Angst, entsolidarisiert und gegeneinander aufgehetzt nur dem einen großen Führer und Ziel dienen. Am 7. April 1935 wurde das Strafrecht dahingehend geändert, dass für Kinder vom zwölften Lebensjahr an die Todesstrafe verhängt werden konnte. Alle Menschen ab 16 Jahre mussten den Inlandspass bei sich führen, der über ihr Beschäftigungsverhältnis Auskunft gab. Wer nicht zur Arbeit erschien und bei einer Kontrolle erfasst wurde, riskierte die Wohnung verlassen und seine Lebensmittelkarte abgeben zu müssen. Denn wer nicht zur Arbeit ging, so wurde konstruiert, plante eine Zusammenrottung und Verschwörung. Im Kreml selbst war jetzt immer häufiger von der „endgültigen Liquidierung" aller feindlichen Elemente oder einfach von der „endgültigen Lösung"[2] die Rede.

Aus den einzelnen Verhaftungs- und Erschießungswellen, die ineinander griffen, sich überlagerten, verstärkten, in ihrer Dynamik potenzierten, sich wie Kettenreaktionen von unten nach oben oder von oben nach unten fortsetzten, sich wie Schwelbrände in ganzen Belegschaften festfraßen oder in Sippenhaft ganze Familien samt Kind und Kindeskind ins Verderben führten, ragte der Schlag gegen die eigene Partei als Kern des „Großen Terrors" heraus. Hierauf kam es Stalin an. Es genügte dem Alleinherrscher nicht, allein zu herrschen. Noch gab es Tausende in der KPdSU, die ihren Aufstieg unabhängig von oder sogar gegen Stalin durchgesetzt hatten. Noch gab es Veteranen wie Bucharin, Radek, Tuchatschewski und Ordschonikidse, die viel zu viel über seine klägliche Rolle in Revolution und Bürgerkrieg und über die Umstände seines Aufstiegs wussten, und überhaupt: Noch war es die Partei Lenins. Genau das sollte sich jetzt ändern. Wer von nun an in die KPdSU kam, sollte so absolut und radikal auf die Person Stalins eingeschworen sein, als hätte es nie einen anderen an der Spitze gegeben. Das aber ging nicht mit Umdenken, sondern nur mit Umbringen. Stalins Wort vom „totalen Blutaustausch"[3] in den eigenen Reihen war wörtlich zu nehmen. Wenn man sich vor Augen hält, dass die Partei Anfang 1933 dreieinhalb Millionen Mitglieder und Kandidaten hatte, dieser Stand bis 1938 auf knapp zwei Millionen sank, zwischenzeitlich aber gut eine Million neue Mitglieder aufgenommen wurden, gewinnt man eine Vorstellung von den Dimensionen der „Säuberung". In etlichen Provinzen wurde das Führungspersonal fünf- bis sechsmal hintereinander ausgewechselt, mit und ohne Todesfolge. In der Ukraine überlebten von zweihundert Mitgliedern des Zentralkomitees gerade einmal drei. In Leningrad wurden sofort nach dem Kirow-Mord zur Abschreckung mehrere hundert Personen erschossen. Hier wütete der Terror schon während des ganzen Jahres 1935, nur etwa jeder zehnte Parteigänger entkam ihm. Es gab Volkskommissariate, in denen sich das Morden bis hinauf zum stellvertretenden Minister unentwegt fortsetzte, und wenn die Nachfolger auf ihren Plätzen saßen, ging das Ganze wieder von vorne los. Unter den fast zweitausend Delegierten des Parteitages von 1939 saßen vom „Parteitag der Sieger" aus dem Jahre 1934 nur noch sieben – der „Große Terror" hatte seine Aufgabe erfüllt.

Zu den wenigen Autoritäten im Land, die Stalin lange Zeit nicht anzutasten wagte, gehörte Nadjeschda Krupskaja, die Witwe Lenins. Furchtlos erhob sie ihre Stimme gegen das alltägliche Verschwinden von Menschen aus Büros, Läden und Ämtern, gegen die wachsende Krake aus Furcht, Angst und Verzweiflung, die sich bis in die feinsten Verästelungen der Gesellschaft einnistete, und gegen das Zerstören der politischen Erbschaft ihres Mannes. Stalin zitierte sie mehrfach zu sich und drohte ihr sogar damit, eine andere Frau zur Witwe Lenins zu erklären, denn die Partei ‚kann alles'. Mit Jelena Stassowa war auch bereits eine Genossin gefunden, die die entsprechenden Eigenschaften und Merkmale verkörperte. Doch die Krupskaja dachte nicht daran, von ihrem Tun abzulassen. Im Februar 1939 starb sie unter nie geklärten Umständen. Im Gegensatz zu diesen vereinzelten Beispielen couragierter Wehrhaftigkeit überrascht die Vielzahl von Berichten, in denen zwar das Absinken eines ganzen Volkes in den Zustand wahnhaft-masochistischer Hörigkeit klar und ungeschminkt gesehen, der Verursacher dieses gigantischen Degenerationsprozesses aber von jedweder Schuld und Beteiligung freigesprochen wird. Symptomatisch und berühmt ist jene Szene, in der sich Boris Pasternak und Ilja Ehrenburg, hervorragende Vertreter sowjetrussischer Intelligenz, mitten in einer der laufenden Verhaftungswellen in Moskau trafen, und der Autor des literarischen Werks *Doktor Schiwago* verzweifelt ausrief: „Wenn doch nur einer zu Stalin ginge und ihm alles erzählte!"[4]

Auch die beginnende Terrorisierung von Wirtschaft und Industrie folgte subtiler Kreml-Regie. Nachdem der erste Fünfjahresplan de facto gescheitert war, sollte der zweite von 1933 bis 1937 die erhoffte ökonomische Wende einleiten. Dass dies nur durch fortwährende und dauerhafte Übererfüllung von Plan und Soll machbar war, leuchtete jedem Laien ein. Um ihm ein Beispiel für das übermenschliche, ja titanenhafte Leistungsvermögen des neuen sozialistischen Menschen zu geben und das Produktionsklima anzuheizen, wurde der Kohlenhauer Alexej Stachanow aus dem Donezbecken am 31. August 1935 in einer auf das Sorgfältigste präparierten Schicht in den Schacht gefahren. Als er wieder herauskam, hatte er die Tagesnorm um 1300 Prozent übertroffen. Sofort fand seine Tat Nachahmung in allen Industriebranchen. 1936 wurde zum Stachanowjahr erklärt. Die alte gewerkschaftliche Parole „Akkord ist Mord" verschwand aus der öffentlichen Propaganda, ab jetzt sollte sich Leistung wieder lohnen. Das Prinzip der gleichen Entlohnung war schon 1931 aufgegeben worden, aber nun galt Stalins sozialpolitischer Kampf sogar der „allgemeinen Gleichmacherei". Der progressive Leistungslohn wurde eingeführt und jede Lohnbegrenzung nach oben aufgegeben. Stachanows inszenierte Heldentat kam da genau zum richtigen Zeitpunkt, auch wenn sie mit Marxismus nur noch wenig zu tun hatte. Der Masse der ungelernten und nach wie vor erbärmlich entlohnten Proletarier stand bald eine kleine privilegierte Arbeiteraristokratie gegenüber. Viele Wirtschaftsleiter erkannten die Gefahren dieser künstlich entfachten Konjunktur und warnten ungehört vor den ernüchternden Folgen, mit dem Ergebnis, dass die Betriebe selbst zum Schauplatz heftiger Kämpfe um Stachanow-Titel, -Löhne und -Normen wurden.

Der staatliche Repressionsapparat, aber auch die Arbeiter begannen die Betriebsdirektoren als Feinde der Stachanow-Bewegung zu verfolgen. Autoritätsstrukturen lösten sich auf, technische Instruktionen wurden ignoriert, Maschinen und Geräte bedenkenlos verschlissen, Qualitätsmaßstäbe missachtet. Die Materie Mensch, reichlich vorhanden und auch für Stalin im Industrialisierungsprozess weit wertloser als Maschinen, figurierte als bedenkenlos eingesetzte Manövriermasse in der Produktionsschlacht. Überforderung und Arbeitsunfälle, Invalidität und Krankmachen häuften sich. Die Arbeitsmoral sank, während Normerhöhungen im Frühjahr 1936 und 1937 die Situation bis ins Unerträgliche zuspitzten. Stalinismus, Stachanow und „Großer Terror" standen insofern in direktem Zusammenhang, als auch hier rein außerökonomische Faktoren, nämlich die bösen „Agenten des Faschismus"[5], für die kalamitäre Entwicklung verantwortlich waren, weil „sie jegliche Art von Produktionsstörungen"[6] provozierten: „Je größer unsere Erfolge, desto mehr tobt der Feind."[7] Auf einer Parteiversammlung erklärte sich ein einfacher Arbeiter die allgegenwärtige alltägliche Not so: „Überall steht man bei uns Schlange. Es gibt keine Butter und andere Lebensmittel, obwohl sie vorhanden sind. Offensichtlich sitzt ein Trotzkist irgendwo in der Handelsorganisation."[8] Die Stachanow-Bewegung endete damit, dass die geschundenen Arbeiter immer lauter die Verurteilung derjenigen verlangten, die ihnen das versprochene ‚glückliche Leben' vorenthielten. Wieder nutzte Stalin die Gunst der Stunde. Er lenkte den Volkszorn auf alte Weggefährten, die ihm im Weg standen, insbesondere auf Bucharin, der noch die neue, auch im Ausland anerkannte Sowjetverfassung ausarbeiten durfte und anschließend im dritten und letzten Schauprozess zum Tode verurteilt wurde.[9]

Die Stalinverfassung von 1936 garantierte die Rede-, Presse-, Versammlungs- und Koalitionsfreiheit, die Unverletzlichkeit von Person und Wohnung sowie die Wahrung des Briefgeheimnisses, alle jene Rechte also, die mit Füßen getreten wurden. Alle Bürger, unabhängig von Nationalität, Rasse und Geschlecht, waren nach dieser Verfassung gleich und wahlberechtigt, auch Kaufleute, Geistliche und ehemalige zaristische Offiziere, jene Personengruppen also, die in der Realität verhaftet, verschleppt und vernichtet wurden. Alle Menschen genossen theoretisch Gewissensfreiheit sowie das Recht auf Arbeit, Freizeit, Erholung, Bildung und Altersversorgung. Auch hier stand die Wirklichkeit hinter dem Buchstaben des Gesetzes zurück. Weiterhin hieß es in der Verfassung: Die UdSSR ist ein Bundesstaat aus elf formell gleichberechtigten Sowjetrepubliken. Ihr höchstes Organ ist der Oberste Sowjet, der aus zwei Kammern, dem Unions- und dem Nationalitätensowjet, besteht. Aus ihm heraus wird der Rat der Volkskommissare, das Ministerkabinett, gewählt. Eine Gewaltenteilung gab es nicht. Die Justiz war Klassenjustiz. Die einzige in der Verfassung vorgesehene und erwähnte Partei war die KPdSU. Sie übte keinerlei direkte Regierungsfunktion aus, hatte aber trotzdem die eigentliche Macht im Land inne. Ihr höchstes Organ, das Zentralkomitee, bestand aus 150 Mitgliedern und Anwärtern, die das Sekretariat sowie das Organisations- und das zwölfköpfige Politbüro bestimmten, die faktische Regierung der Sowjetunion. Stalin selbst besaß weder ein Staats-, noch ein Regierungs- oder ein Armeeamt. Er war und blieb seit 1922 Generalsekretär der Partei und scharte in seiner Privatkanzlei einige wenige Vertraute um sich. Der in der Verfassung weder vorgesehene noch erwähnte Posten des Generalsekretärs bildete vor und über dem Politbüro die eigentliche Zentrale der Macht.

Die Pflicht des Sowjetbürgers war es, seine Heimat zu lieben. Die *Prawda* schrieb im Dezember 1936: „Sowjeterde, groß und mächtig ist sie und ohne Grenzen, fröhlich und glücklich. Wahrlich, wir Werktätigen der Sowjetunion, wir lieben unsere Heimat. Wir sind Patrioten (...), selbst die Luft der Sowjets ist uns heilig." Statt nur von *rodina* („Vaterland") wurde jetzt auch wieder von *Rossija* („Russland") gesprochen. In der Schule kehrte man zu Zeugnissen und Noten, bislang als bürgerlich klassifiziert, zurück. In der Familie wurde die Scheidung erschwert und die Abtreibung verboten, wogegen mutige Frauen vergeblich Sturm liefen. Steigende Kinderzahlen, Mütter als Gebärmaschinen, sollten die horrenden Opfer von Hungersnot und Kollektivierung wieder wettmachen. Die Sippenhaft fand sich als ausdrücklicher Bestandteil des Strafrechts. In der Armee erhielten Disziplin, Befehl und Gehorsam dadurch ein neues Fundament, dass es wieder Dienstränge gab. Schon zuvor war der Begriff des Vaterlandsverrats wieder eingeführt worden. Mit all diesen Maßnahmen und Gesetzen war der Boden bereitet, auf dem Stalin planmäßig, gezielt und bewusst den „Großen Terror" begann.

Der „Große Terror"

Ursache und Anlass gingen auf das Jahr 1932 zurück, in dem es zur letzten ernst zu nehmenden Opposition und Revolte gegen Stalins Alleinherrschaft gekommen war. Das personelle Zentrum dieser Vorgänge bildete ein gewisser Martemjan Rjutin, der zunächst im ZK-Apparat gearbeitet hatte und dann einige Jahre Parteisekretär in einem Moskauer Stadtbezirk gewesen war. Nach heftigen Kontroversen und mehreren Verhaftungen entwarf er 1932 ein zweihundert Seiten umfassendes Dokument *An alle Mitglieder der KPdSU*, in dem mit der Politik Stalins schonungslos abgerechnet wurde. Er verlangte darin eine radikale Wende in der Wirtschaftspolitik, das Zurückfahren der Industrialisierung, die Freiheit für die Bauern, aus den Kolchosen wieder auszutreten, und die Wiederaufnahme aller aus der Partei ausgeschlossenen Mitglieder, darunter auch Trotzki. Allein über fünfzig Seiten erstreckt sich ein ungeschminktes Persönlichkeitsbild Stalins, der als „der böse Geist der russischen Revolution" beschrieben wurde, weil er sie „aus persönlicher Machtgier und Vergeltungsdrang an den Rand des Abgrunds gebracht"[10] habe. Die Ausführungen gipfelten in der Forderung nach Stalins Absetzung. Der Parteihistoriker Boris Nikolajewski schrieb in seinem berühmten, wohl auf Informationen Bucharins beruhenden und 1936 anonym veröffentlichten *Brief eines alten Bolschewiken*:

> „Etwa gegen Ende des Jahres 1932 glich die Lage im Land jener zur Zeit des Kronstädter Aufstands. Es kam zwar nicht zu wirklichen Aufständen, doch viele waren der Meinung, wenn schon etwas riskieren, dann wäre es das beste, einen Aufstand zu machen. Die gute Hälfte des Landes war von einer Hungersnot heimgesucht (...) Auf nahezu allen Ebenen der Partei wurde fast nur noch davon gesprochen, dass Stalin das Land mit seiner Politik in eine Sackgasse geführt habe; ‚er hat den Muschik gegen die Partei aufgebracht', deshalb könne die Lage nur noch durch die Beseitigung Stalins gerettet werden. In diesem Sinne äußerten sich auch viele einflussreiche Mitglieder des ZK; es wurde berichtet, dass sogar im Politbüro eine antistalinistische Mehrheit bereitstehe (...) Es war also nicht verwunderlich, wenn allerlei Plattformen und Deklarationen von Hand zu Hand gingen. Von ihnen erregte die Rjutin-Plattform besondere Aufmerksamkeit (...) Sie unterschied sich von allen anderen durch ihre persönliche Schärfe gegenüber Stalin (...)"[11]

Am 21. August 1932 hatte sich Rjutin mit einem Dutzend Parteimitglieder getroffen, um die Schrift zu überarbeiten und weiterzuleiten. Vier Wochen später verhaftete man ihn mit seinen ‚Verschwörern' und allen, die das Dokument jemals zu Gesicht bekommen hatten. Stalin deutete es als Aufforderung, ihn zu ermorden, und verlangte Rjutins sofortige Hinrichtung. Die Geheimpolizei erklärte sich verblüffenderweise aber für nicht zuständig und gab den Fall an die Zentrale Kontrollkommission ab, die ihn ihrerseits ans Politbüro weitergab. Dort sprachen sich Kirow und Ordschonikidse mit Erfolg dagegen aus, ein langjähriges

Parteimitglied zum Tode zu verurteilen. Stattdessen erhielt Rjutin zehn Jahre Haft und wurde als „entarteter Feind des Kommunismus" aus der KPdSU ausgeschlossen. Die fehlende Unterstützung seiner Forderung im Politbüro war ein harter Schlag für Stalin. Hier hatte es - im innersten Zirkel der Macht - nicht nur jemand gewagt, ihm zu widersprechen, sondern sich mit dem Widerspruch auch noch durchgesetzt. Die Abrechnung erfolgte später. Wer es irgendwann gewagt hatte, gegen ihn aufzubegehren, dem vergab er nicht und dem vergaß er nichts. Alle Angeklagten der später stattfindenden Schauprozesse von 1936 bis 1938 mussten zugeben, mit Rjutin zusammengearbeitet zu haben, auch wenn sie den Mann nie in ihrem Leben zu Gesicht bekommen hatten. Martemjan Rjutin wurde am 1. Januar 1937 nach nur vierzigminütigem Verfahren zum Tode verurteilt und sofort hingerichtet; gemäß der kodifizierten Sippenhaft mit ihm zwei seiner Söhne wie auch viele seiner Anhänger.

Die endlose Spirale aus Verhaftungen, Vernehmungen und Hinrichtungen drehte sich jetzt in schnellem Tempo. Der neue Geheimdienst NKWD hatte sich längst zu einer tausendarmigen Krake entwickelt, die das ganze Land total im Griff hielt. Da die Überprüfung jedes Parteimitglieds vorgesehen war, war potenziell jeder registrierte Kommunist vom Tod bedroht. Die drei großen Schauprozesse vom August 1936, vom Januar 1937 und vom März 1938, in denen die alte Revolutionsgarde anhand erfundener Anklagen eliminiert wurde, waren minutiös dirigiert. Im Gegensatz dazu verliefen zigtausende Verfahren in den Stadt-, Bezirks- und Lokalorganisationen eigendynamisch und unkontrolliert. Sie entwickelten sich durch regelrechte Quotenvorgaben von oben schnell zu Willkürtribunalen, in denen immer neue Verräter entdeckt, alte Rechnungen beglichen und faktisch eine Lizenz zum Töten gegeben wurde. Wie gewollt und geplant misstraute jeder jedem, und die Gewaltbereitschaft wuchs. Solschenizyn schildert[12], dass schon die zufällige Begegnung mit einem so genannten „Verräter", ein Händedruck tödlich sein konnte.

Die örtlichen und regionalen Prozesse wurden von einer „Troika" geleitet, die aus dem Ersten Sekretär des lokalen Parteikomitees, einem NKWD-Beamten und dem Bezirksanwalt bestand. Sie fällte ihre Urteile im Stunden- und manchmal auch im Minutentakt. In Moskau selbst wurden die Erschießungslisten im Umlauf- und Abzeichnungsverfahren durchgereicht. So nahm der Wahnsinn aus zentraler Initiative und lokaler Umsetzung seinen Lauf. Jede abweichende Meinung, gleich wann, wo und von wem geäußert, galt als Vorbereitung zur Verschwörung gegen Stalin und damit als Hochverrat. „Wer ihn zweifelnd ansah oder Fragen stellte, überlebte nicht."[13] Auch praktisch alle Mitglieder der Familie Allilujew, die ihm seit den Tagen der Verbannung immer wieder geholfen hatte und aus der seine zweite Frau Nadjeschda stammte, wurden verschleppt und erschossen. Als die Verhaftungen im Politbüro begannen, ließ Stalin die Bedrohten zu sich kommen, hörte sie an, nährte ihre Hoffnungen, holte auch ihre Widersacher und Rivalen, freute sich an der entstehenden gegenseitigen Denunziation. Vorher hatte er verfügt, dass sie noch an der Tür festgenommen und in die Todeszelle geführt werden sollten.[14]

Auch die Aktionen gegen die „auszumerzenden konterrevolutionären Elemente"[15] außerhalb der Partei gingen unvermindert weiter. Am 2. Juli 1937 sandte das Politbüro ein Telegramm an die Lokalbehörden, dass „alle Kulaken und Verbrecher sofort zu verhaften (...) und die feindseligsten unter ihnen zu erschießen"[16] seien. Am 30. Juli folgte der Operationsbefehl Nr. 00447, nach dem binnen kürzester Zeit exakt 259.450 Personen zu verhaften und 72.950 zu erschießen seien. Die Anordnung gab den örtlichen Parteiführern das ausdrückliche Recht, in Moskau zusätzliche Listen von zu beseitigenden „Subjekten"[17] anzufordern, wovon ausgiebig Gebrauch gemacht wurde. Über ein Jahr lang, bis zum August 1938, erhöhte das Politbüro jetzt laufend die Quoten und forcierte das Morden in der Provinz. Besonders gefährdet waren Menschen mit einer ‚schlechten' sozialen Vergangenheit, ehemalige Kriegsgefangene sowie Personen, die in Grenznähe wohnten, Verwandte im Ausland oder sonst Kontakt nach draußen gehabt hatten. Jeder Amateurfunker, Briefmarkensammler oder Esperantist galt als potenzieller Spion. Hochgradig verdächtig war auch das Personal aller Vertretungen und Missionen, die die Sowjetunion im Ausland besaß. Die Moskauer Botschafter in Berlin, London, Peking, Tokio, Bukarest und Madrid wurden alle verhaftet und die meisten von ihnen hingerichtet. Nachwuchsfunktionäre wie Leonid Breschnjew, Andrej Gromyko und Alexej Kossygin, nach Stalins Tod später entscheidende Männer in der Sowjetunion, verdienten sich hier ihre ersten Sporen; sie alle, insbesondere Breschnjew, hatten die konkrete Aufgabe, in der Provinz „trotzkistische Verschwörungen" zu inszenieren. Listen, die nicht genug hergaben, wurden manipuliert, um die Norm zu erfüllen, und zwar nicht nur auf dem Papier. Anfang März 1937 frohlockte Stalin in einer Rede vor dem Zentralkomitee, dass die Sowjetunion als einziges Land, von Feinden umgeben, den Sozialismus aufgebaut habe. Als permanente Frontlinien seien ihre Grenzen deshalb „heilig" und die Jagd auf alle, die eine wie auch immer geartete Verbindung mit der „anderen Welt"[18] gehabt hatten, gelte als erste Bürgerpflicht.

Stalin höchstpersönlich veranlasste, befahl, organisierte und kontrollierte die ‚Maßnahmen'. Er ließ sich wöchentlich nicht nur die Produktionsziffern der Industrie und der Landwirtschaft vorlegen, sondern auch die Zahl der Hingerichteten. Es ist nachgewiesen[19], dass er ‚nur' die Todesurteile gegen hohe Parteifunktionäre selbst prüfte und bestätigte, und dass in den Jahren des Terrors 383 Listen mit Todesurteilen über seinen Schreibtisch gegangen sind, die allein in den Jahren 1937 und 1938 mindestens 40.000 Namen enthielten. An einem einzigen Tag, dem 12. Dezember 1937, bestätigten Stalin und Molotow 3.167 Todesurteile und gingen anschließend ins Kino. Die Vernichtung schien Stalin mehr zu interessieren als der Aufbau.[20]

Die Schau- und die Geheimprozesse

Der Mann, den Stalin gern schon im ersten Verfahren mit der ersten Hinrichtung bedacht hätte, fehlte bis zum Schluss und war im Vorwurf des Trotzkismus doch ständig präsent. Dadurch, dass es Stalin nicht gelang, Leo Trotzki in die Sowjetunion zu holen und dem Volk vorzuführen, hatte sein ‚Weltgericht' ein großes Manko. Wer war schon Rjutin, an dem er längst seinen Rachedurst gestillt hatte, im Vergleich zu diesem Helden aus Revolution und Bürgerkrieg? Wer war schon Radek, Lenins alter Kampfgefährte und Deutschlandfachmann, der gleich beim ersten Verhör erbärmlich zusammenbrach? Trotzki hatte Ende 1936 sein norwegisches Exil verlassen und war nach Mexiko gegangen. Mehrfach wurden Anschläge auf ihn verübt. Er, der 1933 noch ein letztes Mal seine Rückkehr und die Zusammenarbeit mit Stalin angeboten hatte, schrieb jetzt in seinem *Bulletin der Opposition*: „Es genügt, wenn Trotzki ihnen zublinzelt, und die Veteranen der Revolution werden zu Agenten Hitlers oder des Mikado. (...) hochgeschätzte Ärzte vergiften ihre Patienten im Kreml. (...) Nun, wenn meine Söldlinge alle Schlüsselpositionen im Apparat eingenommen haben, warum sitzt dann Stalin im Kreml und ich in der Verbannung?"[21] Der Verhöhnte gab daraufhin Auslandsagenten und Geheimdienstlern freie Hand, „Trotzki zu erledigen". In der Presse wurden, auf seine jüdische Herkunft anspielend, antisemitische Hetzkampagnen losgetreten, so in der *Prawda* vom Januar 1937, die Trotzki als „Verkäufer des Volksbluts" an das Ausland bezeichneten. In der *Iswestija* erschien ein Spottvers, in dem das Gericht aufgefordert wurde, alle Angeklagten hart zu bestrafen, damit „der geile Zögling der Gestapo, Judas Trotzki, den Schlag auch spürt".[22] Der erste Moskauer Schauprozess vom August 1936 bestand fast ausschließlich darin, jüdische Altbolschewisten als Agenten der Gestapo zu entlarven. „Ich fordere, dass diese tollwütigen Hunde allesamt erschossen werden"[23], so schloss der Staatsanwalt sein Plädoyer, und das Gericht folgte der Forderung in vollem Umfang. Die Angeklagten hatten vorher ein Schuldeingeständnis abgelegt, das heißt, sie hatten etwas gestanden, was restlos erfunden und ideologisch herbeikonstruiert worden war. Um das Maß voll zu machen, spielte sich das Ganze nicht in irgendwelchen NKWD-Kellern, sondern vor der Weltöffentlichkeit ab. Westliche Diplomaten und Korrespondenten wurden ausdrücklich eingeladen, auf der Tribüne Platz zu nehmen, der Schauprozess diente der Demonstration politischer Macht. „Stalin selbst zeigte sich verblüfft, wie glatt die Sache ging."[24]

Hauptangeklagter des zweiten großen Verfahrens vom Januar 1937 war Karl Radek, der sich dadurch zu retten suchte, dass er den Begriff des „Viertel- und Achteltrotzkisten"[25] erfand. Er wurde zu Lagerhaft verurteilt und dort von der Hand eines gedungenen Killers ermordet. Unmittelbar danach machte sich Stalin an die Verfolgung der eigenen alten Freunde und Förderer. Das erste Opfer war Sergo Ordschonikidse, mit dem er einst die illegale georgische KP aufgebaut, der ihm in den Tagen des Bürgerkrieges zur Seite gestanden und der jetzt als Volkskommissar für Schwerindustrie eine Schlüsselposition im neuen Staat innehatte. Sein Ressort war mit dem Makel behaftet, dass es in der „Entlarvung der Trotzkisten"[26] keinerlei Aktivitäten entwickelte und hier und da auftauchende Heißsporne sogar abbremste. Ordschonikidse selbst stellte sich vor seine Untergebenen und deutete Stalin gegenüber an, dass es in der Sowjetunion jetzt Wichtigeres zu tun gäbe, als täglich neue Leute umzubringen. Man geriet hart aneinander, und der Volkskommissar wagte es sogar, den alten, vertrauten Decknamen aus der Illegalität im Munde führend, Stalin zu drohen: „Ich werde Himmel und Hölle in Bewegung setzen, Koba – und wenn das meine letzte Tat wäre, bevor ich sterbe!"[27]

Zu diesem Zeitpunkt sammelte das NKWD bereits Material über Ordschonikidse, und jeden Tag musste er erfahren, dass ein weiterer seiner engsten Mitarbeiter hingerichtet worden war. Am 17. Februar 1937 versuchte er, Stalin noch einmal davon zu überzeugen, dass „feindliche Kräfte" sein ewiges Misstrauen ausnutzten und dass die Partei dadurch ihre besten Kräfte verlieren würde. Wieder schrieen sie sich an, auf russisch und auf georgisch. Am nächsten Tag um fünf Uhr nachmittags hörte seine Frau einen Schuss, lief ins Schlafzimmer und fand Ordschonikidse tot daliegend. Als offizielle Todesursache wurde Herzversagen angegeben. Die *Große Sowjetenzyklopädie* vermerkte ihn als „engen Kampfgefährten des großen Stalin (...), der als Kämpfer der Partei Lenins auf seinem Posten starb". Drei der vier Ärzte, die seinen Totenschein ausstellten, wurden nach und nach beseitigt – man wollte keinen unliebsamen Mitwisser haben.

Die Ausschaltung Ordschonikidses war das Vorspiel zur Abrechnung mit Stalins einstigem großen Mentor und Wegbegleiter, Nikolai Bucharin, die den Höhepunkt und den Abschluss des dritten Moskauer Schauprozesses vom März 1938 darstellte, für den sämtliche Abteilungen des NKWD ein Jahr lang auf Hochtouren gearbeitet hatten.

Anfang Februar 1937 drangen NKWD-Leute mit einem Räumungsbefehl in Bucharins Wohnung im Kreml ein. Rein zufällig klingelte im selben Moment das Telefon und am anderen Ende der Leitung war Stalin, der sich nach Bucharins Wohlbefinden erkundigte. Als dieser sich darüber beschwerte, dass er seine Wohnung räumen sollte, brüllte Stalin in den Hörer „Jag sie doch alle zum Teufel!"[28] und zitierte unmittelbar darauf das Zentralkomitee zu einer Geheimsitzung, auf der ein Strohmann Bucharin beschuldigte, die bislang gefährlichste Verschwörung zu planen. Als dieser hiervon erfuhr, ging er in die Offensive und bereitete eine Erklärung vor, in der es hieß, es existiere eine Verschwörung, und zwar zwischen Stalin und dem NKWD-Chef, die einen Geheimdienststaat mit unbegrenzten Vollmachten errichten wollten. Das kam der Wahrheit frappierend nahe. Todesmutig verlas er das Papier vor dem ZK-Plenum und appellierte an die Mitglieder, eine Untersuchungskommission zur Prüfung des NKWD einzusetzen. Stalin rief: „Wir schicken dich hin, du kannst dich dann ja dort gründlich umsehen!"[29] Unmittelbar nach der Sitzung diktierte Bucharin zu Hause einen Brief *An die künftige Generation von Parteiführern* und bat seine Frau Anjuta, den Text auswendig zu lernen. Er begann mit den Worten: „Ich empfinde Hilflosigkeit angesichts einer teuflischen Maschinerie, die gigantische Macht gewonnen hat."[30] In der Tat wurde eine Kommission eingesetzt, aber deren einzige Aufgabe bestand darin, über Bucharins Schicksal zu befinden. In alphabetisch-namentlicher Reihenfolge stimmten alle Mitglieder bis zum Buchstaben „S" mit „verhaften, verurteilen, erschießen". Als Stalin an der Reihe war, sagte er „Soll das NKWD die Sache erledigen"[31], woraufhin alle noch folgenden Teilnehmer genau diesen Wortlaut wählten.

13 Monate war Bucharin in quälender Ungewissheit eingekerkert, bevor der Prozess gegen ihn begann. Zusammen mit ihm saßen allein drei Mitglieder aus Lenins Politbüro, vier Volkskommissare, vier Diplomaten, vier Regierungschefs von Unionsrepubliken sowie der ehemalige NKWD-Chef Jagoda auf der Anklagebank. Eigens für Bucharin wurde noch der zusätzliche, geradezu aberwitzige Vorwurf formuliert, er habe 1918 geplant, Lenin und Stalin gleichzeitig zu ermorden und die Macht an sich zu reißen. Höhepunkt des Verfahrens war das Kreuzverhör zwischen Bucharin und Stalins Chefankläger Andrej Wyschinski, der sein Gegenüber in der Anrede als „widerwärtige Kreuzung von Fuchs und Schwein" bezeichnete. Zuvor, in den dunklen Kellern der Lubjanka, hatte Bucharin 43 Briefe an Stalin geschrieben, deren Wortlaut uns erst seit der Öffnung der Archive Anfang der neunziger Jahre des 20. Jahrhunderts bekannt ist. Sie sind das erschütternde Zeugnis der Wandlung eines realitätsverpflichteten Ökonomen und Reformkommunisten zur tiefsten Schizophrenie. Ein gebrochener Mann betete und flehte in ihnen seinen einstigen Zögling und Schüler an:

„Sie sitzen auf meinem Bett so nahe bei mir, dass ich Sie berühren kann. (...) Lassen Sie mich Anjuta und meinen kleinen Jungen sehen. (...) Mit Ihnen führe ich stundenlange Gespräche, Herr (...) Könnten Sie doch sehen, wie ergeben ich Ihnen bin (...) Was die Partei und die Sache betrifft, so erfüllt mich nur große und grenzenlose Liebe. In meinen Gedanken umarme ich Sie. Leben Sie wohl für immer und behalten Sie in guter Erinnerung Ihren unglücklichen N. Bucharin."[32]

Das Todesurteil wurde am 13. März 1938 verkündet. Der Angeklagte antwortete: „Ich bekenne mich schuldig, einer der maßgeblichen Führer dieses Blocks der Rechten und Trotzkisten zu sein."[33] Bucharin erklärte, dass ihn eine gerechte Strafe erwarte, ja, dass er den Tod mehrfach verdiene, weil er zu einem Feind des Sozialismus entartet sei. Nur in seinen allerletzten Worten, unmittelbar vor Vollstreckung des Urteils, fand er noch einmal zur alten Größe und Überlegenheit zurück, indem er um einen Zettel bat, auf dem er nur einen einzigen, in die Frage gekleideten Satz formulierte: „Koba, wozu brauchst du meinen Tod?"[34] Natürlich erhielt er keine Antwort, aber Stalin fühlte sich offenbar so getroffen und durchschaut, dass er dieses Stück Papier über all die Jahre in seiner Schreibtischschublade aufbewahrte, wo es erst lange nach seinem Ableben gefunden wurde.

Stalin brauchte Bucharins Tod, um ungerührt und ohne jeden Widerstand die letzten beiden großen Schläge des „Großen Terrors", nämlich gegen die Armee und den NKWD, auszuführen. Er begann hiermit bereits, als sich während Bucharins langer Kerkerhaft keine Gegenstimme und keine helfende Hand für den Altgenossen aus den Spitzengremien der Partei erhob. „Von nun an fühlte sich Stalin stark genug, die Festnahme jedes seiner Genossen anzuordnen, ohne vorher das Zentralkomitee zu fragen – ein klassischer Wesenszug der Tyrannenmacht."[35]

Die große, fast schon mythenumwobene Gestalt der Roten Armee war nach Trotzkis Verbannung aus der Sowjetunion Marschall Tuchatschewski. Um ihn in den Augen der Bevölkerung diskreditieren zu können, musste schon einiges geschehen. Stalin sandte seinen Handelsattaché David Kandelaki mit dem Auftrag nach Berlin, dort Geheimkontakte mit der NS-Regierung anzubahnen, die dann Tuchatschewski in die Schuhe geschoben werden sollten. Die Idee war so abwegig nicht, da die Oberkommandos von Reichswehr und Roter Armee bis 1934 relativ eng zusammengearbeitet hatten. In der deutschen Hauptstadt stieß Kandelakis Mission jedenfalls bei Reinhard Heydrich und dem Sicherheitsdienst der SS auf offene Ohren, weil sie hieraus Argumente und Munition gegen die Wehrmacht gewinnen zu können glaubten. Hitler und Himmler entschieden Ende 1936 aber, das ominöse Angebot nicht anzunehmen, sondern als ‚Finte' nach Moskau zurückzuleiten, um so Zwietracht in den Reihen der Roten Armee zu säen. Hierfür erforderliche Dokumentenfälschungen wurden in Auftrag gegeben und landeten über verdeckte Kanäle zwischen SS und NKWD auf Stalins Schreibtisch. Dieser aber befürchtete ein Doppelspiel, nach dessen Beendigung er als der betrogene Betrüger dastehen würde, und machte von dem Material keinen Gebrauch. Trotzdem berief er eine gemeinsame Tagung von Politbüro und Revolutionärem Militärrat ein, auf der es hieß, dass Trotzki, Bucharin und weite Teile der Armeeführung als „Marionetten in der Hand der Reichswehr" die „bestehende Regierung" stürzen wollten.

Am 11. Juni 1937 wurden dann ohne jede Vorwarnung zusammen mit Marschall Tuchatschewski neun führende Köpfe aus dem Oberkommando der Roten Armee verhaftet und bereits am nächsten Tag erschossen. Zuvor erging eine von Stalin eigenhändig unterschriebene Weisung an die Staatsorgane aller Republiken und Regionen, dass sie überall Arbeiter-, Bauern- und Soldatendemonstrationen zu organisieren hatten, auf denen für die Verhafteten die Todesstrafe zu fordern war. Nach Tuchatschewskis Hinrichtung befahl Stalin persönlich die Ermordung von dessen Frau, ihrer Schwester und zweier Brüder sowie die Deportation dreier seiner Schwestern. Auch Tuchatschewskis 17-jährige Tochter Swetlana wurde als ‚gesellschaftsgefährdend' bezeichnet und ins Lager verbracht. Der Name und die Familie sollten völlig ausgerottet werden. Was jetzt als „Säuberung in der Armee" losgetreten und entfesselt wurde, entwickelte sich buchstäblich zum „Overkill" in den eigenen Reihen. Die nunmehr vorliegenden Zahlen zeigen eine Schreckensbilanz auf, derzufolge drei von fünf Marschällen, 13 von 15 Armeekommandeuren, acht von neun Flottenadmirälen, 50 von 57 Korpskommandeuren, 154 von 186 Divisionskommandeuren, alle 16 Politkommissare, alle elf Stellvertreter des Volkskommissars für Verteidigung und 98 von 108 Mitgliedern des Obersten Militärrats ermordet wurden. Im Zeitraum von 1937 bis 1941 wurden 43.000 Bataillons- und Kompanieoffiziere verhaftet, erschossen, deportiert oder endgültig vom Dienst suspendiert. Das Militär enthauptete sich praktisch selbst. Roy Medwedjew urteilt, dass „keine Armee im Kriege je so viele höhere Offiziere verloren hat wie die Rote Armee in dieser Periode des Friedens".[36] Trotz allen Strebens nach „Blutaustausch" und totaler Auslöschung der Generation Lenins in Wirtschaft, Staat und Gesellschaft bleibt es doch rätselhaft, weshalb Stalin, der tagtäglich das Wort von der Einkreisung der Sowjetunion durch den imperialistischen Feind im Munde führte, die Kampfkraft seiner eigenen bewaffneten Truppe so dramatisch schwächte. Deshalb deuten diese Massenexekutionen eher an, dass Stalin sich trotz seiner anders lautenden Aussagen ziemlich sicher gefühlt haben musste. Dies belegt auch sein Vorgehen auf dem letzten großen inneren Schlachtfeld, dem NKWD.

Die ‚Säuberung der Säuberer' begann mit der Verhaftung und Hinrichtung des Geheimdienstchefs Jagoda. Als Nachfolger wurde mit Nikolai Jeschow ein Mann installiert, dem vom ersten Arbeitstag an die Rolle zugedacht war, die Drecksarbeit in seiner Behörde zu übernehmen, anschließend für alle Formen des Terrors im ganzen Land verantwortlich gemacht und dafür zum Tode verurteilt zu werden, um so Stalin zu entlasten, aus der Schusslinie zu nehmen und vor der Allgemeinheit als quasi Unbeteiligten hinstellen zu können. Mit diesem Mann verbrachte Stalin in den Jahren 1937 und 1938 ausweislich seines Besucherbuchs mehr als 840 Arbeitsstunden und wurde von ihm mehr als 270-mal aufgesucht – ein Rekord, der nur noch von Molotow überboten wurde. Manchmal besprachen, organisierten und planten sie bis spät in die Nacht hinein. Jeschow muss Stalin ein in jeder Hinsicht genehmer und willkommener Mensch gewesen sein. Er besaß keinerlei Gymnasial- oder Hochschulbildung, hatte mit 14 Jahren bereits die Schusterlehre beginnen müssen und war nur 154 Zentimeter groß, sodass er zu den wenigen gehörte, auf die der Georgier tatsächlich herabblicken konnte. Landauf, landab wurde Jeschow bald nur noch der „blutrünstige Zwerg" genannt.

Seine ersten Sporen verdiente er sich, als er den Prozess gegen den Kirow-Mörder in eine Stalin genehme Richtung lenkte und sich damit für die Erledigung der schmutzigsten politischen Arbeiten qualifizierte. Er bekam die Leitung der Kaderabteilung im Zentralkomitee übertragen, die sich praktisch ausschließlich mit den „Säuberungen" in der Partei zu befassen hatte, und griff durch. Als neuer NKWD-Chef fiel ihm die Aufgabe zu, einen noch völlig homogenen und intakten Apparat zu zerschlagen, denn die Mitarbeiter des Geheimdienstes waren fast durchweg noch Leute Dserschinskis, das heißt, sie verstanden sich als alte, linientreue Tschekisten und als Jünger Lenins. Deshalb versammelte Jeschow im März 1937, ein halbes Jahr nach seinem Amtsantritt, alle Führungskräfte des NKWD in der großen Halle der Lubjanka, um ihnen mitzuteilen, dass er „den gesamten Abschaum, der sich in der Zeit der Revolution und des Bürgerkrieges in die Reihen der Organe der Staatssicherheit eingeschlichen"[37] habe, nun gnadenlos hinwegsäubern werde. Darunter fiel dann auch ein Großteil der Zuhörer. Wenn man sich vorstellt, dass Jeschow in seiner zweijährigen Amtszeit die Mitarbeiterzahl des NKWD vervierfachte, gleichzeitig aber von den oberen bis zu den unteren Rängen eine systematische Vernichtungskampagne durchführte, gewinnt man eine Vorstellung von den Dimensionen des Terrors, der sich innerhalb des Dienstes abspielte.

Die Lubjanka verwandelte sich in ein Schlachthaus, und zwar nicht nur für die dort Einsitzenden, sondern auch für das Personal. Menschen, die gestern noch zu den Peinigern gehört hatten, fanden sich unten in den Folterkellern nicht selten auf ein- und derselben Pritsche neben denen wieder, denen sie vor Tagesfrist noch die Todesangst ins Gesicht getrieben hatten. In dem Bestreben, Stalin zufrieden zu stellen und sich selbst unersetzbar zu machen, ermunterte Jeschow seine Handlanger dazu, die nun auch für den NKWD vorgeschriebenen Hinrichtungsquoten ‚über zu erfüllen'. Der Meister des Todes lohnte es ihm. Jeschow erhielt alle nur möglichen Orden, Titel und Ehrenzeichen, nach ihm wurden Kolchosen, Betriebe und ganze Städte benannt, um ihn herum wuchs eine künstlich aufgeblähte Popularität, die einzig und allein im Zusammenhang mit seinen Mordleistungen stand, aus denen ihm im richtigen, von Stalin wohl vorbereiteten Moment der Strick gedreht wurde.

Im Frühjahr 1938 konnten Partei, Armee, Wirtschaft, NKWD und Verwaltung als gesäubert gelten. Alle Altbolschewisten waren tot, alle

Generäle erschossen und alle großen Fabriken ohne Direktor. Mit der Wirtschaftsleistung ging es rapide bergab. Die Reihen der Kader waren inzwischen überall so gelichtet, dass es auf den Führungsebenen kaum noch Verantwortliche gab, die Entscheidungen trafen. Am 8. April 1938 beschloss das Politbüro eine vermeintlich belanglose Ernennung: Jeschow erhielt zusätzlich zu seinen zahlreichen anderen Posten das Amt des Volkskommissars für Wassertransportwesen der UdSSR. Es war der Anfang von seinem Ende. Im August wurde Lawrenti Berija, der Erste Sekretär der Kommunistischen Partei Georgiens, aus dem Kaukasus nach Moskau geholt und zu seinem Stellvertreter als NKWD-Chef gemacht. Jeschow begriff und begann zu trinken. Ab dem 17. November war es dem Geheimdienst von heute auf morgen untersagt, irgendwelche groß angelegten Verhaftungs- oder Ausweisungsoperationen vorzunehmen. Die „Troiken", die de facto die Rolle und den Rang von Standgerichten einnahmen, wurden in Moskau und im ganzen Land liquidiert. Verhaftungen durften nur noch in Übereinstimmung mit der Verfassung, auf der Grundlage eines Gerichtsbeschlusses oder auf Anweisung eines Staatsanwalts vorgenommen werden. Die Rechtsstaatlichkeit wurde wenigstens rein äußerlich wiederhergestellt. In der Nacht vom 23. auf den 24. November nahmen Molotow und Stalin Jeschow vier Stunden lang ins Kreuzverhör. In einem Brief schrieb er, dass sich auf einmal alle von ihm abwandten, „so, als ob ich die Pest hätte".[38] Im Dezember trat Berija als NKWD-Chef an seine Stelle. Im Februar 1939, anlässlich der Feierlichkeiten zu Lenins Geburtstag, stellte Stalin ihn vor versammelter Mannschaft mit dem absurd konstruierten Vorwurf bloß, er hätte durch die Entsendung bewaffneter Leibwächter seine Ermordung geplant. Nikolai Jeschow wurde verhaftet, deportiert und am 4. Februar 1940 erschossen.

Die große „Säuberung" und der „Große Terror" waren beendet, was nicht hieß, dass „Säuberungen" und Terror an sich aufhörten.

Wenn man versucht, eine wenigstens annähernd korrekte Opferbilanz der Schreckensjahre 1937 und 1938 aufzustellen, dann ergeben sich nicht unerhebliche Probleme. In dem offiziellen Bericht, den das KGB 1963 an das Zentralkomitee der KPdSU sandte, ist von anderthalb Millionen verhafteten, 1,3 Millionen durch Sondergerichte verurteilten und exakt 681.692 erschossenen Menschen die Rede. In diesem Dokument nicht enthalten sind alle jene, die entweder von regulären Gerichten als „Kriminelle" verurteilt oder im Zuge der Terrorwillkür ohne jedwedes Verfahren ermordet wurden. Nicht eingerechnet ist auch die große Zahl derer, die in den vollgepferchten Gefängnissen, unter der Folter, auf dem Transport oder im Lager verhungerten, verbluteten oder buchstäblich verreckten. Im *Gulag* selbst gingen die Massenerschießungen weiter. Völlig unklar ist überdies der Blutzoll, den die riesigen Arbeitsbataillone außerhalb der Gefangenenlager, die so genannten „Sondersiedler" in der Kälte Sibiriens, die Zwangsarbeiter auf den riesigen Großbaustellen, die Millionen Verbannten, alle wegen „Passvergehen" aus den Städten Ausgewiesenen und die oft ins Nichts entlassenen Strafgefangenen entrichtet haben, denn ihr Ende wurde in administrativem Zynismus durchweg als „natürlicher" Tod verbucht. Alle diese Bedingungen und Faktoren mit einbezogen muss man in den beiden Schreckensjahren etwa drei bis vier Millionen verhaftete und mindestens eine Million gewaltsam ermordete Menschen beklagen. Das ist zwar erheblich weniger als während der großen Hungersnöte und der Kulakenverfolgungen Anfang der dreißiger Jahre des 20. Jahrhunderts, gleichwohl haben wir es aber mit einem Verbrechen zu tun, für das man „keinen annähernden historischen Vergleich findet. Wann jemals sind – mitten im Frieden – eine Million Bürger eines Staates in weniger als zwei Jahren durch ein von höchster Stelle beschlossenes und zentral durchgeführtes Massaker ermordet worden?"[39]

Für Stalin selbst war es alles andere als ein Verbrechen, sondern der Höhepunkt und Abschluss der zweiten und eigentlichen, seiner eigenen, der Stalinschen Revolution. Jeder Lebensbereich des ‚homo sovieticus' galt nunmehr ausschließlich ihm, seinem Willen unterworfen. Auch wenn sich selbst in einem totalitären Staat die Gesellschaft nicht total kontrollieren lässt, so hatte die Ideologie des Stalinismus ihren Ausschließlichkeitsanspruch doch hinreichend deutlich gemacht. Was sich da abgespielt hatte, war im Grunde genommen nichts anderes als ein gigantischer Staatsstreich gegen die eigene Partei und gegen das eigene System, und zwar nicht vollzogen von einem, der die Macht erobern wollte, sondern von einem, der die Macht schon hatte. Der omnipotente Stalin konnte auf einmal eine Million neue Stellen vergeben, die der „Säuberungsopfer". Diejenigen, die diese Posten erhielten, waren ergeben, gehorsam und hörig – ob aus Dankbarkeit oder Angst, sei dahingestellt.

Ende 1940 zählte die Partei wieder, wie vor Beginn des „Großen Terrors", anderthalb Millionen Mitglieder. Das eigentlich Paradoxe an diesem Austausch war und blieb, dass ihm nur zum Geringsten alte Bolschewisten, Oppositionelle oder tatsächliche Gegner Stalins zum Opfer gefallen waren. Den weitaus größeren Anteil stellten überzeugte Kommunisten, ja glühende Verehrer des Generalsekretärs, dem sie den Weg nach oben mit allen Kräften geebnet hatten und denen trotzdem die absurdesten Verbrechen angehängt wurden. Sie waren sozusagen stalinistische Opfer des Stalinismus, denen allen nur ein einziger Makel anhaftete: Sie waren nicht durch ihn, Stalin, ernannt und in ihr Amt gelangt, sondern durch seinen Vorgänger Lenin – ein todeswürdiges Verbrechen. Ordschonikidse ist hierfür das beste Beispiel. Der entgegengesetzte Typus wird am besten durch einen Mann wie Nikita Chruschtschow verkörpert, dessen Aufstieg sich ausschließlich mit der Person Stalins verbindet. Der 1894 geborene Bauernsohn, der mit 16 Jahren Arbeiter wurde und mit zwanzig in die Partei eintrat, verbat sich rigoros selbstständiges Denken oder gar Widerspruch und konnte somit als vorbildhaft für den „neuen Sowjetmenschen" gelten. Vielleicht kann durch seine bis zur Selbstverleugnung reichende Unterwerfungsbereitschaft am ehesten das größte Rätsel der Terrorjahre aufgehellt werden: dass von den Angeklagten verlangt wurde, Verbrechen zu gestehen, die sie gar nicht begangen hatten.

Berija hat nach Stalins Tod zugegeben, eine Unzahl von Fällen konstruiert und damit Millionen von Menschen diffamiert und als so genannte „Volksfeinde" der Vernichtung anheim gegeben zu haben. Ob diese Menschen eine tatsächliche Gefahr für Stalins Herrschaft und sein ideologisches Konstrukt darstellten, war dabei eher nebensächlich. Die potenzielle Möglichkeit etwaiger oppositioneller Sympathie und eigenständigen Denkens galt es zu beseitigen, und ebenso wichtig war es Stalin, seine Macht gegenüber system- und führertreuen Anhängern immer wieder zu demonstrieren. Geht man davon aus, dass Allmacht sich am deutlichsten in der Macht über Leben und Tod der Getreuen manifestiert, dann mussten nach Stalins Logik eben auch vor allem den Treuergebenen coram publico Geständnisse – meistens unter Folter –

für etwas abgepresst werden, was es in Wirklichkeit gar nicht gab. Stalin selbst bekundete, wenn auch nur fünf Prozent der Getöteten wirkliche Feinde gewesen seien, wäre das eigentliche Ziel bereits erreicht.[40] Rätselhaft ist allerdings, warum man auch den Angeklagten abseits der großen Schauprozesse, also z. B. in den Kellern des NKWD, die gleichen Schuldbekenntnisse abverlangte, die streng geheim blieben und deren Autoren in aller Regel sofort erschossen wurden. „Ungezählte Mannstunden Arbeit gingen an eine Tätigkeit ohne pädagogischen Wert für die Bevölkerung."[41] Eine Erklärung kann darin liegen, dass die Hintermänner und Helfershelfer der Mordmaschinerie hier selbst einem Zwang zur Selbstentlastung und Rechtfertigung ihres Tuns unterlagen und diese im Wahnwitz fiktiver und erpresster Geständnisse finden zu können glaubten. Wie weit man ging, um dieses Ziel zu erreichen, beweist das Schicksal des in strengster Klandestinität verhörten Marschalls Tuchatschewski, dessen Vernehmungsprotokolle deutliche Blutspuren aufweisen. Im Vergleich zu dieser im Verborgenen stattfindenden Inszenierung ist die volkspädagogische Funktion der Schauprozesse eindeutig und klar: Da alle alles abnickten und keiner Widerstand leistete – wenn ihm sein Leben lieb war –, wurde die Bevölkerung automatisch zum Mitwisser und indirekten Komplizen des Regimes. An die Existenz der großen Verschwörung gegen Stalin und an den Wahrheitsgehalt der gefällten Urteile glaubte ohnehin kein Mensch. „Man kann sich fragen, ob Stalins Verhalten nach 1937 wahnhafte Züge annahm, aber dass das System sie besaß, bedarf keiner Frage!"[42]

Stalinistischer Führerkult

Die Verehrung und Verherrlichung des großen Führers nahm nunmehr die unübersehbaren Merkmale eines schlichtweg unbegrenzten babylonischen Götzenkults an. In nur einer einzigen Rede eines Parteisekretärs wurde Stalin nacheinander „genialer Führer der proletarischen Revolution", „Inspirator und Organisator des Sieges des Sozialismus", „höchster Genius der Menschheit", „erfahrener proletarischer Befehlshaber", „genialer Theoretiker und Organisator des Aufbaus von Kolchosen" und „genialer Führer der Werktätigen der ganzen Welt"[43] genannt. Im ganzen Land setzte sich der Brauch durch, dass bei Reden allein schon die Nennung von Stalins Namen mit lang anhaltenden stehenden Ovationen begleitet wurde. Als ein alter Mann einmal nicht länger stehen konnte und es wagte, sich noch während des Beifalls hinzusetzen, sah er sich am nächsten Tag verhaftet. Eine andere, von Stalin selbst gehaltene Rede wurde auf acht Schallplatten aufgenommen, wobei die achte und letzte allein mit dem Beifallklatschen bespielt war. Je näher sein sechzigster Geburtstag im Dezember 1939 rückte, umso dichter füllten sich die Straßen, Plätze und Schaufenster mit Stalin-Bildern, -Büsten und -Denkmälern. Der *woschd*, der selbst öffentlich immer weniger präsent wurde, war auf Schritt und Tritt in Gips, Zement, Stahl oder Marmor gegenwärtig. Er begegnete dem Schüler auf dem Weg zur Schule, dem Soldaten beim Verlassen der Kaserne und dem Liebespaar im Park, er war überall und allgegenwärtig, er sah, wusste, überwachte und kontrollierte alles, er war der Übervater, unfehlbar, unsterblich, gottähnlich, absolut und total. Der Stalinkult und das in der Verfassung von 1936 verordnete Nationalempfinden verschmolzen jetzt zu einem Ganzen. Die Liebe zur Heimat, die Verehrung ihres ersten Sohnes und die Unterwerfung unter die KPdSU bildeten in dem neuen sowjetischen Wertekosmos aus Stalin, Partei und Vaterland eine unangefochtene, nachgerade heilige Dreifaltigkeit. Die Wissenschaftler an den Universitäten wiesen nach, dass Stalins Art, sich zu artikulieren, die russische Sprache in ihrer reinsten und vollkommensten Form repräsentierte. Er war gleichsam die Verkörperung der Sowjetunion. Bald galt er als der beste Kenner Hegels, Kants und Aristoteles', nicht zu reden von seiner eigentlichen Domäne, dem Marxismus-Leninismus.

Es erscheint zynisch und war zeitlich sicher kalkuliert, dass Stalin im Frühjahr 1938, also während des noch laufenden Bucharin-Prozesses, die Arbeiten an einem Buch zum Abschluss bringen ließ, das fortan zur kanonisierten, für alle verbindlichen Darstellung der Bewegung wurde. Die Geschichte der Kommunistischen Partei der Sowjetunion (Bolschewiki), die zumeist nur mit ihrem Untertitel als der *Kurze Lehrgang* genannt und zitiert wurde, war die Bibel des Hochstalinismus. Sie wurde in über vierzig Millionen Exemplaren gedruckt, wieder und wieder aufgelegt, über den ganzen Erdball verbreitet und stellte für alle gläubigen und orthodoxen Marxisten noch bis weit in die achtziger Jahre hinein die reine Lehre und nichts als die reine Lehre dar. Von Stalin persönlich stammten nur 32 der 440 Druckseiten. In dem Buch wurde der objektive Geschichtsverlauf eklatant verfälscht und zurechtgebogen: Demnach hatte Lenin nur einen einzigen Schüler, Vertrauten und Freund, mit dem er zusammen die Oktoberrevolution und den Aufbau der Sowjetunion gegen die anderen Bolschewisten durchgesetzt hat, die alle Abtrünnige, Verräter und Agenten des Imperialismus gewesen waren. Keine Frage, um wen es sich bei diesem Auserwählten handelte. Der *Kurze Lehrgang* ist die Rechtfertigung des Großen Terrors auf dem Papier. Er ist darüber hinaus aber auch die Verherrlichung, Apotheose und Heilige Schrift vom Siegeszug des Sozialismus. Im November 1938 wurde durch einen Beschluss des Zentralkomitees sichergestellt, dass das Buch die Grundlage jedweder politischen Erziehung in der UdSSR sei. Wer im Reich der Stalinschen ‚Zweiten Revolution' etwas werden wollte, musste es wie einen Katechismus herunterbeten können. Es blieb die einzige Quelle, aus der der ‚homo sovieticus' sein ideologisches Wissen schöpfen konnte und sollte, denn ein erst 1957 bekannt gewordener Beschluss des Politbüros verbot die Veröffentlichung jeglicher weiterer Reden, Schriften oder Erinnerungen Lenins. Bei Stalins Tod hatte der *Kurze Lehrgang* seine dreihundertste Auflage erreicht und war in 67 Sprachen übersetzt.

Im Gegensatz zu den öffentlichen Kultbezeugungen und den veröffentlichten Kultschriften war das Privatleben Stalins wenig spektakulär. Von einem Familienleben konnte nach Nadjeschdas Tod trotz der engen Beziehung zu seiner Tochter Swetlana nicht mehr die Rede sein. Eine offiziell als Gouvernante Swetlanas fungierende „junge und schöne Frau" hatte wohl in Wirklichkeit eine ganz andere Funktion. Immerhin wird sie, eine gewisse Valentina Istomina, bei seinem Tod faktisch sogar als Witwe anerkannt. Ansonsten hatte Stalin nach Nadjeschdas Tod für Frauen mit intellektuellen und politischen Regungen, die es überhaupt wagten, den Mund aufzumachen, nur Abscheu und Verachtung übrig. Sicherlich bildete Swetlana die große Ausnahme, aber was sich hier abspielte, war nichts anderes als die kindliche Kindesliebe eines Menschenverächters, Massenmörders und Tyrannen zu seinem Kind, das er während seiner Abwesenheiten durch Berija und den NKWD überwachen ließ, dem er sich zuhause aber in infantiler Autoritätsverdrehung unterwarf. Beide wechselten zum Teil alberne Zettelchen, auf denen er sie als „Mein kleiner Spatz" oder „Meine kleine Hausfrau" anredete bzw. ihre schriftlichen Anweisungen mit „Väterchen", „Erster Sekretär" oder „ich gehorche" unterschrieb. Oft allerdings sahen sie sich tagelang nicht, weil Stalin nach Trinkgelagen im Kreml übernachtete, statt die Datsche im Nobelvorort Kunzewo aufzusuchen.[44]

Stalins Arbeitsrhythmus sah folgendermaßen aus: Er schlief bis zum Mittag, ging dann bis abends um sieben ins Büro und tafelte anschließend mit den wenigen Personen seines Vertrauens wie Chruschtschow, Molotow und Berija. Danach sah er sich zusammen mit ihnen Filme im hauseigenen Kino an, zumeist amerikanische Western, die im ganzen Lande streng verboten waren. Das Leben verlief ungemein abwechslungslos, uniform und ohne jedweden Außenkontakt, so wie in einem geschlossenen System. Die Vorhänge waren immer zugezogen, auch die des Wagens, mit dem er in den Kreml fuhr. Im Grunde genommen kannte er sein eigenes Land nur aus Propagandafilmen und Wochenschauberichten. Moskau verließ er nicht einmal zur feierlichen Eröffnung von Großbauprojekten. In Sibirien war er 1928 zum letzten Mal, Auslandsreisen mied er und vor dem Fliegen hatte er Angst. Es ist nachgewiesen, dass ein Doppelgänger vorausgeschickt wurde, wenn er auf nicht abgesperrten Strecken durch die Stadt fuhr. In allen Räumen, in denen er sich aufhielt, mussten die Vorhänge gekürzt werden, damit sich Eindringlinge nicht dahinter verstecken konnten.

Das nur wenige Quadratkilometer große Areal der Datsche in Kunzewo war von einer Mauer und hohen Stacheldrahtzäunen umgeben, wurde Tag und Nacht bewacht und wirkte wie ein Riesenkäfig für die Politnomenklatura. Wenn Stalin – was er praktisch nie tat – in dem kleinen Mischwald der Bonzensiedlung spazieren gegangen wäre, hätte er Walter Ulbricht begegnen können, der als führender kommunistischer Funktionär dort nicht nur eine Datsche bewohnen durfte, sondern als Deutscher zudem noch auf einen ganz anderen glücklichen Umstand verweisen konnte: Er war noch am Leben. Mit der privilegierten Stellung des exilierten Berliner KPD-Chefs begann ein grausamer Nachtrag zur Epoche des „Großen Terrors", der sich mit der Parole „Ausländer raus, auch, wenn es Kommunisten sind" zusammenfassen lässt.

Am 20. Juli 1937 beauftragte das Politbüro den NKWD, alle in Rüstungsbetrieben arbeitenden Deutschen zu verhaften. Am 9. August bestätigte die Parteiführung den Befehl „zur Vernichtung der polnischen Terror- und Spionagegruppen".[45] Im Januar 1938 wurde der NKWD angewiesen, alle „konterrevolutionären nationalen Kontingente"[46] zu zerschlagen, ausdrücklich genannt wurden die Deutschen, Polen, Letten, Esten, Finnen, Griechen, Iraner, Chinesen, Rumänen, Bulgaren und Mazedonier. Dabei sollte es völlig unerheblich sein, ob diese Menschen angeworbene Arbeitskräfte, politische Emigranten oder aber seit Generationen im Land waren. „Xenophobie wäre für diesen ungeheuerlichen Vorgang zweifellos eine zu harmlose Erklärung (...)"[47] Die Verfolgung der Ausländer, der offensichtlich der Einsatzbefehl „00447" zugrunde lag, griff auch auf die im Vielvölkerreich beheimateten Minderheiten über. Die Festnahme und Abschiebung von 600 in Charkow arbeitenden Armeniern war der Auftakt zu einer gigantischen Umsiedlungs- und Deportationspolitik ganzer Völkerschaften, die sich bis weit in die Nachkriegszeit hinzog. Die Russen schotteten sich ab, nach innen und nach außen. Jeglicher freie, auch touristische Verkehr über die Grenzen wurde unterbunden und bestraft. Diejenigen, die dies am schmerzlichsten spüren mussten, waren die vor faschistischer Verfolgung in den Schutz der Sowjetunion geflohenen europäischen Kommunisten, allen voran die polnischen und die deutschen.

Wehner contra Ulbricht

Hitler hatte nach seiner Machtübernahme am 30. Januar 1933 auf einen bewaffneten Aufstandsversuch der KPD geradezu gewartet, um einen Vorwand für ihre Zerschlagung zu haben. Als dieser ausblieb, nutzte er den Brand des Berliner Reichstags, um gegen die Partei vorzugehen. Schon am Morgen des 28. Februar 1933, als immer noch Rauchschwaden aus dem Parlament an der Spree aufstiegen, begann die ‚Kommunistenhatz' in den Arbeitervierteln des Wedding. Schnell wurde sie auf ganz Berlin und das gesamte Deutsche Reich ausgeweitet. Die ersten KPD-Mitglieder flüchteten ins gelobte Land des Sozialismus, eine Bewegung, die sich 1934 und 1935 zu einem regelrechten Flüchtlingsstrom nach Moskau auswuchs.

Langsam und schwerfällig genug fing nunmehr auch bei Stalin, der die Person und die Partei Hitlers bisher kaum ernst genommen und der auch über das Jahr 1933 hinaus an der so genannten Sozialfaschismus-These von der SPD als dem eigentlichen Gegner der kommunistischen Weltbewegung festgehalten hatte, ein Prozess des Umdenkens an. Er ließ die Kommunistische Internationale im Sommer 1935 nach siebenjähriger Pause zu ihrem siebten und letzten Weltkongress nach Moskau einberufen. Die deutsche Delegation wurde von den beiden geflüchteten Jungkommunisten Walter Ulbricht und Herbert Wehner angeführt. Letzterer war zu Kongressbeginn gerade 29 Jahre alt geworden. Stalin legte vorher die Position fest, wies seine Leute an und verfügte die Marschrichtung. Danach verabschiedete er sich in den Urlaub ans Schwarze Meer. Das letzte Welttreffen der Kommunisten aller Länder hat er während der gesamten vier Wochen seiner Dauer kein einziges Mal besucht.

Dafür wurden ihm in Moskau stehende Ovationen und wahre Jubelorgien dargebracht, wann immer sein Name auch nur genannt wurde. Die internationalen Proletarier ordneten sich bedingungslos den nationalen Interessen der Sowjetunion unter. Vorbei war es mit der alten Zwillingsbruderschaft zwischen Sozialdemokratie und Faschismus, Stalins Hirngespinst aus dem Jahr 1925. An ihre Stelle trat die Propagierung der Volksfront, die sich zwar primär als Bündnis mit den Sozialdemokraten verstand, der je nach Ort, Zeit und Umständen aber auch konservative und liberale Kräfte beitreten konnten. Die Bekämpfung des Faschismus wurde damit zur zentralen Parole, und die bis dahin als Todsünde geltende Koalition mit bürgerlichen Parteien war nun das Erste Gebot.

Die deutsche Delegation vollzog den Radikalschwenk genauso ergeben mit wie alle anderen. So es irgend ging, blieben gerade die Vertreter aus Staaten mit autoritären, faschistischen und nationalsozialistischen Regierungen nach dem Kongress in Moskau, da sie zuhause an Leib und Leben bedroht waren. Für die meisten von ihnen resultierte aus dieser Entscheidung, dass sie nun statt vom ideologischen Gegner von den eigenen Gesinnungsgenossen umgebracht wurden. Stalin plante mit großer Wahrscheinlichkeit einen vierten großen Schauprozess gegen die Führungskader der Komintern, der aber aus bis heute unbekannten Gründen nicht mehr zustande kam. Indes, das Ganze erledigte sich auch so. Denn auch für sie galt es als erwiesen, dass sich der trotzkistisch-bucharinistische ‚Pestbazillus' tief in sie eingefressen hatte und eine gnadenlose „Säuberung" in ihren Reihen deshalb vonnöten war. Überleben konnte in der „Menschenfalle Moskau"[48] nur, wer zur Denunziation der eigenen Genossen bereit war und damit in Kauf nahm, sie dem Schafott auszuliefern. Es gibt Hinweise darauf, dass auch Walter Ulbricht und Herbert Wehner tief in diesen Prozess verstrickt waren und dass es keineswegs ideologische Entfremdung vom Stalinismus war, die sie schließlich aneinander geraten ließ, sondern die Rivalität um die Führungsrolle innerhalb der emigrierten KPD.[49]

Wehner war bereits wegen seiner Verdienste im Saarkampf 1934/35, wo er auch den sechs Jahre jüngeren Erich Honecker kennen und schätzen gelernt hatte, zum Delegierten des Kominternkongresses bestimmt worden. Bald avancierte er zur hochrangigen Vertrauensperson des Berliner Vorstands. So war er zum Beispiel in die „wirklichen Umstände der Bülowplatzsache"[50] – den Auftragsmord des Jungkommunisten Erich Mielke an zwei Polizisten in der Hauptstadt – frühzeitig eingeweiht worden (und schwieg ein Leben lang dazu).[51] Von der Parteileitung zur weiteren illegalen Arbeit nach Paris und Prag beordert, wurde Wehner dort verhaftet und an die sowjetische Grenze abgeschoben. In Moskau landete er im berühmt-berüchtigten Hotel „Lux" in der Maxim-Gorki-Straße 10, mitten im Zentrum der Stadt. Hier, im „Absteigequartier der Weltrevolution"[52], traf er auf Georgi Dimitroff, Josip Broz Tito, Ho Tschi Minh, Tschou En-Lai, Richard Sorge – und Walter Ulbricht.

Kurz darauf wurde der NKWD-Befehl zur Verhaftung aller in Rüstungsbetrieben arbeitenden Deutschen um die Wolgadeutschen erweitert. Die immer wiederkehrenden Vorwürfe liefen auf die „Kontaktschuld" hinaus, einem aus den Inquisitions- und Hexenprozessen des Spätmittelalters bekannten Rechtsgrundsatz, der die Nicht-Denunziation unter Strafe stellt. Damit war praktisch jeder jedem ausgeliefert und brüderliche Hilfeleistung bedeutete den Tod. Auch hier ging es um das Kriminalisieren aller sozialen Beziehungen. In der staatlich gelenkten Presse wurden alle Deutschen zu „Spionen" erklärt. Für den Nachweis, ein „Gestapo-Agent" zu sein, genügte die Flucht aus einem deutschen Konzentrationslager oder der Besuch in der Deutschen Botschaft, um das Visum verlängern zu lassen. Der Sohn des KPD-Funktionärs Gustav Sobottka wurde beschuldigt, einer Moskauer Gruppierung der „Hitler-Jugend" anzugehören.[53]

Am 10. Mai 1938 schrieb eine „Stachanowarbeiterin": „Vor einer Woche (...) kommt mein Junge aus der Schule und sagt, alle Jungen bereiten sich zum Pogrom vor und werden alle anderen Nationen, Polen, Letten und Deutsche schlagen, (...) (auf) dass man bald (...) ihre Familie und ihre Kinder in der Schule schlagen würde wie unterm Zaren die Juden."[54] Zu diesem Zeitpunkt waren bereits 70.000, also fast alle in der Sowjetunion lebenden Deutschen, verhaftet und warteten in den NKWD-Kellern auf ihr weiteres Schicksal. Unter ihnen waren drei Viertel der „in das sichere Vaterland ihrer ideologie- und utopiegesättigten Träume"[55] geflohenen KPD-Mitglieder, die die Welt und alles, was mit ihnen geschah, einfach nicht mehr verstanden. Es gab nur eine einzige Erklärung: das Ganze musste ein Irrtum, eine Verwechslung oder eine infame Intrige sein, und es gab nur einen, der das aufklären konnte: Stalin. Unzählige Briefe wurden geschrieben, Eingaben gemacht und noch im *Gulag* wurde am Mythos des unwissenden und hintergangenen Mannes festgehalten. In dem Band *Wenn Du willst Deine Ruhe haben, schweige – Deutsche Frauenbiographien des Stalinismus* urteilt eine Betroffene: „Alle haben sich die Finger wund geschrieben an Stalin. In ihm wurde der einzige Retter gesehen. Alle waren der Meinung, das geschieht alles ohne Wissen von Stalin."[56] Als die Hoffnung mehr und mehr schwand, drohten die Frauen der Verhafteten damit, ihre Kinder vor die Straßenbahn zu werfen und Selbstmord zu begehen.

Willi Budich, der seit 1919 KPD-Mitglied und seit 1932 Reichstagsabgeordneter war, wurde nach Hitlers Machtergreifung von der Gestapo schwer gefoltert und kam im August 1933 halbblind und mit gebrochenen Beinen nach Moskau. Die Schonung währte nur kurz. Am 19. September 1936 wurde Budich mit dem völlig absurden Verdacht, ein „Gestapo-Agent" zu sein, konfrontiert, vom NKWD verhaftet, am 22. März 1938 zum Tode verurteilt und noch am selben Tag erschossen. Immer mehr Kommunisten flehten in Ausreiseanträgen inständig darum, ins nationalsozialistische Deutschland zurückkehren zu dürfen, wie der Reichstagsabgeordnete Theodor Beutling, der den sowjetischen Behörden – vergeblich – schrieb: „Ich will in meine deutsche Heimat zurück, die ich erst hier in der Sowjetunion im Gefängnis schätzen gelernt habe."[57] Sein Genosse August Creutzburg schloss sich mit den direkt an Stalin gerichteten Worten an: „Ich bitte Sie, schicken Sie mich rasch dorthin, auch dann, wenn man mich wegen früherer revolutionärer Tätigkeit verhaften sollte".⁵⁸ Ehefrauen Verhafteter marschierten direkt ins Büro der Deutschen Vertretung bei der Kommunistischen Internationale und riefen aus: „Warum verhaften sie bloß die Proleten und nicht euch (d. h. die führenden Genossen)? Warum hilft die Partei nicht, wenn soviel Unrecht geschieht?"⁵⁹ Ella Brückmann, die Frau eines verhafteten Kaderreferenten, gab die verzweifelte Stimmung unter den Emigranten wieder, indem sie ihren an Stalin gerichteten Brief vom 29. Oktober 1938 mit dem berühmt gewordenen Satz schloss: „Es gibt keinen Zweifel, wir kommen alle dran".⁶⁰ Wer diesem vernichtenden Urteil entgehen wollte, der musste schon so reden und handeln wie Ulbricht und Wehner und sich zum willfährigen Helfer des terroristischen Gastlandes machen.

Wehner schrieb unentwegt Beiträge für politische Zeitschriften. In dem Artikel *Moskau, du glückliche Stadt*⁶¹ pries er die „buchstäblich überquellenden Basare, Magazine und Kaufhäuser"⁶² an allen Straßen und kam zu dem Ergebnis: „Ein wirbelndes, buntes Leben durchpulst Moskau, zu dem man – wie Faust – doch mit anderer, neuer Betonung sagen kann: ‚Hier ist des Volkes wahrer Himmel, zufrieden jauchzet Groß und Klein: Hier bin ich Mensch, hier darf ich's sein.'" Die Stalinverfassung pries er als „ein Dokument der wahren Freiheit".⁶³ Am 4. April 1937 unterschrieb er eine Verpflichtungserklärung, über interne Schulungen zu schweigen.

In seiner publizistischen Tätigkeit nach außen dominierte der Kampf gegen die „trotzkistischen Agenten des Faschismus". „Es ist notwendig, sie in ihren Schlupfwinkeln aufzustöbern, zu stellen und zu entlarven."⁶⁴ Er lobte die „Nationalitätenpolitik" Stalins und forderte, dass der „vernichtende Schlag gegen die trotzkistisch-bucharinschen Feinde"⁶⁵ endlich geführt werden müsse. Seiner besonderen Verachtung fielen die „Führer der deutschen Sozialdemokratie"⁶⁶ anheim, weil sie es sich „zur Aufgabe gemacht haben, auch in der Emigration ihren Kampf gegen die Sowjetunion weiterzuführen".⁶⁷ Wohlgemerkt: Die deutschen Sozialdemokraten waren seit dem VII. Komintern-Kongress sein offizieller Bündnispartner.

War Wehners Unterstützung für Stalins Politik nur rhetorisches Ritual eines „ideologischen Frontsoldaten"⁶⁸ oder glaubte er das, was er sagte? Handelte es sich nur um einen ‚überlebensnotwendigen Kostümzwang', mit dem beginnende Zweifel hinter verbalen Freudentänzen verborgen wurden? Schützte und panzerte sich hier einer mit der trotzigen Fiktion vom „vollständigen Sieg des Sozialismus", die als „ideologisches Immunsystem"[69] gegen eine katastrophale Alltagsrealität diente, die man nicht sehen wollte oder durfte? Für das historische Urteil wenig entlastend ist zudem, dass sich Wehner auch im internen Schriftverkehr, in seinen Vorgängen und Vermerken, der hymnischen Wortmyriaden und unendlich geflochtenen Kränze des Hochstalinismus bediente. Er sprach nicht nur von der „Vernichtung der eingedrungenen faschistischen Schädlinge"[70], sondern er meinte es auch so. Im Zeugnis eines seiner Parteifreunde hieß es: „Er glaubte an Stalin wie an einen Gott."[71] Im Dezember 1937 trampelten die Stiefel der NKWD-Schergen jede Nacht über die Flure des „Lux", bis es auch an Wehners Tür klopfte und er zum Verhör ins Lubjanka-Gefängnis gebracht wurde. Er wusste, was das bedeutete, und brachte drei Dutzend Namen zu Papier, die als „unsichere Kantonisten" galten. Mindestens sieben dieser von Wehner genannten Personen wurden daraufhin verhaftet, vier verhungerten im *Gulag* und einer wurde erschossen. Die meisten von der Wehnerschen Verratsliste Betroffenen überlebten nur deshalb, weil sie sich nicht in der Sowjetunion befanden, wie etwa der Propagandachef Willi Münzenberg, der Schriftsteller Manes Sperber, der Philosoph Ludwig Marcuse und der Politiker Max Reimann, der später die KPD-Fraktion im Bonner Bundestag anführen würde. Wehner beklagte den „faulen Liberalismus gegenüber schlechten Elementen"[72] und verlangte ausdrücklich, dass deren Verfahren schnell „zu Ende geführt werden" müssten.[73] Die Denunziation ging weiter, als er zusammen mit Ulbricht Mitglied einer „Selbstreinigungskommission" der KPD wurde, in der immer wieder neue Namen auf immer wieder neue Listen gesetzt wurden, die häufig genug den Anfang vom Ende bedeuteten. Längst machte unter den Emigranten der Spruch die Runde: „Was die Gestapo von der KPD übrig gelassen hat, das hat der NKWD aufgelesen."[74]

Trotz der Zusammenarbeit von Wehner und Ulbricht bestand zwischen ihnen ein Dissens im Umgang mit den Sozialdemokraten. In diesem Richtungsstreit, gepaart mit innerparteilichen Machtkämpfen, denunzierten sich beide gegenseitig. Während Wehner und Ulbricht immer wieder den Kopf aus der Schlinge ziehen konnten, verschwanden einige ihrer engsten Mitarbeiter auf Nimmerwiedersehen. In seinen Ansichten zum „Verkehr mit gewissen kleinbürgerlichen und sozialdemokratischen Genossen"[75] radikalisierte sich Wehner ab Frühherbst 1939 immer mehr.

In einem wahren Trommelfeuer von Zeitungsartikeln und allwöchentlichen Rundfunkansprachen wurde wieder, so wie vor 1935, die SPD für alles schuldig befunden und das Hohe Lied des Stalinismus gesungen. Ausdrücklich wiederholte er das bereits 1937 getätigte Zitat „Genosse Stalin lässt keinen Menschen umkommen" und nur durch ihn „wurde die Bahn für die allseitige Demokratie frei".[76] Vollends aber stockte jedem mit Menschenverstand begnadeten Kommunisten der Atem, als Wehner am 21. Oktober 1939 forderte, dem „sozialistischen Sehnen" der Hitler-Jugend müsse am Beispiel der Sowjetunion ein revolutionärer Sinn gegeben werden.

Die Parole von der Volksfront, dem Bündnis zwischen Kommunisten und Sozialdemokraten, war schon bald, nämlich mit Abschluss des Hitler-Stalin-Paktes, wieder Makulatur. Jetzt wurde die Ablehnung der Zusammenarbeit mit den Sozialdemokraten wieder offizielle Politik der Sowjetunion. Am 23. August 1939 hatte Stalin seinen Außenminister Molotow autorisiert, sich in Moskau mit Hitlers Außenminister Ribbentrop an einen Tisch zu setzen und mit diesem von der Ostsee quer durch Polen bis zum Schwarzen Meer ‚Interessenssphären' festzulegen, die anschließend in einem auf zehn Jahre befristeten Nichtangriffspakt fixiert wurden, und es waren ausgerechnet die sich unvermindert weiter befehdenden Exilkommunisten Wehner und Ulbricht, die von der Kommunistischen Internationale dazu ausersehen waren, den Proletariern aller Länder diesen Umsturz der europäischen Bündnissysteme ideologisch zu verkaufen. Die nun empfohlene Liaison zwischen der sowjetischen und der Hitler-Jugend war nur ein Bestandteil dieser neuen Strategie. Fortgesetzt wurde sie mit der Begründung, dass die „Taktik der Einheits- und Volksfront nicht" hatte weitergeführt werden können, weil die sozialdemokratischen Parteien in das „Lager des englischen Imperialismus" übergewechselt seien. Dem Pariser Auslandssekretariat, das sich der neuen Linie hier und da entgegenstellte, warf Wehner vor, die „Schädlingsarbeit von Lumpen"[77] zu leisten. Am 2. Februar 1941 reiste er, mit Decknamen, falschem Pass und der fürstlichen Summe von fünfhundert Rubeln ausgestattet, als zuverlässiger und geschätzter Mann im Spezialauftrag der Partei nach Schweden aus, um von dort den Widerstand und die Reorganisation der KPD in Deutschland in die Wege zu leiten. In Stockholm schrieb er für das KP-Blatt *Die Welt*, dem wohl auch das Pressebüro Willy Brandts Artikel zulieferte.[78] Für irgendwelche Zweifel und für irgendeine, auch nur die leiseste Kritik an Stalin, dem Bolschewismus und seiner Generallinie fand sich in Wehners Artikeln nicht die geringste Spur. Eine Zeitlang war Wehner im „Deutschen Büro" in Moskau für die Bearbeitung der Anträge zuständig gewesen, die seine verzweifelten deutschen KP-Genossen stellten, um aus der Sowjetunion ausreisen zu dürfen; fast alle trugen den Stempel „abgelehnt".

Von den weit über tausend Kommunisten, die in die Sowjetunion emigriert waren, überlebten keine hundert. Als Joachim von Ribbentrop am 23. August 1939 in Moskau aus dem Flugzeug stieg, wurde er von einer Gruppe Gestapo-Beamter begleitet, die unten an der Gangway von ihren NKWD-Kollegen bereits erwartet und herzlich begrüßt wurden. Anschließend tauschten sie Gefangene aus, zu denen vor allem die noch lebenden KPD-Mitglieder gehörten. Nachdem es in den sowjetischen Schauprozessen zu den todeswürdigsten Anschuldigungen gezählt hatte, „Gestapo-Agent" zu sein, wurden die deutschen Kommunisten jetzt gnadenlos den leibhaftigen Vertretern dieser Spezies ausgeliefert. Was der NKWD übrig gelassen hatte, kehrte nun in die Fänge der Gestapo zurück. Stalins Politik und die Interessen Hitlers ergänzten sich hier bestens.

Der Weg zum Hitler-Stalin-Pakt

Stalin hatte bereits 1934 als erster europäischer Machthaber begriffen, dass der Krieg zentraler und finaler Teil des Hitlerschen Programms war. Dennoch wurde die sowjetische Presse angewiesen, über die antisemitischen Ausschreitungen in Deutschland nicht zu berichten. Noch im Januar 1934, auf dem XVII. Parteitag der KPdSU, führte Stalin aus: „Gewiss, wir sind weit davon entfernt, von dem faschistischen Regime in Deutschland entzückt zu sein. Doch ist der Faschismus an sich kein

Grund, sich zu streiten (...)"⁷⁹ Während er dies sagte, schloss Hitler einen weit reichenden Nichtangriffspakt mit Polen, den jeder als gegen die Sowjetunion gerichtet empfinden musste. Stalin musste sich umorientieren. Der Weg der UdSSR führte nun in den Völkerbund, während die Berliner Wilhelmstraße ihre Mitgliedschaft in diesem Gremium aufkündigte. Als die Vereinigten Staaten im November 1933 diplomatische Beziehungen zu Moskau aufgenommen hatten, folgten nach und nach alle anderen westlichen Demokratien, und der bisherige Pariastatus der UdSSR gehörte bald der Vergangenheit an. Zwar fehlte seinen Emissären im Elysée, im Weißen Haus und im Quirinalspalast oft noch die diplomatische Distinguiertheit und Reife, aber das änderte sich bald. Die zu dieser Zeit gültige Volksfront-Maxime bahnte auch in den auswärtigen Beziehungen den Weg zu sozialdemokratischen und bürgerlichen Parteien sowie Regierungen, was in der Unterzeichnung des sowjetisch-französischen Beistandspaktes vom Mai 1935 seinen sichtbarsten Ausdruck fand.

Die Isolierung der einstigen „Räuberbande", wie der Staat Stalins im Völkerbund genannt worden war, gehörte nun der Vergangenheit an. Die Sowjetunion galt als vollwertiges Mitglied im kollektiven System jener Mächte, deren übergreifendes Ziel die Kontrolle Nazideutschlands war. Durch den Anti-Komintern-Pakt, den Hitler 1936 und 1937 mit dem japanischen Tenno und mit Mussolini schloss, fand diese außenpolitische Position der UdSSR aus der Sicht Moskaus noch ihre zusätzliche Bestätigung. Doch schon ein flüchtiger Blick hinter die Kulissen dieser schönen neuen Diplomatie offenbarte beträchtliche Diskrepanzen zwischen Dichtung und Wahrheit. Wie – um nur ein Beispiel zu nennen – die Sowjetunion, die keine gemeinsame Grenze mit Deutschland hatte, den Franzosen im Falle eines deutschen Angriffs zu Hilfe kommen sollte, war rätselhaft. Umgekehrt blieb auch der Anti-Komintern-Pakt ein Papiertiger, solange sich die beteiligten Mächte nicht einmal für den Fall eines sowjetischen Angriffs verbindliche Hilfeleistung zugesichert hatten. Insgeheim suchten Paris wie auch Moskau trotz des kollektiven Bündnissystems nach einem Ausgleich mit Deutschland und sandten ihre Kundschafter zu Hitler. „Alle beteiligten Mächte spielten ein ‚doppeltes Spiel'."⁸⁰

Weit mehr noch als in Westeuropa gab die Lage an den asiatischen

Grenzen der Sowjetunion Anlass zu wachsender Aufmerksamkeit und Sorge, und dies umso mehr, als Japan den Anfang der dreißiger Jahre auf dem Festland errichteten Marionettenstaat Mandschukuo Zug um Zug bis zur Unterwerfung der gesamten Mandschurei ausgeweitet hatte. Die Besorgnis steigerte sich bis zur offenen Panik, als 1936 Nachrichten über Waffenstillstandsverhandlungen zwischen dem China Tschiang Kai-scheks und Japan durchsickerten, in deren Folge die Truppen des Tenno ungehindert gegen die durch den „Säuberungsterror" geschwächte sowjetische „Besondere Fernöstliche Armee" des Marschalls Blücher vorrücken konnten. Dadurch gewann Tschiang freie Hand, um die Kommunisten Mao Tse-tungs, die sich nach ihrem „Langen Marsch" im Nordwesten Chinas festgesetzt hatten, endlich zu eliminieren. Sowjetische Avancen, die Chinesen für ein gemeinsames Vorgehen gegen Japan zu gewinnen, waren im Land des Lächelns auf taube Ohren gestoßen, denn das beiderseitige Verhältnis galt seit dem Massaker von Nanking, das Tschiang 1927 unter den chinesischen Kommunisten angerichtet hatte, als gestört. Die Gerüchteküche brodelte und die Emissäre wechselten hin und her.

Schon seit dem September 1933 hatte das Moskauer Außenkommissariat in Tokio einen Agenten, der zu einem der größten Paradiesvögel in der Geschichte der Geheimdiplomatie wurde und dessen Informationen gerade jetzt unschätzbaren Wert gewannen: Dr. Richard Sorge. Er hatte zu den Gründungsmitgliedern des alten Frankfurter „Instituts für Sozialforschung" gehört, besaß das Privileg, als Korrespondent von Karl Haushofers *Zeitschrift für Geopolitik* Analysen über den kommenden Anti-Komintern-Partner Japan an eine der führenden Fachzeitschriften des Dritten Reiches zu liefern, schrieb außerdem für die *Frankfurter Zeitung* und war Spion im Dienste Stalins. Trotz seines leichtfüßigen Lebenswandels wurden sein Augenmaß, seine sprichwörtliche Nase und seine prognostischen Fähigkeiten legendär. Der offene Krieg zwischen China und Japan, den er mehrfach vorhergesagt hatte, brach in der Nacht auf den 8. Juli 1937 durch einen von den Japanern an der Marco-Polo-Brücke bei Peking provozierten Zwischenfall aus.

Der Kriegsausbruch muss Stalin wie ein Geschenk des Himmels vorgekommen sein, denn er entlastete Blüchers Fernost-Armee und erlaubte es ihm zudem, Mao Tse-tungs revolutionäre Kommunisten auch weiterhin zu unterstützen, ohne Tschiang Kai-schek dadurch gleichzeitig an die Seite Japans zu zwingen.

Tschiang sah sich durch die neue Lage vielmehr gezwungen, schon im Folgemonat einen Nichtangriffspakt mit dem Kreml abzuschließen, der als Anfang vom Ende des kollektiven Sicherheitssystems gesehen werden muss. Der Völkerbund berief nämlich für den 3. November 1937 eine Konferenz nach Brüssel ein, auf der alle an der Lage im Fernen Osten interessierten Staaten vertreten sein sollten. Da Japan aber nicht erschien, nannte man das Treffen die „Galaoper in Abwesenheit der Primadonna". Der sowjetische Außenkommissar Litwinow verlangte bei dem Treffen, dass Stabilität und Frieden in Ostasien die Sache aller, auch der Europäer, sein müssten, und erhielt stattdessen zur Antwort, dass hierfür vor allem die Sowjetunion verantwortlich sei, ja, „dass diese mit militärischen Mitteln gegen die japanischen Intervenen vorgehen müsste".[81] Stalin verstand nun, dass ihm gegen die aus Japan drohende Gefahr niemand aus der internationalen Völkergemeinschaft zu Hilfe kommen würde und änderte, zunächst noch stillschweigend, seinen außenpolitischen Kurs. Um die japanische Expansion zu stoppen, galt fortan Moskaus eigentliche und massive Unterstützung Tschiang Kaischek.

Der Umorientierung im Fernen Osten folgte bald auch die in Mitteleuropa, und zwar spätestens, seit sich Hitlers Parole, „alle Deutschen einer Zunge in einem Reich" zusammenführen zu wollen, mit der „Besetzung der Rest-Tschechei"[82] als Vorwand zur Entfesselung des Großen Krieges entpuppte.

Vorangegangen war eine Konferenz, zu der die Sowjetunion keine Einladung erhalten hatte. Nachdem Hitlers „Heim-ins-Reich"-Politik bereits im März 1938 in Österreich, das den Anschluss frenetisch bejubelte und mit 99-prozentiger Zustimmung absegnete, so erfolgreich begonnen hatte, wurde in der Nazipresse nun immer lauter die Angliederung der von den Sudetendeutschen bewohnten Teile Böhmens und Mährens verlangt. Um die Berechtigung dieses Anspruchs zu prüfen, begab sich eine Kommission unter englischer Leitung in die Tschechoslowakei und kam zu einem für die NS-Führung positiven Ergebnis. Der Initiative Mussolinis folgend, trat daraufhin Ende September 1938 in München eine Konferenz der Westmächte zusammen, auf der der

Prager Regierung praktisch keine andere Chance als die Abtretung der sudetendeutschen Gebiete gelassen wurde. Niemand hatte Stalin zu dem Treffen an die Isar gebeten, und es war so abwegig nicht, wenn er das dort zustande gekommene Münchener Abkommen als den Versuch der Westmächte sah, Hitlers Expansionsdrang nach Osten zu lenken. Als die Wehrmacht am 1. Oktober 1938 das Sudetenland in Besitz nahm, erklärte der stellvertretende sowjetische Außenminister Potemkin jedenfalls gegenüber Paris: „Nun gibt es für uns keine andere Lösung als eine vierte Teilung Polens!"[83]

Wie tief die Münchener Demütigung saß, beweist die Rede, mit der Stalin am 10. März 1939 den XVIII. Parteitag der KPdSU einleitete. Er beklagte, dass „man die Deutschen anstachele, weiter nach Osten vorzustoßen, ihnen leichte Beute versprach und ihnen zuredete: fangt nur den Krieg gegen die Bolschewiki an, weiter wird alles gut gehen". Und er resümierte: „Wir müssen bedacht sein, dass unser Land nicht durch Kriegshetzer, die gewohnt sind, andere Leute die Kastanien aus dem Feuer holen zu lassen, in einen Konflikt verwickelt wird."[84] Gleichzeitig deutete er an, dass auch er seinen Verständigungsfrieden, sein München, mit den Machthabern an der Spree abschließen könne, bevor die UdSSR deren Aggressionsgier zum Opfer falle.

Fünf Tage später begann mit dem Einmarsch der deutschen Truppen in Prag die Zerschlagung der restlichen Tschechei. Hitler ‚überschritt damit den Rubikon', denn von einer Zusammenführung aller Deutschen konnte jetzt keine Rede mehr sein. Von nun an fragte man sich in den europäischen Hauptstädten nur noch, wie ein weiteres territoriales Ausgreifen des nationalsozialistischen Deutschland, mithin der Krieg, verhindert werden könne. Am 3. Mai drangen NKWD-Beamte in das Büro des Moskauer Außenministers Litwinow ein, schnitten alle seine Telefonleitungen durch und warfen ihn hinaus. An die Stelle des Verfechters der „kollektiven Sicherheit" wurde mit Molotow der amtierende Vorsitzende des Rates der Volkskommissare gesetzt, der nach westlicher Terminologie nunmehr Ministerpräsident und Außenminister war. Trotz dieses radikalen personellen Schnitts ging der Versuch eines Einvernehmens mit den Westmächten weiter. Vom April bis zum August 1939, fünf lange, quälende Monate, verhandelten englische und französische Vertreter an der Moskwa. Dreh- und Angelpunkt aller

Erörterungen war die Unversehrtheit der polnischen Grenzen und die Integrität des polnischen Staatsgebietes, die London und Paris sofort nach dem deutschen Einmarsch in die Tschechoslowakei garantiert und zum casus belli erklärt hatten. Hitler kündigte am 28. April den 1934 geschlossenen Nichtangriffspakt mit Polen einseitig auf. Jeder wusste, was das bedeutete. Nur eine Allianz zwischen der Sowjetunion und den Westmächten konnte jetzt noch den großen Waffengang blockieren. Stalin verlangte hierfür, militärstrategisch plausibel, das Durchmarschrecht durch Polen, das ihm nicht gewehrt wurde. „Mit den Deutschen laufen wir Gefahr, unsere Freiheit zu verlieren, mit den Russen verlieren wir unsere Seele"[85], so hieß es aus Warschau. Die Verhandlungen traten auf der Stelle und die Deutschen traten auf den Plan.

Schon am 17. April hatte Hitler Ernst von Weizsäcker, seinen Staatssekretär im Auswärtigen Amt, in der sowjetischen Mission Unter den Linden vorfühlen lassen. Ende Juli wurden abseits des diplomatischen Getriebes in einem kleinen Berliner Restaurant auf subalterner Ebene bereits die Konturen einer Aufteilung Osteuropas skizziert. Einzelne Wehrmachtseinheiten erhielten die Weisung, an der Grenze zu Polen Zwischenfälle zu provozieren. Für Stalin bot ein Pakt mit den Deutschen die Chance, die von ihm selbst enthauptete Rote Armee in Ruhe wieder zu konsolidieren, dennoch war der Zug nach London und Paris noch nicht abgefahren. Das größte Hindernis blieb hier sein tief sitzender Verdacht, dass die Westmächte ihn zur eigenen Entlastung in einen Krieg gegen Deutschland hetzen wollten – ein Misstrauen, das ihm noch bis in den Sommer 1941 hinein den klaren Blick auf die verbrecherische Annexionspolitik Hitlers verstellen sollte. Jede Nacht studierte er die Berichte seiner mit Richard Sorge in Tokio, Herbert King im britischen Foreign Office und Rudolf von Scheliha in Warschau ausgezeichnet platzierten Auslandsagenten, doch ihre Aussagen blieben widersprüchlich, und wieder plagte ihn der Albtraum, dass hinter seinem Rücken ein zweites München Gestalt annähme, mit dem der deutschen Militärmaschine auch in Polen freie Hand gewährt würde. Und dann?

Das Versäumnis der parlamentarischen Demokratien England und Frankreich in der Entstehungsphase des Zweiten Weltkriegs bestand darin, dass sie dem Ernst der Lage nicht Rechnung trugen und lediglich zweitrangige Delegationen nach Moskau entsandten. Obwohl eine formelle Einladung an den britischen Außenminister vorlag, machte sich kein General, kein Stabschef und kein Minister auf den weiten Weg nach Osten. Das Diplomatenhäuflein, das schließlich zur Ablösung der seit April an der Moskwa verhandelnden Kollegen losfuhr, bestieg kein Flugzeug und keine Bahn, sondern schipperte in einem Passagierdampfer gemächlich durch den Nord-Ostsee-Kanal und erreichte nach einer wahren Odyssee am 10. August 1939 Leningrad. Der Nachtzug nach Moskau war gerade abgefahren. Die Gespräche in der Hauptstadt selbst zeitigten erneut kein Ergebnis. Am 21. August traten die Delegationen zum letzten Mal zusammen, da aber waren die Würfel an anderer Stelle längst gefallen. 24 Stunden später meldeten die Gazetten den unmittelbar bevorstehenden Besuch Joachim von Ribbentrops in Moskau. Als seine Maschine über der Landebahn einschwebte, winkten ihm ganze Schulklassen mit kleinen Hakenkreuzfähnchen in der Hand zu.

Ein fix und fertig ausformulierter Vertrag war zu dem Zeitpunkt bereits nach Berlin übermittelt und in persönlichen Schreiben beider Diktatoren bestätigt worden. In dem Dokument vom 23. August 1939, das als Hitler-Stalin-Pakt auf der ganzen Welt wie eine Bombe einschlug, sicherten sich beide Seiten die unbedingte Neutralität zu und bekundeten, sich während der nächsten zehn Jahre nicht anzugreifen. Dem Vertragswerk wurde „für den Fall einer politisch-territorialen Umgestaltung" in Europa ein geheimes Zusatzprotokoll beigefügt, dessen Existenz von der offiziellen sowjetischen Politik fünfzig lange Jahre, bis zum 24. Dezember 1989, geleugnet wurde. Das Aushandeln dieses Protokolls war der eigentliche Grund für Ribbentrops Flug in die UdSSR. Stalin persönlich war anwesend, als die letztgültigen Regelungen getroffen wurden. Nach ihnen wurde die vierte Teilung Polens entlang einer den Flüssen Narew, Weichsel und San folgenden Demarkationslinie vollzogen und das Leben „dieses hässlichen Bastards des Versailler Vertrages"[86], wie Molotow die polnische Republik fast durchweg nannte, auf dem Papier ausgelöscht.

Probleme bereitete die Aufteilung der baltischen Staaten. Estland und Lettland wurden dem russischen, Litauen zunächst noch dem deutschen Einflussbereich zugesprochen. Da über die wichtigen lettischen Ostseehäfen keine Einigung erzielt werden konnte, musste Ribbentrop vom Konferenzsaal aus telefonisch Hitlers Direktiven einholen. Stalin verfolgte das Gespräch argwöhnisch und war überrascht, wie schnell der Mann am anderen Ende der Leitung klein beigab. Steckte hier jemand nur vorübergehend zurück, um sich das Preisgegebene später zurückzuholen? Stalin, das personifizierte Misstrauen, hätte gut daran getan, sich diese Eigenschaft auch in diesem Moment zu bewahren. Stattdessen stutzte er nur für einen Moment und setzte dann seine Unterschrift auf die dem Protokoll beigefügte Karte, die er mit dem berühmten Rotstiftstrich quer durch Polen versah. Anschließend ließ er Champagner kommen und rief aus: „Ich weiß, wie sehr das deutsche Volk seinen Führer liebt; ich möchte darum auf seine Gesundheit trinken."[87] Ribbentrop berichtete anschließend in Berlin, er habe sich ganz wie zuhause „unter alten Parteigenossen"[88] gefühlt. Hitler triumphierte. Das Abkommen stellte er in eine direkte Linie mit den Befreiungskriegen gegen Napoléon, Bismarcks heißem Draht nach Petersburg und dem Vertrag von Rapallo. Goebbels gab seinen Propagandaorganen die Anweisung, positiv über den Pakt zu berichten, wobei ein „sympathischer, warmer Ton"[89] für die KPdSU-Führung durchaus angebracht sei. Analoges geschah in Moskau. Totalitäre Diktaturen haben für derartige Radikalschwenks ihre Apparate. Funktionäre und Fußvolk haben zu folgen.

Hitler besaß durch die mit dem Pakt erreichte sowjetische Neutralität endlich die carte blanche zum Überfall auf Polen, ohne dadurch, wie das deutsche Kaiserreich 1914, in einen Zwei-Fronten-Krieg zu geraten. Frankreich und England, die Westmächte mit ihren parlamentarischen „Quasselbuden", würden stillhalten, wie schon im Fall der Tschechoslowakei, daran bestand für ihn kein Zweifel. Aus dieser Konstellation und dem ihr zugrunde liegenden Kalkül wurde deutlich, dass nur ein Bündnis des Kremlherrn mit den Machthabern in London und Paris die Katastrophe hätte verhindern können. Stalin aber verhandelte nur deshalb mit ihnen, um die Gewissheit zu erlangen, dass sie für Polen die Waffen gegen Deutschland erhöben.[90] Als er diese Gewissheit hatte, entschied er sich, und zwar für Hitler. „Hier liegt die Mitverantwortung Stalins an der Entstehung des Krieges."[91] Verantwortung indes ist noch keine Schuld. Die haben bei der Entfesselung des Zweiten Weltkriegs die Deutschen, und zwar sie ganz allein.

Der Verbündete Hitlers

Am 3. September, 48 Stunden nach dem deutschen Überfall auf Polen, trafen die englische und die französische Kriegserklärung in der Reichskanzlei ein. Ribbentrop kabelte noch am selben Tag auf streng diskreten Kanälen den Appell an die Sowjetregierung, „ihre Streitkräfte gegen Polen in Bewegung zu setzen und das ihr im Geheimprotokoll zugesicherte Gebiet zu besetzen"[1] – eine Aufforderung, die in den Folgetagen mehrfach, eindringlich und vergeblich wiederholt wurde. Hitlers Verbündeter im Kreml dachte nicht daran, sich gleichfalls der Gefahr einer Kriegserklärung aus London und Paris auszusetzen und begann ein wohl berechnetes Doppelspiel zwischen Berlin und den Westmächten. Man wusste ja, dass an der Moskwa wie auch an der Spree nur ein handverlesener Kreis in die Abmachungen des Zusatzprotokolls vom 23. August 1939 eingeweiht war. Insgeheim hoffte Stalin bereits hier auf eine sich länger hinziehende Abnutzungsschlacht, und so war es erst der Blitzkrieg und Blitzsieg der deutschen Wehrmacht gegen die sich heldenhaft, aber vergeblich wehrende polnische Armee, der ihn schon vierzehn Tage später zum Handeln zwang. Da waren deutsche Verbände, in Unkenntnis irgendwelcher vereinbarter Zugriffsbereiche, bereits weit über die aus Weichsel, Narew und San gebildete Linie vorgerückt.

Die Art und Weise, wie Stalin den Einmarsch der sowjetischen Truppen in Ostpolen der westlichen Welt als defensiven, nicht kriegerischen Akt der Hilfestellung für seine dort lebenden „ukrainischen und weißrussischen Blutsbrüder"[2] darstellte, kann als Meisterleistung historischer Wahrheitsverdrehung bezeichnet werden. Das Vorgehen als solches sei schon deshalb legitim, weil es den polnischen Staat nicht mehr gäbe. Zu diesem Zeitpunkt standen noch mehrere polnische Armeen im Kampf, und Warschau war noch nicht erobert. Dem Überfall aus dem Westen folgte der Überfall aus dem Osten, der mit der Notwendigkeit begründet wurde, Ostpolen vor dem Zugriff der Deutschen zu sichern, wodurch Stalin nicht als Partner Hitlers, sondern als Partner der Westmächte erschien. Gleichwohl musste die Reibungslosigkeit überraschen, mit der die Wehrmacht hunderte von Kilometer zu weit vorgestoßene Einheiten wieder zurücknahm. Was hier eigentlich vorging, war für den außen Stehenden nicht mehr erkennbar. Stalin versuchte sogar, beim nationalsozialistischen Partner eine förmliche Erklärung zu erlangen, dass die sowjetischen Truppen in Polen als Befreier einmarschiert seien. Aber an der Spree winkte man ab. Es sollte bei der geheimen Komplizenschaft zur Zerschlagung des polnischen Staates bleiben, der sich bald in drei Teile aufgesplittert sah.

Neben dem russisch besetzten Osten hatten die Deutschen sich Danzig, Posen, Westpreußen und den Rest von Oberschlesien ‚zurückgeholt', Gebiete, die mit dem Versailler Vertrag abgetreten und inzwischen mehrheitlich polnisch besiedelt waren. Was übrig blieb, war ein Dreieck mit den Städten Warschau, Lublin und Krakau, das zwar auch besetzt, aber nicht dem Reich angegliedert wurde. Hier, in diesem seit 1940 als „Generalgouvernement" bezeichneten Territorium, ließ Hitler ein Experimentierfeld gemäß seiner Rassenideologie errichten. Alle Polen sollten als „Arbeitssklaven" in diesen Sammelplatz für unerwünschte Volksgruppen umgesiedelt werden. Die etwa drei Millionen polnischen Juden wurden in den großen Städten in Ghettos untergebracht, vor allem in Warschau. Sechs Einsatzgruppen des Sicherheitsdienstes SD machten sich sofort an die Arbeit, und eine Sondereinsatzgruppe der SS begann damit, im Raum Kattowitz systematisch Jüdinnen und Juden zu liquidieren. Währenddessen sah sich die ukrainische und weißrussische Minderheit jenseits der Demarkationslinie von Sowjetoffizieren gegen Bauern, Juden, Lehrer, Beamte und Richter, mithin gegen die gesamte polnische Oberschicht und Intelligenz, aufgehetzt, und es gab nur zu viele, die sich nicht zweimal bitten ließen. Der in Ostpolen vorrückenden Roten Armee folgten zahllose Politfunktionäre auf dem Fuße, die alles plünderten, was nicht niet- und nagelfest war. Mit erbarmungslosen Razzien wurde die Bevölkerung eingeschüchtert, enteignet und bei Zuwiderhandlung ins Gefängnis geworfen. Von den 230.000 in sowjetische Gefangenschaft geratenen polnischen Soldaten lebten zwei Jahre später noch 82.000. Das 15.000 Mann starke polnische Offizierskorps wurde auf drei Lager im westlichen Russland verteilt.

Katyn, unweit von Smolensk am Ufer des Dnjepr gelegen, war eines von ihnen.

Am 28. September, dem Tag der Kapitulation von Warschau, schlossen die Sowjetunion und das Deutsche Reich einen offensichtlich bereits fix und fertig ausgehandelten „Grenz- und Freundschaftsvertrag", dem ein Zusatzprotokoll sowie eine „Gemeinsame Erklärung" beigefügt war, die besagte, dass mit der Auflösung des polnischen Staates jeder weitere Kriegsgrund entfallen sei. Einen Tag später meldete die *Prawda*:

> „Die Situation ist klar. Es hängt eng von der englischen und französischen Regierung ab, ob der gegen den Willen der Völker begonnene Krieg fortgesetzt wird, ein Krieg, der die ganze Welt mit einem neuen Gemetzel bedroht. Sollten die Anstrengungen der Regierungen der UdSSR und Deutschlands ergebnislos bleiben, dann steht fest, dass England und Frankreich (...) für die Fortsetzung des Krieges verantwortlich sind."[3]

Stalin zog alle Register. Da wurde ein Land überfallen, anschließend Friedensliebe dokumentiert und wer diese missachtete, als potenzieller Aggressor hingestellt, obwohl er doch genau dies wollte: einen Krieg der Westmächte gegen Deutschland als Kalkül seines Paktes mit Hitler. Aber London und Paris taten nicht, was Stalin und die übrige Welt von ihnen erwarteten, sondern sie überließen die polnische Nation ihrem Schicksal. Statt über den Rhein anzugreifen, begann im Westen jener merkwürdige, seltsame Zustand des drôle de guerre, des ‚komischen' bzw. ‚Sitzkriegs', eine Mischung aus Abwarten, Drohen, Lauern und Nichtstun, die die Amerikaner einfach als „phoney war" bezeichneten.

Stalin sah in der Eroberung der polnischen „Ostgebiete" unverhohlen auch ein Stück ‚Wiedergutmachung' der im Bürgerkrieg erlittenen Gebietsverluste, mehr noch, er empfand sich selbst als Vollstrecker uralter nationaler Forderungen, als „Sammler der russischen Erde"[4], zumal das von Vilnius bis Lemberg reichende Terrain im Mittelalter einst zum Kiewer Rus gehört hatte. Jetzt machte er sich auch anderenorts an die aggressive Ausweitung des eigenen Herrschaftsbereichs. Die baltischen Staaten erhielten Militärgarnisonen, mit denen die ersten NKWD-Leute ins Land kamen, und er begann Gespräche mit der finnischen Regierung, die die Abtretung strategisch wichtiger Grenzgebiete an die UdSSR zum Inhalt hatten. Im Kern ging es um die karelische Landenge und die in der so genannten „Mannerheimlinie" aufgereihten Festungsanlagen, die der russische Goliath wie eine auf Leningrad gerichtete Kanone empfand. Als sich die Verhandlungen wochenlang hinzogen, ohne dass die Finnen klein beigaben, griff die Rote Armee am 30. November 1939 ohne jede Kriegserklärung an, so wie Hitler zuvor Polen überfallen hatte. Helsinki wurde bereits am ersten Tag bombardiert, so wie Warschau am 1. September. Insgesamt rechnete Stalin mit einem ‚Spaziergang' von zehn bis zwölf Tagen, und ob es wirklich nur um den karelischen Isthmus ging, kann in Frage gestellt werden.

Der finnisch-russische Winterkrieg wurde, auch wenn Moskau ihn nach nie exakt bezifferten Verlusten schließlich für sich entscheiden konnte, zur blamablen Katastrophe des Angreifers. Er demonstrierte ein weiteres Mal die erbärmliche militärische Inkompetenz Stalins und er bewirkte auf der ganzen Welt einen Aufschrei der Empörung gegenüber der Sowjetunion, die den Völkerbund am 14. Dezember verlassen musste. Aber so wie die Polen blieben auch die Finnen, die auf ihren Skiern immer wieder blitzartig aus den Wäldern vorstießen und die überforderten Rotarmisten in Sümpfe und Moräste lockten, gegen die sowjetische Übermacht völlig auf sich allein gestellt. Erst als Marschall Timoschenko mit 27 Divisionen zum Sturm auf die Mannerheimlinie ansetzte, brach ihr Widerstand zusammen. Am 12. März 1940 musste Helsinki die karelische Landenge abtreten, aber die Kremlherren standen überall isoliert und geächtet da. Was ihnen blieb, war der Partner in Deutschland. Stalin hatte schon die Glückwünsche, die ihn zu seinem sechzigsten Geburtstag am 21. Dezember 1939 aus Berlin erreichten, mit den Worten kommentiert: „Die Freundschaft der Völker Deutschlands und der Sowjetunion, die mit Blut zementiert ist, hat alle Aussicht, eine feste und dauerhafte Freundschaft zu werden." Tatsächlich segnete Hitler die Eroberung seines Bundesgenossen ab, und während Stalin aus dem nordischen Winterkrieg noch die nüchterne Lehre ziehen musste, dass seine enthaupteten Truppen für den großen Waffengang noch nicht reif waren, hieß es im deutschen Generalstab schon: „Die sowjetische ‚Masse' ist für eine Armee mit überlegener Führung kein Gegner."[5] Den ‚Spaziergang', den Stalin über die finnische Seenplatte machen wollte, konnte die Hitlersche Wehrmacht also problemlos von Leningrad bis Stalingrad unternehmen.

Unterdessen hatte die Unterwerfung und Ausplünderung der Zivilbevölkerung in Polen längst die Dimensionen brutalsten Terrors angenommen. Das Leben eines polnischen Menschen war Deutschen wie auch Russen bald weniger wert als das eines Stücks Vieh. Gegen die Besatzer aus Ost und West bildeten sich schnell die Widerstandsverbände der so genannten Heimatarmee, der Armija Krajowa, die aus den Wäldern heraus operierte und engen Kontakt mit der Exilregierung unter General Sikorski in London hielt. Am 5. März 1940 entschied das Politbüro der KPdSU über das Schicksal des polnischen Offizierskorps und Tausender in Lager geworfener Professoren, Lehrer, Ärzte und Schriftsteller, insgesamt 25.700 Personen, die man zusammen als die geistige Elite des Landes bezeichnen kann. Berija verlangte ihre „Spezialbehandlung"[6], und seinem Ansinnen wurde ohne Gegenstimme stattgegeben. Das bedeutete Erschießen ohne vorheriges Verfahren und ohne Urteilsspruch, nur damit begründet, dass sie „hartnäckige Feinde der Sowjetmacht (...), voll des Hasses auf die sowjetische Gesellschaftsordnung"[7] seien.

Das Verbrechen von Katyn

Ganze vier Wochen später fand im Wintersport- und Luftkurort Zakopane am Fuße der Hohen Tatra ein gespenstisches Treffen statt: Hochrangige Vertreter von NKWD und Gestapo baten zur gemeinsamen Konferenz, auf der über das weitere Vorgehen gegenüber dem „polnischen Nationalismus" beraten werden sollte. Bolschewismus und Nationalsozialismus reichten sich die Hand zur Vernichtung der Intelligenz ihres Nachbarlandes. Es ist deshalb nicht ausgeschlossen, dass die Massenhinrichtung, die als „Verbrechen von Katyn" in die Geschichte eingegangen ist, mit deutschem Wissen und mit deutscher Kenntnis inszeniert wurde. Berija bezeichnete den Massenmord im Wald von Katyn, wohin die Insassen von Kosielsk aus gekarrt worden waren, später, nach dem deutschen Überfall vom 22. Juni 1941, als „Irrtum" und „Fehler"[8], weil man die polnische Offiziersschicht als Verbündeten gegen die Wehrmacht gut hätte gebrauchen können.[9]

Trotz der Anstrengungen, das Verbrechen von Katyn zu vertuschen, tauchte der erste Verdacht auf, als die Angehörigen vom April 1940 an keinerlei Nachrichten mehr von den Verhafteten erhielten. Es begann ein endloser Leidensweg des Suchens und Fragens, der über ein halbes Jahrhundert andauern sollte. Sicherheitshalber ließ Stalin auch die Familienmitglieder nach und nach deportieren und zumeist in Kasachstan umkommen. Wer es noch im Polen der fünfziger und sechziger Jahre wagte, sich nach den Vermissten von Katyn zu erkundigen, war schnell geheimdienstlichen Verhören, Drohungen und Einschüchterungen ausgesetzt. Als die Frage erstmals im Exilkabinett des Generals Sikorski auf die Tagesordnung kam, antwortete dieser: „Wir werden sie finden (...) Meine Herren, Sie glauben doch nicht im Ernst, dass die sowjetische Regierung sie einfach umgebracht hat? Das ist absoluter Unsinn!"[10] Eine Delegation flog nach Moskau, um Stalin zu befragen. Der griff zum Telefon, ließ sich zum NKWD durchstellen und schrie in den Hörer: „Hier ist der polnische Botschafter, der behauptet, es seien nicht alle freigelassen worden." Sikorski stellte einen Rechercheantrag nach dem anderen, aber immer wieder wurde er vertröstet und abgewiesen.

Im April 1943 erreichten die deutschen Truppen das Ufer des Dnjepr und entdeckten das Massengrab von Katyn. Im Interesse historischer Wahrheit, weit mehr aber, um von ihren eigenen Mordexzessen abzulenken, wurden eine internationale Ärztekommission, Vertreter des Polnischen Roten Kreuzes, Auslandskorrespondenten und neutrale Beobachter vor Ort mit dem Ergebnis der Exhumierungen vertraut gemacht, das für alle nur einen einzigen Schluss zuließ: Die Menschen waren drei Jahre zuvor mit verbundenen Händen durch einen Schuss in den Hinterkopf getötet worden. Die auf den Gräbern angepflanzten Koniferen trugen drei Jahresringe. Stalin brach sofort die Beziehungen zur Londoner Exilregierung ab und beauftragte eine Spezialabteilung des NKWD mit umfassenden Dokumentenfälschungen. Das Verbrechen sollte den Deutschen in die Schuhe geschoben werden. Die Arbeiten waren praktisch abgeschlossen, als er sich im November 1943 in Teheran erstmals mit Roosevelt und Churchill traf, um das Vorgehen gegen Deutschland zu beraten. Das Einvernehmen schlug augenblicklich um, als Stalin verlangte, nach Kriegsende 50.000 deutsche Offiziere erschießen zu lassen (was später auch geschah). Ob nun endlich jemandem dämmerte, wer der Mörder von Katyn war? Der zutiefst entsetzte Churchill antwortete: „Lieber lasse ich mich (...) hier an Ort und Stelle in den Garten hinausführen und erschießen, als meine und meines Volkes Ehre durch eine solche Niedertracht beschmutzen."[11] Roosevelt versuchte die Situation zu retten, indem er sie mit dem Vorschlag „nur 49.000"[12] ins Lächerliche zog.

Trotzdem waren längst auch die Westalliierten an dem Schweigekartell zu Katyn beteiligt: In Washington verschwand der enthüllende Bericht eines US-Beamten aus den Akten, und in London wurden die Verlautbarungen der polnischen Exilregierung zensiert. Der anvisierte Sieg über Hitler ging vor. Nachdem die Rote Armee das Gebiet um Smolensk zurückerobert hatte, wurden im großen Maßstab Leichenumbettungen vorgenommen, um vorzutäuschen, dass die Sowjetunion mit alledem nichts zu tun hatte.

Dieser manipulierte Sachverhalt wurde nach Kriegsende auch dem Nürnberger Kriegsverbrechertribunal aufgetischt, das 1945 über die Deutschen zu Gericht saß. Auf Veranlassung Stalins ließ man in die Anklageschrift unter Punkt III, Abschnitt C (Mord und Misshandlungen an Kriegsgefangenen) den folgenden Satz aufnehmen: „Im September 1941 wurden 11.000 kriegsgefangene polnische Offiziere im Katyner Wald in der Nähe von Smolensk getötet." Des Verbrechens direkt bezichtigt wurde der Nürnberger Hauptangeklagte Nr. 1, Hermann Göring. Gleichzeitig wurden wegen dieses Vergehens in den sowjetischen Gefangenenlagern Wehrmachtsgeneräle öffentlich hingerichtet. Einen auf Betreiben der Exilregierung erstellten *Bericht über das Massaker an polnischen Offizieren im Katyner Wald* nahmen die Nürnberger Richter nicht zur Kenntnis. Keine britische Nachkriegsregierung nahm jemals zu Katyn Stellung. Der amerikanische Kongress richtete 1952 einen Untersuchungsausschuss ein, der den NKWD zweifelsfrei für das Blutbad verantwortlich machte und dem Internationalen Gerichtshof ein Verfahren gegen die Sowjetunion empfahl. Es geschah jedoch nichts. Nikita Chruschtschow stand 1962 kurz vor der Aufdeckung des Verbrechens, und diesmal war es ausgerechnet der polnische Ministerpräsident Gomulka, der um eine Fortsetzung des Schweigekartells bat. Jeder neue Generalsekretär der KPdSU bekam in der Folge bei Amtsantritt einen streng geheimen, versiegelten Umschlag ausgehändigt. Alle lasen und schwiegen. Auch das revolutionäre Umdenken im Zeitalter von *Glasnost* konnte ihren Schöpfer Michail Gorbatschow nicht zur Lüftung des Geheimnisses bewegen. Inzwischen hatte sich aber eine polnisch-sowjetische Historikerkommission an die Arbeit gemacht, und 1992 überreichte Präsident Jelzin seinem Kollegen Lech Walesa eine Ausfertigung des Mordbefehls vom 5. März 1940 mit der Bitte um Vergebung.

Hitlers Angriff auf Frankreich

Das Frühjahr und der Sommer des Jahres 1940 waren dadurch gekennzeichnet, dass die Sowjetunion und das Deutsche Reich den sich wechselseitig gewährten territorialen Spielraum mit militärischer Gewalt auszufüllen trachteten. Für Hitler bedeutete dies nach der Niederwerfung und Teilung Polens, dass er seine ganze Militärmaschine gegen den Westen werfen konnte. Schon am 27. September 1939, dem Tag, bevor Warschau fiel, eröffnete er den Befehlshabern der Wehrmacht, eine Offensive gegen Frankreich und England zu planen[13], notfalls auch mit dem Risiko, in einen Winterkrieg hineingezogen zu werden. Der Angriff konnte also ‚nicht früh genug erfolgen'. Der Feindaufklärung in London und Paris blieb das gigantische Umdirigieren deutscher Truppen von den Ostgrenzen, wo noch ganze acht Divisionen verblieben, nicht verborgen. Churchill, damals Erster Lord der britischen Admiralität, erwog eine Landung in Norwegen, um den Deutschen Operationsbasen zu nehmen, aber die Reichsmarine kam den Engländern in den frühen Morgenstunden des 9. April 1940 zuvor. Die Blamage war so groß, dass die Regierung Chamberlain darüber stürzte und Winston Churchill am 10. Mai zum neuen Premierminister gewählt wurde. Am gleichen Tag entfesselte die Wehrmacht mit 141 Divisionen den Krieg im Westen, und Stalins mit dem Augustpakt von 1939 verbundene Rechnung ging auf. Hitlers Einmarsch in Belgien und Frankreich, das war sein ‚München', seine Rache dafür, dass die Westmächte ihn nicht an jenem Treffen beteiligt hatten, sondern die NS-Expansion gen Moskau lenken wollten. Denn dass es so wie von 1914 bis 1918 zu einem mörderischen Stellungs-, Ermattungs- und Abnutzungskrieg kommen würde, der es der Sowjetunion ermöglichte, irgendwann als lachender Dritter und eigentlicher territorialer Nutznießer in den Ring zu treten, daran bestand für Stalin kein Zweifel. Ein neues, noch fataleres Verdun, das war es, was Stalin mit seinem Nichtangriffs- und Kriegsermöglichungspakt vom Vorjahr beabsichtigt hatte. Diese Hoffnung musste er aufgeben, als die siegreiche Wehrmacht nach nur fünf Wochen unter dem Arc de Triomphe hindurchmarschierte. Ganze 27.000 Gefallene hatten die Armeen Hitlers im Vergleich zu den 1,8 Millionen Toten zu beklagen, die weiland für Wilhelm II. ihr Leben lassen mussten. Durch die neue Konstellation im Westen konnte Stalin nicht mehr als Nutznießer des – möglichst fehlerhaften – Handelns anderer auf die Bühne der Weltgeschichte treten. Jetzt ging es darum, sich die durch den Pakt mit Hitler zugestandene Beute vor der eigenen Haustür zu sichern, bevor der Rassenfanatiker den Rücken in Westeuropa wieder frei hatte. Stalins große Hoffnung war deshalb England, das alle Friedensappelle aus Berlin unbeantwortet ließ und die Fortsetzung des Krieges propagierte, denn so konnte die deutsche Wehrmacht weiterhin im Westen gebunden bleiben. Umso wichtiger war es für Stalin, die Gunst der Stunde zu nutzen und zuzugreifen.

Stalins Vorrücken nach Westen

Der am 15. Juni 1940 vollzogene Einmarsch in Litauen wurde zum Auftakt der Annexion und förmlichen Einverleibung aller drei baltischen Staaten in die Sowjetunion, die ein halbes Jahrhundert währen sollte. Damit war aus dem revolutionären Russland Lenins eine imperialistische Großmacht geworden, die nunmehr „ungehemmt das Erbe des zaristischen Reiches antrat".[14] Noch in der Nacht vor der militärischen Unterwerfung wurden in einer Art ‚baltischem Katyn' 132.000 Esten, Letten und Litauer, allesamt Politiker, Gewerkschafter, Lehrer und Intellektuelle, festgenommen und abtransportiert. Russen übernahmen ihre Positionen.

Statt Glückwünschen aus Berlin kamen von dort jetzt Unmutsäußerungen, und das Verhältnis der ‚Bündnispartner' sah sich einer neuerlichen Probe ausgesetzt, als die Rote Armee am 28. Juni die Grenze zu Rumänien überschritt, um an die kriegswichtigen Ölquellen in Bessarabien und der Nordbukowina zu gelangen. Auch der Abtretung dieser rumänischen Provinzen musste die Wilhelmstraße zähneknirschend zustimmen, immerhin war von Bessarabien als Teil der sowjetischen Interessenssphäre im geheimen Zusatzprotokoll die Rede gewesen.

Gleichzeitig machte man in Berlin jedoch klar, dass es mit dem sowjetischen Vordringen auf dem Balkan jetzt sein Bewenden haben müsse. Von der karelischen Landenge in Finnland bis zum Schwarzen Meer war der rote Machtbereich binnen eines Jahres, seit dem Abschluss des Paktes mit Deutschland, um ein Potenzial von über zwanzig Millionen Menschen angewachsen; wenn das nicht reichte, dann drohten aus den Partnern Gegner zu werden, und genau dies kündigte sich an, als Molotow am 21. September ein Memorandum mit dem unverhohlen artikulierten Protest unterbreitete, dass Deutschland Entscheidungen über Balkanstaaten fällte, ohne den Kreml vorher zu befragen.

Bevor sich dieser Konflikt weiter zuspitzte, ‚erledigte' Stalin eine Aufgabe, die für ihn mehr als der lange aufgeschobene Nachtrag zu dem Kapitel der großen „Säuberung" war, sondern die er als Krönung seines Selbstverständnisses sah, der eigentliche revolutionäre Nachfolger Lenins zu sein. Im Grunde genommen empfand er die millionenfach vorgenommenen Hinrichtungen so lange als unvollständig, wie Trotzki noch lebte. In der Lubjanka waren die NKWD-Männer von drei Etagen einzig und allein mit der Planung des Mordes an Trotzki befasst. Jetzt, im Hochsommer 1940, bot sich endlich die Chance zur Vollstreckung.

Die Ermordung Leo Trotzkis

Leo Trotzki, der legendäre Kriegskommissar, war 1937, nach einer Odyssee über die Türkei, Frankreich und Norwegen, in Mexiko gelandet, der letzten Station auf einem „Planeten ohne Visum"[15], wie er sein Schicksal selbstironisch bezeichnete, nachdem ihm in keinem europäischen Land Asyl gewährt worden war. Schon sein Quartier auf der kleinen türkischen Insel Prinkipo im Marmarameer hätte die besten Voraussetzungen für einen Anschlag geliefert, aber Stalin wollte damals noch keinen Märtyrer. Seine letzte öffentliche Rede hatte Trotzki 1932 im Kopenhagener Rundfunk gehalten, inzwischen aber hatten ihn viele regelrecht vergessen.. Bei Stalin hingegen war dies anders, auch wenn er sich hütete, den Namen überhaupt noch zu erwähnen. Er fühlte sich physisch unwohl, solange Trotzki noch lebte. Zwischen beiden ging nach wie vor ein Kleinkrieg hin und her, zumal der turmhoch überlegene jüdische Intellektuelle keine Provokation und Verleumdung des abgebrochenen georgischen Priesterzöglings unbeantwortet ließ und für die heimische Presse Artikel wie am Fließband produzierte. Gerade zum gegebenen Zeitpunkt arbeitete er an einer dickleibigen Stalin-Biographie, auf deren resonanzträchtige Vermarktung er durchaus hoffen konnte. Seitdem er die sowjetische Staatsbürgerschaft verloren hatte, galt er praktisch als vogelfrei, musste seine Fluchtdomizile zu regelrechten Festungen ausbauen und mit teuer bezahlten Leibwächtern umgeben, wozu er sich auch in Mexiko-City gezwungen sah.

Schon bald nach seiner Ankunft hatte eine gedungene Killerbande sein Haus mit Maschinenpistolen und Sprengstoffsätzen attackiert. Die – gefälschte – Identität jenes Roman Mercader, mit der seine Sekretärin ein Liebesverhältnis eingegangen war und der sich als todbringender Romeo-Agent erweisen sollte, hatte Trotzki auf das Akribischste überprüft und nichts Verdächtiges finden können. Am 20. August 1940 bat Mercader darum, ihm ein Manuskript zeigen zu dürfen. Als sich Trotzki oben im Büro gerade über das mitgebrachte Schriftstück beugen wollte, zog der Gast unter seinem Regenmantel einen riesigen Eispickel hervor, mit dem er Trotzki ermordete. Die Leibwächter konnten Mercader überwältigen und hätten ihn sicherlich auch auf der Stelle getötet, wenn der sterbende Trotzki ihnen nicht Einhalt geboten hätte: er wollte, dass der Mörder seinen Auftraggeber nennt. Einen Tag später war Trotzki tot. Der Jahrzehnte lang währende ideologische Bruderzwist und Erbfolgekrieg war zu einem Zeitpunkt entschieden worden, als der Sieger den Mechanismen klassischer imperialistischer Großmachtpolitik längst den Vorrang vor der Weltrevolution eingeräumt hatte. Dies zeigte sich nicht zuletzt in der Art und Weise, mit der Stalin der Expansion Hitlerdeutschlands auf dem Balkan entgegenzutreten trachtete. Der Schock, der sich seiner nach der atemberaubenden Niederwerfung Frankreichs durch die teutonische Dampfwalze bemächtigt hatte, löste sich und machte Zug um Zug einem offensiven Vorgehen gegenüber den Deutschen Platz.

Zur gleichen Zeit hatte Hitler, nachdem sein ‚Friedensappell' Richtung Downing Street unbeantwortet verhallt war, einen gnadenlosen Luftkrieg über England eröffnet, der vor allem London und die mittelenglischen Industriezentren ins Visier nahm, der aber auch die Zivilbevölkerung keineswegs verschonte. Als die uneingestandene Erkenntnis dieser Schlacht darin bestand, dass die Luftwaffe die Royal Air Force nicht bezwingen und den Krieg im Westen nicht entscheiden konnte, gab Hitler die Vorbereitungen für eine Invasion der britischen Inseln in Auftrag. Sie gelangte nie zur Ausführung. Der Tempogewinn aus den Blitzkriegen war dahin. Die Zeit arbeitete gegen Hitler. Zwar befand man sich nicht im Zweifrontenkrieg, der Todsünde des kaiserlichen Deutschlands, aber die Heeresverbände waren im Osten und Westen Europas gebunden. In der Wilhelmstraße und in der Reichskanzlei griff hektischer Aktionismus um sich. Wann würde die Kampfkraft der Roten Armee wiederhergestellt sein? Wann würde Amerika an der Seite Großbritanniens in den Krieg eintreten?

Am 27. September 1940 gelang es Hitler, den Anti-Komintern-Pakt mit Italien und Japan zum formellen Dreimächtepakt zu erweitern. Kurz darauf erging ein Schreiben an Stalin, mit dem Molotow zu Gesprächen nach Berlin eingeladen wurde. Es ging um das Angebot, zusammen mit der Sowjetunion den Drei- zum Viermächtepakt zu erweitern, konkret: das Mutterland der Komintern wäre zum Mitglied im Anti-Komintern-Pakt geworden. Stalin und Molotow hingegen fragten immer lauter, was es mit der Verlegung deutscher Truppen nach Finnland und Rumänien auf sich habe. Noch ungehaltener war man über die Bestandsgarantie, die im Hause Ribbentrop nach der sowjetischen Abtrennung Bessarabiens und der Nordbukowina für Rest-Rumänien ausgesprochen worden war. Das kam schon fast einer Lagerwahl gegen die UdSSR gleich. Stalin nahm das Angebot, seinen Außenminister nach Berlin zu schicken, dennoch an, weil er wusste, dass das Deutsche Reich mit zunehmendem Engagement der USA auf Gedeih und Verderb die Rückendeckung durch Moskau brauchte. Als Molotow am 12. November auf dem Anhalter Bahnhof eintraf, kam er zwar aus einem armen, militärisch geschwächten Land, aber er kam als starker Mann. Sein Marschgepäck bestand in den Direktiven seines ‚Herrn und Meisters'.

Stalin im Bündnis mit Hitler, Mussolini und dem Tenno?

Die Bahnsteige waren mit riesigen Blumenkübeln geschmückt, in denen die roten Sowjet- neben Hakenkreuzfahnen steckten, und vor dem Gebäude spielte eine Kapelle erst „Deutschland, Deutschland über alles" und dann die Internationale. Der Boden war bereitet. In den 48 Stunden, die der hohe Gast blieb, ging es hauptsächlich um die Zerschlagung des britischen Empire und die daraus resultierende Neuordnung der Erde. Die Rivalität auf dem Balkan kam in diesem Zusammenhang natürlich auch zur Sprache. Kurz gesagt ging es darum, wie der Nationalsozialismus und der Bolschewismus am besten die Welt unter sich aufteilen könnten. Für ein paar Stunden allerdings wurden die Akteure dieser weit reichenden Pläne wieder auf den Boden der Tatsachen zurückgeholt, als nämlich ein Frontalangriff der Royal Air Force die gesamte Verhandlungsdelegation in die gespenstische Atmosphäre eines Berliner Luftschutzbunkers zwang. Dort präsentierte der deutsche Außenminister dem Russen den Entwurf eines Abkommens, das den definitiven Beitritt der UdSSR zum Dreimächtepakt besiegeln würde. Molotow unterbreitete daraufhin eine ganze Liste von Ländern und fragte, wie es mit Ungarn, der Slowakei, Bulgarien, Jugoslawien, Griechenland und der Türkei weitergehen sollte, sämtlich Staaten, in denen es um primär deutsch-sowjetische Interessengegensätze ging, woraufhin Ribbentrop erneut wissen wollte, ob sich die UdSSR an der Zerschlagung des britischen Empire beteiligen würde, das endgültig und unwiderruflich am Ende sei. Jetzt gab Molotow die berühmt gewordene Antwort: „Wenn das so ist, warum sind wir dann in diesem Bunker, und wem gehören diese Bomben, die da draußen fallen?"[16]

Wieder oben im feinen Palais, schwadronierte Hitler von der „gigantischen Weltkonkursmasse von vierzig Millionen Quadratkilometern", die „nunmehr zur Verteilung kommen"[17] müsste, während der Gast, etwas konkreter, gemäß den geltenden Verträgen den Abzug deutscher Soldaten aus Finnland und Rumänien verlangte. Die Verhandlungen fuhren sich derartig fest, dass Molotow sich nach Moskau durchstellen ließ. Der Mann am anderen Ende der Leitung erklärte seine ausdrückliche Bereitschaft, dem Dreimächtepakt beizutreten und ließ vor allen Dingen erkennen, dass an einen Bruch mit Deutschland nicht gedacht war. Finnland indes blieb der grundsätzliche Streitpunkt. Wie man heute weiß, wollte Stalin dort wie im Baltikum die Sowjetisierung fortführen. Zu den nachgeschobenen ‚Weisungen', die Molotow am Morgen des 13. November erreichten, gehörte auch die Ermächtigung, einen militärischen Konflikt wegen Finnland nicht auszuschließen. Als Hitler dies hörte, teilte er dem Russen in barschem Ton mit, dass er keinen zweiten Krieg in Finnland wünsche, dass ihn schon seine wohlwollende Neutralität während des „Winterkrieges" teuer genug zu stehen gekommen sei und dass er nicht daran denke, das Land der sowjetischen Interessensphäre zuzurechnen. Damit waren die Verhandlungen beendet. Molotow kabelte kurz vor der Rückfahrt „An Stalin. Keines der beiden Gespräche zeitigte die erwünschten Resultate (...), doch erklärte Deutschland, an der Erhaltung des Friedens an der Ostsee interessiert zu sein."[18] Die Verabschiedung auf dem Anhalter Bahnhof entsprach dem Novemberwetter. Dem vorausgegangenen Bankett in der sowjetischen Botschaft in Berlin war Hitler ferngeblieben. Dennoch riss der heiße Draht von Moskau nach Berlin nicht ab.

Zwölf Tage später, am 25. November, wurde dem Chef der deutschen Gesandtschaft an der Moskwa, Friedrich Werner Graf von der Schulenburg, eine Note überreicht, die an Deutlichkeit nichts zu wünschen übrig ließ. Grundsätzlich handelte man, wie die 1998 publizierten Dokumente belegen, weiterhin aus der Überzeugung heraus, dass der „Nichtangriffspakt mit Deutschland und Italien (!) in den nächsten Monaten die friedliche Lage an unseren Westgrenzen sichern"[19] werde. Mit der Note wurde klar und konzise auf den Vertragsentwurf für einen Viermächtepakt eingegangen, den Ribbentrop am zweiten Verhandlungstag in Berlin überreicht hatte. Der Vertrag sollte zwei Geheimprotokolle enthalten. Die Union der Sozialistischen Sowjetrepubliken formulierte für einen Beitritt die folgenden Bedingungen: Finnland, Rumänien und Bulgarien sollten unter sowjetische Hegemonie kommen und die Kontrolle der Donauschifffahrt, die Errichtung von Militärstützpunkten auf den Dardanellen, der Zugang zur Ägäis und die freie Passage aller Ostseeausgänge vom Kieler Kanal bis hin zum dänischen Sund sollte dem kontinentalen ‚russischen Riesen' zu maritimer Freiheit verhelfen. Das ‚Interesse' Moskaus an Ungarn, Jugoslawien, Griechenland, Restpolen, der östlichen Türkei, Nordpersien und dem Irak sei anzuerkennen. Japan müsse seine Kohle- und Ölkonzessionen auf Sachalin und den Kurilen abtreten. Stalin erhielt trotz mehrfacher Nachfragen keine Antwort mehr, Hitler erklärte die Verbindung für beendet.

Die Legende, die Wendung gegen die Sowjetunion stehe in direktem

Zusammenhang mit dem Scheitern der Berliner Verhandlungen, hatte und hat ein langes Leben. Jedoch Hitlers Plan, die „Zentrale des jüdischen Bolschewismus"[20] auszuschalten und ihre Menschen dem Deutschen Reich einzuverleiben, geht bis in die zwanziger Jahre zurück. Jetzt endlich sah er den Zeitpunkt hierfür gekommen. Am 12. November 1940 – der sowjetische Delegationsleiter sollte gerade auf dem Anhalter Bahnhof eintreffen – erteilte Hitler die „Weisung Nr. 18": „Gleichgültig, welches Ergebnis diese Besprechungen haben werden, sind alle schon mündlich befohlenen Vorbereitungen für den Osten fortzuführen."[21] Es muss im Nachhinein deshalb fraglich bleiben, ob Stalin den ideologischen Wesenskern der NS-Rassenlehre überhaupt erkannt hatte oder aber eine Fehleinschätzung Hitlers als Großmachtpolitiker ausschlaggebend war für die katastrophal falsche Beurteilung der gigantischen Verlegung deutscher Truppen von der West- an die Ostfront, des Aufmarschs der Wehrmacht auf dem Balkan und schließlich der Bedrohung vor der eigenen Haustür. Für die Fehleinschätzung spricht, dass er nicht davon auszugehen schien, dass ein derartig verschlagener und gerissener Mensch sein Volk sehenden Auges in den Zweifrontenkrieg, den Weltenbrand und ins Verderben stürzen würde. Hitler hingegen machte sich mit mörderischer Geschäftigkeit, für die Verhandlungen und Verträge nur Mittel zum Zweck, letztlich also Täuschungsmanöver waren, an die Verwirklichung seines Plans.

Unmittelbar nach der Kapitulation Frankreichs wurde im Wehrmachtsführungsstab die so genannte Loßberg-Studie für den Angriff auf die Sowjetunion entworfen. Schon am 23. Mai hatte Ernst Freiherr von Weizsäcker, der Staatssekretär des Auswärtigen Amtes, die anmaßende Notiz verfertigt, dass im Osten, wo „Raum" und „flüssige Grenzen" seien, wohl noch eine „weitere Abrechnung"[22] durchzuführen sei. Zu dem Zeitpunkt zogen deutsche Soldaten noch siegesjohlend durch Paris. Am 31. Juli zitierte Hitler die militärische Spitze zu sich und trug seine Pläne vor. Generalstabschef Halder notierte: Nach dem Zerschlagen Russlands sei Deutschland Herr über Europa und den Balkan. „Entschluss: Im Zuge dieser Auseinandersetzung muss Russland erledigt werden. Frühjahr 1941."[23] Wenig später merkte der mit der logistischen Planung betraute Generalmajor Marcks an, dass die Russen den Deutschen wohl „nicht den Liebesdienst eines Angriffs erweisen"[24] werden.

Am Morgen des 5. Dezember 1940 sah Wladimir Dekanasow, der Botschafter des Kreml in Berlin, wie gewöhnlich den Posteingang durch. Mitten im Stapel befand sich ein anonymes Schreiben, in dem von der definitiven Absicht Hitlers berichtet wurde, die Sowjetunion im nächsten Frühling anzugreifen. An eben diesem Tage hatte Hitler dem Oberkommando des Heeres befohlen: „Die Entscheidung über die europäische Hegemonie fällt im Kampf gegen Russland."[25] Am 18. Dezember unterzeichnete er die folgenschwere „Weisung Nr. 21", die in Anlehnung an die heidenbekehrenden Kreuzzugsunternehmungen mittelalterlicher deutscher Kaiser als „Fall Barbarossa" bezeichnet wurde. Darin hieß es: „Die deutsche Wehrmacht muss darauf vorbereitet sein, auch vor Beendigung des Krieges mit England Sowjetrussland in einem schnellen Feldzug niederzuwerfen (...) Vorbereitungen (...) sind bis zum 15.4.41 abzuschließen (...) Die im westlichen Russland stehende Masse des russischen Heeres soll in kühnen Operationen unter weitem Vortreiben von Panzerkeilen vernichtet werden."[26] Als Endziel des Angriffs wurde die Linie Wolga–Archangelsk fixiert. Moskau und Leningrad sollten genommen werden. Obwohl dieser übergreifenden Aufgabe im Heeresapparat alles andere kategorisch unterzuordnen war, hatte die in nur neun Exemplaren verbreitete, nicht einmal Ribbentrop offenbarte Weisung ausdrücklich geheim zu bleiben. Nur elf Tage später wurde sie an Stalin verraten. Am 29. Dezember gab der sowjetische Militärattaché in Berlin folgende Nachricht nach Moskau durch: „An den Leiter der Hauptverwaltung Aufklärung des Generalstabs der Roten Armee. (Name gelöscht) informiert: (Name gelöscht) hat aus bestinformierten hohen Militärkreisen erfahren, dass Hitler Befehl gegeben hat, Vorbereitungen für Krieg gegen die UdSSR zu treffen. Krieg wird im März 1941 erklärt werden."[27]

Stalin berief augenblicklich das Oberkommando der Roten Armee ein. Verteidigungsminister Timoschenko, der im Mai an die Stelle des unfähigen Woroschilow getreten war, spielte die Gefahr keineswegs herunter und betonte, dass „der Krieg gegen Deutschland zwar lang und schwer sein wird, unser Land aber alles besitzt, was für einen Kampf um den vollen Sieg notwendig ist".[28] Diese Prognose war sicherlich mehr von der Rücksichtnahme auf den unter Schock stehenden Stalin als von Wahrheitsliebe gegenüber den Zuständen in Militär und Zivilgesellschaft gekennzeichnet. Achtzig Prozent der Offiziere und siebzig Prozent der Politoffiziere waren weniger als ein Jahr im Dienst, im Grunde also Anfänger. Da die große „Säuberung"' alle Führungsebenen leergefegt hatte, wurden sie im Vierteljahrestakt nach oben befördert. Schnell ließ man jetzt Tausende nicht ermordete Offiziere aus den Gefängnissen frei, weil das Vaterland sie brauchte. Die meisten Panzerfahrer konnten auf nicht einmal eine einzige Übungsstunde auf ihrem Panzer verweisen. An die Stelle bisheriger egalitärer und ideologisch verbrämter Ausbildungs- und Befehlsgrundsätze traten nunmehr streng traditionelle Vorschriften. Sogar die militärischen Dienstgrade der Zarenzeit und die Grußpflicht wurden wieder eingeführt. Das Innenministerium spaltete sich in ein Volkskommissariat für Innere Angelegenheiten (NKWD) und in ein Volkskommissariat für Staatssicherheit (NKGB) auf, das ausschließlich der Auslandsaufklärung diente. Die erste Meldung des ersten Chefs dieses neu geschaffenen Amtes, Wsewolod Merkulow, an Stalin lautete, dass Deutschland „systematische Vorbereitungen für einen Krieg gegen die Sowjetunion trifft".[29] Gleichzeitig wurde ein bis zum Tag des deutschen Einmarsches reichender Krieg der Geheimdienste, Agenten, Spionageringe, Informanten und Desinformanten entfacht, als dessen einziges Opfer Stalin bezeichnet werden muss, weil er bis zuletzt nicht glauben konnte, was er nicht glauben wollte. Schon am 13. Januar 1941 gelang es der deutschen Abwehr, ihm eine Nachricht zuzuspielen, dass das Reich „alles, was von ihm abhängt, tun wird, um einen Zweifrontenkrieg zu vermeiden; nur besondere Umstände könnten es dazu zwingen".[30] Das reichte, um das Vertrauen des misstrauischen Mannes im Kreml wieder herzustellen und die anderen Schreckensmeldungen zu verdrängen. Fast gleichzeitig wurden sechs weitere Wirtschafts- und Handelsverträge mit Deutschland abgeschlossen. Stalin fühlte sich nach wie vor als der Verbündete Hitlers, und so sollte es auch bleiben. General Golikow, der Leiter des russischen Heeresnachrichtendienstes, instruierte am 20. März seine Agenten: „Alle Dokumente, in denen der Eindruck eines kurz bevorstehenden Krieges erweckt wird, müssen als Fälschungen aus britischen oder sogar deutschen Quellen betrachtet werden."[31] Wer so etwas von sich gäbe, wolle nur die guten Beziehungen zwischen Berlin und Moskau beeinträchtigen. In diesem Stil ging es jetzt fast täglich hin und her, und bald wusste keiner mehr, was tatsächliche Feindanalyse und was lediglich auf Stalins Gemüt zugeschnitten war. Nicht wegzuleugnen blieb allerdings das großräumige Umdirigieren deutscher Infanterie und Panzerverbände von Nordfrankreich auf den Balkan.

Rumänien war dem Dreimächtepakt unter massivem deutschen Druck schon im November beigetreten, die Slowakei und Ungarn folgten, sowie, nach schonungslos ausgetragener Rivalität mit der Sowjetregierung, am 1. März 1941 Bulgarien. Wohin würden die deutschen Truppen sich jetzt wenden? Unmittelbar nachdem die Putschpläne prorussischer Offiziere in Jugoslawien zur Ausführung gelangten, befahl Hitler, alle Vorbereitungen für die „Zerschlagung des jugoslawischen Staates" zu treffen. Anfang April ließ er deutsche Soldaten gleichzeitig in Jugoslawien und in Griechenland einmarschieren, wohl wissend, dass es dort um britisches Interessensgebiet ging. Am 27. April wehte die Hakenkreuzflagge auf der Akropolis. Stalin war über die atemberaubende, fast spielerische Leichtigkeit, mit der die Wehrmacht auf dem Balkan Land für Land einnahm, nicht weniger entsetzt als über die deutschen Blitzkriegserfolge im Westen. Vom besetzten Frankreich bis vor die Tore der Türkei und vom Atlantik bis zum Schwarzen Meer reichte jetzt eine mächtige kontinentaleuropäische Achse, die durch ihren asiatischen Partner in Tokio das Problem des Zweifrontenkrieges auch zur Gefahr für Sowjetrussland machen konnte. Deshalb setzte Stalin hier an. Noch während sich der deutsche Aufmarsch über ganz Südosteuropa ergoss, bat er den japanischen Außenminister Matsuoka zu sich. Im Hinblick auf sein Bemühen, den Frieden, wenigstens aber den Kriegsaufschub für seine amputierte Armee zu erhalten, war das Treffen mit dem Japaner ein „Gottesgeschenk"[32], zumal sich durch die Gründung des Marionettenstaates Mandschukuo und das expansive Vordringen der Tennokrieger auf dem asiatischen Festland auch an der sowjetischen Ostgrenze ein hochexplosives Potenzial angehäuft hatte.

Die Verhandlungen mit Matsuoka gestalteten sich schwierig. Der Mann wollte nichts Geringeres als einen Nichtangriffsvertrag, der seinem Land freie Hand für die Eröffnung von Kampfhandlungen gegen Großbritannien und die Vereinigten Staaten ermöglichte, und außerdem verlangte er mehr oder weniger offen den Beitritt der Sowjetunion zum Dreimächtepakt. Weil Stalin dies ablehnte, packte er seine Sachen, wurde für den Abend des 12. April aber noch einmal in den Kreml bestellt. Stalin schlug den Abschluss eines vollgültigen Neutralitätsabkommens vor. Matsuoka fragte daraufhin, was dies für den Dreimächtepakt bedeute. Sein Gegenüber antwortete, dass er ein „überzeugter Freund der Achse und ein Gegner Englands und Amerikas"[33] sei. Als der Vertrag am nächsten Tag unterzeichnet wurde, ging gerade die Meldung von der Eroberung Belgrads durch die Wehrmacht über den Sender. Stalin protestierte nicht einmal, sondern begleitete – eine noch nie da gewesene Szene – den japanischen Außenminister zum Abschied auf den Jaroslawler Bahnhof. Wie im August 1939 glaubte Stalin, einen riesigen diplomatischen Coup gelandet und den Krieg auf Jahre hinaus verhindert zu haben. Wenn im Alkohol, dem beim Abschluss des Vertrages reichlich zugesprochen wurde, auch Wahrheit ist, dann zeigt sein jovial-primitives Verhalten, wie sehr er sich „in seiner Hoffnung, das Unglück noch abzuwenden, in eine regelrechte Selbsttäuschung steigerte".[34] Ein Augenzeuge berichtete: „Stalin umarmte die Japse und klopfte ihnen auf die Schulter, als ob sie seine engsten Freunde seien."[35]

Ihren eigentlichen Höhepunkt erfuhr die Szene aber, als Stalin in der Menge Oberst Krebs, einen engen Mitarbeiter Schulenburgs in der deutschen Botschaft in Moskau, entdeckte. Er stürzte förmlich auf ihn zu, legte den Arm um seine Schulter und sagte: „Wir müssen Freunde bleiben, und dafür müssen Sie jetzt alles tun!"[36] Daraufhin verabschiedete er sich zum dritten Mal von Matsuoka, diesmal mit den Worten „Wir werden Europa und Asien organisieren".[37] Auf diesem Bahnsteig war der Viermächtepakt zwischen der bolschewistischen UdSSR, Nazideutschland, dem autoritär-monarchischen Japan und dem faschistischen Italien bereits vollzogen, und Stalin schickte sich sofort an, der neuen Konstellation auch den erforderlichen ideologischen Tribut zu zollen. Nur eine Woche später berief er das Präsidium der Komintern einschließlich ihres Generalsekretärs Dimitroff zu sich, um ihm völlig neue Aufnahmebedingungen für die kommunistischen Parteien aller Herren Länder zu diktieren, die an die Stelle der Leninschen 21 Punkte aus dem Jahr 1921 zu treten hatten. Ausschlaggebend wäre nunmehr „die volle Selbständigkeit" der Parteien sowie „ihre Umwandlung in nationale Parteien der Kommunisten im jeweiligen Land, die (...) ihre konkreten Aufgaben nicht nach der eigenen Überzeugung (!), sondern nach den Bedingungen ihrer Länder entscheiden (...)".[38] Dimitroff gegenüber wurde unmissverständlich bedeutet, dass diese Neuerungen „wirklich durchgesetzt werden, damit nicht der Eindruck entsteht, man habe nur die Kleider gewechselt".[39] Betrachtet man diese Vorgänge, ist es überaus fraglich, ob der Krieg, der Stalin am 22. Juni 1941 aufgezwungen wurde, wirklich als „revolutionärer Volkskrieg" bezeichnet werden kann, so wie es die sowjetische und die DDR-Historiographie noch bis 1990 getan haben.

Der ‚rote Biedermann' und die ‚braunen Brandstifter'

Mittlerweile trieb der Agentenkrieg mit immer neuen Meldungen über den unmittelbar bevorstehenden deutschen Einmarsch immer neuen Höhepunkten zu. Tatsächlich bewirkte er, dass in Stalins direktem Umfeld endlich über eine Revision der defensiven sowjetischen Militärdoktrin nachgedacht wurde. Goebbels notierte Anfang Mai in sein Tagebuch: „Man kommt uns doch allmählich hinter die Schliche. Es wird aber soviel gelogen, dass man Wahrheit und Schwindel kaum noch unterscheiden kann. Und das ist im Augenblick das Beste für uns."[40] Nach der in der Sowjetunion seit Anfang der dreißiger Jahre gültigen Strategie offensiver Verteidigung sollte ein gegnerischer Angriff bereits im Grenzbereich aufgefangen und dann sofort in Feindesland getragen werden. Angriffs- und Abwehroperationen unterschieden sich in diesem Konzept nur so geringfügig, dass auch ein grenznaher Aufmarsch, wie ihn die Rote Armee jetzt zeitgleich zur Wehrmacht unternahm, nicht als primäre Angriffsabsicht gedeutet werden konnte. Der amtierende Generalstabschef Schaposchnikow warnte vor einer derartigen Kräftemassierung auf engstem Raum und verlangte stattdessen bis tief ins Hinterland gestaffelte Verteidigungslinien, fand aber kein Gehör.

So wurden die gleich hinter der Front aufgestellten Truppen-, Flugzeug- und Panzerverbände und alle dort bereitgehaltenen Materialreserven zur leichten Beute der Deutschen. Stalins stures Festhalten am lang gestreckten, fragilen Abwehrblock hatte auch politisch-gesellschaftliche Gründe, denn über die Unterstützungsbereitschaft der „ukrainischen und weißrussischen Blutsbrüder"[41] machte er sich nicht die geringsten Illusionen, vom unverhohlenen Hass in den baltischen Staaten gar nicht erst zu reden. Die Wahrscheinlichkeit, dass es hier nach einem gegnerischen Einfall zur offenen Verbrüderung mit dem Aggressor kommen würde, war groß. Im Grunde genommen stand die Rote Armee in feindlichem Feld gegen den Feind. Deshalb blieb es bei dem im September 1940 offiziell verabschiedeten Mobilmachungsplan, der für den Ernstfall vorsah, „schon in der ersten Phase des Krieges Deutschland von den Balkan-Staaten abzuschneiden (und) es so seiner wichtigsten wirtschaftlichen Fundamente zu berauben", sowie von Brest-Litowsk aus nach Norden vorzustoßen und „einen Schlag gegen die Hauptkräfte der deutschen Armee innerhalb der Grenzen von Ostpreußen zu führen und letzteres zu erobern".[42] Nur, der Ernstfall, der Krieg, war um nichts in der Welt durch die Sowjetunion auszulösen. Die hier dargelegten Angriffsstoßrichtungen hatten einzig und allein aus Verteidigungshandlungen hervorzugehen.

Stalin wollte die große militärische Konfrontation 1941 nicht. Er wollte Zeit gewinnen, um die eigenen Reihen auffüllen und um zu einem späteren, günstigeren Zeitpunkt in den Ring zu treten zu können, wenn möglich als Nutznießer anderer Konstellationen und Mächte. Er dachte nach wie vor nicht daran, für die Westmächte ‚die Kastanien aus dem Feuer zu holen', und wenn diese durch ihre Dienste Nachrichten über den bevorstehenden Einmarsch der Wehrmacht ausstreuten, dann sollten seine Leute damit nur vor die deutschen Kanonen getrieben werden. So gesehen, vergab er tatsächlich „die letzte Chance, sein Land vom Inferno des deutschen Überfalls zu bewahren, als er Churchills Warnung vor einem deutschen Angriff vom 3. April 1941 als britische Provokation zurückwies".[43] Vielmehr kam jetzt alles darauf an, den ‚teutonischen Koloss' vor der eigenen Haustür in keinster Weise zu reizen. Nur so konnte der Kelch noch an ihm vorübergehen. Als Görings Luftwaffe vom Januar bis zum Juni 1941 nicht weniger als zweihundert Aufklärungsflüge tief in sowjetisches Gebiet hinein unternahm und dabei alle wichtigen militärischen Stützpunkte fotografierte, befahl Stalin seiner Luftwaffe wie auch den Bodentruppen, nicht das Feuer zu eröffnen. Einer der misstrauischsten Menschen der Weltgeschichte machte sich durch selbst auferlegte Wahrnehmungsblockaden zum ‚Biedermann' und sah die ‚braunen Brandstifter' nicht mehr, die danach leichtes Spiel hatten.

Die jetzt unablässig eingehenden Agentenberichte durchliefen mit seinem NKWD-Chef und Intimus Berija, dem Heeresabwehrchef Golikow und seinem allmächtigen Sekretär Alexander Poskrjebyschew drei personelle Filter, die zwar nichts verändern oder beschönigen durften, da Stalin auf der Vorlage von Originalberichten ohne jeglichen Zusatz bestand, die dafür aber einen anderen Weg wählten: Sie legten ihm ‚unpassende' Meldungen einfach erst gar nicht vor. Berija rühmte sich, unangenehme Informanten „zum Lagerstaub zu zertreten", und trat selbst mit den Worten vor seinen Herrn: „Ich und meine Leute, Jossif Vissarionovič, haben uns ihre weise Voraussicht fest eingeprägt, 1941 wird uns Hitler nicht überfallen."[44] Von einer verantwortungsvollen, realitätsnahen Administration bei einer der werdenden Groß- und Weltmächte wird man hier nicht gerade sprechen können. Der erste, der in Ungnade fiel, war der lange Zeit als ‚Meisterspion' gelobte Richard Sorge, der in der deutschen Botschaft in Tokio ein- und ausging. Er hatte schon am 5. März nach Moskau gefunkt, dass ein deutscher Angriff bevorstünde.

Sorge war 1895 als Sohn einer russischen Mutter und eines deutschen Vaters in Baku am Kaspischen Meer geboren worden. Bei Kriegsausbruch 1914 meldete er sich sofort zu den kaiserlichen Truppen, wurde schwer verwundet, hoch dekoriert und verzweifelte an der Verlogenheit der Hohenzollern. In Kiel wiegelte er die Matrosen zum Kampf gegen die „kapitalistische Tyrannei"[45] auf. 1919, gerade zum Doktor der Staatswissenschaften promoviert, trat er der KPD bei, 1924 wurde er in die Komintern-Zentrale nach Moskau beordert. Die Hexenjagd auf Auslandskommunisten wollte er nicht wahrhaben. Auch als Nikolai Bucharin, sein eigentlicher Freund und Beschützer, inhaftiert wurde, hielt er unverbrüchlich an der Lehre fest, ging aber ohne diplomatischen Rückhalt nach Japan, wo er schnell das Vertrauen des deutschen Botschafters Eugen Ott gewann. 1934 trat er zur Tarnung in die NSDAP ein und Ott vertraute ihm alle internen Wehrmachtscodes an. „Einsam und asketisch", so hatte er selbst es einmal gesagt, müsse jeder Spion leben, „keine Zuneigungen, keine Bindungen, keine Sentimentalitäten".[46]

Mit der Askese nahm es Dr. Richard Sorge nicht so genau: Er lebte, trank, hatte Frauengeschichten und war bald eine schillernde Persönlichkeit in der japanischen Hauptstadt, was auch Stalin nicht verborgen blieb. Wohl deshalb wagten seine Zuarbeiter es auch nicht, ihm Sorges größten Coup, die Depesche vom 1. Juni 1941 mit der Nachricht vorzulegen, dass Hitler am 15. Juni einen Überraschungsangriff auf die Sowjetunion beginnen würde. Berija verlangte daraufhin sogar dessen Abberufung und Bestrafung. Nach dem deutschen Einmarsch rief Sorge Ott an und grölte ins Telefon: „Dieser Krieg ist verloren."[47] Auf offener Straße in Tokio beleidigte er Hitler und pries die Sowjetunion. Im September sagte er zutreffend voraus, dass die Japaner nicht in Sibirien, sondern in Indochina angreifen würden. Stalin, durch die Katharsis der eigenen Fehleinschätzungen geläutert, hatte es inzwischen gelernt, dem Mann zu vertrauen, und zeichnete dessen Depeschen zustimmend ab. Im Reich des Tenno verdichteten sich aber die Verdachtsmomente gegen den zunehmend größenwahnsinnig auftretenden deutschen Journalisten. Einer Freundin schrieb er: „Wenn irgend jemand Hitler vernichtet, dann bin ich das, Richard Sorge!"[48] Am 18. Oktober 1941 wurde er festgenommen, jahrelang verhört, zum Tode verurteilt und am 7. November 1944 in Tokio hingerichtet. Zur Person Stalins und zur kommunistischen Lehre war ihm bis zuletzt kein kritisches Wort zu entlocken. Dreimal hatten die Japaner versucht, ihn gegen einen eigenen Agenten auszutauschen, und dreimal hatte es aus Moskau geheißen: „Der Name Richard Sorge ist uns unbekannt."[49] Erst 1964 bekannte sich die Sowjetunion zu ihrem „heldenhaften Kundschafter"[50] und begann, ihm Denkmäler zu setzen. Erich Mielke zierte in seinem Ministerium für Staatssicherheit einen der vordersten Flure mit einem gemalten Porträt Sorges, und die Betreiber des inzwischen zur antistalinistischen Gedenkstätte umfunktionierten Hauses haben das Bild bis heute unangetastet gelassen.

Im Vergleich zur Treffsicherheit der Meldungen Sorges war das, was andere Agenten nach Moskau lieferten, so desinformativ und falsch, dass es sogar Stalin vorgelegt werden konnte. Als Harro Schulze-Boysen von der Spionagegruppe „Rote Kapelle" beispielsweise meldete, dass „dem tatsächlichen Beginn von Kriegshandlungen ein Ultimatum an die Sowjetregierung, dem Dreimächtepakt beizutreten, vorausgehen"[51] werde, griff man sofort zu. Das unterstützte den Selbstbetrug einer noch möglichen Verhandlungslösung. Mit großer Wahrscheinlichkeit ist die für viele so überraschende ‚Beförderung' Stalins zum Vorsitzenden des Rates der Volkskommissare am 6. Mai 1941 und damit in die höchste Regierungsposition in diesem Zusammenhang zu sehen. Bislang war er offiziell lediglich Generalsekretär und damit erster Mann in der Partei. Die anstehenden Verhandlungen mit „seinem Berliner Diktatorkollegen"⁵², wie er ihn selbst nannte, wollte er aber in jeder Hinsicht auf gleicher Augenhöhe führen, und Hitler war nicht nur NSDAP-Vorsitzender, sondern auch Reichskanzler. Die Zukunft lag auf der diplomatischen Ebene, nicht auf dem Schlachtfeld. Trotzdem nahm im innersten Zirkel der Macht jetzt der Druck zu.

Am späten Abend des 4. Mai wurde 2000 Absolventen von neun ausgewählten Militärfakultäten ziviler Hochschulen sowie allen 16 Militärakademien eine sehr kurzfristige Einladung zugestellt. Offizieller Anlass war ein ‚Regierungsempfang', auf dem der frischgebackene Ministerpräsident der Sowjetunion, Josef Stalin, gewissermaßen seine Antrittsrede halten würde. Politbüro und Generalstab waren vollzählig anwesend. Den in Zweierreihen einrückenden Nachwuchsoffizieren war strengstens untersagt, sich irgendwelche Notizen zu machen, weshalb danach noch jahrzehntelang die konträrsten Versionen der Rede in Umlauf waren. Erst 1992 gelang es, die Erinnerungsprotokolle von Veteranen so weit zusammenzufügen, dass sie dem 1941 tatsächlich Gesagten entsprechen dürften. Demnach führte Stalin aus, „dass die UdSSR die aggressiven Handlungen Deutschlands verurteile und (deshalb) die Lieferung von strategischen Rohstoffen und Getreide nach Deutschland eingestellt habe". Dies war eine wohl taktisch bedingte glatte Lüge, eher das Gegenteil war der Fall. Dann erklärte er, „dass der Krieg mit Deutschland unvermeidlich sei und dass es unser Glück wäre, wenn Molotow und der Apparat des Volkskommissariats für Auswärtige Angelegenheiten den Beginn des Krieges um zwei, drei Monate hinauszögern könnten". Er forderte, den Offensivgeist in der Roten Armee zu stärken, denn „jetzt, da wir stark geworden sind, jetzt muss man von der Verteidigung zum Angriff übergehen. (...) Bei der Verwirklichung der Verteidigung unseres Landes sind wir verpflichtet, offensiv zu handeln." Stalin schloss mit den Worten: „Die Rote Armee ist eine moderne Armee. Eine moderne Armee aber ist eine Angriffsarmee. Fahren Sie zu Ihren Truppen und unternehmen Sie alles, um deren Kampfbereitschaft zu erhöhen."⁵³

Diese Rede vom 5. Mai 1941 dient jenen als Beleg, die den sieben Wochen später erfolgten Überfall der Wehrmacht lediglich als einen Präventivkrieg ansehen, mit dem das nationalsozialistische Deutschland einem lange geplanten Angriff der UdSSR zuvorgekommen und damit ganz Westeuropa und die „freie Welt" vor der bolschewistischen Vernichtung bewahrt hat. Hitler und der deutsche Landser als Retter des Abendlandes. Tatsächlich wurde exakt in jenen Tagen im Moskauer Generalstab der Plan eines Präventivschlages gegen den deutschen Aufmarsch ausgearbeitet, und Sinn, Zweck und Ziel der Rede waren natürlich in diesen Zusammenhang einzuordnen. Stalin handelte auf Druck seiner Militärs, hütete sich aber davor, von einem bevorstehenden Angriff Deutschlands oder der Sowjetunion zu sprechen. Die Propaganda in der Roten Armee wurde seit diesem Tag auf die Führung eines Angriffskrieges umgestellt, den man sich aber erst für das Jahr 1942 erhoffte, wenn das System der Bündnisse und Allianzen in Europa völlig neu geschmiedet und vor allem England auf die eigene Seite gezogen war.

Im Versuch einer endgültigen Bewertung der Rede wird man deshalb nicht umhinkommen, sie als Spiegelbild der Widersprüchlichkeit zu beschreiben, in dem sich der sowjetische ‚Führer' befand. Sie sollte beschwichtigen, und sie sollte abschrecken. Sie sollte auf den Angriff vorbereiten, und sie sollte den Frieden bewahren. Sie sollte Stärke beweisen und die tatsächliche Schwäche verhüllen. Diese Teile der Ausführungen wurden dann auch gezielt in die Öffentlichkeit und an die Auslandsvertretungen lanciert. Als sich Timoschenko Anfang Juni direkt hierauf bezog, fuhr Stalin ihn an: „Das war zum Volke gesprochen, um seine Wachsamkeit zu erhöhen. Sie aber müssen begreifen, dass Deutschland niemals allein auf sich gestellt gegen Russland (!) kämpfen wird."[54] Von daher traf ihn das, was fünf Tage später auf einem kleinen Flugplatz in der Nähe von Augsburg seinen Ausgang nahm, wie ein Keulenschlag.

In den späten Nachmittagsstunden des 10. Mai 1941 hob sich von der kleinen Startbahn in Haunstetten eine Maschine des Typs „Messerschmitt 110" in die Luft. Sie hielt Kurs Richtung Westen, ihr Ziel war der südlich von Glasgow gelegene Landsitz des Herzogs von Hamilton, einem prominenten Mitglied des schottischen Hochadels. Als sie gegen 22:00 Uhr die englische Ostküste erreichte, wurde sie von den britischen Radarstationen erfasst und die Royal Air Force nahm die Verfolgung auf. Der Mann am Steuerknüppel tauchte sofort ab und entkam, verlor aber die Orientierung, sodass er um 23:09 Uhr, kurz bevor der letzte Tropfen Benzin verbraucht war, mit dem Fallschirm abspringen musste. Eine halbe Stunde, nachdem seine Maschine im schottischen Hochmoor explodiert war, wurde er von der Bürgerwehr des Dörfchens Eaglesham aufgestöbert und abgeführt. Die Nacht war Höhepunkt schwersten deutschen Luftterrors gegen die Insel, allein über London waren 500 Bomber im Einsatz und in Westminster wurden ganze Straßenzüge eingeebnet. In dem eilig improvisierten Verhör behauptete der Havarist, der die Uniform eines NS-Luftwaffenhauptmannes trug, eine wichtige Person mit einer wichtigen Botschaft zu sein, was aber keiner der Dorfgewaltigen ernst nahm. Immerhin fiel einem Beteiligten auf, dass der Mann Rudolf Heß, dem Stellvertreter Adolf Hitlers, zum Verwechseln ähnlich sah, was dieser aber entrüstet von sich wies. Sein Name sei Alfred Horn. Man durchsuchte ihn bis aufs Hemd, aber außer einer Visitenkarte des berühmten Berliner Geopolitikers und Professors Karl Haushofer trug er nichts Wichtiges bei sich. Seiner inständig vorgetragenen Bitte, mit dem Duke of Hamilton in Kontakt treten zu dürfen, den er seit den Olympischen Spielen von 1936 kenne, wurde schließlich nachgegeben, eine Meldung nach London jedoch nicht für erforderlich gehalten. Hamilton gegenüber, dem er am anderen Morgen um zehn Uhr vorgeführt wurde, offenbarte Horn-Heß unverzüglich seine tatsächliche Identität. Welche Mission er ihm aber unterbreitete, erfährt die Weltöffentlichkeit erst ein halbes Jahrhundert später.

Der ursprüngliche Sperrvermerk, den das Public Record Office auf dieses und alle folgenden Verhöre mit dem Stellvertreter legte, sollte bis zum Jahr 2018 gelten. Dass man sich trotzdem entschloss, die Akten der so genannten „Hess Files" ‚schon' 1992 zu öffnen, hatte im Wesentlichen zwei Gründe: Heß war im August 1987 nach 46-jähriger Haft im alliierten Militärgefängnis von Berlin-Spandau durch Freitod aus dem Leben geschieden, und die Sowjetunion, das eigentliche Ziel und Opfer aller Gerüchte, Spekulationen und Legenden, die durch den Heß-Flug in Gang gesetzt worden waren, gab es nicht mehr. Die Lektüre der 18.000 Blatt Dokumente vermittelt die Erkenntnis, dass der britische Geheimdienst und das Foreign Office Heß wie ein Geschenk ansahen, das im richtigen Moment vom schottischen Himmel gefallen war.[55] Sie nutzten die ganze Affäre dazu, Stalin massiv unter Druck zu setzen. Was jetzt von London ins Werk gesetzt wurde, war ein doppeltes und dreifaches Verwirrspiel, mit dem bewusst die Möglichkeit offen gelassen wurde, dass die Krone auf Heß' Friedensvorschläge einginge, um den Kremlmachthaber so vom Beitritt zum Dreimächtepakt fern zu halten. Aber die Täuschenden, die den Getäuschten auf ihre Seite ziehen wollten, täuschten sich.

Der Aussagegehalt des Pressekommuniqués, das den in- und ausländischen Korrespondenten am 12. Mai kurz vor Mitternacht präsentiert wurde, tendierte gegen Null. Aus ihm ging eigentlich nur hervor, dass es sich tatsächlich um Heß handelte. Hitler tobte. Die sofort angestellten Recherchen ergaben, dass Heß über einen Angestellten der US-Mission in London, der offensichtlich im Sold deutscher Geheimdienstler stand, alle Depeschen kannte, die Botschafter Joseph Kennedy, der Vater des späteren amerikanischen Präsidenten, an Franklin Delano Roosevelt sandte. Aus diesen gewann er den nicht ganz unberechtigten Eindruck, dass es analog zu den Appeasement-Politikern um Neville Chamberlain eine innerbritische Opposition gegen Churchill gäbe, für die eine Verständigung mit Deutschland nicht ausgeschlossen war. Um dieses Potenzial zu aktivieren, bedurfte es diesseits des Kanals nur noch einer angesehenen, eher parteifernen Persönlichkeit mit außenpolitischem Format, und Heß glaubte sie in Albrecht Haushofer, dem anglophilen Sohn des weltberühmten Geopolitikers Karl Haushofer gefunden zu haben. Albrecht war bei der Formulierung des Münchener Abkommens als geographischer Sachverständiger konsultiert worden. Der NS-Ideologie und somit auch Heß stand er, anders als sein Vater, eher fern.

Mit seiner kritischen Distanz zum Reich und seinen ‚special connections' zur Insel war Haushofer junior damit genau der Mann, den Heß brauchte, zumal Albrecht als persönlicher Freund des Herzogs von Hamilton über direkte Beziehungen in den britischen Hochadel verfügte. Zwischen dem Anwesen der Haushofers bei München und Schloss Dungavel in Schottland entwickelte sich ein reger Besuchsverkehr, und am 6. Oktober 1939 prophezeite Douglas Hamilton: „Wir werden, darauf vertraue ich, den Tag erleben, wenn solch ein versöhnlicher Friede zwischen ehrenhaften Leuten ausgehandelt wird."[56] Albrecht schrieb „My Dear Douglo" am 23. September 1940 und bat um eine Unterredung „irgendwo am Rande Europas, vielleicht in Portugal".[57] Dieses Vorgehen war bereits sorgfältig mit Heß abgestimmt, der von der geplanten Verschärfung des Luftkrieges über England und den Vorbereitungen für den Überfall auf die Sowjetunion wusste. Die Zeit drängte also. Alles geschah auf eigene Faust. Hitler erfuhr und wusste von nichts, und auch für die These, dass Heß vom britischen Secret Service in eine Falle gelockt worden sei, was Stalin sein Leben lang annahm und Walentin Falin noch 1995 in Buchform publizierte[58], findet sich in den Quellen kein Beleg. Haushofers Schreiben landete nach einer halbjährigen Odyssee auf dem Tisch des Londoner Luftwaffenministeriums, das Hamilton sofort einbestellte. Man beriet sich. Der Herzog war als Mitglied des Oberhauses nicht irgend jemand. Als Heß am 10. Mai 1941 immer noch keine Antwort erhalten hatte, hob er vom Flugplatz in Haunstetten bei Augsburg ab und begab sich zu ihm. Der Stellvertreter des Führers, der bereits nicht mehr zum innersten Zirkel der Macht gehörte, hatte erfahren, dass die Umsetzung des „Unternehmens Barbarossa" unmittelbar bevorstand. Nach seiner Landung in England teilte er Hamilton mit, dass „der Führer England nicht besiegen und ein Ende der Kampfhandlungen wünsche".[59] Anschließend wurde Hess nach London überstellt, wo Churchill mit ihm sein raffiniertes Verwirrspiel aus Lockungen und Drohungen gegenüber der Sowjetunion begann. Heß durfte – zum Schein – Verhandlungen mit Mitgliedern der alten konservativen Appeasement-Fraktion aufnehmen, worüber fleißig nach draußen berichtet wurde. Hitler befahl, ihn sofort zu erschießen, falls er jemals wieder nach Deutschland zurückkehren sollte.

Da sowohl die britische Aufklärung wie auch Stalin den Aufmarsch der Deutschen im Osten als Vorspiel und Druckmittel für ein neues Abkommen zwischen Berlin und Moskau sah und da Stalin die Heß-Mission als Vorspiel und Auftakt eines deutsch-englischen Separatfriedens einschätzte, der den Beginn eines antibolschewistischen Kreuzzuges aller Westmächte bedeutete, war das Terrain einer perfekten wechselseitigen Fehlwahrnehmung rundum bestellt. Hinzu kam, dass Stalin die „Männer von München"[60] in Churchills Kabinett wiederentdeckt hatte und Kim Philby, der Top-Spion des Kreml an der Themse, die Nachricht durchgab, dass Heß über kurz oder lang „zum Mittelpunkt von Intrigen für einen Friedenskompromiss"[61] der Engländer mit Hitler avancieren würde. Ausgerechnet diesen Teil der Meldung hatten die Vor-Sondierer des NKWD dann auch noch doppelt angestrichen. Deshalb kann gar kein Zweifel daran bestehen, dass der historische Stellenwert der Heß-Affäre, so verschwindend gering die tatsächliche Bedeutung der Mission auch gewesen sein mochte, in der „verheerenden Wirkung auf Stalins Denken in den entscheidenden Monaten vor dem deutsch-sowjetischen Krieg"[62] liegt: Er konnte sich jetzt sicher sein, dass Hitler keinen Zweifrontenkrieg anfangen würde. Noch im Herbst 1942, als sie längst gemeinsam gegen Deutschland vorgingen, warf Stalin Churchill vor, er halte Heß ‚in Reserve'. Am 6. Oktober 1944, nach dreijähriger Kampfgemeinschaft, nach der Landung der Westalliierten in der Normandie und der Eröffnung der so lange geforderten zweiten Front, traf Churchill zu seinem ersten Besuch in Moskau ein. Als beide Osteuropa nach Prozentanteilen unter sich aufgeteilt hatten, brachte Stalin auf einmal einen Toast auf den britischen Secret Service aus, der Heß auf die Insel gelockt habe, um mit ihm die Chancen für einen Separatfrieden auszuloten. Churchills scharfer und wütender Protest beeindruckte ihn nur wenig.

Der sowjetische Generalstab hatte anders auf den Heß-Flug reagiert. Hier setzte sich schon seit Anfang Mai 1941 eine dramatische Veränderung in der Lagebeurteilung durch, wonach der deutsche Angriff nicht mehr abgewartet, sondern selbst die Initiative ergriffen werden sollte. Diese Überlegungen gipfelten in den berühmten und viel diskutierten „Erwägungen zum Plan der strategischen Entfaltung der Streitkräfte der Sowjetunion für den Fall des Krieges mit Deutschland und seinen Verbündeten"[63], einem eindeutigen Präventivkriegsplan, der Stalin am 15. Mai zur Prüfung zugeleitet wurde.[64] Auch hier ist, wie schon bei seiner Rede zehn Tage zuvor, ein außerordentlich akkurater Umgang mit der Quelle geboten, da sie revisionistischen deutschen Kreisen bis heute als Schlüsseldokument gilt, das aus dem eigenen Überfall einen gloriosen Russlandfeldzug zur Abwehr der bolschewistischen Gefahr macht. Zunächst einmal fällt auf, dass der Plan weder von Schukow noch von Timoschenko und damit weder vom Generalstabschef noch vom Volkskommissar für Verteidigung unterschrieben worden ist, es handelt sich also um einen politisch und militärisch nicht autorisierten Entwurf. Präventive Gegenmaßnahmen („Schläge") sieht er in Polen, Ostpreußen und Rumänien vor, und die zentrale Passage lautet:

„Da Deutschland die Armee gegenwärtig in vollem Mobilisierungszustand hält (...), ist es in der Lage, einen Überraschungsangriff gegen uns zu führen (...). Es gilt, dem Aufmarsch des Gegners zuvorzukommen und die deutsche Armee zu einem Zeitpunkt anzugreifen, da sie sich mitten in der Entfaltung befindet (...)"[65]

Ein Befehl zur Durchführung dieses Plans ist niemals erteilt worden, im Gegenteil, Stalin war so empört, dass er es verbot, hierüber auch nur Gespräche zu führen. An der Grenze selbst durften nur Maßnahmen defensiven Charakters durchgeführt werden. Es blieb oberstes Gebot, Hitler und die Deutschen nicht zu reizen, denn das hätte ja Krieg bedeutet. Deshalb war Stalins gesamtes Vorgehen im Frühjahr und Frühsommer 1941 in der Tat „eine verfehlte Strategie für alle Fälle".[66] Von den Operationsplänen, die er sich nach dem 15. Mai noch vorlegen ließ, ist mit Recht gesagt worden, dass sie für den falschen Krieg entwickelt worden seien, nämlich für den von 1914. Andererseits besteht auch die Verpflichtung, den selbst auferlegten und im Nachhinein so selbstzerstörerischen Immobilismus Stalins zu durchdenken, der bei der Vorlage des Plans ausrief: „Seid ihr denn verrückt, wollt ihr etwa die Deutschen provozieren?"[67] Er hatte die Wehrmachtserfolge auf der einen und den Zustand der Roten Armee auf der anderen Seite klar vor Augen, er sah, dass Hitler fast ganz Europa beherrschte und mächtige Verbündete hatte, er selbst hingegen nur einen, nämlich Deutschland. Wenn man die potenziellen Verbündeten Großbritannien und die Vereinigten Staaten nicht verprellen wollte, konnte man nicht als Aggressor und Kriegsbrandstifter dastehen. Er war Gefangener des Paktes, den er 1939 abgeschlossen hatte, und hielt deshalb an der Illusion fest, den Friedenszustand erhalten zu können.

Zwei Tage nach Heß' Flug gestattete er widerwillig, dass die westlichen Militärbezirke mit 800.000 Mann aus dem Binnenland verstärkt werden. Die Verlegungen hatten nachts zu erfolgen, damit die Bevölkerung nichts merkte. Als Schukow und Timoschenko abermals darauf bestanden, ihre Truppen in Gefechtsbereitschaft zu versetzen, schrie er sie an: „(...) ich bin sicher, dass Hitler es nicht riskieren wird, durch einen Angriff auf die Sowjetunion eine zweite Front zu eröffnen. Hitler ist kein solcher Idiot (...) Schlagen Sie vor, die Mobilmachung im Lande auszurufen, die Truppen jetzt zu alarmieren und an die Westgrenze zu schicken? Das bedeutet Krieg!"[68]

Zwischenzeitlich hatte er sich mit der Nachrichtenagentur TASS in Verbindung gesetzt und ihr eine Meldung diktiert, in der alle westlichen Meldungen über einen drohenden deutschen oder sowjetischen Angriff als „völlig grundlos", „erlogen und provokatorisch"[69] zurückgewiesen wurden. Sie erschien am 14. Juni und war Stalins letzte Karte, mit der er den doppelten Zweck verfolgte, eine Antwort der Deutschen zu erwirken und ihnen gleichzeitig zu demonstrieren, dass es keinerlei Verbindungen des Kreml mit Großbritannien gab. Das sollte die Krone bestätigen, damit alle Bündnis- und Kriegsgerüchte aus der Welt schaffen und Hitler an den Verhandlungstisch bringen.

Die Reaktion auf den Vorstoß war katastrophal: Berlin schwieg und das Foreign Office an der Themse sprach von der „kriecherischen Haltung" Stalins, die „eher einem Balkanstaat als einer Großmacht"[70] entsprach. Als der russische Spion Harro Schulze-Boysen kurz darauf aus Berlin meldete, dass der Einmarsch unmittelbar bevorstünde, ultimativ einen sowjetischen Präventivschlag verlangte und betonte, dass dies keine „Provokation", sondern „aus dem Herzen gesprochen" sei, schrie Stalin: „Diese Quelle im Stab der deutschen Luftwaffe soll sich zum Teufel scheren! Das ist keine Quelle, sondern ein Desinformant!"[71]

Durch das Ignorieren von Hinweisen, die seiner Einschätzung widersprachen, hatte er sich praktisch selbst kaltgestellt. Sitzungen im Kreml fanden nicht mehr statt. An ihre Stelle traten ausgedehnte Essen und Trinkgelage auf Stalins Datsche, an denen nur teilnehmen durfte, wer ihm nach dem Mund redete. Trotzdem fuhren die Dienste pflichtgemäß fort, ihm Berichte über die „unaufhörliche Verlegung von Truppen, Panzerdivisionen und mechanisierten Einheiten aus Deutschland über Warschau zur sowjetischen Grenze"[72] zu unterbreiten. Gerade an dieser Grenze war inzwischen damit begonnen worden, „Konterrevolutionäre, Saboteure und Provokateure"[73] ausfindig zu machen, die auf nichts anderes aus waren, als die Deutschen zum Krieg zu reizen. Man suchte und fand diese „Elemente" vor allem in der jüdischen Bevölkerung. Bis ins Morgengrauen des 22. Juni waren allein aus den baltischen Republiken 26.000 Menschen in die Verbannung nach Sibirien geschickt worden. Die Durchführung dieser Maßnahmen wurde zum Schluss sogar wichtiger als das weitere Beobachten des Wehrmachtsaufmarsches. Trotzdem gelang es Schukow und Timoschenko, für den 18. Juni eine Dringlichkeitssitzung anzuberaumen, an der auch das gesamte Politbüro teilnahm. Sie beschworen Stalin, die Armee „in volle Kampfbereitschaft"[74] zu versetzen, woraufhin dieser Schukow entgegnete: „Sind Sie hierher gekommen, um uns mit Krieg zu schrecken, oder wollen Sie Krieg, weil Sie noch nicht genügend Auszeichnungen haben und ihr Rang noch nicht hoch genug ist?"[75] Schukow war fassungslos, Timoschenko beharrte jedoch darauf, dass es beim gegenwärtigen Zustand in der Truppe zu einem heillosen Chaos kommen würde, wenn die Deutschen angriffen. Stalin war außer sich: „Das ist Timoschenkos Werk. (...) Er hätte längst erschossen werden sollen, (...) Sie aber müssen begreifen, dass Deutschland allein niemals gegen Russland kämpfen wird. Das müssen Sie verstehen." Dann verließ er den Raum, öffnete nach kurzer Zeit aber wieder die Tür: „Wenn ihr da an der Grenze die Deutschen reizt, wenn ihr ohne unsere Genehmigung die Truppen verschiebt, dann rollen die Köpfe. Merkt euch das!" Eine neue „Säuberung" kündigte sich an, nur: Diesmal war der Anlass kein eingebildeter Feind, sondern ein leibhaftiger, der seine Gewehre bereits durchlud. Der NKGB berichtete am selben Tag, dass in der deutschen Botschaft hastige Evakuierungen aller Mitarbeiter mit ihren Frauen, Kindern und Habseligkeiten im Gange seien und Geheimakten im Innenhof verbrannt würden.

In Berlin hatte man inzwischen verstanden, dass die andere Seite den bewaffneten Konflikt à tout prix vermeiden wollte, und machte sich dies eiskalt zunutze. Die Deutschen schlugen nicht los, weil sie glaubten, Stalin zuvorkommen zu müssen. Insofern muss Hitler also, wenn an der von deutschen und russischen Historikern konstruierten Legende etwas dran sein soll, einen Präventivkrieg befohlen haben, ohne zu wissen, was er tat. Streng genommen ist eigentlich schon die Verwendung des Wortes absurd. Im deutschen Generalstab existierte nicht einmal eine Bedrohungsanalyse über die Rote Armee. Der Mann im Kreml dagegen war gleich aus mehreren Gründen blockiert, gelähmt und wahrnehmungsunfähig. Einer hiervon, und zwar nicht der geringste, bestand in seiner nur mangelhaft ausgebildeten Fähigkeit, den unterschiedlichen Charakter von Ideologien und deren Imperialismusverständnis erkennen und differenzieren zu können. Mehr noch: Letztlich gab es für ihn zwischen den anglo-amerikanischen Demokratien und dem nationalsozialistischen Deutschland keinen Unterschied in den außenpolitischen Zielsetzungen. Dass ein rassistisch-antisemitischer Terrorstaat zur Erreichung seiner Ziele auch einen Zwei-, Mehr- oder Allfrontenkrieg entfesseln würde, blieb ihm intellektuell verschlossen. Außenpolitik war für ihn, wie unter den Zaren, in erster Linie Gebietsgewinnungspolitik auf Kosten von Dritten unter dem Primat innerer Sicherheit und Stabilität. Bis in den Frühsommer 1941 hinein hat er Churchill weit mehr misstraut als Hitler. Der Verdacht, England wolle ihn zur eigenen Entlastung in einen Krieg mit Deutschland ziehen, ist *die* Konstante seines Denkens und Tuns. Der Flug von Rudolf Heß, die wirre Tat eines isolierten Einzelgängers, gewann deshalb eine fatale Bedeutung. Wenn Hitler ihn, Stalin, angriff, dann würde er vorher Forderungen oder Ultimaten stellen und ihm formell den Krieg erklären, so wie es in der Politik der Großen Mächte im 19. Jahrhundert gehandhabt wurde. Dann aber würde er Verhandlungen anbieten, Terrain preisgeben und den Frieden erhalten. Eine andere Alternative gab es nicht, denn sein Heer war nicht einsatzbereit.

Den Mobilmachungsbefehl wagte er deshalb nicht zu geben, weil es dieser gewesen war, der 1914 die Eskalation bewirkt hatte. Er kannte die Lageeinschätzung seines Generalstabs, wonach die Rote Armee ganze acht Tage Widerstand leisten und die Deutschen binnen 25 Tagen den Ural erreichen würden. Das durfte nicht passieren und deshalb nahm die Katastrophe ihren Lauf. Als 1939 der Pakt abgeschlossen war, hatte er sich mit dem jungen Chruschtschow auf seine Datscha zurückgezogen und dem verblüfften Nachwuchspolitiker spät in der Nacht erklärt: „Natürlich ist das alles nur ein Spiel, um festzustellen, wer wen besser betrügen kann. Ich weiß, was Hitler im Sinn hat. Er denkt, er hat mich angeschmiert. Dabei bin ich es, der ihn angeschmiert hat."[76] Und jetzt, zwei Jahre später, da aus dem „Krieg sich gegenseitig zerfleischender imperialistischer Räuber"[77] nichts geworden war? Im Grunde genommen stand die Sowjetunion jetzt schutzlos da. Die „Stalin-Linie", jener alte Verteidigungsgürtel entlang der ehemaligen Staatsgrenze östlich der baltischen Staaten, Weißrusslands, Bessarabiens und der Bukowina, jenes mächtige Bollwerk aus panzerbewehrten Gefechtsanlagen, Pioniersperren aus Stahlbeton, unterirdischen Verfügungsständen und Lazaretten von der Ostsee bis zum Schwarzen Meer, war nach dem Bündnis mit Hitler und dem Einmarsch in Ostpolen demontiert, die Bunker waren zerstört oder Kolchosbauern zur landwirtschaftlichen Nutzung überlassen worden. Die „Molotow-Linie" entlang der neuen deutsch-sowjetischen Demarkation wurde nur schleppend und nachlässig errichtet, obwohl der NKWD hierfür ganze Bataillone von *Gulag*-Sklaven bereithielt. Nicht einmal Ausschachtungen gab es, obwohl eine Armee, deren strategische Konzeption auf Verteidigung ausgerichtet ist, sich eingräbt. Die Rotarmisten aber kampierten in Zelten oder unter offenem Himmel in den Wäldern. Von einer flächendeckenden Tarnung konnte nicht die Rede sein. Ein Angreifer hatte keine Mühe, sie über den Haufen zu schießen.

Der 21. Juni 1941, ein Sonnabend, war in Berlin ein ungewöhnlich heißer Tag. In Moskau hingegen war selbst in der zweiten Juniwoche noch Schnee gefallen. Draußen vor der Stadt wurden Schlamm und Matsch jetzt erst von den Wegen gewaschen. Stalin erschien am frühen Nachmittag im Kreml. Schulenburg war für 18:00 Uhr einbestellt. Man wollte endlich wissen, warum Berlin nicht auf die *TASS*-Meldung reagiert hatte, aber das Gespräch verlief ergebnislos. Im Verteidigungsministerium war der Anruf des Stabschefs aus dem Militärbezirk Kiew eingegangen. Ein deutscher Oberfeldwebel war desertiert und hatte den Angriff für die frühen Morgenstunden vorausgesagt. Schukow und Timoschenko verlangten, sofort zu Stalin vorgelassen zu werden. Sie wollten, dass alle Grenztruppen in Alarmbereitschaft gesetzt würden. Stalin: „Es ist zu früh, eine solche Weisung auszugeben. Vielleicht können die Fragen noch friedlich geklärt werden. Die Truppen dürfen nicht durch eine Provokation in Aufregung versetzt werden."[78] Ein Schreiben von Berija wurde hereingereicht. Er beschwerte sich über den sowjetischen Missionschef in Deutschland: „Ich bestehe erneut auf der Abberufung und Bestrafung unseres Botschafters in Berlin, Dekanosow, der mich nach wie vor mit Desinformationen bombardiert über einen angeblich von Hitler zu erwartenden Angriff auf die UdSSR. Er teilte mit, dass der Angriff morgen beginnen wird."[79] Stalin reagierte nicht und ließ sich gegen 23:00 Uhr nach Kunzewo zurückfahren. Um Mitternacht erreichte ihn die Nachricht von einem zweiten Deserteur, der über einen Fluss geschwommen war und den Angriff für 4:00 Uhr morgens ankündigte. Stalin sagte: „Befragen Sie ihn heftig mit Folter und dann erschießen Sie ihn"[80] und ging zu Bett.

Ab diesem Zeitpunkt häuften sich die Meldungen: Der Hafen von Sewastopol stehe unter MG-Feuer, Bombenabwürfe auf Riga, Minsk und Kiew würden stattfinden, und seit 3:30 Uhr herrsche schwerer deutscher Beschuss entlang der gesamten Grenze. Schukow rief in Kunzewo an und erhielt zur Antwort „Genosse Stalin schläft".[81] Er ließ sich nicht abwimmeln und verlangte, als Stalin endlich am Telefon war, die Genehmigung, den Kampfbefehl zu erteilen. Eine sofortige Politbürositzung in Stalins Arbeitszimmer folgte. Zu diesem Zeitpunkt war die sowjetische Luftwaffe bereits in ihren Bodenstellungen zerstört. Stalin fragte, wo die Kriegserklärung sei, vermutete hinter allem wieder die bösen Engländer oder das deutsche Militär und meinte: „Wenn sie eine Provokation brauchen, dann bombardieren deutsche Generale sogar ihre eigenen Städte. Hitler weiß sicher nichts davon."[82]

Die Bevölkerung wurde angewiesen, am Rundfunk zu bleiben, weil Molotow um 12:00 Uhr eine Erklärung abgeben würde. Dieser traf um 5:00 Uhr im Kreml mit Schulenburg zusammen, der tonlos einen Forderungskatalog verlas. Auf Molotows Frage „Ist dies als eine Kriegserklärung gemeint?" antwortete der deutsche Botschafter: „Es kann nichts anderes bedeuten." Die Reaktion des Außenministers: „Das haben wir nicht verdient." Man gab sich die Hand. Molotow eilte zurück in die Sitzung, um die Anwesenden zu informieren. Der einzige, der den Ernst der Lage nicht erfasste, war Stalin mit seinen Worten „Wir haben Zeit! Sie sind mir ein schöner Prophet". Entsetztes Schweigen, das erst von Schukow unterbrochen wurde: „Die Invasoren müssen aufgehalten werden." Timoschenko ergänzte: „Vernichtet."[83] Um 7:15 Uhr erging eine merkwürdige Direktive: Die sowjetischen Truppen sollten den Feind mit aller Kraft zurückschlagen, durften ihn dabei aber auf keinen Fall über die eigenen Grenzen hinaus verfolgen. Das war das exakte Gegenteil der bis dahin eingeübten und propagierten Strategie, die Auseinandersetzung nach einem Angriff sofort auf feindliches Territorium zu tragen. Und vor allem ein Wort durfte auf gar keinen Fall verwendet werden, das Wort „Krieg".

Stalin forderte den heißen Draht zur Wilhelmstraße in Berlin und bat die japanische Regierung um Vermittlung. Erst als diese Bemühungen scheiterten, erhielten die einzelnen Frontabschnitte grünes Licht, ihre Aufmarschbefehle auszuführen. Sie wurden nirgendwo mehr in die Tat umgesetzt. Mit lähmendem Bangen fieberte man im ganzen Land der angekündigten Molotow-Rede entgegen, denn jeder wusste, dass sie Krieg bedeutete, nur: mit wem? Nach den von der Regierung perfekt inszenierten Desinformationskampagnen konnten hierfür nur zwei Staaten in Frage kommen, England oder Japan. Deshalb zuckte jeder unwillkürlich zusammen, als Molotow am 22. Juni 1941 um 12:00 Uhr wieder ein Wort in den Mund nahm, dessen Verwendung zwei Jahre unter schärfster Strafandrohung gestanden hatte. Als der Außenminister gleich eingangs vom „Hitlerfaschismus" sprach, wusste man, woher der Gegner marschierte. Und noch im selben Atemzug wurde das proklamiert, worum es ab diesem Zeitpunkt ging, um den „Vaterländischen Krieg für die Heimat, für die Ehre und für die Freiheit".

Drei Millionen deutsche Soldaten mit 3350 Panzern, 600.000 Lastwagen, 600.000 Pferden, 7200 Geschützen und 2000 Flugzeugen befanden sich da schon tief in sowjetischem Gebiet. Was nunmehr als „Unternehmen Barbarossa" unter dem Codewort „Praevenire" ablief, war nichts anderes als der Überfall aus einem geltenden Vertrag heraus, und der hintergangene der beiden Partner stand wieder als Versager da.

Der Hintergangene Hitlers

Schon am frühen Vormittag des 22. Juni 1941 hatten die deutschen Panzerverbände kilometerweite Breschen in die russische Front geschlagen. Die schnell nachrückenden Wehrmachtssoldaten zerteilten die feindlichen Linien, umkreisten sie und griffen dann von allen Seiten an. In den so entstandenen zahllosen Kesseln, in denen teilweise bis zu 15 Divisionen eingeschlossen waren, wurden die Rotarmisten zu Tausenden gefangen genommen oder aufgerieben. Dabei bestand das Problem der Sowjets – neben dem totalen Überraschungseffekt – weder im Stärkeverhältnis noch im Material. Während die Deutschen zusammen mit den verbündeten Italienern, Rumänen, Slowaken, Ungarn, Spaniern und Finnen bald vier Millionen Menschen ins Feld warfen, konnten die Angegriffenen durch sofort versandte Einberufungsbescheide und Truppenverlegungen von der japanischen Ostfront schließlich weit über fünf Millionen Mann unter Waffen nehmen. Auch was die zur Verfügung stehenden Panzer, Geschütze, Flugzeuge und schweren Gerätschaften anging, so verfügte die Sowjetunion über ein Mehr- und Vielfaches an Kampfmitteln. Der seit Anfang 1941 in Serie produzierte T-34 und die Katjuscha, landläufig auch „Stalinorgel" genannt, erfüllten ihren Dienst. „Was auf sowjetischer Seite versagte, war die Führung, nicht das Material."[1] Einen offiziellen Oberbefehlshaber gab es nicht. Die auf dem schmalen Grenzabschnitt zusammengepferchten Menschenmassen standen sich im wahrsten Sinne des Wortes selbst im Weg, und die gigantische Kriegsmaschinerie war mangels Raum praktisch manövrierunfähig. Von einer auch nur annähernd befriedigenden Einsatzplanung, Logistik und Abstimmung zwischen den Truppenteilen konnte nicht die Rede sein, und selbst die höheren Offiziere hatten weder Funk noch Feldtelefon. Deshalb war die mit der „Direktive Nr. 34" noch am Angriffstag um 22.15 Uhr ergangene Weisung, zum bedingungslosen Gegenangriff überzugehen und die Schlacht auf feindliches Territorium zu tragen, absolut kontraproduktiv, weil die Lücken, Keile und Breschen in den eigenen Reihen dadurch nur verbreitert wurden. Desorientierung, Chaos und Hoffnungslosigkeit machten sich breit und trafen auch Stalin. Er verkroch sich auf seiner Datsche und kappte alle Beziehungen nach außen. Aus dem Zeitraum vom 23. Juni bis zum Ende des Monats, der entscheidenden Phase nach dem Überfall, gibt es von ihm kein einziges unterzeichnetes Schriftstück, geschweige denn einen Befehl. Er war einfach verschwunden, und als er wieder auftauchte, galt all sein Sinnen und Trachten immer noch einem Arrangement mit den Deutschen. Am 30. Juni begab sich eine Delegation unter Leitung von Molotow nach Kunzewo, unangemeldet und ungebeten. So etwas hatte es vorher noch nie gegeben. Als die Herren eintrafen, fanden sie Stalin zusammengekauert auf einem Sessel am Fenster. Das Einzige, was er vorweisen konnte, war ein Brief an Hitler, der Schulenburg mit auf den Weg gegeben wurde. Alles schien auf das Angebot eines Unterwerfungsfriedens hinauszulaufen, so wie ihn Lenin 1918 mit dem kaiserlichen Deutschland in Brest-Litowsk abgeschlossen hatte. Weiträumige Gebietsabtretungen von Karelien bis zur Bukowina, Getreide aus den Kornkammern und Öl vom Kaspischen Meer sollten den deutschen Vormarsch zum Stillstand bringen. Sogar das Verpachten der Ukraine auf 95 Jahre war im Gespräch. Was Hitler von diesen Verzweiflungsgesten im Einzelnen erreicht hat, ist unklar. Den durch Schulenburg überbrachten Brief, der ihm am 15. Juli vorgelegt wurde, quittierte er nur als Beleg für die bevorstehende Kapitulation des Kreml.

Die Deutschen durchbrachen spielend alle Stellungen und steigerten sich in einen regelrechten Siegesrausch. Anfang Juli fiel Minsk, Anfang August Smolensk. Allein durch diese Schlacht gerieten 426.000 Soldaten in deutsche Kriegsgefangenschaft. Am 8. September hatte die Heeresgruppe Nord ihren Marsch auf Leningrad abgeschlossen, am 18. September ergab sich Kiew der Heeresgruppe Süd nach einer brutalen Umfassungsschlacht. Leningrad sollte auf Befehl des Führers nicht erstürmt, sondern ausgehungert werden. Die 900 Tage währende Belagerung der Stadt, bei der 630.000 Menschen vor Entkräftung und Kälte starben, gehört zu den menschenverachtendsten Aktionen der modernen Kriegsgeschichte.

Mit dem Fall von Kiew und mit Leningrad im Würgegriff konnte Hitler am 30. September die Operation „Taifun", den Angriff und die Einnahme von Moskau, befehligen, wo sich ihm 800.000 Rotarmisten entgegenstellten. Am 10. Oktober waren von diesen noch 90.000 übrig geblieben, die eine 250 Kilometer lange Front halten sollten. Drei Millionen Soldaten befanden sich zu dem Zeitpunkt bereits in deutscher Kriegsgefangenschaft. Nur acht Prozent der ursprünglichen Armeekader überstanden die Niederlagen des Jahres 1941. Die Sowjetunion war militärisch erledigt. Hinzu kam, dass sich unmittelbar hinter der Front genau jene Szenen abspielten, die Stalin vorausgesagt hatte. Wenn auch nicht überall, so waren die deutschen Truppen doch vielerorts als die lange herbeigesehnten Befreier vom sowjetischen Joch begrüßt worden. In Litauen legten ihnen Bäuerinnen frisch geflochtene Kränze um die Panzerrohre und in der Westukraine kamen ihnen die Menschen mit selbst gemalten Hitlerbildern entgegen. Unter denen, die auf eine bessere Zukunft hofften, befanden sich auch Jüdinnen und Juden. Im direkten Gefolge der Wehrmacht und in perfekter Kooperation mit ihr rückten SS- und SA-Einheiten sowie Polizeireservebataillone nach, über deren eigentlichen Auftrag zunächst noch nichts bekannt war. Der psychologische Effekt, den Überläufer aus den russischen Reihen verursachten, wirkte bei den eigenen Leuten vernichtend. Sie fanden bei den Deutschen Aufnahme als „Hilfswillige", denen sich insbesondere in Lettland und in der Ukraine bald regelrechte Freiwillige zugesellten, die eigenständige SS-Verbände unter Berliner Oberkommando bildeten. Von Palermo bis Leningrad und von Stavanger bis Stalingrad beherrschte Hitlerdeutschland Ende 1941 direkt oder indirekt praktisch den ganzen europäischen Kontinent. Ein weiterer und diesmal entscheidender Blitzkrieg schien seinem Ende entgegenzugehen.

Der Grund für Molotows Erscheinen auf der Datsche in Kunzewo am 30. Juni 1941 war nicht eine von Stalin befürchtete Verhaftung oder Erschießung, sondern er sollte an die Spitze des sowjetischen Abwehrkampfes gesetzt werden. Schon am 23. Juni war ein oberstes militärisches Hauptquartier, in der russischen Abkürzung „Stawka", gebildet worden, dem jetzt das Staatliche Verteidigungskomitee unter Stalins Vorsitz übergeordnet wurde. Am 19. Juli übernahm er das Amt des Verteidigungskommissars und am 8. August wurde er zum obersten Befehlshaber ernannt. Die ‚Hofkamarilla' im Kreml, selbstständigem

Denken und Handeln seit langem entwöhnt, dachte nicht daran, den Mann aus der Verantwortung zu entlassen, der das Land an den Rand des Zusammenbruchs geführt hatte. Indes, der ‚Hoffnungsträger' setzte auch in seinen neuen Funktionen die Kette fataler Fehlentscheidungen fort, was bereits mit der Ernennung der Marschälle Woroschilow und Budjonny zu den Heeresabschnittsführern Nord und Süd begann. Beide hatten ihr militärisches Rüstzeug in den Reiterarmeen des Bürgerkriegs gewonnen, zeigten sich moderner Kriegsführung jedoch nicht gewachsen. Diesem Anspruch wurde neben dem Generalstabschef Schukow nur noch Timoschenko als neuer Abschnittsleiter Mitte gerecht.

Fast noch folgenreicher als die personellen Missgriffe wirkte sich aber Stalins strategisch-operativer Unverstand aus. Als Schukow ihm am 29. Juli dringlichst nahe legte, die Südwestfront bis hinter den Dnjepr zurückzunehmen und damit Kiew preiszugeben, kam es zum Streit. Stalin herrschte ihn an, er solle keinen Unsinn reden, woraufhin Schukow erwiderte, wenn er in seinem Amt Unsinn rede, müsse er seines Postens enthoben werden. Vierzig Minuten später war der Generalstabschef entlassen und durch Schaposchnikow ersetzt. Keiner wagte zu widersprechen, aber es wollte auch niemand wirklich auf das militärische Genie Schukows verzichten. Am 10. Oktober, als der Fall von Moskau unmittelbar bevorstand, wurde Schukow zurückgeholt. Woroschilow und Budjonny waren da zwar bereits entlassen, der Schaden, den sie angerichtet hatten, war jedoch kaum reparabel.

Stalins nicht nur im Kampf um die Ukraine ausgegebener Befehl „Keinen Schritt zurück! Halten oder sterben!" kostete allein vor Kiew eine halbe Million Menschen das Leben oder die Freiheit, wobei es durchaus fraglich ist, wessen Schicksal als beklagenswerter angesehen werden muss: das der Erschossenen oder das der Gefangenen. Wer zurückwich oder sich ergab, war von dem Moment an praktisch ein verlorener Mann, und zwar für den Rest seines Lebens. In einer sofort erlassenen Instruktion hieß es, dass „jeder, der sich gefangen nehmen lässt, (als) Verräter an seiner Heimat"[2] zu betrachten und entsprechend zu behandeln sei. Unmissverständlich wurde zum Ausdruck gebracht, dass es für diese Menschen besser gewesen wäre, sich selbst umzubringen als dem Feind in die Hände zu fallen. Im Befehl „Nr. 270" vom 16. August

1941 bezeichnete Stalin sie „als bösartige Deserteure, deren Familien (...) zu verhaften"[3] und an deren nächste Angehörige keinerlei Lebensmittelrationen mehr auszugeben seien, womit praktisch alle dem Tod geweiht waren. Die aus dem Landesinnern nachrückenden Truppen hatten Anweisung, „die Verräter, die dem Feind die Front geöffnet haben, zu erschießen", wodurch in den ersten Kriegsmonaten weniger gegen die Deutschen als vielmehr gegen die eigenen Leute Krieg geführt wurde. Als im September 1942 sowjetische Verbände in aussichtsloser Lage kapitulierten, verhinderte eine deutsche Panzereinheit, dass diese Menschen von Sperrkommandos des NKWD erschossen wurden.[4] Piloten, die ihr Flugzeug verloren, Panzerkommandeure, die sich aus ihrem brennenden Panzer gerettet und Artilleristen, die ihre Stellung geräumt hatten, sahen sich ohne jedes Verfahren an die Wand gestellt. Ganze Divisionen, denen es gelungen war, aus einem der zahlreichen Kessel auszubrechen, galten als Kollaborateure. Berija ließ in aller Eile 15 Sonderlager einrichten, um diese Menschen, die es gewagt hatten, ihr Leben zu retten, eingehend überprüfen zu lassen. Damit auch hier der Anschein von Rechtlichkeit gewahrt wurde, amtierten bald fliegende Feldgerichte, die dem militärischen Sicherheitsapparat unterstanden. Dessen Tribunale richteten Tag und Nacht.

So kümmerte Stalin sich selbst um die Verurteilung des ‚pflichtvergessenen' Generalleutnants Katschalow, der sich ergeben hatte und wegen Kollaboration in Abwesenheit zum Tode verurteilt wurde. Seine Familie, Angehörigen und Verwandten galten noch bis 1956 als „Volksfeinde". Im Grunde genommen gab es für niemanden, der mit den Deutschen auch nur irgendwie in Berührung gekommen war, einen Ausweg. Die Kriegsgefangenen mussten, sofern sie nicht von den NS-Schergen als „Jude" oder „Kommissar" erschossen wurden oder verhungert waren, sich nach 1945 Verhören unterziehen, nach denen sie zumeist in Arbeitslager abgeschoben wurden. Von den Millionen während des Zweiten Weltkrieges eingesetzten sowjetischen Soldaten konnten deshalb nur wenige Tausend wieder zu ihren Familien zurückkehren. Irgendwelche Versuche, die eigenen Kriegsgefangenen durch das Rote Kreuz registrieren oder gar schützen zu lassen, hat es von Seiten der Sowjetunion nicht gegeben. Kaum anders erging es den Millionen nach Deutschland deportierten Zwangsarbeitern, und vor allem den aus den

KZ Entkommenen, die auch nach 1945 weiter Zwangsarbeit leisten mussten.

Statt alle Kräfte auf die Verteidigung zu konzentrieren, erreichte die Welle der Verfolgung ganzer Völkerschaften nach dem Überfall vom 22. Juni einen neuen Höhepunkt. Die Autonome Sozialistische Sowjetrepublik der Wolgadeutschen wurde aufgelöst. 1,2 Millionen Menschen verschleppte man in Viehwaggons nach Kasachstan und Sibirien, wo sie in der Taiga ausgesetzt wurden, so wie zehn Jahre vor ihnen die Kulaken. Die meisten üerlebten dies nicht. Ab 1943 begann die systematische, generalstabsmäßig geplante Umsiedlung der Tschetschenen, Inguschen und Krimtataren, allesamt so genannte „Verrätervölker". Endlose Kolonnen von Eisenbahnzügen mussten hierfür von der Front abgezogen werden, und Stalin bedauerte eigentlich nur, dass er nicht auch noch die Ukrainer deportieren konnte, aber von ihnen gab es einfach zu viele. Die Gesamtheit dieser neuerlichen an Menschenverachtung nicht zu überbietenden Aktionen macht es kaum vorstellbar, dass der Überfall der Deutschen und der daraus resultierende Krieg von einem Großteil der Bevölkerung auch positiv verstanden werden konnte, da die ihn begleitende Propganda ein Gemeinschaftsgefühl auslöste, wie es nie zuvor in der Sowjetunion bestanden hatte.

Den Auftakt dazu bildete die Rede Stalins am 3. Juli 1941, morgens um 6:30 Uhr. Darin wandte sich der Mann, der das Land seit fast zwanzig Jahren regierte, zum ersten und einzigen Mal an seine Bürger. Die Ansprache war perfekt vorbereitet, erschallte aus allen Lautsprechern (die privaten Rundfunkempfänger waren schon zu Beginn des Krieges wohlweislich eingezogen worden), wurde in jeder Zeitung gedruckt und in den Kino-Wochenschauen wiederholt. Die meisten Untertanen des ‚roten Zaren' hörten hier erstmals die Stimme ihres *woschd* („Führers") und waren vermutlich erstaunt, wie leise, kraftlos und rhetorisch ungeschult sie war. Stalin begann mit überaus großer Vertraulichkeit und Nähe: „Genossen! Bürger! Kämpfende Männer unseres Heeres und unserer Marine! Brüder und Schwestern! Ich wende mich an euch, meine Freunde! Unser Land ist in ernster Gefahr!"[5] Er beklagte, dass das faschistische Deutschland „unerwartet und wortbrüchig den (...) Nichtangriffspakt zerrissen" habe. Jetzt sei „der grausame und erbarmungslose Feind aufgebrochen, um das Land zu erobern, das die sowjetischen

Bauern mit ihrem Schweiß getränkt haben, und um die Völker der Sowjetunion zu germanisieren". Durch die „Tollwut" des Faschismus solle die Herrschaft des Zaren und der Großgrundbesitzer wiederhergestellt werden. Wenn der Kampf einen Rückzug erforderlich machen sollte, dann dürfe dem Gegner kein Eisenbahnwaggon, kein Pfund Mehl und keine Kanne Benzin in die Hände fallen. Alle Häuser, Straßen und Brücken „unserer Heimat" müssten vernichtet werden. Während es für den Soldaten an der Front keinen Schritt zurück gab, wurde hier eine Politik der verbrannten Erde propagiert, und während in Berlin sein weit reichendes Friedens- und Bündnisangebot vorlag, schloss er mit den Worten: „Unser Krieg für die Freiheit unseres Vaterlandes wird verschmelzen mit dem Kampf der Völker Europas und Amerikas für ihre Unabhängigkeit, für die demokratischen Freiheiten."

Zwar kam es nirgendwo zu patriotischen Aufwallungen und Bekundungen, obwohl Lautsprecher die Rede bis in die hintersten Dörfer, Winkel und Plätze übertrugen, aber jedem Menschen wurde klar, dass eine Situation entstanden war, in der er gebraucht wurde, in der es auf ihn ankam. Jetzt, da der tatsächliche, reale Feind anrückte, war es vorbei mit den Inszenierungen vom Feind in den eigenen Reihen, und darin lag ein gehöriges, unverhofft gewonnenes Stück Mündigkeit und Sicherheit.

Das Wort „kommunistisch" verschwand schlagartig aus allen Verlautbarungen und wurde durch patriotische Wendungen ersetzt. Der Zustand der Entfremdung zwischen Regierung und Volk, der die Belegschaften ganzer Kolchosen und Fabriken längst „in einen Zustand helotischer Gleichgültigkeit versetzt"[6] hatte, fand ein abruptes Ende. Der „Große Vaterländische Krieg", von dem jetzt (bis 1991) nur noch die Rede war, wurde auch an der Basis als solcher verstanden. Es ist deshalb nicht übertrieben, wenn man Hitlers Überfall als Initialzündung für den zweiten Gründungsakt der Sowjetunion bezeichnet. Boris Pasternak schreibt in seinem Roman *Doktor Schiwago*:

> „Als der Krieg ausbrach, waren die wirklichen Schrecken, die wirklichen Gefahren und die Bedrohung durch den wirklichen Feind ein Segen verglichen mit der unmenschlichen Herrschaft der Fiktion; sie brachten Erleichterung, weil sie die Macht des bösen Zaubers einschränkten, den der tote Buchstabe (der Ideologie) ausübte. Nicht nur (...) in den Lagern, sondern überall, ob im Hinterland

oder an der Front, atmeten die Menschen freier, aus tiefer Brust, und warfen sich voller Begeisterung, mit einem Gefühl tiefen Glücks ins Feuer des furchtbaren Kampfes, der tödlich war und doch befreiend."[7]

So absurd es auch erscheinen mag, aber für die Generation, die Revolution, Bürgerkrieg, Kollektivierung, Industrialisierung und „Säuberung" erlebt und erlitten hatte, waren die Jahre von 1941 bis 1945 eine Art Atempause und zudem eine der ganz wenigen Phasen sowjetischer Geschichte, „in denen die propagandistische Darstellung und der eigene Augenschein einander entsprachen".[8]

Unmittelbar nach dem Sieg über den Faschismus setzten die Wirklichkeitsverdrehungen sofort wieder ein. In jedem anderen Staat hätte es nach einer vergleichbaren Katastrophe wie dem Versagen vom 22. Juni einen Untersuchungsausschuss gegeben. In der UdSSR hingegen warf sich der Hauptschuldige zum Richter auf und setzte Unschuldige auf die Anklagebank. Dafür, dass den Deutschen der Durchbruch nach Minsk gelungen war, wurden über ein Dutzend Generäle verhaftet und gefoltert, bis sie ‚gestanden', an einer Offiziersverschwörung gegen Stalin beteiligt gewesen zu sein. Vier von ihnen wurden durch Genickschuss hingerichtet.

Mit Stalin an der Spitze entwickelte sich die Stawka, das Oberkommando des Heeres, schnell zur eigentlichen politischen Leitung. Dem autokratischen Regierungsstil Stalins angepasst, erhob niemand ernsthaft den Anspruch, informiert zu werden oder gar mitentscheiden zu können, und nur Schukow polterte[9], wenn Stalin einzelnen Frontbefehlshabern telefonisch Anweisungen erteilte, ohne dass im Generalstab davon irgendjemand etwas erfuhr. Der Kampf um Moskau sollte zeigen, dass es in diesem heillosen Durch- und Gegeneinander nur einen sicheren Verbündeten gab: die Tiefe und Weite des russischen Raumes mit den Unwägbarkeiten seines Klimas und den schier endlosen Flüssen, Seen und Sümpfen. Dies konnte jedoch die Suche nach realen Verbündeten nicht ersetzen, und so wurden die eben noch erklärten Feindnationen, als Feind des Feindes, zu Gesprächspartnern.

Schon Ende Juli 1941 gelang es Stalin, mit Harry Hopkins den persönlichen Vertrauten des amerikanischen Präsidenten Roosevelt nach Moskau zu holen. Als in Washington die Frage diskutiert wurde, ob Stalin für die erbetenen Panzer, Jagdbomber, Flakgeschütze, Maschinengewehre, Ölkannen und Stacheldrahtrollen im Rahmen des Lend- and Lease-Abkommens eine öffentliche Erklärung abverlangt werden sollte, dass die hierdurch zum Sieg geführte Sowjetunion keinerlei Expansionen in Europa anstrebe, antwortete Roosevelt wörtlich:

> „Ich habe einfach das Gefühl, dass Stalin so etwas nicht tut. (...) Ich glaube, wenn ich ihm alles gebe, was in meinen Möglichkeiten steht, und nichts dafür verlange, dann wird er auch nicht versuchen, etwas zu annektieren, sondern gemeinsam mit mir für eine Welt der Demokratie und des Friedens arbeiten."[10]

Schon am 29. September traf eine zweite Expertengruppe unter Leitung von Averell Harriman in Moskau ein, um Art und Umfang der Hilfe konkret auszuhandeln. Stalin wiederholte, was er acht Wochen zuvor bereits gesagt hatte, nämlich, dass Hitler nur durch die Errichtung einer zweiten Front in Westeuropa besiegt werden könne. Statt dieser erhielt er ein gigantisches Unterstützungsprogramm: zwei Drittel aller Kraftfahrzeuge der Roten Armee, nämlich 430.000 Stück, 10.000 Panzer, fast 20.000 Flugzeuge, 2000 Lokomotiven, 200 Torpedoboote, 800.000 Tonnen Fleischkonserven und 15 Millionen Paar Schuhe, davon fünf Millionen Gummistiefel. Hinzu kam, dass durch die sofortige Lieferung von eineinhalb Millionen Kilometern Telefonkabel, 380.000 Feldtelefonen und 35.000 Funkstationen an der Front überhaupt erst so etwas wie Kommunikation und Logistik installiert werden konnte.

Die Produkte hatten summa summarum einen Gegenwert von über zwölf Milliarden Dollar und sie waren, wie es schon der Name des Abkommens besagte, nur leihweise zur Verfügung gestellt worden. Nach dem Krieg weigerte sich Stalin allerdings, die erhaltenen Sachleistungen als Schulden anzuerkennen, und weil es ihm nicht gelang, am Marshallplan teilzuhaben, wurde in der offiziellen sowjetischen Geschichtsschreibung die Version verbreitet, dass sich die „amerikanische Bourgeoisie"[11] an den Lieferungen bereichert habe. 1952 brachen die Verhandlungen über eine Rückzahlung völlig zusammen, und erst 1970, zu Beginn der Entspannungsära, kam ein Abkommen zustande, nach dem die Bereitschaft zur Zahlung von 772 Millionen Dollar bis zum Jahr 2002 erklärt wurde. Von diesem Betrag waren bis 1979, als die Rote Armee in Afghanistan einmarschierte und die sowjetisch-amerikanischen Beziehungen erneut abstarben, knapp einhundert Millionen ans Weiße Haus überwiesen worden. Das war weniger als ein Prozent der real geleisteten Hilfe.

Historisch relevanter als diese materielle Aufrechnung ist die Frage nach der kriegsentscheidenden Bedeutung der militärischen Güter.[12] Es besteht kein Zweifel, dass sie der UdSSR 1941, als die Wehrmacht im Laufschritt durch Ostpolen und Weißrussland auf Moskau vorstürmte, das Überleben und die Fortsetzung des Krieges ermöglichten. Auch 1942 war Stalin noch nicht dazu in der Lage, selbstständige Panzerarmeen aufzustellen. Erst vom Winter 1943/44 an hätte die Sowjetunion vollständig auf westliches Kriegsgerät, insbesondere auf Panzer und Flugzeuge, verzichten können. Die Pakete von ‚Uncle Sam', die es ermöglichten, dass jeder der von 1941 bis 1945 eingesetzten zwölf Millionen Rotarmisten täglich mehr als ein halbes Pfund kalorienreiche Nahrung zu sich nehmen konnte, hatten einen ungeheuren physischen und politischen Wert, kriegsentscheidend waren sie jedoch nicht.

Die Nachricht vom Einfall der Deutschen am 22. Juni 1941 verbreitete sich überall in Windeseile. Obwohl es offiziell verboten war, auch nur einen Schritt zurückzuweichen, lösten NKWD, Armee und sowjetische Verwaltung oft panikartig ihre Stützpunkte auf und ergriffen die Flucht. Im Gegensatz zur einheimischen Bevölkerung machten sie sich über das, was kam, nicht die geringsten Illusionen. Wehrmacht, SS, SD und Gestapo begannen sofort nach ihrem Eintreffen mit der staatlich und ideologisch verordneten Mordarbeit. Die Aufklärung dieser Verbrechen hat über Jahre und Jahrzehnte den Blick auf eine andere Unrechtsgeschichte verstellt, die sich abspielte, als die einen Besatzer gegangen und die anderen noch nicht da waren. In Litauen, Ostpolen und der Ukraine wurden Jüdinnen und Juden zur Zielscheibe des sich pogromartig entladenden Hasses, der seit Jahrhunderten genährt und im Pilsudski-Polen der dreißiger Jahre zum systematischen Antisemitismus gesteigert worden war. Dessen Gleichsetzung von Judentum und Kommunismus unterschied sich in vielem nicht von den durch den Nationalsozialismus verbreiteten Hetzlehren. Gerade auf dem Land und in den Kleinstädten gab es angeblich unter jedem zweiten Dach offene Rechnungen, und aus dem Untergrund hieß es: „Die Juden drangsalieren die Polen schrecklich und verfolgen alles, was mit dem Polentum zu tun hat."[13] Obwohl Stalin während der zweijährigen Besatzung Ostpolens 65.000 Juden hatte deportieren lassen, geisterte das Gerücht durch die Reihen, dass die Mehrzahl der Kollaborateure, Denunzianten und NKWD-Zuträger unter ihnen zu suchen seien. Als die deutschen Truppen die Städte im Handstreich einnahmen und die örtlichen Gefängnisse inspizierten, um sie für ihren Unterwerfungsterror zu nutzen, stolperten sie regelrecht über die Leichenberge in den Zellen und auf den Gängen. Lawrenti Berija hatte den Befehl gegeben, unmittelbar vor dem Abzug alle politischen Häftlinge, also Demokraten, Nationalisten und Widerstandskämpfer, zu erschießen, und auch hierbei sollen Juden mitgewirkt haben. Nach dem Verschwinden der Sowjets wüteten in über dreißig polnischen Gemeinden Pogrome, aber auch in der Ukraine und in Litauen musste die eintreffende SS vielerorts nur kurz zu „Selbstreinigungsaktionen"[14] anstacheln, damit andere ihren Auftrag ausführten. Allein in Vilnius, dem so genannten Jerusalem des Nordens, wo vom Juni bis zum Dezember 1941 30.000 Juden ermordet wurden, beteiligten sich zehn der 25 litauischen Polizeibataillone an den Verbrechen.

In dem ärmlichen galizischen Drei-Völker-Städtchen Zloczów vor den Toren von Lemberg lebten seit Jahrhunderten Polen, Ukrainer und Juden friedlich nebeneinander. Einen Monat nach Abschluss des Hitler-Stalin-Pakts marschierte die Rote Armee ein, besetzte die als Gefängnis dienende Zitadelle oberhalb der Stadt und erschoss das polnische Gefängnispersonal. Beamte, Unternehmer, jüdische Ärzte und national gesinnte Ukrainer wurden nach Sibirien verschleppt. Sowjets und NS-Funktionäre arbeiteten in den beiden Folgejahren eng zusammen. Todesboten wechselten hin und her. Der NKWD erschoss 700 Einwohner. Kurz bevor sich die Kunde vom Eintreffen der Deutschen verbreitete, zogen ukrainische Nationalisten mit Parolen durch die Stadt, in denen zur „Vernichtung der Juden"[15] aufgefordert wurde. Am 1. Juli durchkämmten Wehrmacht und Waffen-SS gemeinsam den Ort. Fünf Tage später waren von den 10.000 ansässigen Juden 3.000 tot. Das eine Blutbad folgte auf das andere, Zloczów war hier nur eine von hundert Städten in Ostmitteleuropa. Der 25-jährige Wehrmachtsoffizier Franz Josef Strauß war unter den Besatzern im nahen Lemberg. Dort bestand ein gesamtes Wehrmachtsbataillon ausschließlich aus Partisanen des aggressiv antisemitischen Ukrainers Stephan Bandera. Es war schon im Winter 1940 (!) von Berlin aus aufgestellt worden. Plakate und Konterfeis, auf denen Hitler und Bandera in enger Vertrautheit gezeigt wurden, schmückten die Stadt. In den Gefängnissen waren alle 4000 Häftlinge erschossen und bestialisch verstümmelt worden. Der NKWD hatte sie evakuieren wollen, wurde aber vom deutschen Sturmangriff überrascht. Im Kriegstagebuch des 49. Armeekorps heißt es: „Unter der Bevölkerung herrscht über die Schandtaten der Bolschewisten rasende Erbitterung, die sich gegenüber den in der Stadt lebenden Juden, die mit den Bolschewisten zusammengearbeitet haben, Luft macht."[16] Schnell wird deutlich, dass es die Bandera-Leute waren, die sich über die Leichen hergemacht, ihnen die Gliedmaßen abgehackt und die Bärte ausgerissen hatten.

Als ersten Akt der Erniedrigung mussten die Juden die Leichen aus den Zellen und noch frischen Massengräbern holen. Die Wehrmacht filmte und machte Fotos. Augenblicklich wurde nach Berlin gemeldet: „Die Zahl der von den Russen in Lemberg Ermordeten ist so groß und die Umstände, in denen die Toten vorgefunden wurden, so viehisch, dass die Bilder propagandistisch in größtmöglichstem Ausmaße für Propagandazwecke ausgenützt werden müssen. Es scheint fraglich, ob wir jemals ähnliche Bilder (...) erfassen können."[17] Die Verbrechen des Gegners dienten dem Aufheizen der Pogromstimmung. Franz Josef Strauß, der die Exhumierungen mit anderen zu überwachen hatte, schrieb später: „Immer wieder tritt aus den Wolken eines bestialischen Gestanks eine Polin, eine Ukrainerin auf mich zu, packt mich, weint und schreit, zeigt Fotografien von Mann und Sohn".[18] Besonders unrühmlich war die Rolle des Politoffiziers Theodor Oberländer, der 1960 vor der Bonner Staatsanwaltschaft behauptete, dem ukrainischen Antisemitismus Einhalt geboten zu haben, die Hetzjagden in Wirklichkeit aber durch das Verfügen öffentlichen Spießrutenlaufens noch angefacht hatte. Oberländer, der Hitler schon 1923 in München beim Marsch auf die Feldherrnhalle zur Seite gestanden hatte, wurde nach dem Krieg Ministerkollege von Strauß in mehreren Kabinetten Adenauers.[19]

Was das Beispiel Polens angeht, so reichen die Ursachen für die antijüdischen Exzesse bis weit ins 19. Jahrhundert zurück. Antisemitisches Denken und Handeln sind in dieser Zeit wie eine Art Kitt für den Fortbestand der aufgelösten polnischen Nation. In den zwanziger und dreißiger Jahren des 20. Jahrhunderts war die Nationaldemokratische Partei, zu deren Programm der ökonomische Boykott und die Vertreibung der Juden gehörte, auf dem Land die stärkste politische Kraft. Der katholische Klerus nahm ihre Parolen ausgesprochen wohlwollend in seine Kanzelabkündigungen auf. Die schnell anwachsende rechtsextremistische Gruppierung Stronnictwo Narodowe organisierte schon vor dem Krieg die groß angelegte Aktion „Kauft nicht bei Juden".[20] Als die sowjetischen Besatzer 1939 von den Juden angeblich mit Salz und Brot begrüßt und diese – nachweislich – in Schule, Polizei und Verwaltung Ämter übernahmen, aus denen Polen vertrieben wurden, steigerte sich der Hass bis zum Siedepunkt. In vielen Orten wurden die Deutschen als Befreier vom bolschewistischen Joch begrüßt. Man hoffte, im Schutz der Wehrmachtseinheiten und in Kollaboration mit ihnen gegen die jüdische Bevölkerung vorgehen zu können. Im nordpolnischen Jedwabne trieb die Dorfbevölkerung mehrere tausend Juden in eine Scheune und verbrannte sie bei lebendigem Leibe. Vielerorts waren baltische, polnische, weißrussische und ukrainische „Hilfswillige" bei der Judenverfolgung durch SS, SD und Gestapo zur Stelle – und machten eine ernüchternde Erfahrung. Die deutschen „Herrenmenschen" machten schnell deutlich, dass sie in ihnen lediglich Untertanen, Vasallen und Arbeitssklaven sahen, nicht Verbündete oder Gleichberechtigte.

Nach dem Fall von Kiew wurden dort in allen Straßen Plakate ausgehängt, mit denen die ansässigen Juden aufgefordert wurden, sich „zwecks Umsiedlung" an einem Sammelplatz einzufinden. In der Nacht vom 29. auf den 30. September 1941 trieben ein deutsches Sonderkommando und ukrainische Polizei, vom Gejohle und hämischen Zurufen der Bevölkerung begleitet, Jüdinnen und Juden in die Schlucht von Babi Jar („Hexengrund") nördlich der Stadt, wo sich alle ausziehen und mit dem Gesicht auf die Erde legen mussten. Dann wurde das Feuer eröffnet. Die noch lebenden Juden mussten sich in immer höher auftürmenden Schichten auf die Toten legen. Nach Beendigung der „Aktion" wurden 33.771 Exekutionen an das Reichssicherheitshauptamt gemeldet. Es war die größte Massentötung vor den Giftgasmorden in den Vernichtungslagern. Da sie nicht vollständig vor der Bevölkerung verborgen werden konnte, war schon bald die Frage gestellt worden, warum die Moskauer Führung nie über den nationalsozialistischen Judenterror aufgeklärt, ja ihrer Presse hierzu sogar ein striktes Schreibverbot[21] erteilt hatte. Die Antwort ist genauso erschreckend, wie es die Motive der Helfershelfer vor Ort waren: Stalin fürchtete, dass das Vorgehen von SS, Wehrmacht und Polizeireservebataillonen im eigenen Land offen begrüßt werden würde.[22]

Ins nationalsozialistische Deutschland sickerten durch die privaten Berichte erschütterter deutscher Soldaten schon bald Informationen über das Massaker. So notierte der in Dresden lehrende Romanistikprofessor Victor Klemperer am 19. April 1942 in sein Tagebuch, das später unter dem Titel *Ich will Zeugnis abgeben bis zum Letzten* weltberühmt werden sollte: „Grauenhafte Massenmorde an Juden in Kiew. Kleine Kinder mit dem Kopf an die Wand gehauen. Männer, Frauen, Halbwüchsige zu tausenden auf einem Haufen zusammengeschossen (...)"[23] In der Sowjetunion nach 1945 wurde alles Erdenkliche zur Vertuschung des Verbrechens unternommen. Die Schlucht wurde zugeschüttet und überbaut. Niemand durfte davon sprechen, dass dort Juden umgebracht worden waren. Als Dimitri Schostakowitsch, einem Gedicht Jewtuschenkos folgend, 1962 in seine 13. Symphonie einen Chorsatz über Babi Jar einfügte, blieb die Regierungsloge bei der Uraufführung zum ersten Mal leer. Über die Beteiligung der Kiewer Polizeieinheiten an dem Massaker von Babi Jar durfte selbst in der Ära Gorbatschow kein Wort verloren werden.

Der Angriff auf Moskau und die Schlacht von Stalingrad

Am Tag der Todesschüsse in der Schlucht des Grauens begann die „Operation Taifun", der Angriff auf Moskau, das nach Hitlers Willen dem Erdboden gleichgemacht werden sollte. Schnell wurde klar, dass es nicht um irgendeine Schlacht, sondern um Fortsetzung oder Beendigung des Krieges ging, der ohne politisches Zentrum so gut wie verloren war. Schukow selbst sagte, dass „am Abend des 7. Oktober, genau genommen, alle Wege nach Moskau offen standen".[24] Im Kreml fand er einen völlig verstörten Stalin vor, der Berija beauftragt hatte, über den bulgarischen Botschafter einen „zweiten Brester Frieden"[25] „für den äußersten Fall"[26] auszuhandeln, aber das Unternehmen scheiterte schon im Vorstadium. Die Stimmung glich der nach dem Überfall im Juni. Am 16. Oktober erreichten deutsche Panzerverbände die Stadtgrenze. Im Zentrum machte sich Panik breit. Die Evakuierung der Sowjetregierung ins tausend Kilometer östlich gelegene Kuibyschew hatte schon begonnen. Büros und Fabriken waren menschenleer. Die Bahnsteige quollen über vor Menschen. Die Lebensmittelgeschäfte wurden geplündert, und überall zeigten sich Auflösungserscheinungen der staatlichen Ordnung. Parteifunktionäre verbrannten ihre Mitgliedskarte, warfen ihr Abzeichen in die Moskwa, ließen Firmen- und Behördenkassen mitgehen und verließen die Stadt auf der „Chaussee der Enthusiasten", einer der großen Ausfallstraßen nach Osten. Andrej Sacharow berichtete von dem abscheulichen Qualm, den alle einatmeten, weil in den Ämtern die Unterlagen und Dokumente verbrannt wurden. Auf Anweisung von Schukow verminte man alle Brücken und Eisenbahnknotenpunkte. Überall tauchte die Frage auf: „Ist Stalin noch in der Stadt?" Als Vorsitzender des Staatlichen Verteidigungskomitees hatte er die Anweisung gegeben, seine Datsche in Kunzewo mit versteckten Sprengladungen zu versehen, um die Deutschen gebührend zu empfangen, und für den Genossen Stalin ein Flugzeug bereitzustellen. Anschließend blieb er im Kreml, der durch Bombentreffer bereits deutlich beschädigt war.

Die psychologische Wirkung, die die Meldung von Stalins Ausharren auf die Sowjetbürger hatte, war ungeheuer: Der Mann zeigte Courage, schob die Schuld nicht auf andere und flüchtete nicht vor der Verantwortung. Das war neu. Als Oberkommandierender ließ er sich sogar in den Gräben vor der Stadt sehen und sprach den Scharfschützen Mut zu. Am 19. Oktober verhängte er den Ausnahmezustand über Moskau. Der NKWD erhielt die Anweisung, jeden, der flüchten wollte, auf offener Straße zur Abschreckung zu erschießen. Dass davon auch Parteibonzen betroffen waren, stärkte eher die Moral. Anfang November bat er Vertreter der Partei, der Stadtverwaltung und der Armee aus Sicherheitsgründen in die Tiefe der U-Bahn-Station Majakowski, um vor deutschen Fliegerangriffen geschützt zu sein. Trotzig rief er aus: „Wenn sie einen Ausrottungskrieg wollen, werden sie ihn bekommen."[27] Drei Tage später fand Schukow ihn im unterirdischen Kremlkorridor hinter Bombentrichtern an einem mit Telefonen zugestellten Schreibtisch. Saß er an der Kapitulationserklärung?

Der Endkampf um Moskau begann am 15. November. Er war auf beiden Seiten von grausamen Menschenopfern gekennzeichnet. In seinem (erst 2000 veröffentlichten[28]) Befehl „Nr. 0428" vom 17. November 1941 wies Stalin die eigenen Partisanen an, alle Dörfer, die sich bis zu sechzig Kilometer hinter der Hauptkampflinie und bis zu vierzig Kilometer rechts und links der deutschen Angriffswege befanden, durch „Jagdkommandos" restlos niederzubrennen, um dem Gegner jedes Dach über dem Kopf zu nehmen. Notfalls seien die Behausungen einschließlich Ställen und Scheunen mit Molotowcocktails zu sprengen. Die Partisanen sollten hierbei Uniformen der Wehrmacht und der Waffen-SS aus Beutebeständen tragen und darauf achten, dass einige Sowjetbürger überlebten, damit diese dann von den ‚deutschen Gräueltaten' weiterberichten konnten.

Inzwischen war das Schlachtfeld in tiefen Schnee gehüllt, der Boden beinhart gefroren und der eiskalte Wind pfiff durch jede Ritze. Die für einen ‚Blitzkrieg' gegen die Sowjetunion ausgerüsteten Landser kämpften weiterhin in Sommeruniformen. Am 23. November kamen sie mit ihren Panzern noch einmal auf vierzig Kilometer an die Stadtmitte heran, dann aber wendete sich das Blatt. Es gelang nicht, den Ring um Moskau zu schließen. Es gelang auch nicht, Japan zum Eingreifen zu bewegen und den Zweifrontenkrieg in Fernost zu eröffnen, weil der Tenno anderes im Schilde führte. Außerdem machte sich der Fluss amerikanischer Hilfsgüter bemerkbar. Am 6. Dezember zeigte das Thermometer vor Moskau vierzig Grad unter Null. Es war der Tag, an dem Stalin den Befehl zum Gegenangriff gab und damit eine militärisch richtige Entscheidung fällte. Unbemerkt vom Feind hatte die Stawka 700.000 Mann Nachschub herangeführt, die meisten aus Sibirien, mit professioneller Winterausrüstung. Ihnen gelang das Unmögliche: Sie drängten die Deutschen zurück, wenn auch nur um wenige Kilometer. Der Vormarsch der Wehrmacht war erstmals gestoppt, und zwar unmittelbar vor den Toren der Hauptstadt. Das fast gleichzeitig erfolgte japanische Bombardement auf Pearl Harbour eröffnete den Krieg mit den Vereinigten Staaten und entlastete die UdSSR im Fernen Osten. Hitler erklärte auch Washington den Krieg und kämpfte jetzt an allen Fronten, aus dem europäischen war ein Weltkrieg geworden.

Die Vielzahl äußerer rettender Faktoren verleitete Stalin zu einer

Kette neuerlicher Fehlentscheidungen, von denen das Verfügen der Großoffensive entlang der gesamten Westfront von Leningrad bis zum Schwarzen Meer die folgenschwerste war. Er glaubte nur an sich selbst und an keinen anderen. Einwände von Schukow und Schaposchnikow gegen die Vorstellungen des Oberkommandierenden hatten keine Chance gehört zu werden. Kosaken-Divisionen auf Skiern und auf Schlitten mussten querfeldein auf einer Breite von 1500 Kilometern vorrücken. Stalin schaltete sich über Funk und Telefon laufend in das Geschehen ein. Obwohl er die Lage vor Ort nur vom Hörensagen kannte, gab er aus der Tiefe des Kreml Anweisungen und Korrekturen durch, beförderte, versetzte und entließ Offiziere, ohne dem Generalstab davon Kenntnis zu geben, und sorgte für ein permanentes Chaos statt für eine geordnete Kriegsführung. Nach siebzig quälenden Tagen und einem mörderischen Blutzoll musste die Offensive Ende März 1942 ohne sichtbaren Erfolg abgeblasen werden. Zwar waren hier und da Einbrüche in die deutschen Linien gelungen, grundsätzlich hatte sich am Frontverlauf aber nichts geändert. Auch Leningrad war nach wie vor eingeschlossen.

An eine Teilung Deutschlands in vier Besatzungszonen dachte zu diesem Zeitpunkt noch kein Mensch, vielmehr drohte eine Ausdehnung der Hitlerschen Herrschaft bis zum Kaukasus. Dessen Truppen nahmen im Sommer 1942 Charkow, Sewastopol und die gesamte Krim ein, und es war jetzt die Frage, wo der gigantische Wehrmachtstross die Entscheidung suchen würde. Hitler setzte diesmal auf den Süden und gab am 23. Juli 1942 trotz schärfster Einwände aus dem Generalstab den Befehl, die Offensive aufzuspalten bzw. als Doppeloffensive zu führen, indem Rostow am Don und Stalingrad an der Wolga gleichzeitig angegriffen werden sollten. Ziel war es, sowohl das kaukasische Erdöl zu gewinnen als auch die Wolga in ihrer Funktion als ‚russische Lebensader' mit dem rüstungs- und verkehrstechnischen Zentrum, das den Namen des bolschewistischen Führers trug, auszuschalten. Auch diese Weisung wurde Stalin, so wie alle Planungen für das „Unternehmen Barbarossa", durch die sowjetischen Nachrichtendienste im Originalwortlaut übermittelt.

Schukow kam nach eingehender Analyse aller Truppenbewegungen zu der Erkenntnis, dass die Entscheidungsschlacht mit der Heeresgruppe Süd auszufechten sein würde. Stalin jedoch ließ sich nicht beirren, dass auch der zweite große Stoß gegen Moskau geführt werden würde und konzentrierte hier die Masse seiner Verbände. Noch einmal wiederholte sich wie vor dem 22. Juni 1941 das absurde Schauspiel, dass ihm fast täglich neue Meldungen der Dienste vorgelegt wurden, die alle auf die Südvariante hinausliefen, in seinen Augen aber nur Finten und Täuschungsmanöver des Gegners waren. Als ob die Lehre des deutschen Überfalls nicht gereicht hätte, beurteilte er noch im November 1942, als General Paulus und die 6. Armee schon weit im Stalingrader Stadtgebiet standen, dies als nur gezielte Simulation, um „unsere Hauptreserven in den Süden abzulenken und die Moskauer Front zu schwächen".[29] Rostow am Don fiel schon nach wenigen Tagen, und am 23. August brachen die deutschen Panzerspitzen bis zum Wolgaufer vor Stalingrad durch.

Während die meisten anderen Schlachten von 1941 bis 1945 praktisch vergessen sind, kennt den Namen Stalingrad heute eigentlich noch jeder. Nicht nur im Militärischen, sondern auch in der Sprache der Politik oder der Wirtschaft hat das Wort eine eindeutige Konnotation, die immer mit dem Erleiden vernichtender Niederlagen verbunden ist – was für das historische Vorbild so nicht zutrifft. Die Zahl der hierzu geschriebenen Bücher und abgedrehten Filme ist auf ein beträchtliches Volumen angewachsen, und schnell traten Verklärung, Legendenbildung und nicht zuletzt mythische Überhöhung an die Stelle einer seriösen Analyse des Geschehens. Der Schundroman und der ‚Durchhaltestreifen' prägten das Bild der Nachkriegsgenerationen von der Schlacht weit nachhaltiger als die Analysen von Fachhistorikern. Das als Erlebnisbericht angelegte Buch *Der Arzt von Stalingrad* des Bestsellerautors Heinz G. Konsalik wurde bis zum Jahr 2005 in vierzig Sprachen übersetzt, 76 Millionen mal verkauft, und das 2001 in die Kinosäle gelangte Stalingrad-Epos *Enemy at the Gates* des Franzosen Jean-Jacques Annaud wurde zur teuersten in Europa entstandenen Filmproduktion. „Stalingrad" steht für falsch verstandenes Heldentum („Hunde, wollt ihr ewig leben!"). Es steht aber auch für die Frage nach den Grenzen nicht nur militärischen Gehorsams und der Berechtigung von Kriegen überhaupt und für die Möglichkeit oder Unmöglichkeit, dem Sinnlosen einen Sinn zu geben.

Auch was die Sowjetunion und ihre Nachfolgestaaten angeht, hat „Stalingrad" eine ungebrochene Symbolwirkung. Es ist *die* Schlacht des

„Großen Vaterländischen Krieges". Mit ihr verlor die deutsche Wehrmacht den Nimbus der Unbesiegbarkeit, mit ihr stand eine fast schon geschlagene Nation wieder auf. Stalin selbst empfand den Kampf um die Wolgametropole auch als Auseinandersetzung an geschichtsträchtigem Ort, denn er hatte sie im Bürgerkrieg erfolgreich gegen die Weißen verteidigt. Hier durfte es keine Niederlage gegen den ‚Führer' geben, mit dem er paktiert und der ihn so gnadenlos hintergangen hatte. Deshalb hieß die Parole „Hinter der Wolga gibt es für uns kein Land! Keinen Schritt zurück!"

Vom 13. bis zum 26. September 1942 eroberte die 6. Armee in einem Sturmangriff das Stadtzentrum einschließlich des Hauptbahnhofs. Ende Oktober hat sie zwei Drittel, am 10. November neunzig Prozent von Stalingrad erobert. Nur zwei kleine, allerdings entscheidende Brückenköpfe auf dem westlichen Wolgaufer konnten von der Roten Armee noch gehalten werden. Versuche der Roten Armee, zu den Verteidigern in der Stadt durchzubrechen, scheiterten. 50.000 „Hilfswillige" liefen zu den Deutschen über. Ausschließlich aus Prestigegründen und gegen den Rat der Generäle befahl Hitler, den verlustreichen Kampf Haus um Haus fortzusetzen, bis Stalingrad eine Ruinenlandschaft war. Er erkannte nicht, dass der Widerstand einer unter strengster Geheimhaltung vorbereiteten sowjetischen Gegenoffensive unter der Losung „Vorwärts zur totalen Zerschlagung des Feindes!" diente. Jeglicher – sogar verschlüsselter – Schriftverkehr wie auch Telefonate über die bevorstehenden Operationen zwischen dem Generalstab und der Front waren kategorisch untersagt. Alle Befehle und Anordnungen aus Moskau ergingen nur mündlich, alle Funkgeräte blieben auf Empfang gestellt. In einer gigantischen Transportaktion, die ohne die Kolonnen inzwischen eingetroffener amerikanischer Lastwagen unmöglich gewesen wäre, wurden Hunderttausende von Soldaten nach Stalingrad verlegt. Man fuhr ausschließlich nachts und ohne Licht. Am 19. November war das Feld bereitet. Insgesamt über eine Million Mann waren in Position gebracht und eröffneten gegen die überraschten Deutschen das Feuer.

Schnell waren die Linien im Norden und Süden der Stadt durchbrochen. Der Marsch führte zu beiden Seiten um sie herum, und schon vier Tage später vereinigten sich die sowjetischen Verbände fünfzig Kilometer westlich von Stalingrad. Der Ring war geschlossen. Der zehnwöchige

Todeskampf der 6. Armee im Kessel begann. General Paulus erbat über Funk die Genehmigung zum Ausbruch, die ihm versagt wurde. Hitler verlangte das Ausharren und den Kampf bis zur letzten Patrone. Die Versorgung sollte über eine Luftbrücke gewährleistet werden. Sie konnte an keinem einzigen Tag die für eine Erhaltung von Leben und Kampfkraft erforderliche Mindestversorgung sicherstellen. Während der Ring immer enger gezogen wurde, spielten sich unter den 170.000 Eingeschlossenen grausame Szenen ab. Nur 5000 von ihnen sollten nach Deutschland zurückkehren, die letzten 1956. Am 12. Dezember scheiterte der Versuch von General Hoth, den Belagerungsring zu sprengen. Spätestens zu Weihnachten war klar, dass das Schicksal der Umzingelten entschieden war. Mit 15 Kubikmetern Treibstoff für die gesamte Armee, kaum noch Munition und hundert Gramm Brot pro Mann und Tag war an eine ernsthafte Verteidigung nicht mehr zu denken. Als Paulus am 19. Januar die Aufforderung zur Kapitulation ablehnte, antwortete die sowjetische Artillerie mit dem Beschuss aus 7000 Kanonenrohren. Überall lagen Tote. Panik machte sich breit. Wer nicht erschossen wurde, verhungerte. Auch Fälle von Kannibalismus sind verbürgt. Tag und Nacht landeten die Flugzeuge, aber sie schafften es kaum, die Schwerverletzten auszufliegen. In den Trümmern wütete ein Kampf Mann gegen Mann um jeden Keller, Schacht und Erdhügel, der Schutz und Überleben sichern konnte.

Am 22. Januar brachte Paulus in einem verzweifelten, aber immer noch verschlüsselten Funkspruch die Möglichkeit der Kampfeinstellung ins Spiel. Hitler sagte, eine Kapitulation komme schon „vom Standpunkt der Ehre"[30] her nicht in Frage und beförderte Paulus zum Feldmarschall. Das war der Befehl zum Märtyrertod für ihn und die ganze 6. Armee. Einen Tag später, nach der Eroberung des letzten Flugplatzes, ernannte Stalin Schukow und sich selbst wegen besonderer Verdienste an der Stalingradfront zu Marschällen der Sowjetunion. Am 31. Januar ergab sich der nördliche und am 2. Februar der südliche Kessel, ohne dass jemals eine förmliche Kapitulation unterzeichnet worden wäre. Paulus erschoss sich nicht, sondern ging mit 23 Generälen an der Spitze seiner Armee in die Gefangenschaft. Die Stabsoffiziere wurden von den Sowjets mit ausgesuchter Höflichkeit behandelt und mit Auto und Kutsche abgeholt, der Landser ging zu Fuß. Von den 110.000 Gefangengenommenen lebten nach einem Monat noch 35.000. Das Leiden war noch lange nicht zu Ende. Was aus den 50.000 russischen Überläufern geworden ist, ist bis heute nicht bekannt. Die Zahl der Opfer in der Roten Armee und den ihr angeschlossenen Spezialeinheiten liegt nicht unter 500.000.

Stalingrad, die größte und folgenreichste Einkreisungsschlacht der modernen Geschichte, das „Cannae des 20. Jahrhunderts"[31], bedeutete nicht die Wende des Krieges in dem Sinne, dass es zuvor noch eine deutsche Chance für den Sieg gegeben hätte. Wenn es überhaupt eine gab, dann war diese mit dem Scheitern des ‚Blitzkriegs' vor Moskau im Dezember 1941 längst vertan. Grundsätzlich bleibt aber festzuhalten, dass die eigentliche Ursache für die Niederlage im Zweiten Weltkrieg nicht in der Überforderung und Vernichtung einer Armee, sondern in Hitlers Entschluss zu einem Rasse-, Unterwerfungs- und Vernichtungsfeldzug gegen die Sowjetunion lag. Deshalb waren auch die Eingeschlossenen unter Paulus nur operativ gesehen Verteidiger, strategisch und vor allen Dingen ideologisch blieben sie Angreifer in einem Land, in dem sie wahrlich nichts zu suchen hatten. Die psychologische Wirkung, die die Nachricht vom Massensterben an der Wolga an den anderen Fronten in Europa und auf der ganzen Welt auslöste, war ungeheuerlich. Die Rote Armee, auf die man seit dem Debakel im finnischen Winterkrieg und dem katastrophalen Einbruch nach dem deutschen Überfall kaum noch einen Pfifferling gegeben hatte, wurde in Tokio, London und Washington auf einmal wieder ernst genommen. Stalin galt Churchill und Roosevelt jetzt als ebenbürtiger Partner zur Niederringung des Hitlerfaschismus. Seine Truppen übernahmen vom Frühjahr 1943 an überall die Initiative.

Der Kriegsherr

Stalin brannte nach dem Schlag von Stalingrad auf einen sofortigen Gegenangriff an allen Fronten. Er hatte aus den alten Fehlern nichts gelernt. Schukow schreibt in seinen Erinnerungen: „Zu Beginn des Krieges war die Zusammenarbeit mit Stalin äußerst schwierig. Er kannte sich vor allem in den Mitteln, Methoden und Formen der modernen Kriegsführung schlecht aus (...) Seine ganzen Kenntnisse waren äußerst dilettantisch (...) Im Laufe des Krieges eignete sich Stalin selbst Wissen an und gewann an Erfahrungen (...)"[1] Im Januar 1943 war davon noch wenig zu merken. Da er sich mit einer einzigen Ausnahme, im August 1943, nie direkt an der Front blicken ließ, hatte Stalin vom Stand der Rüstungstechnologie und ihrer Umsetzung auf dem Schlachtfeld nicht die geringste Ahnung. Über den erforderlichen Zeitaufwand für die Durchführung größerer Operationen wusste er so gut wie nichts. Eigentlich hieß es bei ihm immer nur *dawai, dawai* („schnell, schnell"). Alle wesentlichen Pläne ließ er sich vom Generalstab bis in die kleinsten Details ausgearbeitet vorlegen, kommentierte sie und fasste sie dann so zusammen, als ob es sich um sein ureigenstes Konzept handelte. Auf diese Art und Weise hatte er sich ja schon im Jahr 1912 die von Lenin erbetene Arbeit über die Nationalitätenfrage durch Bucharin vorfertigen lassen.

Da ihm niemand zu widersprechen wagte, begann die sowjetische Großoffensive am 29. Januar 1943, zunächst an der Südflanke. Hier hatte es die deutsche Wehrmacht binnen kurzer Zeit geschafft, sich die ihr zunächst überaus wohl gesonnene einheimische Bevölkerung zum Feind zu machen. Die Zwangskollektivierung war in der Südukraine und in Südrussland nie richtig angenommen worden, nicht einmal in Kriegszeiten hatten die Partisanen dort sicheren Unterschlupf finden können. Nun aber wurde die dortige Bevölkerung von Besatzern geknechtet, die sie gemäß den Weisungen ihres ‚Führers' als „ostische Untermenschen"[2] und als „Sumpfbewohner"[3] behandelten. „Die neuen

Herren taten nichts, um die Bevölkerung für sich zu gewinnen, sondern im Gegenteil alles, um sie dem eigentlich ungeliebten eigenen Regime in die Arme zu treiben."[4]

Überaus geschickt hatte Stalin in der *Prawda* verlautbaren lassen, dass der Soldat der Roten Armee keinerlei sozialistische Verpflichtung mehr habe, sondern einzig und allein dem Vaterland dienen solle. Eine neue Nationalhymne wurde verordnet, die an die Stelle der „Internationale" trat. Dieser Appell an das patriotische Bewusstsein fruchtete. Da die Deutschen die ihnen millionenfach hingestreckte Hand ausschlugen, stellte sich trotz Diktatur, Rechtlosigkeit und Terror zwischen Regierung, Partei und Volk in der Sowjetunion eine Nähe ein, wie es sie seit den Tagen der Revolution nicht mehr gegeben hatte. Erst dies bewirkte letztendlich den Sieg über Hitler-Deutschland. Das Großdeutsche Reich war auch nach Stalingrad noch keineswegs bezwungen, der völlig übereilt verordnete Vormarsch der Russen kam immer wieder zum Stehen. Der bis zum Sommer 1943 erzielte Terraingewinn war geradezu marginal.

Anfang Juli schickte sich das Oberkommando der Wehrmacht sogar an, die bei Kursk, etwa 250 Kilometer nördlich von Charkow, weit nach Westen vorspringende sowjetische Front durch Rückeroberung wieder zu begradigen. Die Offensive war für den Ausgang des Krieges kaum weniger bedeutend als die Vernichtung der 6. deutschen Armee im Kessel der Wolgametropole. Hitler warf mit den SS-Divisionen „Das Reich", „Totenkopf" und „Adolf Hitler" seine Elitetruppen ins Feld. Die Schlacht im Kursker Bogen wurde zur größten Panzerschlacht der Geschichte, und es war die Rote Armee, die sie nach unermesslichen Verlusten auf beiden Seiten für sich entschied. Danach gab es kein Halten mehr. In den Straßen von Moskau kam es zu ersten spontanen Siegesfeiern. Im Oktober fiel die Dnjepr-Linie, die Hitler als „Ostwall" zur Abschirmung der Ukraine unbedingt hatte halten wollen, und am 6. November war Kiew erobert. Im Süden wurde die Lage an der Krim für die Deutschen kritisch, und im Norden traf man die letzten Vorbereitungen für die endgültige Befreiung von Leningrad. Zum Jahresende war an einigen Stellen sogar schon die Linie erreicht, auf der das „Unternehmen Barbarossa" seinen Anfang genommen hatte.

In der Zwischenzeit hatte Stalin durch eine Serie von Kontakten mit den Westalliierten nichts unversucht gelassen, damit die schnell vorrückende Ost- durch eine Westfront ergänzt würde. Bereits im Mai 1942 war es zur Unterzeichnung eines regelrechten sowjetisch-britischen Vertrages gekommen, und im August desselben Jahres traf Churchill erstmals mit „dem großen Revolutionshäuptling und unergründlichen russischen Staats- und Kriegsmann"[5] zusammen. Die Stimmung bei den Sowjets verdüsterte sich zunächst, als es gleich zu Beginn des Treffens hieß, dass mit einer Landung der Alliierten in absehbarer Zeit nicht gerechnet werden könne. Sie hellte sich aber schlagartig wieder auf, als Churchill versprach, das Bombardement auf Deutschland zu forcieren und nunmehr auch Wohnviertel ins Visier zu nehmen. Stalin bat anschließend zu einem siebenstündigen, sich bis in die Morgenstunden hinziehenden Abendessen, für das er eigenhändig ein Spanferkel zerlegte. Trotzdem erklärte Churchill, nach London zurückgekehrt, dass dieser Mensch „keine Spur von Kameradschaft zeige".[6]

Während General Paulus und die 6. Armee in Stalingrad ihren Todeskampf ausfochten, fand in Casablanca das Gründungstreffen der drei Krieg führenden Länder der Anti-Hitler-Koalition, also der USA, der Sowjetunion und Großbritanniens statt, um über die Bedingungen eines Friedens mit dem besiegten Deutschland zu beraten. Die Formel, die man hierfür fand, war von nun an zentraler Bestandteil aller interalliierten Beratungen und Konferenzen. Sie hieß *unconditional surrender* („bedingungslose Kapitulation").

Stalin sandte an seiner Stelle Molotow nach Casablanca, da er selbst in kein Flugzeug steigen wollte. Nach wie vor herrschte bei den Westalliierten Misstrauen gegenüber dem Sowjetführer. Insbesondere Churchill hütete sich, in Casablanca den Erfolg von Stalingrad auch nur anzusprechen und den abwesenden Kremlherrn dadurch aufzuwerten. Möglicherweise hegten die USA und Großbritannien noch immer den Verdacht, dass er hinter ihrem Rücken einen Sonderfrieden mit Deutschland vorbereitete. Deshalb ist die im Mai 1943 von Stalin verfügte Auflösung der Kommunistischen Internationale primär als eine Vorform vertrauensbildender Maßnahmen gegenüber dem Westen anzusehen. Die westlichen Staaten, die er im Rahmen seiner Kriegsführung gegen Hitler unbedingt bei der Stange halten musste, sollten nicht durch die revolutionäre ‚Wühltätigkeit' von Parteien, deren Befehlszentrale in Moskau saß, verärgert werden. Begonnen hatte diese Strategieänderung an jenem 20. April 1941, als Georgi Dimitroff, der Generalsekretär der Komintern, zu einer Nachtsitzung in den Kreml gerufen und ihm dort eröffnet wurde, dass die kommunistischen Parteien aller Herren Länder ab sofort die volle nationale Selbstständigkeit erhielten. Damals war das Ziel noch gewesen, mit dieser Maßnahme Deutschland zu beruhigen und den Angriff auf die Sowjetunion in letzter Minute zu verhindern; jetzt fand dieses Vorgehen im Kotau vor dem Westen seinen Abschluss, indem die Komintern gleich ganz abgeschafft wurde. Stalin wollte die Invasion an der Kanalküste, auch um jeden ideologischen Preis.

Ende November 1943 trafen die „Großen Drei", Roosevelt, Churchill und Stalin, auf der Konferenz von Teheran zusammen. Roosevelt schrieb im Vorfeld in einem Brief an Churchill: „Er (Stalin) kann die Hartnäckigkeit aller eurer hochgestellten Leute nicht leiden. Er hält mich für sympathischer und ich hoffe, es wird dabei bleiben."[7] Der US-Präsident bezog sein Quartier in der sowjetischen Botschaft in Teheran, die zuvor vom NKWD perfekt verwanzt worden war. Stalin hatte Roosevelt zum Aufenthalt dort überredet, indem er ihm gesagt hatte, die Deutschen planten die Ermordung des US-Präsidenten, weshalb es notwendig sei, ihn an einem sicheren Aufenthaltsort unterzubringen. Das US-Staatsoberhaupt verließ Teheran später geradezu mit einem Gefühl der Glückseligkeit, weil „unsere Beziehungen einen persönlichen Charakter gewannen (...) Wir sprachen wie Männer und Brüder miteinander", ja, er fragte sich sogar, ob Stalins Ausbildung am Priesterseminar „nicht zum Teil die sympathische Eigenart in seinem Wesen"[8] erkläre.

Wenn es auf der Konferenz von Teheran zu Streitigkeiten kam, dann nie zwischen Roosevelt und Stalin, sondern immer nur zwischen Roosevelt und Churchill. Als Letzterer den genialen Plan einer Invasion auf dem Balkan entlang der Donau entwarf, sah Stalin sich sofort durchschaut. Ein solches Unternehmen hätte nicht nur der Niederringung Nazideutschlands, sondern auch der gleichzeitigen Eindämmung der sowjetischen Expansion gedient. Zusammen mit seinem ‚Freund' aus dem Weißen Haus gelang es Stalin, derartige Planungen vom Tisch zu wischen. Alle Kräfte sollten stattdessen auf das Unternehmen „Overlord", die Landung in Nordfrankreich im Sommer 1944, konzentriert werden. Auf russisches Drängen hin wurde mit General Eisenhower dafür bereits ein Oberbefehlshaber ernannt, und Stalin bot in der Pose des erfahrenen Veteranen an, aus „dem reichen Schatz seiner kriegerischen Erfahrungen mit den Deutschen manch wertvollen Rat"[9] zu erteilen. Er verpflichtete sich außerdem, Roosevelt zwei Herzenswünsche zu erfüllen: den Beitritt der Sowjetunion zu einer zukünftigen Weltorganisation der Vereinten Nationen sowie den Eintritt der UdSSR in den Krieg gegen Japan, wenn Deutschland besiegt sei.

Auf der Schlusssitzung fragte der US-Präsident, ob die sowjetische Regierung bereit sei, die abgebrochenen Beziehungen zur polnischen Exilregierung in London wieder aufzunehmen, woraufhin Stalin keinen Zweifel daran ließ, dass er an der Grenzziehung von 1939 festhielt. Als der britische Außenminister Anthony Eden geistesgegenwärtig fragte, ob damit die Ribbentrop-Molotow-Linie gemeint sei, erhielt er zur Antwort: „Nennen Sie es, wie sie wollen!"[10]

Die Westverschiebung Polens auf Kosten Weißrusslands und der Westukraine einerseits sowie der deutschen Ostgebiete andererseits war in Teheran bereits in ihren Grundzügen festgelegt worden. Es gelang nicht einmal, Lemberg aus dem künftigen Ausdehnungsbereich der UdSSR herauszulösen, und auch damit nicht genug. Stalin forderte mit dem nördlichen Ostpreußen einschließlich des eisfreien Hafens von Königsberg seit einem halben Jahrtausend deutsch besiedeltes Gebiet. Unmittelbar nach seiner Rückkehr ließ er in Moskau aus den wenigen polnischen Kommunisten, die nicht ermordet worden waren, einen „Nationalrat" als politische Vertretung der Polen bilden. Dieser sollte der polnischen Exilregierung in London das Vertretungsrecht nehmen und ihm alle künftigen Grenzregelungen bezüglich der Westverschiebung Polens bestätigen. Die ‚Sowjetisierung' Osteuropas hatte begonnen, ihr Praeceptor hatte sich in Teheran in allen Punkten durchgesetzt. Das Kreuzfahrerschwert, das Churchill ihm im Namen König Georgs VI. zum Abschluss mit einem Toast auf „Stalin den Großen"[11] überreichte, nahm er mit perfekt gespielter Rührung entgegen. Der erneut erhobenen Forderung nach einer bedingungslosen Kapitulation der Deutschen gesellte sich in Teheran faktisch bereits die bedingungslose Kapitulation der Westmächte vor den Forderungen der Sowjetunion hinzu. Der Mann, der noch zwei Jahre zuvor im Begriff gewesen war, seine Sachen zu packen und seine Datscha zu sprengen, traf nun alle nötigen Vorbereitungen für eine großflächige sowjetische Expansion in Osteuropa, während die Front noch tief im eigenen Land lag. Das Kräfteverhältnis dort stand Anfang 1944 bereits zwei zu eins: Gut fünf Millionen Rotarmisten standen knapp 2,5 Millionen Wehrmachtssoldaten gegenüber. Leningrad wurde im Januar endgültig befreit. Wohl selten hat es auf einem Kriegsschauplatz des Zweiten Weltkriegs ein stärker zwischen ‚sauberer' und ‚verbrecherischer' Wehrmacht hin und her schwankendes Bild der deutschen Armee gegeben als im Falle der Belagerung Leningrads. Der deutsche Generalquartiermeister Wagner erklärte auf der großen Generalstabsbesprechung am 13. November 1941: „Es kann keinem Zweifel unterliegen, dass insbesondere Leningrad verhungern muss, denn es ist nicht möglich, diese Stadt zu ernähren. Aufgabe der Führung kann es nur sein, die Truppe hiervon und von den damit verbundenen Erscheinungen fern zu halten."[12] Drei Wochen später war ein Vorschlag ausgearbeitet, die Stadt durch flächendeckende Giftgasangriffe zu vernichten. Der Plan wurde verworfen, das ‚Problem' sollte sich durch systematisches Aushungern erledigen. Das Verpflegen von Russen wurde als „missverstandene Menschlichkeit"[13] angeprangert. In der Stadt wurde mit Pferdekadavern und Menschenfleisch gehandelt. Frauen und Kinder forderten auf Spruchbändern im Zentrum der Stadt, Leningrad den Deutschen zu übergeben.[14] Die deutsche 18. Armee, die zur Eroberung Leningrads angetreten war, kam dennoch nicht als ideologisierte Mordmaschine. Insbesondere dem einfachen Soldaten an der Front ist hier in der Regel kein Vorwurf zu machen. Viele versuchten auch vergebens, durch nach oben weitergegebene Meldungen auf die Missstände, die sich vor ihren Augen auftaten, hinzuweisen.

Nicht zufällig am 22. Juni 1944 sah sich die Heeresgruppe Mitte bei Minsk eingekreist und verlor 350.000 Mann durch Tod oder Gefangenschaft. Es war der dritte Jahrestag des deutschen Überfalls auf die UdSSR. Die Sowjets rissen eine vierhundert Kilometer lange Bresche in die deutschen Linien, die nie wieder geschlossen werden konnte. Der Weg nach Litauen und Polen war jetzt frei. In schneller Folge fielen Wilna, Lublin, Brest-Litowsk und Bialystok, und am 31. Juli erreichte die Rote Armee bei Praga am Ostufer der Weichsel die Warschauer Vorstadt.

Hier ließ Stalin den Vormarsch schlagartig zum Stillstand kommen, ging es ihm doch darum, der *Armija Krajowa*, der polnischen Heimatarmee, beim Aufstand gegen die deutsche Besatzungsmacht tatenlos zuzusehen, um dann, nachdem sich beide Seiten aufgerieben hatten, in die restlos zerstörte Stadt einzumarschieren, ohne auch nur einen einzigen Schuss abgeben zu müssen. Der 63 Tage währende Warschauer Aufstand, dem 180.000 Menschen zum Opfer fielen, ist das mit Abstand schwärzeste Kapitel der polnischen Geschichte im Zweiten Weltkrieg. Ziel der *Armija Krajowa* war der bedingungslose Kampf um ein freies Polen. Aus Gründen der Selbstachtung und des nationalen Stolzes ist von der polnischen Geschichtsschreibung lange verschwiegen worden, dass die Heimatarmee dabei zunächst auch mit den Deutschen kollaboriert hatte. Der Grund hierfür lag in der zwischenzeitlich gewonnenen Erkenntnis, dass es Stalin war, der hinter den Morden von Katyn stand. Vor den Augen der Wehrmacht lieferte sich die Heimatarmee daraufhin in Ostpolen, Litauen und Weißrussland einen brutalen Bürgerkrieg mit sowjettreuen Partisanen. Im Februar 1944 trafen sich ihre Vertreter in Vilnius mit SS-Beauftragten zu weit reichenden Verhandlungen. Langfristig wollte man Hitler mit 18 Infanteriebataillonen unter die Arme greifen. Dafür verlangte man die Beendigung des deutschen Terrors und die Wiederherstellung Polens in den Vorkriegsgrenzen. Als Beweis für die Ernsthaftigkeit der eigenen Absichten unterstellte man eine Partisanenbrigade dem deutschem Oberbefehl. Der SS-Oberführer Wilhelm Fuchs notierte in sein Tagebuch, die *Armija* sei „die einzige Kraft, die in der Lage ist, die bolschewistisch-jüdischen Banden niederzuhalten".[15]

Trotzdem kam es nicht zu einer flächendeckenden Zusammenarbeit, weil sich dies für die Londoner Exilregierung als der eigentlichen Befehlszentrale verbot. Stalin seinerseits scheute keine Mühen, um Agenten mit Zersetzungsaufträgen in die Reihen der *Armija* einzuschleusen. Nachdem die Rote Armee Lublin erobert hatte, veranlasste er in einer feierlichen Zeremonie die Errichtung des so genannten „Polnischen Komitees der Nationalen Befreiung", das ausschließlich aus ihm hörigen Kommunisten bestand und später dann zur Keimzelle der ersten Nachkriegsregierung Polens wurde. Der Warschauer Aufstand, der am 1. August 1944 losbrach, war deshalb der letzte Versuch der Polen, die Deutschen aus eigener Kraft zu vertreiben, sich noch vor Ankunft der Roten

Armee in der polnischen Hauptstadt zu etablieren und die Sowjets als Herren im eigenen Haus zu begrüßen. Die Konsequenzen seines Scheiterns reichten bis zur epochalen Zeitenwende der Jahre 1989/90. Noch 1984 wurde der 40. Jahrestag des Warschauer Aufstands in Polen mit spektakulären Angriffen General Jaruzelskis auf den „großgermanischen Expansionismus"[16] der Bundesrepublik Deutschland begangen. Zur zwielichtigen Rolle der Sowjetunion fiel kein Wort.

Da die Wehrmacht vom Ausbruch des Aufstandes völlig überrascht war, nahm die Heimatarmee in den ersten Tagen fast den ganzen Vorstadtgürtel ein, es gelang ihr jedoch nicht, den Flughafen, die Weichselbrücken und den Vorort Praga zu erobern. Schnell wurde deutlich, dass der Frage von Nachschub und Versorgung eine entscheidende Bedeutung zukam. Churchill und die Londoner Exilregierung beschworen Stalin, Hilfe zu leisten, doch dieser nutzte die Situation zur Inszenierung der polnischen Tragödie. Die Versorgungsstaffeln der Westalliierten starteten von Brindisi in Süditalien, warfen Waffen und Nahrungsmittel über Warschau ab und kehrten ohne Zwischenlandung zum Auftanken zurück. Auf das Ersuchen, von sowjetischen Flugplätzen abfliegen zu dürfen, kam aus Moskau ein striktes „Nein". Damit blieben die Aufständischen praktisch auf sich allein gestellt. Am 20. August richteten Churchill und Roosevelt ein gemeinsames Schreiben an ihren Partner in der Anti-Hitler-Koalition: „Wir denken an die Wirkung auf die Weltöffentlichkeit, falls die Nazifeinde in Warschau tatsächlich im Stich gelassen werden (...)"[17] Aber ihr Verbündeter rührte sich nicht. Im Gegenteil, „de facto erneuerte Stalin noch einmal seine Komplizenschaft mit Hitler".[18] Dies war die außenpolitische Rahmenkonstellation, in der das nichtkommunistische Polen blutig erstickte. Stalins wohl berechnetes Kalkül, dass die Westalliierten die Sowjetunion als Kampfgefährten gegen Deutschland nicht fallen lassen würden, bestätigte sich in den Trümmern an der Weichsel. Vor diesem Hintergrund hatten weder die Exilregierung noch die Untergrundarmee irgendeine Chance.

Ohne Zweifel gehörte es zur Tragik des Aufstands, dass die, die ihn auslösten, sich dieser Konstellation nicht bewusst waren. Das Bestreben, vor den anrückenden sowjetischen Truppen politische Selbstständigkeit und Autonomie zu demonstrieren, sollte letztlich nur den eigenen Untergang beschleunigen. Je schwächer der militärische Widerstand Deutschlands gegen Moskau, umso schwächer wurde auch das demokratische Polen, darin bestand das Verzweifelt-Paradoxe des Warschauer Aufstands. Die Wehrmacht sicherte wider Willen den Wirkungsbereich der Heimatarmee. Gleichwohl änderte dies nichts am unerbittlichen Vernichtungskampf zwischen Deutschen und Polen. Am 2. Oktober mussten die von den Ost- und Westalliierten im Stich gelassenen polnischen Offiziere kapitulierten. Das Scheitern der längsten Erhebung im Zweiten Weltkrieg bedeutete gleichzeitig auch das Scheitern des Londoner Exilkabinetts und den Aufstieg der von Stalins Gnaden eingerichteten polnischen sozialistischen Marionettenregierung, die nach ihrem Sitz bald „Lubliner Komitee" genannt wurde. Erst nachdem durch Hitlers wahnwitzigen Befehl in der Weichselmetropole kein Stein mehr auf dem anderen lag, setzte die Rote Armee ihren Vormarsch fort und überrollte mühelos die deutschen Stellungen.

Der Warschauer Aufstand ist in der Forschung schon früh als Ursprung und Beginn des Kalten Krieges bezeichnet worden.[19] Auch wenn das dem einen oder anderen überzogen erscheinen mag, so demonstrierte Stalin mit seinem Verhalten doch, dass die Vernichtung des demokratischen Polen zu den brutalen Tributen gehörte, die der Westen für die sowjetische Mithilfe bei der Niederringung Hitlerdeutschlands zu zahlen hatte. Schon wenige Tage, nachdem die Waffen in Warschau schwiegen, eilte Churchill in den Kreml, um mit Stalin die Konturen der europäischen Nachkriegsordnung festzulegen. Bereits ab dem 6. Juni 1944 war dessen zentrale Forderung erfüllt: Mit der geglückten Invasion in der Normandie wurde die zweite Front endlich errichtet. Gleich zu Beginn der Gespräche präsentierte Churchill den berühmten Zettel, auf dem die Balkanstaaten mit Prozentzahlen versehen waren, die den britischen und den russischen Machtanspruch fixieren sollten. Bei Rumänien und Bulgarien wurde der dominierende russische, bei Griechenland der überwiegend britische Einfluss notifiziert. Nur hinsichtlich Ungarns und Jugoslawiens lautete die Regelung „fifty-fifty". Stalin sagte kein einziges Wort, setzte hinter jedes Land sein Häkchen und schob den Zettel zusammengefaltet wieder zurück. Man geruhte die Beute unter sich aufzuteilen. Im Westen und im Osten setzten die Truppen währenddessen gerade zum Sturm auf die Festung Deutschland an. Allenthalben wurde bereits die Frage gestellt, wer als erster in Berlin sein würde. Am 26. Januar 1945 erreichte die Rote Armee Elbing an der Ostseeküste, womit ganz Ostpreußen auf dem Landweg von Deutschland abgeschnitten war. Die Briten und Amerikaner hatten zugleich im Westen den Rhein bereits fest im Visier. Mit dieser Ausgangslage trafen sich Stalin, Churchill und Roosevelt zur Konferenz von Jalta auf der Krimhalbinsel.

Die Konferenz von Jalta

Wohl selten ist um einen Konferenzort so gerungen worden. Jerusalem, Rom und Athen wurden vorgeschlagen, und der US-Präsident brachte wegen seines schlechten Gesundheitszustands sogar einmal Fairbanks auf Alaska ins Gespräch. Daraufhin machte Stalin unmissverständlich klar, dass das Treffen auf russischem Boden stattfinden würde oder gar nicht. Roosevelt kam am 4. Februar 1945 im Rollstuhl und schon beinahe als Sterbender in Jalta an. Auf dem langen Flug war es ihm so schlecht gegangen, dass er die vom State Department zusammengestellten Aktenkonvolute kaum hatte studieren können und nur mangelhaft vorbereitet in die Gespräche ging. Churchill saßen ungewisse Unterhauswahlen im Nacken.

Die übergreifende Fragestellung des Gipfels lautete, ob die USA, Großbritannien und die Sowjetunion auch nach dem jetzt absehbaren Ende der NS-Herrschaft in Europa konstruktiv zusammenarbeiten könnten „oder ob sie einander demnächst an die Kehle springen würden".[20] Als Churchill davon sprach, dass die zu schaffende globale Organisation der Vereinten Nationen auch dazu in der Lage sein müsste, gegen eine Großmacht vorzugehen, die nach der Weltherrschaft strebe, bat Stalin ihn sofort, den Namen dieses Staates zu nennen.

Die Auseinandersetzungen über die zukünftige Gestalt Deutschlands und Polens nahmen den größten Raum in den Beratungen ein. Sollte das besiegte Land als Einheit erhalten oder aufgeteilt werden? Eine eindeutige Beantwortung dieser Frage wurde im Schlusskommuniqué nicht vorgenommen, Churchill konnte aber durchsetzen, dass gegebenenfalls auch Frankreich eine Besatzungszone und die Mitgliedschaft im Alliierten Kontrollrat erhalten sollte, der als gemeinsame Verwaltung und Administration des besiegten Deutschland ins Auge gefasst wurde. Stalin kritisierte dagegen scharf die erbärmliche Verteidigungsleistung der Franzosen gegenüber Nazideutschland. Im Hinblick auf Polen begann er mit den Worten: „Ich muss jetzt als Soldat sagen, was ich von einem Land verlange, das durch die Rote Armee befreit wird."[21] Und was er verlangte, legte er unmissverständlich dar; nämlich, dass sein ‚Lubliner Komitee' als einzige polnische Nachkriegsregierung anerkannt würde. Erneut machte er den Eintritt der UdSSR in den Krieg mit Japan und ihren Beitritt zur geplanten UNO hiervon abhängig. Man gab seinen Forderungen schließlich mit den Auflagen nach, das Komitee mit einigen ‚demokratischen Führern' zu erweitern und in absehbarer Zeit freie Wahlen zu veranstalten. Beides fiel nach dem Ende der Konferenz schnell der Vergessenheit anheim.

Kaum weniger gewichtig war die Frage, wie das neue Polen territorial definiert sein sollte. Hier nun kamen die ‚Großen Drei' überraschend schnell überein, dass die Curzon-Linie unter Einschluss von Lemberg die sowjetische Westgrenze bilden und Polen dafür mit „beträchtlichen"[22] deutschen Gebieten östlich von Oder und Neiße entschädigt werden sollte. Churchill warnte zwar davor, „die polnische Gans mit so viel deutschem Futter voll zu stopfen, dass sie an Verdauungsschwierigkeiten zu Grunde"[23] ginge, aber das blieb in den Wind gesprochen. Am 8. Februar ging man wieder auseinander. In der Tat fand in Jalta keine ‚Übergabe' Osteuropas an die UdSSR statt, sondern „vielmehr wurde festgeschrieben, was bereits verloren war".[24] Es ist erstaunlich, dass eventuell zu ergreifende Maßnahmen gegen die systematische Judenvernichtung durch die Deutschen, über deren Ausmaß Roosevelt durch seinen Geheimdienst bereits seit dem März 1942 hinreichend informiert war, bei keiner der Beratungen in Jalta eine nennenswerte Rolle gespielt haben. Im Juni 2000 freigegebene US-Dokumente belegen dies. Die Rote Armee hatte sogar schon die ersten Vernichtungslager befreit, und es wäre eine Selbstverständlichkeit, ein Triumph von Zivilisation und Menschlichkeit gegen den SS-Terror gewesen, wenn Stalin die Kenntnis und den Bericht hierüber ins Zentrum seiner Ausführungen gestellt hätte. Er tat es nicht.

Gerhart Riegner, Repräsentant des Jüdischen Weltkongresses in Genf und später dessen Generalsekretär in New York, schickte am 8. August 1942 folgendes Telegramm ab: „Erhielt alarmierenden Bericht, im Führerhauptquartier sei Plan diskutiert und erwogen, dass in deutsch besetzten und kontrollierten Ländern alle Juden, Anzahl dreieinhalb bis vier Millionen, nach Deportation und Zusammenfassung im Osten mit einem Schlag ausgerottet" werden sollen.[25] Die Diplomaten im State Department gaben das Schriftstück nicht weiter, weil sie antisemitisch gesonnen waren oder es für ein „wildes, von jüdischen Ängsten inspiriertes Gerücht"[26] hielten. Die US-Botschaft in Bern wurde angewiesen, „Informationen dieser Art"[27] in Zukunft nicht mehr entgegenzunehmen. Zwar ließ Roosevelt das *War Refugee Board* einrichten, aber nicht einmal zehn Prozent der US-amerikanischen Einwanderungsquoten für Juden wurden ausgeschöpft. Als Grund dafür hieß es von offizieller Seite, dass keine Transportkapazitäten auf Schiffen zur Verfügung stünden, was schlichtweg gelogen war.

Im Verlauf des Jahres 1944 nahmen 2800 US-Bomber kriegswichtige Erdöleinrichtungen in Südpolen ins Visier. 223 von ihnen trafen industrielle Ziele rund um Birkenau. Mehrfach griffen Bomber die Buna-Werke der I.G. Farben in Monowitz an, keine fünf Kilometer entfernt von den Gaskammern in Auschwitz, von denen man inzwischen unzweideutige Aufklärungsfotos besaß. Es wäre ein Leichtes gewesen, die Verbrennungsöfen zu zerstören. Walter Mondale, Vizepräsident in der Administration Carter, urteilte, dass die Vereinigten Staaten in der NS-Zeit „den Zivilisationstest nicht bestanden"[28] hätten, und Gerhart Riegner zog kurz vor seinem Tod im Dezember 2001 die Bilanz: „Es fehlte der Wille zum Retten. (...) Die meisten Länder hatten Angst, dass man ihnen die Juden auf den Hals schickt. Da war es ihnen lieber, sie wurden umgebracht, irgendwo weit weg."[29]

Das Schicksal der europäischen Juden spielte für die Kriegszielplanung der Alliierten nicht die geringste Rolle. Ihre Strategie der „Rettung durch Sieg" lief darauf hinaus, „dass zu dem Zeitpunkt, an dem der Sieg erreicht war, kaum noch jemand übrig war, den man retten konnte".[30] Was mag im US-Präsidenten vorgegangen sein, als Stalin ihm Berija in Jalta als „unseren Himmler"[31] vorstellte? Roosevelts Naivität im Umgang mit dem ‚roten Meister des Todes' wurde oft kritisiert, aber nach der Konferenz, in seinen letzten Lebenstagen, war er sicherlich nicht mehr geneigt, Stalin wie früher „Onkel Joe" zu nennen. Trotzdem ließ er ihm dort alles durchgehen, vielleicht weil er längst auf die Atombombe baute, die ihm langfristig die militärische und politische Überlegenheit sichern würde, wobei er nicht wusste, dass die Pläne zur Konstruktion der neuen Superwaffe zu dem Zeitpunkt bereits durch Stalins (deutsche) Spione nach Moskau übermittelt waren. Schon einen Monat nach dem Treffen auf der Krim fühlte sich der Sowjetdiktator praktisch an nichts mehr gebunden, was er dort zugesagt hatte. Von Misstrauen und Hass erfüllte Botschaften wechselten jetzt von der Moskwa an den Potomac. Franklin Delano Roosevelt starb am 12. April 1945.

Die Vertreibung der Deutschen

In Jalta wurde auch die Vertreibung von 15 Millionen Ostpreußen, Schlesiern, Pommern und Sudetendeutschen aus ihrer Heimat vereinbart. Im August 1941 hatten sich Churchill und Roosevelt getroffen, um Grundsätze und Prinzipien für die durch den deutschen Angriffskrieg bedrohten Nationen zu entwickeln. In der hieraus entstandenen Atlantik-Charta hieß es, „sie wünschen keine Gebietsveränderungen, die nicht mit den frei geäußerten Wünschen der betroffenen Völker übereinstimmen".[32] Die Sowjetunion hatte nicht gezögert, ihre Zustimmung zu der Charta zu geben. Großbritannien erklärte den NS-Herrschern 1939 ja ausdrücklich deshalb den Krieg, weil es die bestehenden polnischen Grenzen im Westen und Osten garantiert und erhalten sehen wollte. Der Vormarsch der Roten Armee Anfang 1945 belegte jetzt aber einmal mehr, dass im Lauf der Geschichte nicht die faktische Kraft von Normen, sondern die normative Kraft des Faktischen oft den Ausschlag gibt. Das sowjetische Vordringen nach Westen trieb zuerst die Polen und dann die Deutschen vor sich her und stellte die Schöpfer der Atlantik-Charta vor vollendete Tatsachen, denen sich diese mehr oder weniger klaglos beugten. Schon am 15. Dezember 1944 erklärte Churchill im britischen Unterhaus: „Die nach unserem Ermessen befriedigendste und dauerhafteste Methode ist die Vertreibung. (...) Man wird reinen Tisch machen."[33] Zwar wurden vor, während und nach den großen Kriegskonferenzen alle nur möglichen Schutz- und Kontrollmaßnahmen erarbeitet, ihre Umsetzung scheiterte aber an Stalins Intransigenz.

Unmittelbar vor dem Gipfel auf der Krim flogen der britische und der

US-Außenminister nach Malta, um ihr Vorgehen abzustimmen. In dem dort verabschiedeten Memorandum hieß es: „Wir sollten uns nachdrücklich den Bestrebungen widersetzen, die polnische Grenze bis an die Oder-Linie oder an die Oder-Neiße-Linie vorzuschieben."[34] Alfred Maurice de Zayas schrieb deshalb zum Ergebnis von Jalta: „Die Weigerung, eine verbindliche Entscheidung über Polens Westgrenze zu treffen, war ein etwas kläglicher Versuch der westlichen Alliierten, ihre Verhandlungsposition gegenüber den Russen zu behaupten (...)".[35] Churchill immerhin gab zu bedenken, dass viele Engländer über die Vertreibung von Millionen Menschen aus den Ostgebieten schockiert sein würden, woraufhin Stalin mit der stupenden Lüge konterte: „Dort sind keine Deutschen mehr. Wenn unsere Truppen kommen, rennen die Deutschen weg."[36] Richtig daran ist, dass wohl keiner der Ostpreußen, Schlesier und Pommern die Nachricht von der bevorstehenden Ankunft der Roten Armee als Befreiung empfunden hat, sondern dass sie lieber Hals über Kopf ihre Sachen packten.

Allerdings lebten bei Kriegsende immer noch fünf Millionen Deutsche östlich von Oder und Neiße, die dort von Seiten der Sowjets zunehmenden Schikanen bis hin zu systematischem Terror ausgesetzt waren. Im direkten Benehmen Stalins mit dem Dichter Ilja Ehrenburg entstanden systematisch verteilte Hetzschriften für die Frontsoldaten, in denen jeder Tag als schlecht und verloren deklariert wurde, an dem sie nicht einen Deutschen getötet oder sich nicht eines dieser „blonden Weiber" genommen hätten. Die Vertreibungsverbrechen waren also keine Einzelaktionen blindwütig marodierender Rotarmisten, sondern eine staatlicherseits geduldete oder sogar gelenkte Form der Ausmerzung und Liquidation, deren pseudospontaner Charakter später bewusst dazu benutzt wurde, um sie als „verständliche Racheakte" oder „bedauerliche Einzelfälle"[37] hinzustellen. Erst Mitte der siebziger Jahre des 20. Jahrhunderts wagte Lew Kopelew die Frage zu stellen: „Warum entpuppten sich so viele unserer Soldaten als gemeine Banditen, die rudelweise Frauen und Mädchen vergewaltigten – am Straßenrand, im Schnee, in Hauseingängen (...)?"[38] Die Antwort liegt in der vielschichtigen Natur des Menschen und erfordert ein Eingehen auf die Situation der sowjetischen Soldaten.

Während in weiten Teilen Schlesiens und Pommerns wegen des forcierten Vorstoßes auf Berlin oft nur Uhren und andere Luxusartikel eingesammelt werden konnten, ist für das sich vom Ermland bis zur Weichselmündung erstreckende Terrain eine Häufung bestialischer Vergewaltigungen und Sexualmorde nachgewiesen. Wie ehemalige Offiziere der Roten Armee bestätigt haben, wurden hier ganze Städte und Ortschaften erst erstürmt und dann zur Plünderung freigegeben – mit allen Folgen. Aber es war auch eine systematische Erziehung zum Hass, die hier ihre fatale Wirkung entfaltete.

Im November 1942 hatte sich die „Außerordentliche Staatskommission für die Feststellung und Untersuchung der Verbrechen der deutschen faschistischen Eindringlinge" konstituiert. Für ihre Kommuniqués, die an der Front jedem in die Hand gedrückt wurden, der lesen und schreiben konnte, brauchte sie nichts zu erfinden. Aufschlussreich ist, dass zwar in der regierungsoffiziellen sowjetischen Propaganda kein Wort über die in den befreiten KZ und Vernichtungslagern bekannt gewordenen Gräuel verloren wurde, dass aber allein im Herbst 1944 über vierzig Fahrten mit mehr als 2500 Teilnehmern, „in der Hauptsache Offiziere, Politarbeiter und Agitatoren"[39], in das KZ Majdanek bei Lublin organisiert wurden, wo sich der Roten Armee ein unbeschreibliches Bild industrieller Massentötung von deutscher Hand geboten hatte. Die hier ‚geschulten' Kräfte spielten eine entscheidende Rolle beim Erstürmen der ‚Festung Deutschland'. Da das Gebiet östlich von Oder und Neiße im streng geheimen sowjetisch-polnischen Grenzabkommen vom 27. Juli 1944 bereits der Lubliner Marionettenregierung unterstellt worden war, musste jetzt noch das Erforderliche getan werden, damit die dort ansässigen Menschen die Flucht ergriffen. Ein Mitglied dieser Lubliner Regierung verlangte, man müsse die Deutschen „mit allen Mitteln los werden, sogar wenn sich diese Gebiete dadurch in eine Wüste verwandeln sollten".[40] Hier ging es weniger um den gewollten Exzess als um kalte administrative Gewalt. Längst bevor Stalin auf der Konferenz von Jalta eine Pseudozustimmung dafür einholte, hatte er mit entsprechenden Direktiven verfügt, dass die sich einer Vertreibung widersetzenden Deutschen zur Zwangsarbeit in die Sowjetunion zu verschleppen seien.

Auf einem wiederum anderen Blatt stehen die Tiefliegerangriffe auf die unendlichen Flüchtlingstrecks aus Alten, Frauen und Kindern, die

Bombardierung des Eises auf dem Frischen Haff, auf dem über eine halbe Million Menschen nach der Einschließung Ostpreußens Pillau und andere rettende Häfen auf der Nehrung zu erreichen versuchten, sowie das gezielte Versenken von mit Flüchtlingen überladenen Schiffen wie der „Wilhelm Gustloff". Auf diese Art und Weise sind über zwei Millionen Menschen verhungert, erfroren, ertrunken, verschleppt oder erschossen worden. 400.000 dieser Todesfälle gingen auf die konkrete Einwirkung bzw. auf Verbrechen der Roten Armee zurück. Die Zahl der vergewaltigten Frauen wird auf 1,4 Millionen geschätzt. Viele von ihnen nahmen sich danach das Leben.

Da die Malträtierungen der in ihrer Heimat verbliebenen Deutschen auch nach der Kapitulation anhielten, sah sich die vom 17. Juli bis zum 2. August 1945 nach Potsdam anberaumte Nachkriegskonferenz vor akuten Handlungsbedarf gestellt. Dabei war es tabu, das Wort „Vertreibung" in den Mund zu nehmen, geschweige denn in einem offiziellen Dokument zu verwenden. Im Artikel XIII des Potsdamer Abkommens, in dem über den so genannten „Transfer" aus den Ostgebieten beschlossen wurde, heißt es vielmehr, „dass jede derartige Überführung, die stattfinden wird, in ordnungsgemäßer und humaner Weise erfolgen soll".[41] Damit war westlicherseits ein Wunschdenken kodifiziert, das schon vor der Jalta-Konferenz Platz gegriffen hatte: eine so genannte *Population Transfers Commission* – die nie zusammengetreten ist – sollte den stufenweisen geordneten und friedlichen Ablauf der ‚Umsiedlung' sowie Entschädigungen für zurückgelassenes Eigentum gewährleisten. Außerdem sollte die Zahl der Betroffenen auf maximal sieben Millionen Menschen beschränkt werden.

Die Wirklichkeit sprach alledem Hohn. Auch Artikel XIII des Potsdamer Abkommens stellte keine Billigung oder Legalisierung der Vertreibung dar. Es war ein aus Eile und Not erzwungener Passus, weil die wilden, jedes Kontingent überschreitenden Vertreibungen aus den deutschen Ostgebieten in der amerikanischen und britischen Besatzungszone zu völlig chaotischen, auch die einheimische Bevölkerung überfordernden Verhältnissen geführt hatten. Ganze Familien mussten mit Polizeigewalt in die ihnen zugewiesenen Quartiere gebracht werden, weil die Hausbesitzer Tür und Tor vernagelten bzw. sie wieder auf die Straße setzten. Elend, Verzweiflung und Hunger machten sich breit. Genau das war es, was Stalin wollte. Er hatte die Vertreibung bewusst so aggressiv inszeniert, damit der Aufbau eines geordneten gesellschaftlichen Lebens in den Westzonen unmöglich und die Bevölkerung für radikale, kommunistische Losungen und Lösungen empfänglich werden sollte. Den Flüchtlingen war sozusagen die Aufgabe zugedacht, wider Wissen und Willen da weiterzumachen, wo die Rote Armee am 8. Mai 1945 hatte stehen bleiben müssen.

Jetzt meldete sich auch bei Churchill das schlechte Gewissen. Auf einmal sah er „ein Unrecht im Werden, gegen das unter dem Gesichtspunkt der künftigen Befriedigung Europas Elsaß-Lothringen und der Polnische Korridor nicht viel mehr als Kleinigkeiten waren".[42] Die Entschärfung des Problems sah so aus, dass man die ‚Problemgruppe' – immerhin 15 Millionen Menschen – disziplinierte und diskriminierte. Die Alliierten untersagten den Vertriebenen, sich in Vereinigungen und Verbänden zusammenzuschließen, und aus der UN-Flüchtlingsorganisation wurden sie ausgeschlossen.

Stalin schuf schnell vollendete Tatsachen. In den „wiedergewonnenen Gebieten", wie das seit dem 12. Jahrhundert mehrheitlich von Deutschen bewohnte und kultivierte Land ab sofort genannt wurde, ließ er schon im März 1945 die fünf neuen Woiwodschaften Masuren, Pommern, Oberschlesien, Niederschlesien und Danzig bilden. Sie wurden seiner Lubliner Marionettenregierung unterstellt. Die Vertreibung der Menschen aus ihrer Heimat war zu dem Zeitpunkt noch in vollem Gange. Nur die wenigsten ahnten, dass sie nie wiederkehren würden. Im Juni nahm das „Staatliche Repatriierungsamt" in Warschau seine Arbeit auf. Es koordinierte die Zwangsumsiedlung der Ostpolen in die deutschen Ostgebiete, wo sie noch niemals zuvor in ihrem Leben gewesen waren. Die Westalliierten, die mit dem festen Vorsatz nach Potsdam gefahren waren, das Ausgreifen Polens bis zur Oder und Neiße zu verhindern, gaben schon nach wenigen Tagen klein bei. Warum sollten sie sich in der Stunde ihres Triumphes über Nazideutschland, das so viel Leid über die Welt gebracht hatte, auch zum Anwalt eines Volkes machen, nur weil Ostpreußen, Schlesier und Pommern in ihm ein anderes Nachkriegsschicksal hatten als Schwaben, Hessen oder Friesen? Sie nahmen das Unrecht mit „verstörtem Gewissen"[43] hin und schwiegen. Im bald einsetzenden Kalten Krieg wurde das Thema „Flucht und Vertreibung" dann seiner historischen Kausalität entkleidet und als politischer Kampfbegriff benutzt – diesseits des Eisernen Vorhangs. Auf der anderen Seite blieben seine Wehen und Wahrheiten so lange tabu, bis mit dem Fall der Berliner Mauer alle staatlich verordneten Erinnerungsverbote in sich zusammenbrachen.

Der Sturm auf Berlin

Am 28. März 1945 übersandte General Eisenhower Stalin eine persönliche Botschaft, in der er ihm mitteilte, dass die Amerikaner den Hauptstoß ihrer Frühjahrsoffensive nicht auf Berlin, sondern entlang der Linie Erfurt-Leipzig-Dresden führen würden. Stalin konnte sein Glück kaum fassen, fand aber schnell zur gewohnten Verschlagenheit zurück. In seiner Antwort erklärte er, dass Berlin „seine frühere strategische Bedeutung verloren"[44] habe, die Sowjets zur Eroberung der Stadt auch nur Truppen zweiter Wahl einsetzten und schlug ein Zusammentreffen von US-Army und Roter Armee im Raum Thüringen und Sachsen vor, wo es am 25. April zum berühmten Händedruck bei Torgau an der Elbe kam. Berlin war zu diesem Zeitpunkt schon vollständig eingekreist. Selbst in dieser Situation, in der eine absolute militärische Überlegenheit gegenüber den Deutschen herrschte, fällte Stalin völlig übereilte, stümperhafte Entscheidungen und befahl mangelhaft vorbereite Angriffe, die erneut unsinnige Menschenopfer kosteten. Obwohl das Stärkeverhältnis teilweise bei zehn zu eins lag, sind allein bei der Eroberung Berlins mehr Russen gefallen als die Amerikaner im gesamten Zweiten Weltkrieg Soldaten verloren.[45] Am 2. Mai 1945 marschierte die Rote Armee in die in Trümmern liegende Reichshauptstadt ein.

Der Sieger

Stalin stand im Zenit seiner Macht. Er war Generalsekretär der Partei, Vorsitzender des Rates der Volkskommissare – der 1946 wieder in die einzelnen Ministerien umbenannt wurde – und Oberbefehlshaber der Armee, zuletzt im Rang eines Marschalls. Wo auf der Welt vereinigte sonst noch jemand so viele Kompetenzen in einer Hand? Am 24. Juni 1945, anlässlich der offiziellen Siegesfeier auf dem Roten Platz, verlieh er sich auch noch den byzantinisch anmutenden Titel eines „Generalissimus". Als Schukow es wagte, dies mit der Bemerkung zu kommentieren, dass sich auch „so verrufene Persönlichkeiten wie Franco und Tschiang Kai-schek"[1] mit solchen Auszeichnungen schmückten, bedeutete das für ihn den Anfang vom Ende. Anfang 1946 bezeichnete Stalin Schukow in einer Sitzung des Obersten Militärrates als „Verräter" und „getarnten Feind"[2], der verhaftet und verurteilt werden müsse. Zugleich wagte er es aber nicht, Schukow ermorden zu lassen. Ihm war nämlich nur zu klar, wer bis in die untersten Ränge der Roten Armee hinab als der eigentliche Sieger des Zweiten Weltkriegs galt. Der „Held von Moskau" wurde deshalb nur als Oberkommandierender des Heeres abgelöst und durch die Übertragung der Leitung des Militärbezirks Odessa auf subalternem Posten kalt gestellt.

Im April 1945, kurz bevor die Waffen schwiegen, sprach Stalin jenen Satz aus, der zu den meistzitierten gehört und der zu seinem außenpolitischen Programm wurde. Er lautet: „Dieser Krieg ist nicht wie in der Vergangenheit; wer immer ein Gebiet besetzt, erlegt ihm auch sein eigenes gesellschaftliches System auf. Jeder führt sein eigenes System ein, so weit seine Armee vordringen kann. Es kann gar nicht anders sein."[3] Das hieß noch lange nicht, dass in dem riesigen Gebiet bis an die Linie Lübeck-Triest, das seiner Herrschaft durch den Vormarsch der Roten Armee anheim gefallen war, jetzt sofort der Kommandosozialismus eingeführt wurde. Die vordringlichste Maßgabe blieb es, das einmal Errungene um jeden Preis zu sichern. Die millionenfachen Opfer, die die Sowjetunion während des Krieges zu beklagen gehabt hatte, sollten nicht umsonst gewesen sein, sondern das Land ein für alle Mal als imperiale Weltmacht installieren. In diesem Sinne machte Stalin sich an die Konsolidierung der Kriegsbeute.

Die Sowjetunion auf dem Weg zur Weltmacht

Dass zunächst die baltischen Republiken, Ostpolen, die Karpato-Ukraine und Bessarabien annektiert wurden, machte Stalin doch noch zum eigentlichen Gewinner des Hitler-Stalin-Paktes von 1939. Was Finnland anging, so wurde auch hier anfangs noch die Forderung nach Anschluss an das sowjetische Staatsgebiet erhoben. Das nach Westen verschobene Restpolen, Ungarn, die Tschechoslowakei, Rumänien und Bulgarien wurden konsequent auf die kommunistische Machtübernahme vorbereitet. Eines der wichtigsten strategischen Anliegen war es, dem gefesselten kontinentalen Riesen durch die Öffnung von eisfreien Meereszugängen auch maritime Weltgeltung zu verschaffen. Die Okkupation Königsbergs war dafür der Anfang, die Fortsetzung bildete der Versuch, den Dänen Stützpunkte zur Kontrolle der Ostseeausgänge und den Briten Fehmarn als Horchposten abzupressen. Die freie Durchfahrt durch den Nord-Ostsee-Kanal wurde als selbstverständlich vorausgesetzt. Im Süden bahnte man sich mit der Einrichtung von Militärstützpunkten am Bosporus den Weg zum Schwarzen und zum Mittelmeer.

Über die Sowjetrepubliken Georgien und Armenien sollten Teile aus der östlichen Türkei ‚herausgebrochen' werden. Um in Griechenland den entscheidenden Einfluss zu erringen, wurden im dortigen Bürgerkrieg die Kommunisten unterstützt. In Südosteuropa erwuchs der UdSSR ausgerechnet der Kommunist Josip Broz Tito zum Hauptgegner, indem er dem sowjetischen Hegemonialstreben den Plan einer Balkanföderation unter jugoslawischer Führung entgegensetzte. Auch im neu gegründeten Israel hoffte man auf eine starke Stellung der kommunistischen Partei. Durch die Pachtung von Stützpunkten in Libyen und Tanger wollte man Einfluss in Nordafrika gewinnen. Mit dem Bestreben, das iranische und das sowjetische Aserbeidschan zu vereinigen und

Afghanistan – vergleichbar der Mongolei – unter Moskauer Vormundschaft zu halten, zielte man darauf ab, die Transportwege des Erdöls als zentralen Energieträgers unter Kontrolle zu bekommen.

Das nördliche China und die Mandschurei wurden in den letzten Kriegstagen noch schnell besetzt, und Kim Il Sung, Absolvent der sowjetischen Militärakademie, im Norden Koreas als verlängerter Arm Moskaus installiert, nachdem dort die Kommunisten, die den eigentlichen Widerstand gegen die japanischen Besatzer geleistet hatten, ermordet worden waren. Dem Reich des Tenno hatte Stalin opportunistisch in allerletzter Minute noch den Krieg erklärt, um auch dort, so wie in Deutschland und Österreich, eine Besatzungszone zugeteilt zu bekommen, was ihm die Vereinigten Staaten jedoch kategorisch verweigerten. Immerhin nahm er sich Sachalin und die Kurilen und damit Rache für die Niederlage des kaiserlichen Russland im Jahr 1905. Mit dem neutralen Indien schließlich wollte man in feste, langfristige Bündnisbeziehungen eintreten, was auch gelang.

Die Potsdamer Konferenz

Alle diese geostrategischen Maßnahmen der UdSSR können ohne Zweifel als Griff nach der Weltmacht bezeichnet werden. Die Zaren hätten angesichts des teils vollzogenen, teils auf den Weg gebrachten imperialen Ausgreifens und der weltpolitischen Geltung, mit der der ‚rote Zar' jetzt zur alles entscheidenden Nachkriegskonferenz nach Potsdam aufbrach, vor Neid erblassen müssen.

Natürlich würde der Umgang mit dem mühsam niedergerungenen Deutschland auf der in das pittoreske Schloss Cecilienhof bei Potsdam einberufenen Konferenz ganz oben auf der Tagesordnung stehen. Was sollte mit dem Land geschehen? Sollte es als Ganzes erhalten oder geteilt werden? Und vor allem: Welche der beiden Lösungen wollte Stalin? Die Antwort ist banal: Er wusste es selbst nicht. Aufgrund der Tatsache, dass er fortwährend konträre Anweisungen und Einschätzungen von sich gab und – eigentlich bis zu seinem Tode – diametral auseinander liegende Optionen propagierte, nährte er die bis heute fortwirkenden Spekulationen und Legendenbildungen, nach denen er als Vorkämpfer und Verfechter eines ungeteilten, parlamentarisch-demokratischen

Deutschland anzusehen sei. Da Roosevelt ihm auf der Konferenz von Jalta im Februar 1945 gesagt hatte, die öffentliche Meinung in den Vereinigten Staaten würde es ihm wohl kaum erlauben, die US-Truppen länger als zwei Jahre in Europa zu halten, ging es jetzt darum, rechtzeitig in das dadurch absehbare militärische und politische Vakuum jenseits der Elbe einzudringen.

Auf der Potsdamer Konferenz vom 17. Juli bis zum 2. August 1945 verkörperte der Kremlchef die einzige Kontinuitätsfigur, da Churchill eine Woche nach der Eröffnung der Tagung als britischer Premier abgewählt worden und Truman an die Stelle des verstorbenen Roosevelt getreten war. Frankreich erhielt trotz verständlicher sowjetischer Proteste einen Sitz im Alliierten Kontrollrat sowie im neu gegründeten ständigen Rat der Außenminister, der den – nie verabschiedeten – Friedensvertrag mit Deutschland ausarbeiten sollte. Die Entscheidung, Deutschland auch nach der Einteilung in Besatzungszonen wirtschaftlich als Einheit zu behandeln, verliert bei näherem Hinsehen beträchtlich an Bedeutung, da hinter diesem Beschluss von sowjetischer Seite der Plan stand, auch aus den Westzonen beliebig Reparationsleistungen herauszuziehen. Die Weigerung der Westmächte, dem stattzugeben, markierte bereits den Beginn der Teilung Deutschlands, zunächst einmal in zwei Wirtschaftsgebiete.

Stalins ökonomische Vorstellungen für das besetzte Deutschland sahen so aus, dass ihm in der eigenen Zone niemand hineinzureden hatte, während er sich aus den anderen alles nahm, was er brauchte. Letztlich wurde auf der Konferenz, die so vieles entscheiden sollte, fast nichts entschieden, und wenn man die außereuropäische Dimension betrachtet, ging es nicht einmal um die Schaffung von Frieden, sondern um die Fortsetzung eines Krieges, der ‚heißer war als tausend Sonnen'. Truman hatte nämlich am Tag nach seiner Ankunft in Potsdam die Nachricht erhalten, dass der erste Test einer Atombombe auf dem amerikanischen Testgelände in New Mexiko erfolgreich gewesen sei, und er gedachte, gegenüber der Sowjetunion an der Pazifikfront sofort mit diesem ungeheuren Pfund zu wuchern. Im Grunde genommen waren auch hier aus den einstigen Verbündeten längst Gegner geworden.

Der Wettlauf um die Atombombe

Mitten in einer der Sitzungen im Schloss Cecilienhof nahm Truman Stalin beiseite, um ihm mitzuteilen, dass die USA über eine nukleare Waffe mit schlichtweg unvorstellbarer Zerstörungskraft verfügten. Der Coup missglückte jedoch, denn Stalin erschien so gelangweilt, dass der US-Präsident ihm alles noch ein zweites Mal erzählte, woraufhin der Angesprochene, dem lediglich ein „Ich danke für den Hinweis"[4] zu entlocken war, äußerlich ungerührt den Raum verließ. Sein Verhalten hatte einen denkbar einfachen Grund: Er war bereits über alles informiert. Seit 1941 hatte eine regelrechte Armada von Agenten, Informanten, Überläufern und Geheimdienstlern das gesamte US-Atombombenprojekt ausgeforscht. Eben erst hatte Stalin das 33-seitige Dossier eines gewissen Klaus Fuchs erreicht, eines deutschstämmigen Physikers in US-amerikanischem Salär, mit dem die gesamte Technik der Atombombe, vom Zündungsmechanismus bis zur Detonationskraft, komplett verraten worden war. Diese Kenntnisse ermöglichten den Sowjets den Bau einer eigenen A-Bombe, der jetzt mit geradezu fieberhafter Besessenheit vorangetrieben wurde. Zwar hatte es seit Ende 1938 auch in der UdSSR Arbeiten an einem „Uranprojekt" gegeben, sie hatten aber nach dem Überfall der Deutschen ein merkwürdiges Ende gefunden: Nicht nur der Zustrom deutscher, sondern auch der US-amerikanischer und britischer Fachzeitschriften wurde nämlich nun abrupt unterbunden, und allein kamen die Sowjets nicht weiter.

Da traf es sich nur zu gut, dass in London ein Mann mit den emigrierten Kommunisten Sonja und Jürgen Kuczynski Kontakt aufnahm, der hier Abhilfe versprach, nämlich eben jener Klaus Fuchs. Fuchs war als Sohn eines Kieler Pastors geboren worden, der es 1912 gewagt hatte, schon zu Kaisers Zeiten das Parteibuch der SPD anzunehmen. Im Januar 1933 hatten ihn junge SA-Leute ins eiskalte Wasser der Förde gestoßen und ihn so lange untergetaucht, bis er mit seinem Leben abschloss. Von diesem Moment an stand für ihn eines fest: Er wurde Kommunist und blieb es bis zu seinem letzten Atemzug. Er emigrierte nach England, absolvierte dort ein Physikstudium mit hervorragendem Abschluss und wurde 1943 Mitglied jenes hochkarätigen Forscherteams, das unter der Leitung von J. Robert Oppenheimer in Los Alamos an der Atombombe arbeitete. Dort verriet er alles an die Sowjetunion, was ihm zu Gesicht kam. Igor Kurtschatow, der ‚russische Oppenheimer', bezeichnete das von ihm via London übermittelte Material als von „unschätzbarer Bedeutung".[5] Mitten im heißen Krieg begann unter den beiden großen Verbündeten der Anti-Hitler-Koalition bereits der unerbittliche Wettlauf, der als „nukleares Patt" den Kalten Krieg beherrschen sollte.

Schnell setzte sich im Weißen Haus die Überzeugung durch, dass die Wunderwaffe nur dann ihren Zweck als Einschüchterungsinstrument gegenüber den Sowjets erfüllen könnte, wenn sie auch zum Einsatz käme. Abweichende Stimmen, wie die General Eisenhowers, wonach „es nicht nötig war, den Japsen dieses schreckliche Zeug draufzuknallen"[6], fanden kein Gehör. Dabei hatte er Recht, denn das Land der aufgehenden Sonne stand wohl zu diesem Zeitpunkt bereits vor der totalen Zerstörung. Allein in Tokio hatten flächendeckende US-Bombardements im Frühjahr 1945 85.000 Tote gekostet. Der Abwurf der ersten Atombomben auf Hiroshima und Nagasaki am 6. und 8. August 1945, der hunderttausenden unschuldiger Menschen einen grausamen Tod brachte, galt also primär gar nicht Japan, sondern der rechtzeitigen Abwehr sowjetischer Ansprüche auf Japan sowie auf das nordchinesische Festland und die Mandschurei.

Die Nachricht vom ‚erfolgreichen' Einsatz der Atombombe löste beim sowjetischen Forschungsteam um Igor Kurtschatow tiefe Niedergeschlagenheit aus. Andrej Sacharow, einer seiner Mitarbeiter, war ebenfalls bestürzt darüber. Stalin erkannte blitzschnell, dass es jetzt um die eigentliche Machtfrage der Zukunft mit dem Machtmittel der Zukunft ging, und versah die eigenen Forschungen zur Atombombe mit der Dringlichkeitsstufe Eins. Obwohl er bis zu seiner Abfahrt nach Potsdam sage und schreibe dreihundert Agentenmeldungen zum Stand des *Manhattan-Projekts* erhalten hatte, blieb sein notorisches Misstrauen auch hier so lange erhalten, bis der Abwurf der Atombomben über Hiroshima und Nagasaki den tödlichen Beweis lieferte, dass es sich nicht um ein Täuschungsmanöver der Amerikaner handelte. Jetzt wurde in den Laboren der UdSSR unter Hochdruck an der sowjetischen Atombombe gearbeitet. Schon am 20. August 1945 war ein Sonderkomitee gegründet worden, dessen einzige Aufgabe in der Fertigstellung der Bombe bestand. Den Vorsitz führte Lawrenti Berija, der von Kernenergie nicht die geringste Ahnung hatte. Er fungierte als Kontrolleur und Antreiber, der Stalin wöchentlich Rapport zu erstatten hatte.⁷ Am 25. Dezember 1946 kam die erste atomare Kettenreaktion in der UdSSR in Gang. Sowohl die Relativitäts- wie auch die Quantentheorie wurden jedoch als bürgerliche Irrlehren verworfen, wogegen sich die Fachleute natürlich wehrten und Berija die Einstellung des gesamten Projekts ankündigten. Jetzt schaltete sich Stalin persönlich mit der Anweisung ein: „Lass sie in Ruhe. Wir können sie später immer noch erschießen."⁸ In Tscheljabinsk am Ural errichteten 70.000 Zwangsarbeiter die erste sowjetische Atomfabrik zur Umwandlung von Uran in Plutonium. Gut zwei Jahre später waren ausreichende Mengen davon für eine Atombombe vorhanden. Unverzüglich mussten weitere 250.000 *Gulag*-Insassen in der Steppe Kasachstans ein Versuchsgelände aufbauen, auf dem die Zerstörungskraft der Waffe erprobt werden sollte.

Die Verstrahlungs- und Todesrate unter den Zwangsarbeitern war so hoch, dass sich Atomphysiker selbst in den Zeiten von Gorbatschows *Glasnost* noch nicht hierzu äußern mochten. Am 29. August 1949, morgens um sechs Uhr, wurde die erste Atombombe der Sowjetunion gezündet. Das Gleichgewicht des Schreckens galt als wiederhergestellt. Da Fuchs alle Daten aus den USA minutiös geliefert hatte, war die erste UdSSR-Atombombe eine exakte Kopie der amerikanischen. Die Erleichterung, dass man es geschafft hatte, wirkte genauso nachhaltig wie die Auszeichnungen, die die beteiligten Wissenschaftler erfuhren. Berija ging dabei nach einem einfachen Prinzip vor: Wer bei einem Misserfolg erschossen worden wäre, der wurde jetzt zum ‚Helden der Sozialistischen Arbeit' ernannt, wem 25 Jahre Lagerhaft gedroht hätten, erhielt nunmehr den Leninorden. Geldbeträge, Luxuskarossen und Datschen kamen dazu.

Die Nachricht von der Detonation der ersten sowjetischen Kernwaffe traf die Vereinigten Staaten wie ein Blitz aus heiterem Himmel. Zwar hatte man keinerlei Illusionen gehegt, dass nicht auch die andere Seite an der Atombombe bastelte, es war den Amerikanern aber klar, dass ein derartig zügiges Ergebnis nur durch umfassende Spionage hatte erzielt werden können. Sofort begann die Suche nach den undichten Stellen. Noch im Krieg war den Amerikanern in Finnland ein halb verkohltes Codebuch der Roten Armee in die Hände gefallen, an dessen Entschlüsselung sie immer noch arbeiteten. Erst mithilfe des so genannten Venona Codes gelang es ihnen, Klaus Fuchs auf die Spur zu kommen, der 1950 verhaftet wurde und alles gestand. Er erhielt 14 Jahre Gefängnis, von denen er neun absaß. Anschließend schob man ihn in die DDR ab, wo inzwischen auch sein Vater als emeritierter Theologieprofessor lebte. Dort starb er 1988. Aus dem Kreml hieß es zur Enttarnung von Fuchs nur lapidar: „Ein Mann namens Fuchs ist der Sowjetregierung unbekannt."[9]

Die Deutschlandpolitik der Sowjetunion bis zur Gründung der DDR

Nach der Potsdamer Konferenz hießen die beiden Hauptkontrahenten um die zukünftige Gestaltung Deutschlands nicht UdSSR und USA, sondern UdSSR und Frankreich. Aus dem Élysée-Palast hörte man schon bald, dass es eine gemeinsame Administration Deutschlands nur dann geben werde, wenn die Abtrennung des Ruhrgebietes und des Rheinlands vom deutschen Staatsverband definitiv sichergestellt sei. Einzig die Amerikaner widersetzten sich der Obstruktion von der Seine, indem sie noch im selben Monat eine Verwaltung ohne Frankreich und damit die Bildung einer Trizone vorschlugen. Moskau lehnte den Beitritt mit Hinweis auf die in Potsdam getroffenen Regelungen ab. Anfang 1946 mahnte Ulbricht, „möglichst rasch" Verstaatlichungen durchzuführen, „noch ehe sich eine deutsche Zentralverwaltung in Angelegenheiten unserer Zone einmischen kann".[10] Was die Parteien im besetzten Deutschland anging, so strebte Kurt Schumacher von Anfang an eine separate Organisation der SPD in den Westzonen an, während Otto Grotewohl, sein großer Antipode in der ostzonalen SPD, die Parteiführung im ganzen Land beanspruchte.

Die zum Osterfest des Jahres 1946 im Berliner Admiralspalast feierlich vollzogene Begründung der Sozialistischen Einheitspartei Deutschlands (SED) fand letztlich auf der Spitze der sowjetischen Bajonette statt. Unklar ist allerdings, ob auch die Initiative zu diesem Vorgang von Moskau ausging. So fehlt bis heute eine Quelle, aus der Stalins konkretes Votum für die Fusion aus SPD und KPD ersichtlich wird. So oder so, Ulbricht hatte sich jedenfalls auf der ganzen Linie durchgesetzt: Die SPD war ausgeschaltet.

Als dann mit dem Marshallplan die Teilung der Welt konkrete Formen annahm, sperrte sich Stalin auch nicht mehr länger gegen die Teilung Deutschlands, auch wenn sie für ihn nach wie vor nur die zweitbeste Lösung darstellte. Wenn die ,Gruppe Ulbricht' partout ihren eigenen Staat haben wollte, dann sollte sie ihn jetzt auch bekommen. Dennoch, die Reaktionen, mit denen Stalin den Gründungsakt der Deutschen Demokratischen Republik im Oktober 1949 begleitete, verrieten mehr als einen Rest gesamtdeutscher Projektionen. Er sprach bewusst von der „provisorischen Regierung der DDR"[11], nahm demonstrativ nicht an der Gründungszeremonie des neuen Staates teil und sein Glückwunschtelegramm schloss mit den Worten: „Es lebe das einheitliche, unabhängige, demokratische, friedliebende Deutschland."[12] Vom Sozialismus war dabei nirgendwo die Rede.

Der Nachkriegsterror in der Sowjetunion

Millionen von Sowjetbürgern hatten gehofft, dass die unsäglichen Opfer, die ihnen im Zweiten Weltkrieg abverlangt worden waren, sich nun in einem normaleren, freieren und besseren Leben auszahlen würden, aber sie sollten enttäuscht werden. Schon die Anrede, mit der Stalin seine ,Wahlrede' vom 9. Februar 1946 begann, ließ aufhorchen. Hatte er seine Ausführungen im November 1941, als die Deutschen unmittelbar vor Moskau standen, noch mit „Brüder und Schwestern"[13] begonnen, so hieß es jetzt lediglich „Genossen". Gesiegt hatten nicht die Sowjetbürger, sondern „unser gesellschaftliches und politisches System"[14], das dadurch aber seiner Ansicht nach keineswegs gefestigt, sondern unverändert bedroht war. Denn an die Stelle des äußeren Feindes Hitler trat jetzt wieder der unsichtbare innere Feind, der mit dem Ausland unablässig kollaborierte und konspirierte. Der Krieg war also zu Ende, der Belagerungszustand aber dauerte nach wie vor an. Deshalb galt es, die Grenzen der UdSSR strengstens zu bewachen und das ganze Land nach außen abzuschotten. So waren z. B. ab 1947 Ehen mit Ausländern kategorisch verboten. In Wirklichkeit wollte Stalin nicht, dass der Westen sich ein realistisches Bild vom Ausmaß der Zerstörungen, den erbärmlichen Lebensverhältnissen der Bevölkerung und der sich ausbreitenden Hungersnot machen konnte. Während in der offiziellen

Propaganda der UdSSR noch niemand das Bündnis mit den Vereinigten Staaten anzweifelte, prophezeite Stalin bereits die Selbstzerfleischung des Kapitalismus und die Überlegenheit der eigenen, sozialistischen Wirtschaftsform.

Das Land sollte seiner Meinung zufolge nach dem gewonnenen Krieg aus eigener Kraft wieder auf die Beine kommen – eine Vorstellung, die für seine Bewohner nichts Gutes verhieß. So musste z. B. mit der Währungsreform von 1947, dem Jahr, in dem die Dollaroffensive des amerikanischen Marshallplans abgelehnt wurde, der Rubel in einem Verhältnis von eins zu zehn umgetauscht werden. Das lief darauf hinaus, den Bauern die Ersparnisse zu entziehen, die sie während des Krieges auf den Schwarzmärkten gehortet hatten. Die Reallöhne in den Städten stagnierten 1952 noch immer auf dem Niveau von 1928, und das heißt zugleich, sie lagen kaum höher als 1913. Wo war da der Fortschritt des Sozialismus? Auf dem Lande wurde weniger Getreide geerntet als 1940 und weit weniger als 1913. Der Krieg hatte die Erfolge des zweiten und dritten Fünfjahresplanes weitgehend zerstört, der vierte, der 1946 begonnen hatte, sollte nun, wie in den dreißiger Jahren, mit der Inszenierung von Einschüchterungskampagnen gesichert werden. Mindestens 25 Millionen Sowjetbürger vegetierten arbeits- oder gar obdachlos dahin, und das neue Plan-Jahrfünft mit seiner geringeren Produktion von Schuhen, Kleidung und Haushaltswaren gab ihnen kaum eine Perspektive. Anfang 1947 musste eine Hungerrevolte in Charkow vom NKWD mit Waffengewalt niedergeworfen werden. Vielerorts fiel es schwer, zwischen Kriegs- und Friedenszustand zu unterscheiden. Der Kolchosbauer war und blieb das Ziel immer neuer Drangsalierungen, Verdächtigungen und Ausbeutungen. Dadurch, dass Stalin das Ablieferungssoll für Getreide und Vieh um fünfzig Prozent erhöhte, trieb er die Bauern erneut in Massenverelendung und Tod.

Die wohl größte Ernüchterung und Enttäuschung für das sowjetische Volk kam aber von dort her, wo man sich durch den Sieg im Zweiten Weltkrieg am ehesten und am weitestgehenden Liberalisierung und Freiheit erhofft hatte, nämlich aus dem *Gulag*, der nach 1945 eine grausame Renaissance erfuhr. Durch den deutschen Vormarsch war ein Großteil seiner Strukturen zerstört worden, ganze Häftlingskarawanen hatten bei Nacht und Nebel Richtung Osten verlegt werden müssen, und niemand glaubte angesichts der überall zu leistenden Wiederaufbauarbeiten an eine Rekonstruktion des gigantischen Terror- und Repressionsapparates. Stalin hingegen meinte genau hierin die Lösung nahezu aller Probleme entdeckt zu haben, vor denen die Sowjetunion auch nach 1945 stand – das Lager als ideologische, moralische und soziale Besserungsanstalt der Nation, dem darüber hinaus noch erhebliche ökonomische Aufgaben zugewiesen wurden. Statt aber, wie postuliert, „Arbeitslenkung in seiner vollkommenen Form"[15] zu sein, avancierte der *Gulag* selbst zu einem volkswirtschaftlichen Problemfall. Die Kosten für Verpflegung, Unterbringung und vor allem für das Wachpersonal überstiegen schnell den ökonomischen Nutzen, den man aus ihm zog.[16] Überdies galt der Charakter zwanghafter Verpflichtung spätestens seit dem Arbeitsdienstgebot von 1942 sowieso für beide Bereiche: für die ‚freie' Wirtschaft wie auch für das Lager. In beiden war eine Norm zu erfüllen, und wenn dies nicht geschah, wurden empfindliche Sanktionen erlassen. Von Januar 1944 bis Januar 1946 betrug die Zuwachsrate an Häftlingen in den Lagern 45 Prozent. Verantwortlich für diese Entwicklung war nicht zuletzt die bereits 1941 begonnene Einrichtung von „Kontroll- und Filtrationslagern"[17], in die alle sowjetischen Kriegsgefangenen und Zwangsarbeiter kamen, die von den Deutschen entlassen worden waren. Sie galten nämlich allesamt als potenzielle Spione. Gleiches warf man auch den wehrdienstfähigen Männern in den ehemals von den Deutschen besetzten Gebieten vor. Auf der Konferenz von Jalta war der Sowjetunion konzediert worden, alle ihre Bürger, die es durch den Krieg außerhalb ihrer Grenzen verschlagen hatte, ins Land zurückzuholen. Zwangsrepatriiert sollten nach dieser Regelung jedoch nur jene werden, die kollaboriert oder sogar eine deutsche Uniform getragen hatten. In einer am 11. November 1944 verbreiteten Erklärung der Sowjetregierung hieß es:

„Die Sowjetmacht sorgt sich vor allem um das Schicksal seiner in die nationalsozialistische Sklaverei geratenen Kinder. Sie werden als Kinder des Vaterlandes ehrenvoll zu Hause empfangen werden. Die Sowjetregierung ist der Meinung, dass selbst jene Sowjetbürger, die vom nazistischen Terror bedroht gegen die Interessen der UdSSR gehandelt haben, wegen ihrer Taten nicht zur Rechenschaft gezogen werden, sofern sie nach der Rückkehr in ihr Vaterland bereit sind, ihre Bürgerpflicht ehrenhaft zu erfüllen."[18]

Die Wirklichkeit sah aber so aus, dass am 11. Mai 1945, drei Tage nach Kriegsende, einhundert weitere ‚Kontroll- und Filtrationslager' für je 10.000 Personen aus dem Boden gestampft wurden, die alle ‚Rückkehrer' durchlaufen mussten – zweieinhalb Millionen Zivilisten, Zwangsarbeiter und Westflüchtlinge sowie anderthalb der ursprünglich fünf Millionen sowjetischen Kriegsgefangenen, die den Terror in den deutschen Lagern überlebt hatten. Von diesen zusammengerechnet vier Millionen ‚Repatrianten' landeten 43 Prozent, die meisten wegen angeblichen ‚Landesverrats', in entlegenen Sondersiedlungen, Strafbataillonen und im *Gulag*. Es waren ironischerweise maßgeblich jene Menschen, denen die Sowjetunion ihren Sieg im Zweiten Weltkrieg zu verdanken hatte. Einige davon wussten schon vorher um das ihnen drohende Schicksal und baten deshalb darum, statt der Rückführung in ihre Heimat im feindlichen, aber sicheren Deutschland bleiben zu dürfen. 1945 saßen insgesamt fünfeinhalb Millionen Gefangene der unterschiedlichsten Kategorien in den Lagern der Sowjetunion. Dies war der traurige Rekord in dem Zeitalter der sowjetischen Geschichte, das den Namen Stalins trägt.

Not, Hunger und Elend der Nachkriegsjahre diktierten erneut eine Gesetzgebung, nach der die „Missachtung des Eigentums des Staates oder einer Kolchose"[19] auf das Schärfste bestraft wurden. Wer ein paar *Pud* (eine alte russische Gewichtseinheit) Roggen stahl, der wurde in der Regel für zehn Jahre verbannt. Dabei hatten viele Frauen, Kriegerwitwen und allein Erziehende gar keine andere Wahl als zu stehlen. In der Folge saßen 1948 bereits 500.000 Frauen im Lager, doppelt so viele wie noch 1945, und in Stalins Todesjahr 1953 war bereits jeder dritte *Gulag*-Insasse eine Frau. Nie gezählt oder auch nur geschätzt worden ist die Zahl jener Frauen, die zu Grunde gingen, weil sie sich nach dem 1936 verfügten Abtreibungsverbot ‚Engelmacherinnen' oder irgendeinem Kurpfuscher anvertraut hatten – die ihrerseits wiederum den Weg ins Straflager riskierten.

Als nach wie vor besonders widerständig erwiesen sich die ehemaligen baltischen Republiken, in denen 1948 noch nicht einmal vier Prozent des Bodens kollektiviert waren. Auch hier hieß die Antwort Deportation und *Gulag*. Von 1940 bis 1953 wurden 200.000 Balten, darunter allein 120.000 Litauer, ihrer Heimat verwiesen. Viele von ihnen kamen in „Sonderlager" bzw. in „besondere Zuchtlager", wohin die absolut unbeugsamen „Politischen" eingeliefert wurden: „Nationalisten", „Kollaborateure", „fremde Elemente", „Vaterlandsverräter" und „Volksfeinde".[20] Dort stießen sie in der Regel auf Menschen, die keine Aussicht auf Entlassung und demzufolge nichts mehr zu verlieren hatten.

Es ist wenig überraschend, dass sich hier rivalisierende Häftlingsbanden bildeten, bereit zum Widerstand, geeint in einer Art ‚Solidarität der Verlorenen', zerstritten aber, was die Führungsrolle im Lager betraf. 1951 gingen wegen Arbeitsverweigerung im gesamten *Gulag* eine Million Arbeitstage verloren, und die Unruhen in den so genannten Sonderlagern häuften sich. Inzwischen war dort die Wahrscheinlichkeit größer, durch einen Messerstich als durch Hunger und Krankheit zu sterben. Auf einer im März 1952 in Moskau stattfindenden Konferenz hieß es unumwunden: „In manchen Lagern sind einige Gruppen bereits dabei, die internen Angelegenheiten selbst in die Hand zu nehmen." Alle – außer Stalin – erkannten, „dass die Lager verschwenderisch, korrupt und unproduktiv, kurz, ein aufwändiges Verlustgeschäft waren".[21] Immer schwieriger wurde es, die *tufta*, die gefälschten Bilanzen, zu durchschauen, an denen offensichtlich einzelne Rädelsführer mitwirkten. Das Kraftwerk von Stalingrad und der Wolga-Don-Kanal, die beiden letzten großen Bauprojekte, bei denen Strafarbeiterarmeen eingesetzt wurden, waren so hoffnungslos im Verzug, dass entweder freie Kräfte abgestellt oder motivierte Gefangene vorzeitig entlassen werden mussten. Als letztes Mittel zur Produktivitätssteigerung wurden Prämien und von den Einheitslöhnen abweichende Gehälter – kapitalistische Instrumente also – eingeführt, und damit hatte man schließlich Erfolg. Die Sterblichkeitsrate sank bis auf zwei Prozent, aber zu diesem Zeitpunkt befand sich das Lagersystem schon im Prozess der Auflösung.

Zu Beginn des Jahres 1953 bestand der *Gulag* aus 2,75 Millionen Häftlingen in 500 Arbeitskolonien, 60 Arbeitslagern und 15 „besonderen Zuchtlagern".[22] Die Versuche, ihn nach den Kriterien wirtschaftlicher Effizienz zu reformieren, mussten längst als gescheitert gelten. Unterteilt und aufgegliedert nach Regionen, Funktionen und Branchen bildete er einen Staat im Staate, in dem es beileibe nicht um die ‚Besserung' des sozialistischen Menschen ging, sondern um seine Vernichtung durch Arbeit. „Der Massentod war beabsichtigt, und er wurde zielstrebig herbeigeführt."[23] Die Doppelfunktion und der ambivalente Charakter zwischen ökonomischer Ausbeutung und terroristischem Herrschaftsanspruch blieben bis zum Schluss unaufgelöst. Noch Michail Gorbatschow sprach vom Einsatz der Lagerinsassen „für den Sieg".[24] In Wirklichkeit waren sie aber nur ‚Arbeitsvieh', ‚Mengenverbrauchsgut', und der Raum, in dem sie lebten, bildete eine „gigantische Umschlagsstelle für rechtloses Menschenmaterial".[25] Von 1947 bis 1949 wurden sogar Kinderlager eingerichtet, in denen Zehn- bis 15-Jährige bis zu 25-jährige Strafen verbüßten.

Die in immer neuen Wellen im ganzen Land durchgeführten Massenverhaftungen zur so genannten „sozialen Prophylaxe" dienten keineswegs nur der Einschüchterung, Machtsicherung und Rekrutierung von Zwangsarbeitern, sondern mit der radikalen Ausmerzung aller „Volksfeinde" sollte ein ausgesprochen heterogen zusammengesetzter Staatsverband ethnisch, sozial und national homogenisiert werden. „Auch wenn die Lager offiziell anders hießen, ihrem sozialen Strukturtypus nach waren sie nichts anderes als Konzentrationslager."[26] Der *Gulag* war ein Riesenorgan des Strafvollzugs, der Sowjetisierung, der Russifizierung, der Industrialisierung, der Erschließung entlegenster Rohstoffreservoire, der Rüstungsmaschinerie im Zweiten Weltkrieg, der Bevölkerungs- und Siedlungspolitik in klimatisch extremen Regionen und vor allem der alltäglichen und allgegenwärtigen Terrorisierung eines ganzen Volkes. Obwohl Bestrafung, Umerziehung und Ausbeutung vor Ausrottung und Vernichtung gesetzt waren, wurden Letztere doch nicht nur billigend in Kauf genommen, sondern planmäßig und gezielt realisiert. Die genaue Zahl der von 1937 bis 1953 im *Gulag* Umgekommenen ist unbekannt, und es ist fraglich, ob sie jemals ermittelt werden kann. Die Schätzungen gehen bis zu einer Größenordnung von 15 Millionen Opfern.[27]

Antisemitische Verfolgungskampagnen in der Spätphase der Stalinära

Am 27. Januar 1945 befreite die Rote Armee das Vernichtungslager Auschwitz. Durch das Verjagen der SS-Tötungsmannschaften rettete sie auf ihrem Weg nach Berlin ungezählten Juden das Leben, woraus sich nicht zuletzt und nicht zu Unrecht Stalins Ansehen in der westlichen Welt als zentrale Autorität bei der Zerschlagung des nationalsozialistischen Terrors herleitete. Am Beginn des Krieges nannten fünf Millionen Juden die Sowjetunion ihre Heimstatt, 1945 hatten die Deutschen jeden zweiten von ihnen ermordet. So wie Stalin persönlich darauf achtete, dass in der sowjetischen Öffentlichkeit hierzu nicht ein Wort publiziert wurde, so war es nach dem Krieg auch strikt untersagt, in dieser Hinsicht von den Befreiungsaktionen der eigenen Armee zu berichten. Versteckten, offenen und sich bis zu Pogromen steigernden Antisemitismus hatte es in Russland schon seit annähernd einem Jahrtausend gegeben. Auch die Oktoberrevolution und die Entstehung der Sowjetunion brachten hier keine nennenswerte Änderung. So wies z. B. die große „Säuberung" in den dreißiger Jahren des 20. Jahrhunderts eine unverhohlen antijüdische Stoßrichtung auf, im Zweiten Weltkrieg wurden die Juden in den besetzten und annektierten Gebieten reihenweise deportiert und erschossen, aber erst nach dem Krieg, während die Westalliierten Tag für Tag immer neue Berichte, Bilder und Belege über die unvorstellbaren Dimensionen industrieller Massentötungen durch die Deutschen veröffentlichten, entfesselte Stalin eine systematische Judenverfolgung im eigenen Land.[28]

Den Auftakt dazu bildete der als Verkehrsunfall getarnte Mord an dem Vorsitzenden des „Jüdischen Antifaschistischen Komitees" (JAFK) der Sowjetunion, Solomon Michoëls, am 13. Januar 1948. Über die Motive und Gründe für die nach diesem Mord begonnene Verfolgungskampagne gegenüber den Juden ist lange gerätselt worden, zumal der Beweis, dass der Mordbefehl direkt und persönlich von Stalin gegeben wurde, erst 1992 erbracht werden konnte.[29] Demnach ergibt sich folgendes Bild: Stalin war durch den Überfall Hitlers in das Bündnis mit Churchill und Roosevelt getrieben und dadurch wider Willen zum Beschützer und Befreier der Juden geworden. Während des Krieges mochte das noch ganz nützlich sein, aber nach der Ablehnung des Marshallplans, dem Heraufdämmern des Kalten Krieges und der beginnenden Zweiteilung der Welt fühlte sich der Kremlherr an nichts mehr gebunden. Michoëls durfte 1943 in die Vereinigten Staaten reisen, dort für die Rote Armee werben und bei den unterschiedlichsten Hilfsorganisationen Geld einsammeln. Mit 35 Millionen Dollar, die an allen Ecken und

Enden gebraucht wurden, kehrte er nach Moskau zurück. Mit diesem Erfolg im Rücken wagte es Michoëls, Stalin um die Gründung einer jüdischen Sowjetrepublik auf der gerade befreiten Halbinsel Krim zu bitten. Das war sein Todesurteil. In der veränderten Mächtekonstellation nach dem Ende des Zweiten Weltkriegs und dem Bruch der Anti-Hitler-Koalition warf man dem JAFK jetzt vor, ein „zionistisches Agentenzentrum"[30] zu sein. Michoëls' Reise habe nur der Kontaktaufnahme zu einflussreichen jüdisch-amerikanischen Kreisen gedient, die auf der Krim einen eigenen Staat als Brückenkopf zur Spionage und Unterwanderung der ‚ruhmreichen Sowjetunion' installieren wollten. Daher auch die reichlich fließenden Spenden. Während auf endlosen Parteiveranstaltungen der KPdSU das Hohe Lied des Internationalismus und der Völkerfreundschaft gesungen wurde, galt jetzt jede Kontaktaufnahme mit dem Ausland als Kapitalverbrechen. Die Juden mit ihren vielfältigen Verbindungen und Verwandtschaften in allen Teilen des Erdballs avancierten dabei zum permanenten Gefahrenfaktor, zur ‚fünften Kolonne'.

Alle Mitglieder des JAFK wurden verhaftet. Wer in Partei, Armee oder diplomatischem Dienst jüdischen Glaubens war, wurde ‚aussortiert', ‚ausrangiert' und ‚ausradiert'. Ein weiteres Kapitel der großen „Säuberung" hatte begonnen – diesmal unter Ausschluss der Öffentlichkeit. Aber hinter den Kulissen vollzog sie sich genauso wie zehn Jahre zuvor, mit Prügel, Folter und erzwungenen Geständnissen. 1952 standen 15 Führungsmitglieder des JAFK vor den Schranken der stalinistischen Gerichtsbarkeit, 14 von ihnen wurden in einem Geheimverfahren zum Tode verurteilt und hingerichtet. Die Protokolle dieses Prozesses können erst seit 1994 eingesehen werden. Dabei zeigt sich, dass die gesamte Arbeit, alles das, was das Komitee für die Sowjetunion geleistet hatte, von der Anklage einfach ins Gegenteil verkehrt wurde. Es habe samt und sonders aus „nationalen Nihilisten" bestanden, die vor „allem Ausländischen" kröchen und den „russischen (!) Nationalstolz"[31] degradierten. Als größtes Projekt hatte das JAFK ein Schwarzbuch über die Judenverfolgung durch die Deutschen in russischer, englischer und jiddischer Sprache herausgebracht. Es ist in der Sowjetunion nie erschienen. Die Druckplatten davon wurden restlos zertrümmert. Als Begründung hieß es, „der Leitgedanke des ganzen Buches (sei) die Vorstellung, dass die Deutschen nur mit dem Ziel gegen die UdSSR Krieg geführt (hätten), die Juden auszurotten"³² – genau das war es aber gewesen, was in Hitlers Kriegszielplanung die eigentliche ideologische Priorität besessen hatte. Wer über den nationalsozialistischen Judenmord in der Sowjetunion forschte und arbeitete, musste mit einer Anklage wegen des Verrats von Staatsgeheimnissen rechnen. Alles war wie eine neuerliche Fahrt in die Hölle, ausgelöst durch die alte Unterwanderungsparanoia und die Konstruktion einer „jüdischen Weltverschwörung".³³

Alexander Borschtschagowski erklärt Stalin in der bislang akribischsten und umfassendsten Untersuchung dieses Problemkomplexes zum „eingefleischten Judenhasser, für den allein schon der Klang jüdischer Namen eine hinreichende Kriminalitätsgarantie darstellte. (...) Nach dem Krieg war für ihn die Zeit gekommen, auch die Lösung der ‚jüdischen Frage' in Angriff zu nehmen."³⁴ Alan Bullock urteilt: „Stalin erlag derselben antisemitischen Obsession wie Hitler, nur dass es sich bei ihm nicht um die jüdische Weltverschwörung des Bolschewismus, sondern um die des Kapitalismus und Zionismus mit ihrem Hauptquartier in der Wallstreet handelte."³⁵ Und Heinz-Dietrich Löwe resümiert: „Der Antisemitismus diente wie kaum ein anderes Mittel dazu, die Sowjetunion vom Westen abzuschotten. Die negative Reaktion des Westens war geradezu das, was Stalin dazu benötigte. Wie schon in vorrevolutionärer Zeit sollte der Antisemitismus auch jetzt die auf Liberalisierung, Offenheit nach außen und vor allem gesellschaftliche Differenzierung und Autonomie drängenden Wirkungen der modernen Welt in engsten Grenzen halten."³⁶ Kurz vor seinem Tod ließ Stalin von den Moskauer Hausverwaltungen Listen erstellen, um alle Juden aus der Stadt zu deportieren. Sie sollten auf Todesmärsche in den Osten geschickt werden.

Die zuvor von ihm entfachte „Leningrader Affäre" war die Vorstufe zu einer neuerlichen Verfolgungskampagne, die durchaus die Dimensionen der großen „Säuberung" in den dreißiger Jahren hatte. Am 13. Januar 1953, sieben Wochen vor seinem Tod, gab Stalin das Startsignal. An diesem Tag ‚enthüllte' die *Prawda*, dass 15 angesehene Ärzte, von denen über die Hälfte Juden waren, ihre hohen Ämter im Kreml dazu benutzt hätten, das Leben von Spitzenfunktionären ‚abzukürzen' und auf Befehl des US-Geheimdienstes und jüdischer Hilfsorganisationen hohe Militärs und „die besten Söhne Russlands"³⁷ zu ermorden. Unter den Beschuldigten war auch Stalins eigener Leibarzt. Diese „Verschwörung der weißen Kittel"[38], so lautete die Bezeichnung in der offiziellen Propaganda, sei bei näherem Hinsehen nichts anderes gewesen als der Versuch eines groß angelegten jüdischen Komplotts in Partei, Wirtschaft, Verwaltung und den nichtrussischen Republiken, dessen Ziel die Machtübernahme in Moskau gewesen sei. Unablässig wurden jetzt in der sowjetischen Öffentlichkeit und in den Betrieben Schulungen zur Erhöhung der „bolschewistischen Wachsamkeit", zur „Ausrottung der Sabotage" und zum Kampf gegen die „kriminelle Sorglosigkeit innerhalb der Partei"[39] durchgeführt. Um die Juden vor „dem verständlichen Zorn"[40] der empörten Massen zu schützen, sollten jüdische Intellektuelle Stalin in einem *Prawda*-Aufruf darum bitten, nach Sibirien und Kasachstan deportiert zu werden. Dieser Aufruf sollte mit den Zeilen schließen: „Als führende Personen innerhalb der loyalen sowjetischen Judenheit verwahren wir uns ohne Einschränkung gegen die amerikanische und zionistische Propaganda, die behauptet, es gäbe in der Sowjetunion Antisemitismus."[41] Es war wie in den Jahren von 1936 bis 1938. Schon weigerten sich Menschen, von jüdischen Ärzten behandelt zu werden, auf den Straßen und in den Straßenbahnen wurden Juden angepöbelt und angespuckt, eine Massenhysterie und regelrechte Pogromstimmung griff um sich. Für den Ablauf der Ereignisse hatte Stalin eiserne Fristen gesetzt: Vom 5. bis zum 7. März 1953 sollte der Prozess gegen die ‚Mordärzte' stattfinden, und am 11. und 12. März sollten sie zur Abschreckung in einer großen öffentlichen Zeremonie auf dem Roten Platz gehängt werden. Nach der Hinrichtung der Ärzte sollte die aufgebrachte Menge noch weitere Lynchtaten begehen, als Auftakt für ein landesweites Pogrom. Eine tatsächliche Neuauflage des „Großen Terrors" wurde letztlich nur durch Stalins Tod verhindert.

Stalin, Berija und Molotow

Stalin ging es bei der Aktion aber nicht zuletzt auch darum, einen vernichtenden Schlag gegen Berija zu führen, in dem viele bereits seinen Nachfolger sahen. Die unter Berijas Verantwortung 1946 durchgeführte Umstrukturierung der geheimdienstlichen Zuständigkeiten vom Innenministerium (NKWD) zum Ministerium für Staatssicherheit

(MGB), so Stalins Vorwurf, habe diese Behörden und Dienste nachgiebig und durchlässig gemacht und den „sabotierenden Medizinern"[42] ihre kriminellen Machenschaften erst ermöglicht. Ganz offensichtlich ging es also hier auch um die Vorbereitungen für einen Hochverratsprozess gegen den zweiten Mann im Staate, als der Berija in unerbittlicher Rivalität mit Molotow galt. Warum Berija überlebte, ist bis heute nicht endgültig geklärt; möglicherweise war der Grund hierfür der rapide körperliche und geistige Verfall Stalins, der mit zunehmendem Alter immer größere Schwierigkeiten hatte, russisch zu sprechen. Berija war deshalb die einzige Kontaktperson im Kreml, mit der er sich noch auf georgisch unterhalten konnte. Statt um Berija ‚kümmerte' Stalin sich nun um Molotow, seinen anderen großen Weggefährten: Er beschuldigte ihn, seit 1918 für den britischen Geheimdienst gearbeitet zu haben; bereits 1949 hatte er ihn seines Postens als Außenminister enthoben. Molotows Ehefrau Polina, eine Jüdin, die er schon deshalb hasste, weil sie eine enge Vertraute und Freundin seiner zweiten Frau Nadjeschda war und die Umstände ihres Selbstmordes aus nächster Nähe miterlebt hatte, musste sich scheiden lassen, wurde aufs Gröbste beschimpft und schließlich ins Straflager gebracht. Die gleichfalls jüdische Frau von Stalins persönlichem Sekretär Poskrjebyschew wurde wegen Spionage angeklagt und im Juli 1952 erschossen. Beide, Molotow und Poskrjebyschew, arbeiteten in der Folgezeit aber weiter mit Stalin zusammen, so, als ob nichts passiert wäre. Gleichzeitig ließ Stalin in Komplizenschaft mit Berija die Ehefrauen seiner engsten Mitarbeiter ins Lager deportieren, wo sie für ihn faktisch die Rolle von Geiseln einnahmen.

Man lebte also in Stalins Umgebung gewissermaßen auf Abruf. Vertrautheit mit bzw. Nähe zu ihm bedeuteten nicht unbedingt Sicherheit, sondern eher Gefahr. Immer wenn Gefahren drohten, schickte er andere ins Feuer. Wenn es gut ging, machte er sich ihre Erfolge zu Eigen, wenn nicht, brachte er sie um. Worum es ihm aber eigentlich ging, das war eine neue, große Wachablösung an der Spitze der Partei. Als Stalin seinen persönlichen Stab über die ‚große Gefahr' der Ärzteverschwörung aufklärte, sagte er: „Ihr seid blind wie junge Kätzchen! Was wollt ihr nur ohne mich anfangen? Das Land wird untergehen, weil ihr nicht wisst, woran man Feinde erkennt."[43]

‚Spätherbst' des Tyrannen

Der Regierungs- und der Arbeitsalltag gegen Ende der Stalinära gestaltete sich aus diesen Gründen zusehends eintöniger und uniformer. Stalins Datsche in Kunzewo bildete jetzt an Stelle des Kreml endgültig das Zentrum der Macht. Sein dortiger Lebensrhythmus war verbindlich für den gesamten höheren Staatsapparat. Alle mussten sich jederzeit für eine ‚Einladung' bereithalten, vor der man zitterte, weil sie einem Befehl und einem Verhör gleichkam, und weil nicht gewiss war, ob sie mit der Rückkehr nach Hause oder der Einlieferung ins Gefängnis endete. Obwohl viele den bleichen, menschen- und tageslichtscheuen Diktator nicht mehr richtig ernst nahmen, wagte keiner ihm zu widersprechen, weil es den sicheren Tod bedeutet hätte.

In der Regel war es immer wieder derselbe Kreis, der allabendlich zusammenkam, genauer, zusammenkommen musste. Das tägliche Ritual begann damit, dass im kremleigenen Kino mehrere der im Land strengstens verbotenen Western- und Cowboyfilme vorgeführt wurden, für die Stalin eine besondere Schwäche besaß. Danach, so etwa um Mitternacht, machte er den ‚Vorschlag', sich nach Kunzewo hinüberfahren zu lassen, um dort gemeinsam zu essen. Im Gegensatz zur Vorkriegszeit gab es dort jetzt Delikatessen, die der normale Sowjetbürger nur vom Hörensagen kannte.

Stalin rührte allerdings keine Speise an, die nicht schon vor ihm von anderen Teilnehmern der Tafelrunde gekostet worden war. Was seinen Alkoholgenuss anging, gibt es unterschiedliche Zeugnisse, die Gäste mussten aber auf jeden Fall trinken.

Wenn alle betrunken waren, begann Stalin, sie aufzuhetzen, gegeneinander auszuspielen und zu beschimpfen. Einige wurden von ihm völlig willkürlich geschlagen und misshandelt oder er schüttete ihnen ein Glas Wein ins Gesicht. Im ‚positiven' Fall stimmte man georgische Volkslieder an, und die Männer mussten miteinander tanzen. Stalin machte sich dann meistens über den lustig, der ‚führte'.

Wenn das Gelage bereits weit fortgeschritten war und sich seine Regierungsmannschaft irgendwo zwischen Angetrunkenheit und Vollrausch befand, liebte es Stalin, das Ganze blitzschnell zur offiziellen Amtssitzung umzufunktionieren. So wurden dann im Morgengrauen, quasi nebenbei, von wodkabetäubten Ministern Entscheidungen von zum Teil weltpolitischer Relevanz devot abgenickt.

Zwar hatte Stalin seinen eigenen Leibwächter, der ihm seit 1919 gedient hatte, entlassen, aber die Zahl der mit seinem Schutz beauftragten Wachbataillone wuchs ständig. Wenn er die Nacht nicht in Kunzewo, sondern auf einem der fünf Landsitze rund um Moskau verbrachte, die er sich wie ein Adelspotentat hielt, umringten Soldaten und Hunde das Haus. Das Fliegen war und blieb tabu, denn Flugzeuge waren seiner Ansicht nach eine Falle. Auf der Fahrt vom Kreml zur Datsche fuhr jetzt ständig ein Double im gleichen Autotyp vorweg, auf dem Rückweg ebenfalls. Wenn er mit der Eisenbahn in seinen Urlaubsort auf der Krim reiste, ruhte der gesamte Verkehr. Entlang der Strecke hielten alle hundert Meter Truppen des Innenministeriums Wache. Getrennt voneinander fuhren mehrere Züge ab, und Stalin entschied erst im letzten Moment, in welchen er stieg. Verfolgungswahn und Verratsparanoia erreichten ihren Höhepunkt. Besuchern fiel auf, dass er auf seinen Notizblock nur noch Wölfe kritzelte. Als er sich Ende 1951 einmal allein wähnte und nicht merkte, dass Chruschtschow ganz in der Nähe war, soll er vor sich hingemurmelt haben: „Ich bin am Ende. Ich traue niemandem, nicht einmal mir selbst."[44]

Psychisch von Misstrauen zerfressen, verfiel Stalin nun zusehends auch körperlich. Er war aufgequollen, die Augen traten mehr und mehr aus dem Gesicht, das Haar war weiß, er litt an Herzbeschwerden, Ischias, Rheuma und Arthritis. Seine Gelenke waren geschwollen und der verkrüppelte linke Arm schmerzte bei jedem Wetterumschwung. Mehrfach mussten ihm in gespenstisch anmutenden Klinik-Prozeduren Abszesse und Wucherungen an den Beinen entfernt werden, mit verhülltem Haupt und Körper, da die operierenden Ärzte auf keinen Fall wissen durften, wen sie da unter dem Messer hatten. Das Gesicht war aufgedunsen und die blauen Äderungen hoben sich krass von der aschfahlen Haut ab. Er bewegte sich langsam und bekam Schwindelanfälle. Im Herbst 1945 hatte er den ersten und danach drei weitere, allerdings kleine Schlaganfälle erlitten. Seine Zähne waren fast alle ausgefallen, sein Blutdruck kletterte in die Höhe und er litt an permanentem Sodbrennen. Die später durchgeführte Autopsie ergab, dass das Gehirn spätestens seit 1948 von unheilbarer Arteriosklerose befallen war. Notgedrungen gab er Ende 1952 das Rauchen auf, nachdem er die Pfeife über ein halbes Jahrhundert nicht aus der Hand gelegt hatte. Gegen jeden ärztlichen Rat nahm er weiterhin sibirische Dampfbäder, was bei seinem Gesundheitszustand durchaus tödlich enden konnte. Genau genommen besaß er im Übrigen keinerlei ärztliche Pflege, ja keinerlei Betreuung mehr, denn seine Leibärzte, Leibdiener und Leibwächter waren entweder erschossen oder entlassen. Er war allein. Und wenn ihn Menschen umgaben, bewunderten sie ihn aus Angst unablässig ob seines ‚frischen jugendlichen Aussehens'. Gern ließ er sich jetzt Berichte über georgische Bauern vorlegen, die angeblich hundertfünfzig Jahre alt geworden waren.

Der Personenkult

Am 21. Dezember 1949, Stalins siebzigstem Geburtstag, bereitete die Union der Sozialistischen Sowjetrepubliken ihrem Führer ein Fest, das als Pharaonenkult mitten im 20. Jahrhundert eher noch unzureichend umschrieben ist. 75 Personen, unter ihnen das gesamte Politbüro, bildeten das Festkomitee, dem 5,6 Millionen Rubel zur Verfügung standen. Gleich zu Beginn der Feierlichkeiten erhob die Moskauer Akademie der Wissenschaften Stalin zum „größten Genius der Menschheit".[45] Den Höhepunkt der Feierlichkeiten bildete eine perfekt inszenierte Apotheose im Bolschoitheater unter den Augen internationaler Prominenz. Draußen, in der Dunkelheit, bestrahlten unzählige Flakscheinwerfer ein gigantisches Führerporträt, das an einem Ballon über der Hauptstadt schwebte. Wie hätte seine Vergöttlichung besser zum Ausdruck gebracht werden können? Das menschliche Wrack erstrahlte da oben in den hellsten Farben, seine Untergebenen, genauer, die ihm Ausgelieferten, wurden zum Opfer einer einzigen großen, kollektiven Halluzination. Im Kreml häuften sich die Berge aus Teppichen, Gobelins, Stickereien, Tabakdosen, Pfeifen, Vasen und kleinen Panzermodellen derart, dass im Revolutionsmuseum zusätzlich zehn Säle freigeräumt werden mussten. Endlose Prozessionen zogen über den Roten Platz. Die Seiten der *Prawda* füllten sich wochenlang mit Grußadressen von Fabriken, Kolchosen und Betrieben, und der Schriftsteller Leonid Leonow veröffentlichte in ihr einen zukunftsweisenden Artikel, demzufolge die

Zeitrechnung eines nicht fernen Tages mit Stalins, und nicht mehr mit Christi Geburt beginnen werde. Tausendstimmige Chöre sangen hundertstrophige Loblieder auf den weisen Führer, Lehrer und Vater, mit denen er endgültig ins Mythische und Himmlische entrückt wurde. In barocker und byzantinischer Huldigung war er „der weise Riese", „das Licht", „der funkelndste Diamant der Partei", „der Leuchtturm", „der Große Maschinist der Lokomotive Geschichte", „der menschlichste aller Menschen", „das Banner des großen Kampfes", „das Lied der kommenden Jahrhunderte", „das Glück der Sowjetmenschen", „der Stolz und Ruhm der Siege", „die Weisheit unsterblicher Ideen" und „die Sonne für die Bestimmung der Völker".[46] Er verkörperte den wahren Demiurgen einer im Entstehen begriffenen, völlig neuen Welt. In das kurz zuvor erschienene Lehrbuch *J. Stalin – Kurze Lebensbeschreibung* redigierte er mit eigener Hand den folgenden Satz hinein: „Obgleich er seine Aufgabe als Führer der Partei und des Volkes mit vollendeter Kunst meisterte und die uneingeschränkte Unterstützung des ganzen Sowjetvolkes genoss, ließ es Stalin niemals zu, dass seine Arbeit auch nur durch den leisesten Schatten von Eitelkeit, Hochmut und Eigenlob beeinträchtigt wurde."[47]

Was die Darstellung Stalins in Film, Bild und Fotografie betrifft, so ging es nie, auch in den Jahren, in denen das Alter noch nicht seine Spuren hinterlassen hatte, um die Wirklichkeit, sondern immer um deren Verzerrung und Verfälschung. Aufnahmen, auf denen man die Pockennarben in seinem Gesicht erkennen konnte, mussten sofort vernichtet werden. Gruppenbilder mit inzwischen hinweg gesäuberten Gegnern, so genannten „Volksfeinden" und Konkurrenten, wurden immer wieder ‚überarbeitet', oft so lange, bis nur noch einer übrig blieb, nämlich Stalin. Der einfache Mord, die einfache Auslöschung des Lebens, reichten also nicht aus, auch sämtliche Spuren in filmischer und fotografischer Reproduktion mussten getilgt werden. Wer einmal gegen Stalin gewesen war, den durfte es nie gegeben haben. Andererseits wurde durch Montage, Retusche und Fälschung Stalins Präsenz zu Zeiten und an Orten herbeikonstruiert, wo er nie gewesen war oder gewesen sein konnte. Pikanterweise hatte er insbesondere im Kontakt mit der Arbeiterschaft Probleme. Da die damaligen technischen Möglichkeiten begrenzt blieben und es mit simplem Ausschneiden, Überkleben und Wegstreichen meist nicht getan war, erhielten hunderte von Malern und Bildhauern den Auftrag, ihren Führer in den hellsten Farben erstrahlen zu lassen oder ihn mit auffallend verjüngten Zügen in Stein zu meißeln. Auch hier ging es um Geschichtsmanipulation im großen Maßstab.

Ganze Kolonnen von Künstlern, Regisseuren und Wissenschaftlern mutierten zu Stalin-Hagiographen. Mit dem Wort „Personenkult" wäre dies alles nur sehr unscharf bezeichnet, da der zum Gott erhobene ja gleichzeitig als typischer, einfacher Mann aus dem Volk, als *batjuschka* („Väterchen") erscheinen sollte. Dieses von allen geliebte Väterchen ist Stalin für die breite Masse, insbesondere auf dem Land, nie gewesen. Der darauf abzielende übergreifende Auftrag an das Ministerium für Agitation und Propaganda glich einem Kampf gegen Windmühlenflügel, denn auf allen Darstellungen, Bildern und Porträts musste er, in lichte Höhen und ferne Weiten schauend, nicht nur alle Traktoren, Flugzeuge, Hochöfen und Staudämme überragen, sondern vor allem den zur Stecknadelkopfgröße geschrumpften anonymen Sowjetmenschen. Seine mediale Präsentation war eine permanente *contradictio in adiecto*. Statt ans 20. Jahrhundert erinnerte sie eher an die Traditionen feudalistischer, cäsaristischer, pharaonischer und altorientalischer Herrscher. Hierfür spricht auch, dass er den Zustand eines langen, ewigen, jugendlichen Lebens nicht nur auf der Leinwand, dem Plakat oder der Staffelei anstrebte, sondern tatsächlich, ganz real, für sich und sein Volk erreichen zu können glaubte. Das machte ihn empfänglich für die Lehren von Pseudowissenschaftlern und Scharlatanen, von denen Trofim Lyssenko in der Tat nicht der Einzige, aber der Bekannteste war.

Lyssenko, der aus der Agrarforschung stammte, suggerierte Stalin, dass die Pflanzenwelt nach den Vorstellungen der Partei genetisch veränderbar sei, dass sich diese Züchtungserfolge aber auch auf den Menschen übertragen ließen. Er versprach ungeahnte Ertragssteigerungen im Getreideanbau und damit die schlagartige Lösung aller Ernährungsprobleme. In einem von Stalin persönlich redigierten Referat verkündete er den Anbruch eines „Goldenen Zeitalters".[48] Durch die Steuerbarkeit von Vererbung werde es in absehbarer Zeit auch möglich sein, einen völlig neuen, eben den „Stalinschen Menschen"[49] heranzuziehen. In letzter Konsequenz werde es sogar gelingen, je nach gesellschaftlichem Bedarf beliebig steuerbare Sowjetmenschen mit den erwünschten Eigenschaften und Fähigkeiten zu produzieren – ein riesiger, ideologisch geklonter Menschenpark mit Stalin als ‚großem Gärtner‘, der rechtzeitig alles Unkraut aus den Arten ‚herausgejätet‘ hätte.

Der Korea-Krieg

Auf der Ehrenloge zum siebzigsten Wiegenfest des großen Führers hatte mit Kim Il Sung auch ein KP-Chef aus Ostasien Platz genommen. Nordkorea, woher er kam, war der Sowjetunion von Roosevelt persönlich als Belohnung zugestanden worden, weil Stalin sich auf der Konferenz von Jalta bereit erklärt hatte, den Nichtangriffspakt mit Japan aus dem Jahr 1941 zu brechen und in den Krieg mit dem Reich des Tenno einzutreten. Truppen der Roten Armee hatten die koreanische Halbinsel daraufhin besetzt, waren aber wieder abgezogen, nachdem diese entlang des 38. Breitengrades geteilt und im Norden wie im Süden die entsprechenden Marionettenregierungen der UdSSR und der USA installiert worden waren. Kim Il Sung nutzte die Moskauer Feierlichkeiten, um dem Geburtstagskind in flammenden Appellen die Zustimmung zu einer gewagten Militäroperation abzuringen, die in Südkorea nach einem Überraschungsangriff des Nordens den bewaffneten Aufstand auslösen und das ganze Land unter der roten Fahne wiedervereinigen sollte. Unter dem Eindruck, dass die Vereinigten Staaten die riesige chinesische Landmasse soeben sang- und klanglos der maoistischen Revolution anheim gegeben hatten, stimmte Stalin zu, verlangte aber, dass jedwede personelle oder materielle Unterstützung der UdSSR nach außen hin perfekt zu tarnen und für den Westen als solche nicht erkennbar sein dürfe. Der Befehl zur Entfesselung des Koreakrieges wurde die letzte große Fehlentscheidung seines Lebens.

Schriftliche Zeugnisse hierzu, von Stalin mit Decknamen wie „Filippow", „Fyn Si" (weil das koreanisch klang) oder aber vorsichtshalber gar nicht unterschrieben, liegen erst seit wenigen Jahren vor.[50] Das Telegramm vom 30. Mai 1950, mit dem er grünes Licht für den Überfall gab, ist mit „Andrej Gromyko" unterzeichnet, damals stellvertretender Außenminister, bereits Teilnehmer der Potsdamer Konferenz als Botschafter der UdSSR in Washington und von 1957 bis zu seiner Demissionierung durch Gorbatschow 1985 Chef des Außenamtes. Stalin liebte diese

Praxis, unter Dokumente von höchster Brisanz in handschriftlicher Fälschung die Namen von Mitarbeitern zu setzen, weil er ihnen dann hernach, falls etwas schief gegangen war, alles in die Schuhe schieben konnte. So auch hier. Am 25. Juni 1950 sendete Radio Pjöngjang einen lange vorbereiteten Bericht, dass südkoreanische Truppen den 38. Breitengrad überschritten hätten. Der noch am selben Tag zusammentretende Sicherheitsrat der Vereinten Nationen kam zum entgegengesetzten, der Wahrheit entsprechenden Ergebnis. Kim Il Sungs Bataillone, vom Kreml ausgerüstet und instruiert, rückten schnell vor, eroberten binnen drei Tagen Seoul sowie zahlreiche weitere Großstädte und gründeten in den ‚befreiten Gebieten' überall ‚Volkskomitees'. Sowjetische Militärberater, in Zivil und als *Prawda*-Redakteure getarnt, standen ihnen zur Seite. Stalin gab strengste Anweisung, dass von den eigenen Leuten keiner dem Feind in die Hände fallen dürfe. Den Generalen der Roten Armee wurde es untersagt, wegen der drohenden Gefangenschaft die südkoreanische Hauptstadt zu betreten. Die eingesetzten sowjetischen MIG-Kampfflugzeuge waren mit chinesischen Schriftzeichen bemalt, ihre Piloten trugen chinesische Uniformen und kleine Mao-Anstecknadeln am Revers. Aber der Plan, den Amerikanern keinen Anlass zum Eingreifen zu geben, schlug fehl, zudem fanden die ‚Volkskomitees' unter der Bevölkerung nicht den Hauch einer Resonanz. Ein Aufschrei des Entsetzens ging durch die gesamte westliche Welt, und erst in diesem Moment war die eigentliche Schwelle zum Kalten Krieg überschritten. Die USA erhielten das Mandat der UNO, zusammen mit 15 anderen Staaten unter ihrem Kommando die Aggression abzuwehren. Die Gegenoffensive begann am 16. September. Schnell errangen die Amerikaner die totale Lufthoheit über der Halbinsel und setzten gnadenlos Napalm ein. Am Boden gruben sich ganze Kompanien, Bataillone und Regimenter in regelrechten Tunnelsystemen ein. Verzweifelt schrieb Kim dem „lieben Jossif Wissarionowitsch" und bat um „direkte militärische Hilfe".[51] „Filippow" antwortete mit völlig undurchdachten, konfusen Ratschlägen und Befehlen, die noch einmal den Dilettantismus des Generalissimus belegen.

Der Kampf wogte hin und her, bis sich die Linien im Juli 1951 entlang des 38. Breitengrades stabilisierten, der bis heute die Grenze zwischen dem geteilten Nord- und Südkorea bildet. Als es zwei Jahre später end-

lich zum Waffenstillstand kam, war Stalin schon nicht mehr am Leben.
Seine neuerliche katastrophale Fehleinschätzung der weltpolitischen
Konstellation bewirkte, dass die Vereinigten Staaten nicht, wie von ihm
erhofft, aus Japan abzogen, sondern ganz im Gegenteil einen formellen
Friedensvertrag mit dem Inselreich abschlossen, der ihnen das Recht
zur Stationierung von Streitkräften auf eigenen Militärstützpunkten
einräumte.

Die deutsche Frage bis zum Tod Stalins

Die Deutschlandpolitik Josef Stalins war und blieb von Ambivalenz,
Widersprüchen und nicht selten von einem geradezu chaotischen Zickzackkurs zwischen dem wenig planmäßigen Aufbau des Sozialismus in
der eigenen Zone und der Ausrichtung auf die deutsche Einheit gekennzeichnet, die zumindest nach außen den absoluten Vorrang genoss. Allerdings lässt sich in diesem oft heillosen Durcheinander eine Konstante ausmachen: Immer dann, wenn von der Bundesrepublik gesamtdeutsche Initiativen, Räte und Institutionen in Vorschlag gebracht wurden,
rangierte das kategorische Bewahren der Handlungsfreiheit in der DDR
vor den Chancen, die sich durch eine Annahme dieser Vorschläge hinsichtlich der Mitsprache in Westdeutschland geboten hätten. Das Wort
von 1945, nach dem sich so weit, wie die Rote Armee ihre Stiefel gesetzt
hatte, auch die Sowjetideologie auszudehnen hatte, galt weiterhin.
Trotzdem blieb man zwischen gesamtdeutschen Konzepten und der
Wahl „lieber ein halbes Deutschland ganz als ein ganzes Deutschland
halb"[52] hin- und hergerissen, was in letzter Konsequenz zu der „erstaunlichen Unfähigkeit oder Unwilligkeit der Moskauer Politik (führte), zu
eindeutigen Entscheidungen zu kommen".[53] Der große Diktator, der
bei den unsichtbaren und eingebildeten Feinden im eigenen Land mit
dem Fällen von Todesurteilen nicht eine Sekunde zögerte, erwies sich
außenpolitisch als Zauderer.

Da auch Molotow ausgeschaltet war und Stalin selbst von immer
neuen Schüben seines Verfolgungswahns heimgesucht wurde, mussten
die Offiziere in Berlin-Karlshorst, dem Sitz der Sowjetischen Militäradministration in Deutschland (SMAD), häufig genug ohne Direktive
und Maßgabe der Zentrale vorgehen, mit der Gefahr, dafür eines Tages

den Kopf hinhalten zu müssen. Kaum anders erging es der SED-Führung, die Stalin vom Ende des Zweiten Weltkrieges bis zu seinem Tod elfmal in den Kreml zitierte. Die Protokolle dieser ernüchternden und erniedrigenden Gespräche liegen seit 1999 größtenteils vor. Wieder und wieder musste sich die Kamarilla um Ulbricht anhören, dass sie zu einem Aufstand gegen Hitler unfähig gewesen sei und dass ihre Macht lediglich auf den sowjetischen Bajonetten beruhe. Was die DDR-Führung mit Sicherheit am wenigsten wollte, erklärte Stalin zu ihrer Hauptaufgabe, nämlich die Entwicklung einer gesamtdeutschen Perspektive. So sei es in der DDR völlig „unnötig, den kapitalistischen Elementen direkt aufs Haupt zu schlagen"[54], viel wichtiger sei es, sich auf die „Frage der Einheit zu konzentrieren".[55] Als Anfang 1952 das ganz große Tabuthema, die stetig anwachsende Fluchtbewegung in die prosperierende Bundesrepublik, vor allem über West-Berlin, tatsächlich einmal angesprochen wurde, schoss den Herren bereits für einen Moment die (auch verbal artikulierte) Lösungsmöglichkeit durch den Kopf, die Stadt mittels einer Mauer zu teilen. Man war sich aber bewusst, dass dies weltweit als Ausverkauf der sozialistischen Idee gedeutet werden würde, ließ den Plan damals wieder fallen und begann die letzte große gesamtdeutsche Politikoffensive.[56]

Die Antwort auf die „Jahrhundertfrage", ob die Stalin-Noten von 1952 nur ein taktisches Störmanöver zur Behinderung des Westintegrationsprozesses der Bundesrepublik oder ein ernst gemeintes Angebot zur Wiedervereinigung Deutschlands waren, kann trotz des jetzt zur Verfügung stehenden neuen Moskauer Quellenmaterials auch heute noch nicht endgültig beantwortet werden. Wenn überhaupt, dann war Stalin lediglich mit dem Dokument vom 10. März, in dem die Neutralisierung Deutschlands und der Abzug aller ausländischen Truppen, die Wiedervereinigung in den Grenzen, wie sie auf der Potsdamer Konferenz festgelegt worden waren, und der Friedensvertrag mit einer gesamtdeutschen Regierung angeboten werden, bereit, einiges in der DDR zu opfern. Alle folgenden Schreiben müssen als reine Propaganda und Alibi-Pamphlete bezeichnet werden.[57] Warum eigentlich war er so erleichtert und erheitert, als die Westmächte ihre Ablehnung überreichten? Warum eigentlich hat er im Vorfeld der Offensive zu keinem Zeitpunkt Sondierungsmöglichkeiten mit Frankreich gesucht, das noch bis in de Gaulles, Giscards und Mitterrands Zeiten der sowjetische *interlocuteur privilegié* war, wenn es darum ging, den *furor teutonicus* richtig und rechtzeitig einzuhegen und zu bändigen? Den Begriff „DDR" nahm er nach wie vor kaum in den Mund, „Sozialismus" gab es für ihn in dem Gebilde sowieso noch nicht. War es da nicht nahe liegend, für einen angemessenen Preis andere Wege zu gehen? Drei Wochen nach dem Absenden der März-Note sprach er, wohl kaum zufällig, erstmals von der „friedlichen Koexistenz"[58], dem vielleicht symbolträchtigsten, aber auch umstrittensten Wort im Ost-West-Wettkampf der Systeme.

Da waren die Würfel längst gefallen. Entscheidend war die Ablehnung des ersten Angebots durch die Westmächte, die von sowjetischer Seite in „völlig entspannter Atmosphäre"[59] ohne jedes Anzeichen von Enttäuschung entgegengenommen wurde. Das lässt tief blicken: Stalin, der Initiative offensichtlich skeptisch gesonnen, hätte ihre Urheber im Erfolgsfalle womöglich auf seine Art und Weise zur Rechenschaft gezogen. Gromyko, Wyschinski und Semjonow reagierten, als ob eine Zentnerlast von ihnen abgefallen wäre. Erst auf ihr ständiges Drängen und ihre Zusicherung hin, „dass eine Zustimmung des Westens völlig ausgeschlossen sei"[60], war das bereits lange vorliegende Papier überhaupt abgesandt worden. Nach dem kalkulierten „Nein" des Westens rief Stalin am 1. April die SED-Führung zu sich. Ulbricht und Grotewohl bekamen zu hören, dass die Westmächte „ungeachtet aller Vorschläge, die wir in der deutschen Frage machen können, keinem von ihnen zustimmen und sich in keinem Fall aus Deutschland zurückziehen. Zu denken, dass ein Kompromiss oder die Annahme eines Friedensvertrags-Entwurfs durch die Amerikaner möglich wäre, ist ein Irrtum. (...) Deshalb müsst ihr euren eigenen Staat aufbauen".[61] Und das 1952, also drei Jahre nach Gründung der DDR!

Am 26. Mai 1952, dem Tag, an dem in Bonn die Westintegration vollzogen und der Deutschlandvertrag (Beendigung des Besatzungsregimes und Souveränität der Bundesrepublik) unterzeichnet wurde, kündigte Ostberlin die Abriegelung der „Zonengrenze" (!)[62] durch eine fünf Kilometer breite Sperrzone und einen zehn Meter breiten Kontrollstreifen, den späteren Todesstreifen, an. Die bis ins Frühjahr 1955 vom Osten entsandten Einigungsvorschläge hatten nur noch die Funktion, die Amerikaner als Spalter Deutschlands „zu entlarven"[63], so Stalin im internen Kreis, und um hinter diesem Schirm und Schuldvorwurf die Integration der DDR in den eigenen Machtbereich vor dem Angesicht der Weltöffentlichkeit quasi als vom Westen erzwungen erscheinen zu lassen. Ob Stalin nicht doch bis zum Schluss Zweifel daran gehabt hat, ob sich die deutsche Nation auf Dauer teilen lasse, steht dahin. Es ist schon verblüffend, dass im Grußtelegramm, das er zur vieldiskutierten 2. Parteikonferenz der SED vom Juli 1952 entsenden ließ, vom Sozialismus mit keinem Wort die Rede war, sondern stattdessen von „neuen Erfolgen bei der Erfüllung der historischen Aufgabe, ein einheitliches, unabhängiges, demokratisches und friedliebendes Deutschland zu schaffen".[64] Selbst wenn dies nicht seine ehrliche Überzeugung war, dann bedeutete es doch einen scharfen Affront gegen Ulbricht, von dem er sich überfahren und erpresst fühlte, den Separatstaat DDR abzusegnen. Umgekehrt lebte dieser in der ständigen Angst, von seinem ‚Freund' an der Moskwa fallen gelassen zu werden. Der Weg in den Arbeiteraufstand vom 17. Juni 1953 resultierte aus dem planmäßigen Bestreben der DDR-Führung, diesen ungewissen Zustand ein für allemal zu beenden. Als Mittel und Instrument diente eine willkürlich-drakonische Erhöhung der Arbeitsnormen, die die Unzufriedenheit steigern, die Engpässe vergrößern, die Fluchtbewegung in den Westen antreiben und die Sowjets zum Eingreifen zwingen sollte, was wiederum der SED-Führung die dauerhafte Macht sichern sollte. Der Plan Ulbrichts ging auf. Der wöchentliche Prämienlohn eines ostdeutschen Facharbeiters war von 168 auf 72 Ostmark geschrumpft. Allein im März verließen 60.000 Menschen die DDR, ein weder vorher noch nachher jemals wieder erreichtes Maximum. Schon vom Beginn des Jahres 1953 an war es immer wieder zu spontanen Arbeitsniederlegungen und Streiks gekommen.

In dieser Situation der äußerster Zuspitzung in der DDR traf sich die Herrenrunde der KPdSU am 28. Februar 1953 zum allabendlichen geselligen Beisammensein auf Stalins Datsche. Von seinen Abläufen und Ritualen her war es ein Tag wie jeder andere. Der Diktator stand gegen Mittag auf, ließ sich in den Kreml fahren und arbeitete etliche Stunden. Insbesondere die so genannte „Ärzteverschwörung" machte ihm nach wie vor schwer zu schaffen. Sie erforderte seine gesamte Aufmerksamkeit, nicht zuletzt durch das ‚beherzte' Fällen von Todesurteilen.

Abends sah er sich zusammen mit Berija und Chruschtschow einen West-Film an und machte danach den ‚Vorschlag', bei ihm in Kunzewo noch etwas zu essen. Die Entourage folgte. Es wurde aufgetragen, bis sich die Tische bogen, die Stimmung war gut. Die Männer tanzten miteinander. Chruschtschow führte Berija, und Stalin amüsierte sich köstlich. Wann und warum die gesellige Szenerie kippte, ist nicht mehr genau rekonstruierbar, auf jeden Fall machte der zunehmend gereizte Stalin den Anwesenden Vorhaltungen. Während er Tag und Nacht arbeite, schufte und wache, ruhten sie sich auf ihren Lorbeeren aus. Überall im Lande herrsche Sabotage, die Verschwörung der ‚weißen Kittel' zeige dies erneut in aller Deutlichkeit. Sie hätten Schuld daran, dass der Sieg in Korea verpasst und Jugoslawien nicht mehr im eigenen Lager sei, und wenn er das *Gulag*-System nicht geschaffen hätte, würden weder die Schwer- noch die Holz- noch die Bergbauindustrie noch das Transport- und Elektrizitätswesen ihre Aufgabe erfüllen können.

Grundsätzlich waren derartige Stimmungsumschwünge nichts Neues, sie deuteten vielmehr an, dass jetzt auch der Gastgeber selbst restlos betrunken war. Deshalb erhoben sich nach kurzem, lähmendem Schweigen auch von allen Seiten beschwichtigende Stimmen, die ihm devot und gedämpft Floskeln wie „Wir werden Maßnahmen ergreifen", „Ihre Befehle sollen ausgeführt werden, Genosse Stalin" oder „Wir werden eine Lösung finden"[65] zuflüsterten, aber diesmal war er nicht mehr zu besänftigen. Er verließ morgens um fünf wortlos den Raum und begab sich zur Ruhe. Das Zechgelage hatte ein jähes Ende gefunden. Als sich gegen Mittag in Stalins Gemach immer noch nichts regte, wurde das Hauspersonal unruhig, wagte es aber nicht, etwas zu unternehmen. Am Abend, zwischen acht und neun Uhr, ging zunächst im Ess- und dann im Arbeitszimmer das Licht an, und man atmete erleichtert auf. Wie man später feststellte, hatte der Ausgenüchterte versucht, sich ein Glas Mineralwasser zu holen, und war dabei zusammengebrochen. Als danach erneut stundenlang keine Regung mehr auszumachen war, fassten sich zwei Bedienstete ein Herz und brachen um 23 Uhr die Tür auf. Stalin lag am Boden und starrte mit weit aufgerissenen Augen ins Leere.

Stalins Tod

Er war bewusstlos und atmete schwer. Sie legten ihn auf die Couch und versuchten, jemanden aus dem Politbüro zu erreichen. Als Berija endlich eintraf, war bereits der 2. März 1953 angebrochen. Noch während er sich ein Bild vom Zustand des Hilflosen machte, herrschte er die Bediensteten an: „Seht ihr denn nicht, dass Genosse Stalin fest schläft? Ihr geht jetzt alle raus und weckt ihn ja nicht auf."[1] Schon wenig später tauchten die ersten Gerüchte über eine angebliche Ermordung Stalins auf. Natürlich waren sie unsinnig. Im Nachhinein betrachtet ist es aber wohl so, dass Berija, den Ernst der Lage voll und ganz durchschauend, Stalins Tod billigend in Kauf genommen, wenn nicht durch unterlassene bzw. verschleppte Hilfeleistung bewusst und gezielt herbeigeführt hat.

Bevor überhaupt ein Ärzteteam tätig werden konnte, musste erst dessen ‚ethnische Unbedenklichkeit' festgestellt werden, was hieß, es durften ihm auf gar keinen Fall Juden angehören. Als endlich ärztliche Hilfe zu dem Patienten gerufen wurde, waren seit dem Zusammenbruch Stalins bereits über 24 Stunden vergangen. Die Mediziner waren schockiert. Durch eine vollständige Inkontinenz der Blase war die gesamte Kleidung von Urin durchnässt. Stalins Zustand wurde von den Ärzten als „äußerst ernst"[2] bezeichnet. Die rechten Extremitäten waren völlig bewegungslos und die linken zuckten nur noch. Der Befund vermerkte eine generelle Arteriosklerose und eine schwere Beschädigung der Blutgefäße im Gehirn, wo mehrere Adern geplatzt waren. Die durch die Blutungen verursachten Lähmungen griffen auf immer weitere Teile des Körpers über. Stalins Zahnprothese wurde entfernt, er bekam eine kalte Kompresse auf den Kopf. Hinter jedem Ohr wurden zunächst vier, dann sechs Blutegel angesetzt; vollgesaugte wurden sofort durch neue ersetzt. Wenn er nicht gerade würgte, flößte man ihm mit dem Teelöffel Zitronensaft und Glukose ein. Der Blutdruck stieg bis zum Abend auf 210 zu 120. Dreimal täglich wurde Penicillin gespritzt. Die Mediziner arbeiteten unter Hochdruck, sie fürchteten beim Tod Stalins ihre anschließende Verhaftung und Anklage wegen der angeblichen „Ärzteverschwörung". Drei aus dem neunköpfigen Team verschwanden später für immer. Keiner von ihnen wagte deshalb offen auszusprechen, dass Stalins Zustand hoffnungslos war. Sein Sohn Wassili stürzte betrunken ins Zimmer und brüllte: „Die Schweine haben Vater umgebracht." Chruschtschow wird später behaupten, dass der Sterbenskranke zwischenzeitlich das Bewusstsein wiedererlangte, woraufhin sich Berija sofort auf die Knie warf und seine Hand ergriff, um sie zu küssen, aber immer, wenn Stalin die Augen schloss, wieder aufstand und Gift und Galle spuckte. Diese Szene, für die es ansonsten keinen Beleg gibt, dürfte darauf hinweisen, dass die Diadochenkämpfe bereits am Totenbett begannen.

Am 3. März war Stalin halbseitig gelähmt, am 4. März wurde mit der künstlichen Beatmung begonnen. Radio Moskau meldete nun seinen „zeitweiligen Rücktritt"[3] von der Leitung der Regierungs- und Parteigeschäfte. Gegen Mitternacht bemerkten die Ärzte Symptome eines Brechreizes, Gesicht und Oberkörper waren leichenblass, nur noch über die linke Gesichtshälfte glitten Zuckungen. Man versuchte, den rapiden Verfall mit Koffein, Kampfer und Brustmassagen aufzuhalten, Adrenalin wurde in großen Mengen gespritzt, aber alles Mühen war vergeblich. Immer häufiger setzte die Atmung aus, unkontrollierte Schweißausbrüche schüttelten den Körper, in der Nacht erbrach Stalin Blut. Berija hatte nun die nötige Gewissheit, ließ sich in den Kreml fahren, brach dort alle persönlichen Safes des Generalissimus auf und durchsuchte sie. Falls es ein Testament gegeben hat, dann dürfte er es, in diesem mit Sicherheit nicht erwähnt, vernichtet haben. Der Tod Stalins trat schließlich am 5. März 1953 um 21:50 Uhr ein. Er starb so, wie er in den vorangegangenen zwanzig Jahren gelebt hatte: alle anderen fürchtend und von allen anderen gefürchtet, völlig vereinsamt, gewissermaßen ein Opfer seiner eigenen Tyrannei. Swetlana Allilujewa beschrieb das Sterben Stalins folgendermaßen:

> „Das Antlitz verfärbte sich, die Gesichtszüge entstellten sich bis zur Unkenntlichkeit, die Lippen wurden schwarz. In den letzten zwei Stunden erstickte er einfach (...) Die Agonie war entsetzlich, sie erwürgte ihn vor aller Augen. In einem dieser Augenblicke (...), offenbar in der letzten Minute, öffnete er plötz-

lich die Augen und ließ seinen Blick über alle Umstehenden schweifen. Es war ein furchtbarer Blick, halb wahnsinnig, halb zornig, voll Entsetzen vor dem Tode (...), und dann (...), ich begreife es bis heute nicht (...), hob er plötzlich die linke Hand (...) und wies mit ihr nach oben, drohte uns allen. Die Geste war unverständlich, aber drohend (...) Im nächsten Augenblick riss sich die Seele nach einer letzten Anstrengung vom Körper los."[4]

Berija beugte sich nach dem Ableben des Diktators als Erster über ihn und küsste den noch warmen Leichnam. Die Öffentlichkeit wurde erst in den frühen Morgenstunden des nächsten Tages informiert. Die Trauer war nicht annähernd so überwältigend wie bei Lenins Tod. Zwar ist es richtig, dass die Menschen trotz eisiger Temperaturen in Scharen nach Moskau strömten und kilometerlange Schlangen vor der Säulenhalle bildeten, in der der Tote in seiner Generalissimus-Uniform aufgebahrt lag, aber fast hatte man den Eindruck, sie wollten sich davon überzeugen, dass er auch wirklich tot war. Allein fünfhundert Menschen wurden in dem chaotischen Gedränge totgetrampelt, erdrückt oder an Hausmauern zerquetscht. Beileibe nicht jeder, der einen Blick in den geöffneten, mit Satin gefütterten Sarg erhaschen und dabei erstmals den kürzeren, verkrüppelten Arm des Generalissimus erkennen konnte, wurde von Tränen oder Verzweiflung übermannt. Obwohl eine viertägige Staatstrauer angeordnet worden war, blieben die Theater geöffnet. Im völlig überfüllten Opernhaus gab man *Boris Godunow*, und als der Titelheld starb, applaudierte das Publikum frenetisch. Die Stimmung in Moskau war sonderbar. Zwar wurden sofort umfassende Projekte initiiert, um den ‚Helden' unsterblich zu machen, aber nur wenige wurden auch realisiert. Die Pläne für ein gigantisches Pantheon nach römischem Vorbild blieben in der Schublade. Immerhin wurden, als ob es nicht schon genug Stalin-Straßen, -Dörfer und -Kolchosen gab, unzählige weitere nach ihm benannt, nunmehr auch in den anderen Staaten des Ostblocks. Die polnische Regierung z. B. verfügte schon am 7. März, Kattowitz in „Stalinogrud" umzubenennen.

Auch wenn alle Staatsorgane der Sowjetunion in erhöhte Alarmbereitschaft versetzt wurden, weil ‚der Feind' diesen günstigen Moment für seine finsteren Umsturzpläne hätte nutzen können, so ist es doch verblüffend, wie schnell im Kreml nach dem Tod des Diktators die Verfolgungs- und Verratsparanoia abgelegt wurde. Mit Stalin starb auch der Stalinismus, allein das ist schon bemerkenswert genug. Das heißt nicht, dass nun individuelle Freiheit, Rechtssicherheit und parlamentarische Demokratie an Wolga, Don und Jenissei Einzug gehalten hätten, wohl aber endete der tagtägliche Massenterror gegen ein ganzes Volk.

Natürlich behielt die Partei den Anspruch auf die totale Kontrolle und Lenkung aller Lebensbereiche des Sowjetbürgers, und es blieb nicht nur bei diesem Anspruch, aber Berija begann noch im März mit umfangreichen Freilassungsaktionen aus dem *Gulag*, wo über eine Million Menschen wegen ‚Nichtigkeiten' (!) festgehalten wurden. Nach einer Welle von Aufständen, Meutereien und Streiks lösten sich die Lager allmählich auf, und ab 1956 bildeten die noch verbliebenen Reste eine Art reguläre Verwahranstalt für Kriminelle und Schwerkriminelle. Anfang der sechziger Jahre lebten noch 900.000 Häftlinge in den Lagern.

Auch der Vorwurf der „Ärzteverschwörung" wurde fallen gelassen. Sogar Schukow durfte aus der Provinz als stellvertretender Verteidigungsminister nach Moskau zurückkehren. Molotow übernahm erneut das Außenministerium. Die Ressorts für Inneres und Staatssicherheit wurden unter einem Dach zusammengefasst und Berijas Leitung übertragen. Chruschtschow erhielt den Auftrag, die Arbeit des Zentralkomitees zu koordinieren und wurde zum Präsidenten des Bestattungskomitees gewählt, eine Stellung, die bei Lenins Tod Stalin innegehabt hatte. Nachdem der Sarkophag des Generalissimus im Mausoleum am Roten Platz neben dem seines Vorgängers aufgestellt worden war, waren damit die Positionen für den Kampf um die Nachfolge abgesteckt. Das sklerotische Gehirn Stalins war zwar entnommen, irgendwelche Genialitätsforschungen wie bei Lenin wurden aber nicht in Auftrag gegeben. Der elfseitige Autopsiebericht wurde derart wenig beachtet, dass er bald als Staubfänger in den Akten landete. Man hatte überlebt, und das war für jemanden, der sich in der direkten Nähe Stalins bewegte, immer noch das Wichtigste, auch wenn die Zukunft des riesigen Imperiums unsicher und ungewiss genug erschien.

Von Ulbricht inszeniert? Das Scheitern des 17. Juni 1953

Außerhalb der eigenen Staatsgrenzen war die Unentschiedenheit in der Deutschlandpolitik im Kreml das vordringlichste Problem, vor das sich die führerlose Regierungsmannschaft gestellt sah. Stalin hatte sich zeitlebens gehütet, von der „DDR" zu sprechen, der offizielle Kurs hieß auch weiterhin Gesamtdeutschland. Ulbrichts gezielte, einen Aufstand bewusst provozierende Erhöhung der Arbeitsnormen sollte den Kreml zur Entscheidung zwingen und ihn selbst notfalls mit Waffengewalt an der Spitze des noch kaum konsolidierten Staatsfragments etablieren.[5] Ob dieses zynische, volks- und menschenverachtende Spiel in den Wirren der Nachfolgekämpfe an der Moskwa durchschaut worden ist, sei dahingestellt. Allerdings versuchte man dort, eine Eskalation der Ereignisse noch in allerletzter Minute zu verhindern.

Die zentrale Mission des am 5. Juni 1953 in Ost-Berlin eintreffenden, gerade zum neuen Hohen Kommissar der UdSSR in Deutschland ernannten Wladimir Semjonow bestand darin, der SED-Führung ‚mitzuteilen', dass es mit dem Aufbau des Sozialismus nun ein Ende habe. Alle diesbezüglichen Plakate und Parolen verschwanden daraufhin aus dem Straßenbild. Schon eine Woche später wurde im *Neuen Deutschland* der so genannte „Neue Kurs" verkündet: „das große Ziel der Einheit Deutschlands, welches von beiden Seiten Maßnahmen erfordert, die die Annäherung der beiden Teile Deutschlands konkret erleichtern".[6] Von zwei deutschen Staaten war nirgendwo die Rede, vielmehr herrschte Semjonow die Redaktionsgewaltigen an: „In vierzehn Tagen werden Sie vielleicht schon keinen Staat mehr haben."[7] Die Normerhöhungen wurden formell und offiziell zurückgenommen. Am 13. Juni hieß es in der *Täglichen Rundschau*, dem offiziellen Organ der Sowjets in der DDR, alle Beschlüsse der SED seien „auf das große Ziel der Wiedervereinigung des deutschen Volkes in einem geeinten, nationalen deutschen Staat gerichtet".[8] Spätestens jetzt wusste Ulbricht, was die Stunde geschlagen hatte. Während Semjonow glaubte, die Lage wieder beruhigt zu haben, lancierte der ‚Spitzbart' an der sowjetischen Zensur vorbei am 16. Juni einen Artikel im Gewerkschaftsblatt *Tribüne*, demzufolge die Normerhöhungen bis zum 30. Juni bindend und verpflichtend erfüllt sein mussten – dem Tag, an dem mit großem stalinistischem Pomp Ulbrichts sechzigster Geburtstag begangen werden sollte. Ein hoher Gewerkschaftsfunktionär erhielt die Anweisung, den Arbeitern auf der Stalinallee den Artikel vor Schichtbeginn vorzulesen. Nachdem der letzte Satz „Die Beschlüsse über die Erhöhung der Normen sind in vollem Umfang richtig" verklungen war, kam es – wie beabsichtigt – zu den ersten spontanen Arbeitsniederlegungen. In der Nacht beknieten Ulbricht und Grotewohl den Hohen Kommissar so lange, bis dieser um 5:26 Uhr in der Frühe über eine abhörsichere Leitung eine verschlüsselte, streng geheime Depesche an Molotow abgehen ließ, deren Existenz und Wortlaut uns erst seit 2001 bekannt ist: „Auf Veranlassung der deutschen Freunde lassen wir 450 Mann in Fahrzeugen in Gebieten patrouillieren, wo Unruhen aufgetreten sind, und auch in der Nähe von wichtigen Einrichtungen in Ostberlin."[9] Der Bitte um brüderliche Hilfe in einem selbst inszenierten und eigenmächtig ausgelösten Aufstand war stattgegeben worden.

Wussten die Aufständischen, dass Ulbricht bei den Nachfolgern Stalins umstritten war? Das zentrale Streikkomitee in Bitterfeld, neben Berlin einer der wichtigsten Punkte des Aufstands, bat den „Hohen Sowjetischen Kommissar Semjonow"[10] in einem offiziellen Telegramm darum, keine Maßnahmen gegen die Arbeiter zu ergreifen. Am 17. Juni um 10:30 Uhr wurden das Politbüro der SED und einige Regierungsmitglieder nach Karlshorst „evakuiert"[11] (O-Ton Semjonow). Mehrere Passanten erkannten die Insassen im Konvoi der dunklen Limousinen und ballten drohend die Fäuste. Als kurz nach 11 Uhr die auf dem Brandenburger Tor gehisste rote Fahne unter dem Beifall der Massen heruntergeholt und zerrissen wurde, peitschten die ersten Schüsse auf. Andererseits winkte Bertolt Brecht, der einzige Intellektuelle, dessen Verhalten in diesen Stunden etwas galt, den auf das Tor zurollenden sowjetischen Panzern freundlich zu, hier und da kam es sogar zu *Druschba* („Freundschaft")-Rufen. Es wurde von sowjetischer Seite nachweislich nicht versucht, den Aufstand bereits im Ansatz zu ersticken. Solange die Aktionen gewaltfrei abliefen, hielt man sich zurück.

Der 17. Juni 1953 ist das Trauma, das Schlüsselerlebnis und der Moment der inneren Staatsgründung der DDR in einem. 36 Jahre später, am 31. August 1989, als durch den zweiten Aufstand des Volkes das Ende des zweiten deutschen Staates eingeläutet wurde, fragte Erich Mielke besorgt: „Ist es so, dass morgen der 17. Juni ausbricht?"[12], der sowjetische Botschafter Kotschemassow äußerte am Vorabend der ersten Leipziger Montagsdemonstration vom 9. Oktober 1989: „Die Situation ist seit 1953 noch nie so ernst gewesen"[13], und der amtierende Innenminister Friedrich Dickel, der bereits damals an führender Stelle bei der Niederschlagung des Aufstandes mitgewirkt hatte, riet: „Schießen, liebe Genossen, und dass die Panzer dann vor der Bezirksleitung und dem ZK stehen, das wäre doch die einfachste Sache."[14]

Bis 1954 erfolgte eine totale Umstrukturierung des Macht- und Disziplinierungsapparates der DDR. Allein beim Ministerium für Staatssicherheit wurde die Zahl der „inoffiziellen Mitarbeiter" verdoppelt. Straßen, Städte und Plätze wurden nach dem Vorbild der Neugestaltung des Berliner Alexanderplatzes ab sofort so angelegt, dass die Einsatztruppen bei einem neuerlichen Tag X jederzeit freies Schussfeld haben würden. Ulbricht wusste selbst am besten, dass die Alternative in diesen Tagen für ihn glorifizierte Größe oder das Verlassen der „weltgeschichtlichen Tribüne auf Nimmerwiedersehen"[15] hieß. Noch am 16. Juni klagte der FDJ-Chef Erich Honecker resigniert: „Alle fallen über Walter her. Er wird wohl unterliegen."[16] In Berlin akkreditierte US-amerikanische Diplomaten hielten die Revolte für eine Provokation der Kreml-Führung, um so Ulbricht loszuwerden. Davon war aber nur das Letztere richtig. Der Aufstand traf Semjonow genauso überraschend wie Chruschtschow. Beide glaubten, dass ‚westliche Subversionszentren' tätig geworden seien. Ulbricht hingegen war derjenige, der ihn gezielt und geplant ausgelöst hatte. Er zwang die Nachlassverwalter Stalins, dessen Unentschiedenheit in der Deutschlandpolitik zu beenden, indem sie sich zu dem ostdeutschen Staatsfragment als Staat bekannten, und sicherte „in böser Paradoxie"[17] dadurch seine Herrschaft. Die Aufständischen erreichten somit das Gegenteil von dem, was sie wollten. Adenauer, der keine Hand für sie rührte, erklärte den Tag in einem gelungenen Coup des Kalten Krieges zum (west)deutschen Nationalfeiertag, der dann beim Picknick im Grünen begangen wurde, und in den Geschichtsbüchern der DDR galt bis 1989 als verbindliche Auslegung die These vom „faschistischen Putschversuch, weil eine Masseninvasion von gekauftem Gesindel aus dem Westen in einer groß angelegten Provokation ein faschistisches Abenteuer"[18] gewagt und sich ehemalige

Nazis an die Spitze der Demonstranten und Streikkomitees gesetzt hätten. Zum wirklichen „Tag der deutschen Einheit" ist der 17. Juni nie geworden, weder hüben noch drüben, obwohl die Chance hierzu durch die ungewisse Lage im Kreml vielleicht größer war als während der viel zitierten und unendlich diskutierten Stalin-Note ein Jahr zuvor.

In Moskau passierte nämlich neun Tage nach dem Aufstand Ungeheuerliches: Chruschtschow ließ Berija mitten in einer Sitzung des ZK-Präsidiums, wie sich das Politbüro zu dem Zeitpunkt nannte, verhaften. Die gegen ihn vorgebrachte Anklage lautete, er habe „Kurs nehmen wollen auf die Umwandlung der DDR in einen bürgerlichen Staat, was einer direkten Kapitulation vor den imperialistischen Kräften gleichgekommen wäre".[19] Als Gegenleistung für diese absehbar in die Wiedervereinigung mündende Entwicklung verlangte er den altbekannten Preis, die bündnispolitische Neutralität Gesamtdeutschlands. Wenn man den Erinnerungen von Andrej Gromyko vertrauen darf, legte Berija wenig später sogar noch kräftig nach: „Die DDR? Was bedeutet sie schon, diese DDR? Sie ist nicht einmal ein richtiger Staat. Sie wird nur durch sowjetische Truppen aufrechterhalten, auch wenn wir sie Deutsche Demokratische Republik nennen."[20] Es ist nachvollziehbar, dass mit dem Bekanntwerden derartiger Verlautbarungen die Legende von der verpassten Gelegenheit zur deutschen Einheit in der westlichen Geschichtsforschung erst so richtig ins Kraut schoss. Korrekt an diesen Spekulationen ist, dass Berija die vagen, auf Einflussgewinnung auch in der Bundesrepublik ausgerichteten Konzeptionen und Lockvogelmodelle seines verblichenen Herrn und Meisters Stalin fortführen und nicht den Wendepunkt des 17. Juni erkennen wollte. Insofern waren der Volksaufstand in der DDR und die Entscheidung im Kampf um die Nachfolge Stalins miteinander verknüpft, was der faktisch schon abgesetzte Altstalinist Ulbricht „mit geradezu traumwandlerischer Sicherheit"[21] erkannte.

Berijas Entmachtung

Auf der Tagung des SED-Zentralkomitees Ende Juli klagte Ulbricht Berija an, dieser habe die DDR in Verhandlungen mit den Westmächten ‚verkaufen' wollen. Obwohl es nicht den geringsten Beleg dafür gibt, dass Chruschtschow, Molotow oder sonst jemand zu Stalins Lebzeiten Gegner von dessen nebulösem deutschlandpolitischem Kurs gewesen war, lautete der Hauptpunkt in der Anklageschrift gegen Berija, er habe die gesamte „sozialistische Entwicklung in der DDR liquidieren" wollen. An Stelle der DDR wurde er jetzt selbst liquidiert. Schon unmittelbar nach Stalins Begräbnis hatte Chruschtschow im kleinen Kreis geäußert: „Solange der Schuft am Leben ist, kann sich keiner von uns sicher fühlen."[22] Auf der erwähnten Präsidiumssitzung saßen beide nebeneinander, als Chruschtschow, wie vorher konspirativ verabredet, darum bat, den „Fall Berija" erörtern zu dürfen. Daraufhin hielt Chruschtschow eine Rede, wie sie in den Hochzeiten des „Großen Terrors" nicht ‚besser' hätte gehalten werden können. Berija sei ein Spion Titos, des englischen Geheimdienstes sowie der muslimischen Opposition im Kaukasus, und er untergrabe die sozialistische Entwicklung in Ostdeutschland. Nachdem die Philippika mit der hanebüchenen Feststellung „Berija (ist) kein Kommunist" geschlossen hatte, erschien Marschall Schukow mit der hohen Generalität im Saal und befahl Berija „Hände hoch!"[23]

Es ist aufschlussreich zu verfolgen, wie es in der sich anschließenden siebenmonatigen Haft immer weniger um die DDR, sondern immer mehr darum ging, wie „der listige Schurke Berija", dieses „bourgeois entartete Wesen", den schlechten Gesundheitszustand Stalins für sich ausgenutzt habe, um „seine Klauen tief in Genosse Stalins Seele zu schlagen und diesem seine Meinungen aufzudrängen".[24] Auch sei die Amnestie nach dem Tod Stalins viel „zu weitläufig" (!) ausgefallen. Am 23. Dezember 1953 fällte, ganz im Stil der Jahre 1937 und 1938, eine Troika in einem dreißigminütigen Prozess das Urteil gegen den „Staats- und Parteifeind" und 22 seiner georgischen Gefolgsleute. Berija legte ein umfassendes ‚Geständnis' ab, ließ sich von der Anklagebank auf den Boden fallen und flehte um sein Leben. Die Todesstrafe wurde unmittelbar nach Abschluss des Verfahrens vollstreckt, die Angeklagten wurden noch beim Hinausgehen im Flur erschossen.

Am Ende desselben Jahres erhielten die Bezieher der *Großen Sowjet-Enzyklopädie* ein Einlageblatt mit Wissenswertem zum Stichwort „Beringsee" zugesandt, als Ersatz für die Seite mit „Berija Lawrenti Pawlowitsch", die sie mit einem kleinen Messer oder einer Rasierklinge heraustrennen sollten. Es ist nicht bekannt, dass außer Berija ein weiteres

Mitglied der Sowjetnomenklatura aus der Stalin-Ära verurteilt, zur Rechenschaft gezogen oder bestraft worden wäre. Ausschließlich an dieser Person wurde ein Exempel statuiert, und zwar mit brutalsten stalinistischen Methoden. Berijas eigener Machtbereich, der Sicherheitsdienst im Innenministerium, war bald herausoperiert und in Form eines Komitees für Staatssicherheit (KGB) mit zunächst noch sehr reduzierter Kompetenz dem Zentralkomitee und dem Ministerrat unterstellt. Zum 1. Januar 1954 erhielt die Diplomatische Mission der DDR in Moskau den Rang einer Botschaft, alle Reparationen und Nachkriegsschulden wurden dem ostdeutschen Staat mit sofortiger Wirkung erlassen. Am 14. Mai 1955, neun Tage, nachdem die Bundesrepublik Mitglied der Nato geworden war, gehörte die DDR zu den Signatarmächten des Warschauer Pakts.

Von der Entstalinisierung bis zur Perestroika

Die physische Beseitigung Berijas hatte mit dem Prozess der Entstalinisierung, für den sie häufig als Startsignal gesehen worden ist, nichts zu tun. Sie war vielmehr die schnelle Entscheidung in einem verblüffend kurzen Machtkampf, den Chruschtschow, seit dem 7. September 1953 Parteichef und damit erster Mann im Staat, zu seinen Gunsten beendete. Die nunmehr von ihm begonnenen und im XX. KPdSU-Kongress von 1956 gipfelnden Versuche, das Erbe Stalins zu überwinden, waren in vielem oberflächlich, widersprüchlich und verlogen. Denn an Dutzenden von Terrormaßnahmen war Chruschtschow selbst beteiligt, seinen Aufstieg verdankte er in nicht wenigen Stationen der Exekution von Rivalen, deren Position er ohne jeden Skrupel übernahm. Molotow hatte, als er von den Plänen für den Parteitag hörte, so unrecht nicht, wenn er fragte: „Was werden Sie über sich selbst sagen, Nikita?"[25] Dass der kleine, unförmige, impulsive und letztlich primitive Bauernsohn trotzdem an seinen Absichten festhielt, dürfte aus einer Geisteshaltung resultiert haben, in der das Bewusstsein von Mitschuld und die Abscheu vor dem Erlebten einen permanenten, nie aufgelösten Antagonismus bildeten. Chruschtschows Haltung entsprach aber auch der Einsicht in die Tatsache, dass die Millionen nun nach und nach aus den Lagern Zurückkehrenden einiges an Wahrheit in die Freiheit mitnehmen würden und dass es die Aufgabe staatlicher Aufklärung sei, ihrem schonungslosen Report zuvorzukommen.

Noch an der Jahreswende 1953/54 kam es nämlich im *Gulag* zu blutigen Aufständen, die nur mit Waffengewalt niedergeschlagen werden konnten. In Karaganda streikten die Häftlinge vierzig Tage und nahmen die Arbeit erst wieder auf, als Spezialtrupps des Innenministeriums das Gebiet mit Panzern einkesselten. In den „Sonderzuchtlagern" dauerten die Revolten sogar bis 1956. Der Begriff des „Volksfeindes" wurde erst 1958 abgeschafft, gleichwohl behielt das Strafgesetzbuch von 1960 gewisse Paragraphen bei, nach denen jedwede ideologische Abweichung scharf zu ahnden sei. Zu diesem Zeitpunkt waren noch knapp zehntausend politische Gefangene in der Verbannungshaft, alle anderen durften, ohne das geringste Aufsehen, zurückkehren. Auch die Millionen sowjetischer Kriegsgefangener und Zwangsdeportierter, die ab 1945 aus deutschen in sibirische Lager überstellt worden waren, kamen nun endlich nach Hause. Der Zweite Weltkrieg hatte für sie praktisch zwanzig Jahre gedauert. Von da an „sahen sich zwei Russlands in die Augen. Das Russland, das inhaftiert hat, und das Russland, das inhaftiert wurde".[26]

Der XX. Parteitag mit seiner bruchstückhaften Entstalinisierung war auch der Versuch, diesen gefährlichen innergesellschaftlichen Sprengstoff rechtzeitig zu entschärfen. Aber der gesamte Prozess der Strafminderung, Amnestie, Entlassung und Rehabilitierung blieb willkürlich, ohne erkennbares Konzept, und er wurde zudem oft von genau den Personen realisiert, die noch kurz zuvor die Handlanger Stalins gewesen waren. Chruschtschow, der im Gegensatz zu seinem Vorgänger den Kontakt mit der Basis nicht scheute, war durchaus klar, dass Fortschritte in der Wirtschaft erst dann erzielt werden können, wenn nicht mit Kommandogewalt geführt und in der Agrarproduktion brutal ausgeplündert wurde und wenn man sich nicht auf kriminalisierte Sozialbeziehungen und demotivierte Häftlinge aus überfüllten Lagern stützen musste. Das Vertrauensverhältnis zwischen Regierung und Volk sollte deshalb durch ein umfassendes Geständnis, das einem Schock, einem revolutionären Akt und einer waghalsigen Flucht nach vorn gleichkam, wiederhergestellt werden. Allein schon die Tatsache, dass jemand ‚da oben' in der Staats- und Parteiführung die eigene Vergangenheit mit den Kategorien von Schuld und Verantwortung anging, war ein seit 1917 unbekannter Vorgang.

So war bei der großen Generalabrechnung auch eine gehörige Portion Kalkül im Spiel. Chruschtschow brachte die Wahrheit scheibchenweise ans Tageslicht, um neunzig Prozent von ihr auch weiterhin unterdrücken zu können. Er nahm sich selbst dabei wohlweislich aus der Schusslinie, indem er die Schuld auf andere ablenkte. Die personellen Konsequenzen des Parteitages sprechen hier eine eindeutige Sprache. Molotow wurde auf den Botschafterposten in Ulan Bator abgeschoben, und 16 neue Funktionäre rückten ins Präsidium ein. Unter ihnen war auch Leonid Breschnjew, der später der Nachfolger Chruschtschows wurde. Schukow übernahm das Amt des Verteidigungsministers. Die Diadochenkämpfe waren endgültig abgeschlossen. Immerhin landeten die ‚Ausgesonderten' nicht in der Hinrichtungskammer, sondern verschwanden in der Bedeutungslosigkeit. Allein schon das war revolutionär und neu.

Der Gesellschaftstyp, der sich von nun an in der Sowjetunion herausbildete, war poststalinistisch, aber nicht posttotalitär. Der Staat blieb der alles regelnde und alles bestimmende Monolith, der immer weniger regeln konnte und dem die Kontrolle immer mehr entglitt. Trotz ambitionierter (und fehlgeschlagener) Reformen in der Landwirtschaft lag das ökonomische Schwergewicht in den nächsten Jahrzehnten weiterhin auf der Schwerindustrie, insbesondere auf dem Rüstungssektor, der am Ende der Ära Breschnjew etwa vierzig Prozent des Bruttosozialprodukts verschlang, eine weltweit einmalige Ziffer. Helmut Schmidts Kennzeichnung der Sowjetunion als eines „Obervolta mit Waffen"[27] machte dies überaus augenfällig: Fast elf Millionen Menschen, in Moskau allein jeder vierte, arbeiteten in der Rüstung, fast jeder zweite Wissenschaftler brütete über neuen Panzern, Granaten und Raketen, neun Ministerien, fünfzig Entwicklungsbüros, 150 Fabriken und 450 Forschungseinrichtungen planten und produzierten Waffen. Das Riesenreich selbst war da bereits so verödet, versteppt, versalzt, verseucht und verstrahlt, dass der ökologische Supergau nur eine Frage der Zeit war. Die Landwirtschaft und die Volksernährung blieben dagegen wie eh und je auf Importe angewiesen. 1964, in seinem letzten Regierungsjahr, musste Chruschtschow mit zwölf Millionen Tonnen die gleiche Menge an Getreide einführen, die das zaristische Russland 1913 ausgeführt hatte. Mit dem im Zwanzigjahrplan von 1961 proklamierten Ziel, die Vereinigten Staaten in absehbarer Zeit einzuholen und zu überholen, machte man sich im Westen zusehends lächerlich. Was blieb, war der Anspruch, eine Weltmacht und im eigenen Lager die Führungsmacht zu sein. Wie sehr gerade hier die Methoden und der Geist Stalins fortlebten, zeigte sich ausgerechnet während des Entstalinisierungsparteitages in aller Deutlichkeit, auf dem Chruschtschow dem nichtkommunistischen Teil der Welt gnädig die „friedliche Koexistenz"[28] anbot.

Unverändert blieben in der Regel auch die Methoden, mit denen die Sowjetunion ihre Hegemonie im Ostblock aufrechterhielt. Im September 1956 erschien Chruschtschow ungebeten und unangemeldet bei der polnischen ‚Bruderpartei'. Er warf ihr vor, sowjetische Berater für ihre Armee abzulehnen und sich dem Westen zuzuwenden. Mitten in den laufenden Gesprächen wurde dem polnischen KP-Chef Gomulka ein Zettel hereingereicht. Leichenblass drehte er sich zu Chruschtschow und sagte: „Mir wird mitgeteilt, dass Ihre Einheiten in Westpolen in diesem Moment Panzer gegen Warschau vorrücken lassen. Ich bitte Sie, diese Bewegung zu stoppen (...)"[29] Selbiges geschah. Die bis 1970 während Herrschaft Gomulkas bedeutete zwar in der Tat die Überwindung stalinistischer Strukturen und die Orientierung auf landeseigene Belange nach jugoslawischem Vorbild. Mit Unabhängigkeit von Moskau oder gar mit der Entstehung eines politischen Pluralismus hatte dies aber noch nichts zu tun.

Anders lagen die Dinge im Falle des ungarischen Aufstands 1956, der dem XX. Parteitag gleichfalls entscheidende Impulse verdankte. Auch hier wurde mit Imre Nagy ein ehemals Verfemter unter dem Druck der Massen, der sich schnell zum offenen Volksaufstand steigerte, zur politischen Führungsfigur. Nagy verkündete aber stante pede die Unabhängigkeit der eigenen Nation, ihre Gleichberechtigung gegenüber Moskau, den Aufbau einer neuen KP, die „dem ökonomischen und historischen Charakter unseres Landes entspricht"[30], und das Ende des Einparteiensystems. Am 1. November 1956 teilte er dem sowjetischen Botschafter in Budapest, Juri Andropow, mit, dass Ungarn beabsichtige, den Warschauer Pakt zu verlassen. Vier Tage später rückten die Panzer der Roten Armee auf Budapest vor und eroberten die Stadt nach erbarmungslosen Straßenschlachten. Das Entstalinisierungsjahr endete mit blutigstem stalinistischem Terror.

Die zwölf Jahre später durch die Reformer des „Prager Frühlings" um Alexander Dubček eingeleitete Emanzipationsbewegung in der ČSSR ist dem Budapester Aufstand in ihren innen- und außenpolitischen Zielsetzungen – und in ihrem tragischen Scheitern – in vielerlei Hinsicht vergleichbar. Neu und anders war jedoch, dass Chruschtschows Nachfolger Breschnjew nun die Warschauer-Pakt-Staaten zwang, den Einmarsch in die Tschechoslowakei zur Niederschlagung des sozialistischen Experiments im August 1968 gemeinsam durchzuführen, und dass er der Aktion eine ideologische Rechtfertigung hinterherschickte, die voll und ganz die Handschrift Stalins trug. Sie griff dessen Wort vom „proletarischen Internationalismus"[31] aus dem Jahr 1927 (!) wieder auf und verlieh dessen ausschließlich auf die Interessen der Sowjetunion ausgerichtetem Verständnis eine im eigenen Machtbereich unbegrenzt weiterwirkende Gültigkeit. Nach dieser als „Breschnjew-Doktrin" bekannt gewordenen Formel hatten die sozialistischen Brudernationen nicht nur das Recht, sondern die Pflicht, von der Lehre abweichende Staaten gewaltsam wieder auf die ‚rechte Bahn' zu bringen. Bis auf die UdSSR befanden sich die Staaten des Ostblocks deshalb in einem Status verminderter nationaler Souveränität, und es überrascht nicht, dass sich die nächste große Reformbewegung, der italienische Eurokommunismus, außerhalb des Zugriffs der Kreml-Gerontokraten bildete. Enrico Berlinguer, der Vorsitzende der Kommunistischen Partei Italiens (KPI), trat 1976 in einem Aufsehen erregenden Interview dafür ein, dass sein Land auch bei einer Regierungsbeteiligung der KPI in der Nato verbliebe, ja er empfand den Nordatlantikpakt sogar als ‚Schutzschild' für sein sozialistisches Experiment: „Ich fühle mich auf dieser Seite sicherer. Hier habe ich nicht zu befürchten, das ungerechte Schicksal Dubčeks zu erleiden."[32]

Als vom Sommer 1980 an in Polen, beginnend mit den Streiks auf der Danziger Leninwerft, die Bindung der Gewerkschaften an die kommunistische Partei in Frage gestellt und durch die Bildung der freien und unabhängigen Gewerkschaft *Solidarność* („Solidarität") ganz eliminiert wurde, stellte sich Berlinguer ohne Wenn und Aber hinter die polnischen Reformer. Die Jahre 1980 und 1981 waren landauf, landab von der

Diskussion beherrscht, ob die Sowjetunion der *Solidarność* in Erfüllung der Breschnjew-Doktrin den Garaus machen würde. Erst seit kurzem ist bekannt, wie weit die Pläne für einen synchronisierten Einmarsch von Roter Armee und NVA der DDR, bis hin zur konkreten Benennung der einzusetzenden Einheiten, bereits gediehen waren. Die ostdeutsche 9. Panzerdivision sollte die Oder bei Pomellen überschreiten und bis westlich von Danzig vorstoßen. Als Devise kursierte unter den DDR-Soldaten bereits das Kürzel „3W" - „Weiße Weihnacht in Warschau".[33] Aber die Gewärtigung, mit der Schmach vom Ausverkauf der eigenen Lehre, vom Panzerkommunismus und der Assoziation, wenn nicht Parallele von 1939 konfrontiert zu werden, beförderten die Suche nach Alternativlösungen. Der mit der Ausrufung des Kriegsrechts am 13. Dezember 1981, mit der Abdrängung der *Solidarność* in Illegalität und Untergrund und der Installierung der Notstandsdiktatur des Generals Jaruzelski schließlich gefundene Weg war jedoch nur noch eine Stundung des beginnenden Zerfalls im Ostblock. Im Grunde genommen gab es nach innen wie nach außen zu dem am 11. März 1985, keine 24 Stunden nach dem Tod seines greisen Vorgängers Konstantin Tschernjenko mit knapper Mehrheit gewählten 54-jährigen Michail Gorbatschow keine Alternative. Das Wort und die Stimme von Gromyko gaben den Ausschlag.

Was immer über Gorbatschow und seine beiden ‚Zauberformeln' der *Glasnost* und der *Perestroika* gesagt und geschrieben wurde, ein konkretes Programm, ein fest umrissener Plan für die neue andere, reformierte und gesundete Sowjetunion waren sie nicht. Vielmehr sprach aus ihnen nur die Einsicht, dass es so, wie es war, nicht weitergehen konnte. Die „Öffnung" und der „Umbau", wie die beiden Worte übersetzt heißen, sollten auf allen Ebenen der Gesellschaft, über deren verrotteten Zustand sich der neue starke Mann im Kreml nicht die geringsten Illusionen machte, als pragmatischer und permanenter Reformimpuls dienen. *Glasnost* und *Perestroika* sollten die Heilung des Staates und der ihm zu Grunde liegenden Ideologie einleiten und ihn so zu neuer Leistungsfähigkeit und Effizienz führen. Dass die radikale und schonungslose Offenlegung aller Übel seine Krankheit nur noch verschlimmerte und sein schnelles Ende beförderte, war wohl eher das Gegenteil des ursprünglich Gewollten. Gorbatschow kam mit allem, was er anfasste und tat, um Jahrzehnte zu spät, und deshalb bestrafte ihn das Leben.

Obwohl erst mit ihm, und nicht mit Chruschtschow, eine tatsächliche und nachhaltige Entstalinisierung im Sinne der Auflösung totalitär-militaristischer Lenkungsmechanismen in Wirtschaft, Verwaltung und Kultur einsetzte, bezeichnete Gorbatschow den Begriff „Stalinismus" noch 1986 als typisch westliche Kampfvokabel. Das eigentliche und entscheidende Neue war und blieb, dass die Menschen nicht mehr über Befehl und Gehorsam, sondern über Motivation und Leistungsanreiz zum Mitmachen und Mitarbeiten veranlasst werden sollten, aber genau das war ihnen über ein halbes Jahrhundert lang konsequent aberzogen worden, notfalls und nicht selten mit vorgehaltener Kalaschnikow. Der Rekurs auf Lenin und dessen „Neue Ökonomische Politik" war deshalb alles andere als zufällig, nur dass sie die meisten lediglich aus den Schilderungen ihre Väter und Großväter kannten, Gorbatschow selbst noch 1987 alle Formen einer „sozialistischen Marktwirtschaft" ausdrücklich ablehnte und nichts darauf hindeutete, dass der alte russische, unter Stalin, Chruschtschow und Breschnjew unvermindert fortdauernde Gesellschaftsvertrag „Wir hier unten tun so, als ob wir arbeiten, und ihr da oben tut so, als ob ihr uns bezahlt" irgend etwas von seiner Gültigkeit eingebüßt hätte.

Schon die allererste Reformkampagne, der Kampf gegen Trunksucht und Alkoholismus, wirkte wie ein Menetekel. Nachdem die Wodkasteuer so drastisch erhöht worden war, dass der Kauf des Alkohols unerschwinglich wurde, verschwanden nicht nur die Flaschen, sondern auch alle zum Schwarzbrennen erforderlichen Zuckervorräte aus den Ladenregalen, sodass nach dem Stoff auch der ‚süße Stoff' rationiert werden und der „Genosse Mineralsekretär" seinen Feldzug gegen die unsichtbare Tresenfront sang- und klanglos abblasen musste. Letztlich aber blieben dies Nebenkriegsschauplätze. Schnell wurde deutlich, dass Erfolg oder Scheitern der Reformen untrennbar mit der Frage verknüpft blieb, ob bzw. wie viel Macht die Partei abzutreten bereit war. Gorbatschow bediente sich hierzu des Mittels, das bereits in allen vergleichbaren Situationen der Geschichte Anwendung gefunden hatte: Er tauschte die Personen an der Führung und an der Basis gleich reihen- und kolonnenweise aus: Außenminister Gromyko wurde auf den einflusslosen Posten an der Spitze des Obersten Sowjet abgeschoben, Gorbatschows georgischer Vertrauter Eduard Schewardnadse trat an dessen Stelle, Boris Jelzin erhielt die Schlüsselposition des Moskauer Parteichefs, im Ministerrat fand sich jedes dritte Mitglied ausgewechselt, und von den 157 Ersten Parteisekretären der Verwaltungsregionen (*oblaste*) saßen im November 1986 nur noch Hundert auf ihrem Platz. Zusammengenommen ergab dies ein Personalrevirement, wie es die Sowjetunion seit den Zeiten von Stalins „Großem Terror" nicht mehr gesehen hatte, unübersehbar und geradezu schicksalhaft war aber auch, dass der neue Mann zwei Bastionen nicht hatte schleifen können: die Armee und den KGB. Deshalb kam zunächst der *Glasnost* im Vergleich zur *Perestroika* eine möglicherweise noch größere Bedeutung zu.

Den im Rahmen von *Glasnost* stattgefundenen Verzicht auf die staatliche Kontrolle von Presse, Funk und Fernsehen bzw. die Massenkommunikation insgesamt kann man getrost als revolutionär bezeichnen. Die Partei gab ein zentrales Machtinstrument ab, womit ein erstes Element des pluralistischen Rechtsstaates in der Sowjetunion Einzug hielt. Als Gorbatschow am 11. Februar 1987 in einer Aufsehen erregenden Rede dazu aufforderte, die „weißen Flecken" in der sowjetischen Geschichte zu tilgen und die „Wahrheit der Vergangenheit"[34] zu erforschen, stürmten ganze Heerscharen von Historikern und Journalisten die sich öffnenden Archive und bahnten einer Entstalinisierung den Weg, die nun endlich auch den Namen verdiente. Das Wort *Gulag* durfte nicht nur in den Mund genommen werden, eine seriöse Einschätzung der Todesraten wurde angestellt, das gesamte System der Zwangskollektivierung in Frage gestellt, fast tausend Stalin-Opfer der KPdSU rehabilitiert und Bucharin wieder in den Schoß der Partei aufgenommen.

Allein Trotzki musste noch warten. Seine Theorie der ‚permanenten Revolution' und, weit mehr noch, seine Forderung nach „ursprünglicher sozialistischer Akkumulation"[35] passten nicht ins Konzept der neuen Regierung, die schneller als ihr lieb war vor der Systemfrage schlechthin stand: ob auf den staatlichen Besitz an Produktionsmitteln und damit auf den zentralen Stützpfeiler der stalinistischen Wirtschafts- und Sozialpolitik verzichtet werden sollte. Jeder wusste, dass es im nächsten und übernächsten Schritt um privates Unternehmertum und die Konkurrenz von Angebot und Nachfrage auf freien, unkontrollierten und unreglementierten Märkten gehen würde.

Indes, die Wirklichkeit sprach längst eine andere Sprache. Da eine

Vielzahl der sowjetischen Kombinate restlos bankrott gegangen war, gab es hier gar nichts mehr zu privatisieren. Insofern kam auch das im Juni 1987 verabschiedete „Gesetz über die Staatsunternehmen" zu spät, mit dem deren künftige Eigner frei über den Gewinn verfügen, Löhne erhöhen und senken sowie – Karl Marx hätte sich im Grabe umgedreht – Arbeiter entlassen durften. In Form der so genannten Kooperativen wurde sechzig Jahre nach dem Ende der NÖP der Kleinkapitalismus wieder geboren, auch wenn es sich nur um Gastwirte, Friseure, Bäcker und Schlachter handelte. Damit sich auch größere Privatunternehmen gleichberechtigt neben den staatlichen entfalten konnten, gewährte ein Folgegesetz diesen unbegrenzten Außenhandel sowie freie Gewinn- und Kapitalobergrenzen. Der Erfolg blieb aber aus. Wo sollten auch nach all den Jahren solvente Anbieter und Abnehmer herkommen? Die Marktwirtschaft fiel nicht vom Himmel.

Das Ende der Sowjetunion

Je deutlicher das Versagen der ökonomischen Reformen wurde, umso mehr forcierte Gorbatschow die Verlagerung der politischen Machtbefugnisse von der Partei- auf die Staatsebene, selbstredend mit niemand anderem als ihm an der Spitze. Sichtbarster Ausdruck dieser Strategie war die Schaffung des Volksdeputiertenkongresses als neuer gesetzgebender Versammlung. Die Wahlen zu dem gigantischen Verfassungsorgan waren die ersten halbwegs demokratischen seit dem November 1917, weil 1500 seiner 2250 Mitglieder durch das Volk bestimmt wurden. Die restlichen blieben den „gesellschaftlichen Organisationen", sprich: der Partei vorbehalten.

Der Kongress wählte gleich in der ersten Sitzungsperiode im Frühjahr 1989 aus seinen Reihen einen neuen, 542-köpfigen Obersten Sowjet als ständige Kommission, die trotz ihrer Titulierung mit dem bolschewistischen Grundgedanken der Sowjets, dem Rätesystem, nichts mehr zu tun hatte, sondern durchaus bereits als ein Parlament von Berufspolitikern bezeichnet werden kann. Gorbatschow hatte sich schon im Vorweg zum Präsidenten auch dieses Gremiums machen lassen, Gromyko wurde nun endgültig aufs Altenteil geschoben.

Zum meistbeachteten Protagonisten auf den neuen Bühnen avancierte sehr schnell Boris Jelzin, der mit seiner aus vierhundert Mitgliedern des Volksdeputiertenkongresses hastig zusammengeschmiedeten „Interregionalen Gruppe" de facto die Einführung eines Mehrparteiensystems und den Übergang zur privatkapitalistischen Marktwirtschaft forderte. Der Prozess der Entstalinisierung wurde damit gewissermaßen durch eine galoppierende Entleninisierung überholt, die schließlich in eine tatsächliche Demokratisierung einmünden sollte. Man konnte sich an allen fünf Fingern abzählen, dass es noch genügend Kräfte des *ancien régime* gab, die Widerstand dagegen leisten würden. Zu ihnen gehörten vor allem die alten Personalbestände der kommunistischen Partei, nicht weniger aber auch die sich im Oktober 1989 formierende „Russische Volksfront", in der sich erstmals neo-nationalistische, wenn nicht separatistische Tendenzen artikulierten. Diese drei Gruppierungen zusammen bildeten grosso modo das Kräftefeld, innerhalb dessen sich das *fin de règne* der Sowjetunion abspielte. Gorbatschow hat aus Gründen des Machterhalts nacheinander (und vergeblich) mit allen dreien kooperiert und kollaboriert. Als die Volksdeputierten am 13. März 1990 in einer eilig einberufenen außerordentlichen Sitzung den Passus mit der Führungsrolle der KPdSU aus der Verfassung strichen, stemmte er sich bis zur letzten Minute gegen eine längst unaufhaltsame Entwicklung und wechselte praktisch erst am Tag der Abstimmung von der Front der Verweigerer hinüber zu den Befürwortern.

Fast noch explosiver war der Funke, der durch den jetzt aufkeimenden Nationalismus an die Lunten gelegt wurde, die sich schon seit langem im ganzen Land fanden. „Gorbatschow dachte an vieles, aber er war zu sehr Großrusse und ein Mann des Apparates, als dass er die tatsächliche Sprengkraft der nationalen und regionalen Identifikation erkannt hätte."[36] Es war mehr als symptomatisch, dass im Frühjahr und Sommer 1988 die ersten diesbezüglichen Manifestationen dort laut wurden, wo Stalin einst begonnen hatte, das Recht nationaler Selbstbestimmung mit Füßen zu treten: in den baltischen und in den kaukasischen Republiken. Das Vielvölkerreich erhielt seinen Gnadenstoß nicht aus dem Zentrum heraus, sondern von der Peripherie, und das Signal, das vom inneren Zerfall der Führungsmacht ausging, löste in einer regelrechten Kettenreaktion die Souveränitätseinforderung all jener Gebiete aus, die Stalin sich als Beute des Zweiten Weltkriegs unterworfen hatte. Die äußere Entkolonialisierung und Emanzipation vom großrussischen Hegemon folgte der inneren auf dem Fuße.

Es war geradezu symbolisch, dass dieser Prozess in Nagorni Karabach einsetzte, einer kleinen, entlegenen Enklave von christlichen Armeniern, die Stalin 1932 dem moslemischen Aserbeidschan zugeschlagen hatte. Ein Jahr später wiederholte sich in Georgien, wo Stalin mit dem kleinen Abchasien eine Untereinheit zur Schwächung der Zentrale in Tiflis geschaffen hatte, ein vergleichbarer Vorgang. Auch hier forderten sowohl Abchasien als auch Georgien sehr schnell ihre Unabhängigkeit, und diesmal war es der Kreml, wohl Gorbatschow selbst, der den Befehl gab, das Feuer auf die Demonstranten zu eröffnen. Am 9. April 1989 starben in Tiflis einhundert Menschen. Wie von vielen längst erwartet, regten sich jetzt auch die baltischen Republiken, deren rechtliche Argumentation stupend einfach war. Natürlich ging es wieder um Stalin, um dessen Pakt mit Hitler, durch den Estland und Lettland 1939 der Sowjetunion zugeschlagen worden waren. Da das geheime Zusatzprotokoll dieses Vertrages nie Rechtsgültigkeit erlangt hatte, wollten beide Staaten also nur etwas wieder haben, was ihnen nach dem Völkerrecht nie aberkannt worden war: ihre Selbstständigkeit. Im November setzte das Parlament in Tallin eine Regelung in Kraft, nach der sowjetische Gesetze den estnischen unterzuordnen seien. Damit bestritt die Peripherie der Moskauer Zentrale ihre Autorität, der casus belli war da. Am 23. August 1989, dem fünfzigsten Jahrestag des Hitler-Stalin-Pakts, bildeten über eine Million Menschen eine von Tallin über Riga bis nach Vilnius reichende Kette, die Ukrainer taten es ihnen im Januar des Folgejahres auf der Linie Lemberg-Kiew-Poltawa gleich. Die *Perestroika*-Revolution entließ ihre Kinder in endlosen Schlangen. In Litauen konnte die Reformgruppierung *Sajudis* („Bewegung") bereits auf eine bis in die sechziger Jahre zurückreichende Oppositions- und Dissidententradition verweisen. Russen und russische Führungskader hatten es gar nicht erst versucht, in größerem Maßstab im Lande Fuß zu fassen.

Folgerichtig gesellte sich zur Sezession im Innern das demokratische Aufbegehren in den Satellitenstaaten, die sich in ihrem Tun auf niemand anderen als Gorbatschow beriefen. So wie 1953 und 1961 setzte in der DDR ein lawinenartiger Flüchtlingsstrom ein, zunächst in die Botschaften der Bundesrepublik in Prag und Budapest, deren Eingänge bald zugemauert werden mussten, ab September dann in das ‚Schlupfloch' Ungarn. Daraufhin jedoch wurden auch die Grenzen der DDR zu Polen und zur Tschechoslowakei geschlossen, und der Druck wuchs von Tag zu Tag. Am 16. Oktober erteilte Honecker den Befehl, auf 150.000 in Leipzig versammelte Demonstranten zu schießen, was Krenz ihm nach einem Telefonat mit Moskau verweigerte. Das war das Ende der Breschnjew-Doktrin. In Berlin, wo Stalin Anfang Mai 1945 den größten Triumph seines Lebens erfahren hatte, kapitulierten die Nachlassverwalter seines Imperiums am 9. November 1989, ohne mit seinem Nachfolger im Kreml auch nur Rücksprache zu nehmen, und auch hier, auf einer Pressekonferenz unter Punkt „c", weil sie gar keine andere Chance mehr hatten, erst nach der insistierend-penetranten Wiederholungsfrage eines Journalisten. Ein noch am selben Abend interviewter General der Roten Armee und Veteran der Verteidigungsschlacht um Leningrad nahm schon den nächsten und übernächsten Schritt vorweg, als er sagte: „Wir alten Männer betrachten die DDR als legitime Kriegsbeute. Wenn Deutschland Nato-Mitglied würde, hätte die Sowjetunion den Krieg verloren."[37]

Stalins Erben

Schon vier Tage nach dem Fall der Mauer skandierten die Leipziger Demonstranten erstmals den Sprechchor „Deutschland einig Vaterland!", die letzte Zeile der DDR-Hymne von 1949, deren Text seit dem Grundlagenvertrag vom Dezember 1972 unter Strafandrohung nicht mehr abgesungen werden durfte. Aus „Wir sind das Volk!" wurde über Nacht „Wir sind ein Volk!"

Die Masse artikulierte sich spontan, elementar, souverän, radikal demokratisch und bestimmte damit den weiteren Ablauf der Geschichte. Während die Falken im Kreml noch zu retten versuchten, was nicht mehr zu retten war, und während Helmut Kohl noch von konföderativen Strukturen zwischen beiden Staaten in Deutschland sprach, war die Bevölkerung auf der Straße schon ein Stück weiter. Gorbatschow gab binnen eines halben Jahres alles auf, wofür seine Vorgänger ein halbes Jahrhundert verbissen gekämpft hatten. Hätte er noch Anfang 1990 ein vereinigtes Deutschland angeboten und dafür dessen Austritt aus der Nato verlangt, so wäre ihm die breite Zustimmung der Bürger aus Dresden und Düsseldorf sicher gewesen, doch als Ergebnis der Zwei-plus-Vier-Verhandlungen über die Ablösung des Besatzungsstatuts verließ die Rote Armee die DDR, und die Bundeswehr trat an ihre Stelle. Die Kreml-Fraktion um den Deutschland-Experten Walentin Falin konnte die Ratifikation des Vertrages nicht mehr verhindern. Der Kalte Krieg war endgültig verloren. Mit Wirkung vom 3. Oktober 1990 traten 16 Millionen Deutsche dem Geltungsbereich des Grundgesetzes bei, die Einheit war vollzogen.

Das kommunistische Imperium brach an seinen Rändern zusammen und diese Implosion erreichte schließlich auch das Zentrum der Macht. In Polen wurde der Notstandsgeneral Jaruzelski abgesetzt, in der Tschechoslowakei triumphierte der viel umjubelte Václav Havel in der „samtenen Revolution", in Ungarn wurden 1990 die ersten freien Parlamentswahlen abgehalten, in Rumänien wurde der stalinistische Diktator Ceauçescu vom eigenen Geheimdienst gestürzt und ermordet, eine Palastrevolution in Bulgarien folgte auf dem Fuße.

Nachdem die ostmitteleuropäischen Staaten ihre Unabhängigkeit und Selbstbestimmung eingefordert hatten, gewannen die längst virulenten Emanzipationsbestrebungen in den nichtrussischen Sowjetrepubliken, vor allem im Baltikum und im Kaukasus, aber auch von der Ukraine bis nach Zentralasien, neuen Auftrieb. Und das noch bevor sich durch den Machtkampf in Moskau schließlich das Schicksal der gesamten Sowjetunion entscheiden sollte.

Die baltischen Republiken waren die ersten, die den Monopolanspruch der kommunistischen Partei durchbrachen und den entsprechenden Artikel aus ihren Verfassungen strichen. Was zu dem Zeitpunkt noch als ungeheuerlich galt, wurde schon wenige Monate später im ZK der KPdSU ganz offen diskutiert. Am 11. März 1990 erklärte Litauen, dass seine „souveräne Staatsmacht, die 1940 durch fremde Gewalt unterbrochen wurde, wiederhergestellt wird".[1] Die Betonung lag auf der Wiederherstellung. Gorbatschows Antwort war eine drastische Wirtschaftsblockade, die zu Betriebsschließungen, einem Heer von Arbeitslosen und dem Zusammenbruch der Energieversorgung von Vilnius bis zur Ostsee führte. Der Sezessionskampf hatte begonnen. Er war gleichzeitig der Überlebenskampf des Generalsekretärs der KPdSU, der jetzt binnen weniger Tage und Wochen die Fronten von den radikalen Reformern zu den orthodoxen Marxisten und wieder zurück wechselte. Auf dem ZK-Plenum vom Februar 1990 stand er noch auf der Seite derjenigen, die mit einem Paukenschlag den Alleinvertretungsanspruch der Partei in Frage stellten, auf dem XXVIII. und letzten unionsweiten Kongress der KPdSU wurde das Politbüro entmachtet und Boris Jelzin trat demonstrativ aus der Partei aus. Er war kurz zuvor auf dem ersten Volksdeputiertenkongress der Russischen Sozialistischen Föderativen Sowjetrepublik (RSFSR) zum Vorsitzenden von deren Oberstem Sowjet gewählt worden und hatte als ersten Schritt veranlasst, dass Russland seine Souveränität gegenüber der Sowjetunion erklärte. Das litauische Beispiel machte Schule. Millionen von KPdSU-Mitgliedern stellten das Zahlen der Beiträge ein, in den Betrieben, dem wichtigsten und eigentlichen organisatorischen Rückgrat der Partei, wurden die Funktionäre buchstäblich vor die Tür gesetzt. Aus der Sicht der nichtrussischen Völker waren die Herrschaft der KPdSU und der russisch dominierte Sowjetstaat immer identisch gewesen, deshalb synchronisierten sich jetzt auch beide Zerfallsprozesse. Selbst das, was als Reform gemeint war, beschleunigte jetzt nur noch den Untergang. In der Presse wurde sogar ganz offen von der „Beseitigung des Totalitarismus" gesprochen, einem Ziel, das sich auch die Bewegung „Demokratisches Russland" zu Eigen machte, die mit der Interregionalen Gruppe Boris Jelzins eng zusammenarbeitete.

Parallel zur Agonie des Gesamtstaates vollzog sich der wirtschaftliche Zusammenbruch im Zeichen der *Perestroika*, im Volksmund jetzt immer häufiger als *Katastroika* bezeichnet. 1990 waren alle ökonomischen Indikatoren negativ, die Versorgungslage verschlechterte sich von Tag zu Tag. Schulbücher, Bleistifte, Batterien, Nadeln, Rasierklingen, Teekannen und Schuhe verschwanden aus den Regalen, auf dem Land wurden Fleisch und Milch knapp. Für den Winter 1990/91 befürchtete man eine Hungersnot, der offizielle statistische Musterwarenkorb konnte nicht erstellt werden, weil von 1200 Gegenständen 1000 fehlten. Die Produktion brach ein, die Privatisierung griff nur langsam. Dass man sich an den Eingängen zur Metro inzwischen fast alles kaufen konnte, allerdings zu unerschwinglichen Preisen, trug eher zur Entsolidarisierung der Gesellschaft bei. „Eine Spiralbewegung von rückläufigem Angebot, Geldüberhang, Inflation, wachsender Armut vieler bei steigendem Wohlstand weniger, hoher Budgetdefizite und zunehmenden Schwierigkeiten des Staates, den größeren Teil der Betriebe und fast alle Preise (...) zu subventionieren, gewann an Fahrt, die Gorbatschow nicht anhalten konnte."[2] Im Juli 1989 traten die Bergarbeiter im Donezk-Becken in einen Streik, der sich zum größten Ausstand seit 1929 ausweiten sollte. Interessanterweise waren es nicht die am schlechtesten, sondern die am besten bezahlten Arbeiter des Landes, die in den Ausstand traten. Sie streikten für Seife – auch eine Form von *Glasnost*, aber keine, die dem System zuträglich war.

Der staatliche Besitz an Kapital, Land und Produktionsmitteln, die Fundamentalprinzipien sozialistischer Planwirtschaft, erwiesen sich immer deutlicher als Barriere, die nicht in ein paar Jahren zu überwinden war. Versuche einer Schocktherapie, zum Beispiel durch eine die

Kaufkraft des Rubels radikal mindernde Angleichung der Ware-Preis-Relation innerhalb von fünfhundert Tagen, wurden letztlich zum ‚Schock ohne Therapie' und vorzeitig abgebrochen. Das Heil und die Lösung sollten die am 19. Oktober 1990 verabschiedeten, weitaus moderateren „Richtlinien für die Stabilisierung der Volkswirtschaft und den Übergang zur Marktwirtschaft"[3] erbringen, aber ihr Schicksal ähnelte dem des Fünfhundert-Tage-Plans. Der von Gorbatschow wohl unter dem Druck der Hardliner drei Monate später ernannte neue Ministerpräsident Pawlow ließ von Anfang an keinen Zweifel daran, dass er an den Strukturen der stalinistischen Kommandowirtschaft festhalten wollte, die noch bis 1985 Bestand gehabt hatte. Das kurze Experiment der ‚sozialistischen Marktwirtschaft' war gescheitert.

Der Halbherzigkeit, mit der die Reform der *Perestroika* umgesetzt wurde, entsprach das unverminderte Fortwirken traditioneller Lasten, wie sie sich noch im zwölften, von 1986 bis 1990 geltenden Fünfjahresplan zeigten, in dem der militärisch-industrielle Komplex nach wie vor eine an Stalins Zeiten erinnernde Priorität erhielt. Die relative Belastung der Wirtschaft durch Militärausgaben ist in den Jahren der *Perestroika* nicht weniger, sondern noch größer geworden. 1991 verschlang die Rüstungsproduktion die Hälfte aller staatlichen Investitionen überhaupt. „Eine solche Größenordnung gilt sogar für Länder, die sich im Kriegszustand befinden, als unzulässig."[4]

Die Konsequenzen daraus für die allgemeine Lage in der Sowjetunion waren fatal. Gorbatschow hatte längst verstanden, dass die Stabilität nur durch einen neuen Unionsvertrag am Leben erhalten werden konnte, in dem die einzelnen Republiken nicht fester an die Zentrale gebunden waren, sondern weitestgehende Selbstbestimmungsrechte zugesprochen bekamen. Davon aber konnte in den Ende 1990 vorgelegten neuen Vereinbarungen, in denen die Außen- und Wirtschaftspolitik, die Befehlsgewalt über das Militär und die Verfügung über Grund, Boden und Bodenschätze ausschließlich dem Kreml vorbehalten blieben, nicht im Ansatz die Rede sein. Die Volksdeputierten lehnten den Entwurf deshalb ab. Aus Litauen wurden sogar alle Zahlungen für das Unionsbudget eingestellt, was wiederum die ‚Scharfmacher' in Moskau auf den Plan rief. Am 20. Dezember trat Außenminister Schewardnadse mit der dunklen Andeutung zurück, dass ein reformfeindlicher Staatsstreich bevorstehe. Am 11. Januar 1991 umstellten Verbände der Roten Armee das litauische Parlament, insbesondere, um die ‚aufsässige' Nationalbewegung *Sajudis* einzuschüchtern, und zwei Tage später erstürmten die „Schwarzen Barette", eine Spezialeinheit des Innenministeriums, den örtlichen Fernsehsender. 15 Litauer fanden bei diesem ‚Blutsonntag von Vilnius' den Tod.

Boris Jelzin reiste demonstrativ zum Begräbnis an und das gesamte Baltikum bekundete geschlossen seine Solidarität mit den Opfern. Gorbatschow beteuerte mehrfach, den Sturmbefehl nicht gegeben zu haben, eine Aufklärung der Ereignisse fand dennoch nie statt. Ein Alleingang der KGB-Führung schien nicht ganz ausgeschlossen. Aufschlussreich ist, dass der Aktion in späteren Vernehmungen der Stellenwert einer Generalprobe eingeräumt wurde. Vor diesem Hintergrund muss es überraschen, dass die überarbeitete Fassung des Unionsvertrages, die im März 1991 allen Republiken zur Abstimmung vorgelegt wurde, eine respektable Dreiviertelmehrheit erzielte. Tatsächlich aber war sie nur ein Torso: Die baltischen Staaten wie auch Georgien, Armenien und Moldawien waren dem Referendum ferngeblieben. Mit der Mehrzahl der übrigen Republiken trat der Generalsekretär sofort in neue Verhandlungen ein, die im Sommer so weit gediehen waren, dass am 20. August ein Vertragswerk zum Erhalt der ‚Rumpf'-UdSSR unterzeichnet werden sollte. In der Zwischenzeit aber hatte Jelzin in seinem für das Gelingen des Vorhabens alles entscheidenden Machtbereich Russland bereits vollendete Tatsachen geschaffen.

Am 12. Juni wurde er in den ersten allgemeinen, gleichen und freien Wahlen der russischen Geschichte zum Präsidenten der RSFSR gewählt, ein Titel, den Gorbatschow durch Abstimmung der Volksdeputierten für die noch bestehende Sowjetunion trug. Die von Jelzin sofort eingeleiteten Reformen waren radikal demokratisch, radikal marktwirtschaftlich und mehr als symbolträchtig. Die kommunistische Partei wurde in allen Betrieben und Staatseinrichtungen Russlands verboten. Die weiß-blau-rote zaristische Nationalflagge, die Peter der Große einst aus Holland mitgebracht hatte, trat an die Stelle des blutroten Banners mit Hammer und Sichel, und Leningrad wurde wieder in St. Petersburg umbenannt.

Dass sich restaurative Kräfte dieser Entwicklung entgegenstellen würden, war wenig überraschend. Der schnell und früh gescheiterte Staatsstreichversuch vom 19. bis 21. August 1991 ging nicht umsonst unter der Bezeichnung ‚Dilettantenputsch' in die Geschichte ein. Direkter Anlass war zweifelsohne die unmittelbar bevorstehende Unterzeichnung des revidierten Unionsvertrages, die das Ende der faktisch bereits fragmentierten Sowjetunion als Zentralgewalt bedeutet hätte. Zwar wurde Gorbatschow danach nominell wieder in sein Präsidentenamt eingesetzt, aber „er war jetzt nur noch ein Aushängeschild, ja beinahe eine Art Geisel, die von den Demokraten dazu gebraucht wurde, der Liquidierung wichtiger Institutionen des Systems formale Legalität zu verleihen".[5] Die seinen eigenen Worten nach „andere Welt", in die er zurückgekommen war, sah so aus, dass binnen einer Woche die *Prawda* geschlossen, das ZK-Gebäude versiegelt und die kommunistische Partei auf dem gesamten Sowjetterritorium verboten wurde. Gorbatschow ‚wickelte sich praktisch selbst ab'. Am 24. August trat er als Generalsekretär zurück. Der oberste Sowjet hörte auf zu bestehen. Am 24. Oktober löste sich der KGB auf. Allein elf Republiken traten noch unter dem direkten Eindruck der verhafteten Putschisten aus der Union aus, Georgien war dem mutigen Schritt der Litauer schon am 9. April gefolgt. Übrig blieben nur noch Kasachstan und Russland, wo Jelzin erneut die Initiative ergriff. Hinter Gorbatschows Rücken wurden Gespräche über die Gründung eines neuen, losen Verbandes souveräner Staaten geführt, die dann am 21. Dezember in Alma Ata mit der Bildung der „Gemeinschaft unabhängiger Staaten" (GUS) ihren Abschluss fanden. Das Wort „Bund" (*sojus*) wurde bewusst vermieden. Georgien und die baltischen Staaten blieben auch diesem lockeren, fast unverbindlichen Gefüge fern. Gorbatschow trat am 25. Dezember 1991 auch als Präsident zurück. Sechs Tage später wurde ein Beschluss wirksam, den die GUS schon längst gefasst hatte: „Die UdSSR als Völkerrechtssubjekt und als geopolitische Realität hört auf zu bestehen."[6] Ein russischer Kommentator urteilte, dass die Sowjetunion damit „das strukturelle Äquivalent einer totalen Kriegsniederlage erlitten" habe.[7] Michail Gorbatschow, ihr letzter Generalsekretär und Präsident, muss als in jeder Hinsicht tragische Figur bezeichnet werden, die trotz zunächst grenzenlos erscheinender Reformbereitschaft in letzter Konsequenz dem System verhaftet blieb, das von Lenin und Stalin inauguriert und realisiert worden war.

Das Jahrzehnt Jelzins

Eigentlich begannen erst jetzt die neunziger Jahre, Jelzins Russland, für deren symbolischen Anfang Gorbatschows Rücktritt und die am gleichen Tag, dem 25. Dezember 1991, vollzogene Umbenennung der RSFSR in „Russische Föderation" stehen. Der neue Präsident wurde mit nicht weniger Euphorie, Hoffnung und Vertrauen begrüßt als seinerzeit der neue Generalsekretär, und als er nach einem Jahrzehnt tief greifender Umbrüche, System sprengender Transformationen und chaotischer Wirren ging, hinterließ er ein nicht weniger fragmentarisches und orientierungsloses Gebilde – nur dass es inzwischen „Russland" und nicht mehr „Sowjetunion" hieß. Der alte Konflikt zwischen den Volksdeputierten und dem Präsidenten steigerte sich schnell von der Obstruktion bis zur regelrechten Blockade. Im Februar 1993 versammelten sich Zehntausende von Altkommunisten und Kriegsveteranen auf dem Roten Platz und riefen mit Stalinporträts in den Händen zum Sturz Jelzins auf. Als auch danach die Proteste nicht aufhörten, erließ er am 21. September 1993 ein Dekret, mit dem der russische Volksdeputiertenkongress aufgelöst wurde. Das kam rein rechtlich exakt dem Staatsstreich gleich, den zwei Jahre zuvor an selbiger Stelle die Putschisten gegen Gorbatschow vollzogen hatten. „Was wollen Sie in einem Land, das an Zaren und Führer gewöhnt ist!"[8], hielt Jelzin später seinen Kritikern entgegen. In den Straßen herrschte Anarchie. Entscheidend war die Haltung des Militärs, das sich – wie 1991 – auf die Seite Jelzins schlug.

Dadurch, dass die Dezemberwahlen des Jahres 1993 mit einem Plebiszit über eine grundsätzlich erneuerte Verfassung verbunden waren, wurden sie zur Wegmarke der jungen russischen Demokratie. Nach der neuen Konstitution trat an die Stelle des Volksdeputiertenkongresses eine „Bundesversammlung", die sich aus zwei Kammern zusammensetzt: einem „Föderationsrat", in den die einzelnen Republiken, Regionen, *oblaste* (Verwaltungseinheiten) und großen Städte Vertreter entsenden, sowie eine „Staatsduma", deren Abgeordnete je zur Hälfte nach Wahlkreisen bzw. über die Parteilisten gewählt werden. Während hier die Handschrift des Bonner Grundgesetzes unverkennbar ist, erhielt der Präsident als Herr über die Innen-, Außen- und Verteidigungspolitik eine derart omnipotente Stellung, dass sich der Vergleich mit den

Ersatzmonarchen im Pariser Elysée und im Washingtoner Weißen Haus geradezu aufdrängt.

Jelzins Ende 1994 getroffene Entscheidung, sich auf das sinnlose Blutbad in Tschetschenien einzulassen, muss als die folgenschwerste Fehlentscheidung seiner Amtszeit bezeichnet werden. Schließlich waren die Tschetschenen das größte der von Stalin deportierten Kaukasus-Völker, das sich bis zum Schluss gegenüber jeder Form von Sowjetisierung als resistent erwiesen und 1991 ausgerechnet unter einem abtrünnigen General der Roten Armee seine Unabhängigkeit erklärt hatte. Das Tschetschenien-Abenteuer endete im Dezember 1996 mit dem Rückzug der russischen Truppen in einer Tragödie. ‚Zar Boris', wie er wegen seines sich unverhohlen entfaltenden Nepotismus immer häufiger genannt wurde, verlor an Autorität. Die Ministerpräsidenten wurden praktisch im Halbjahrestakt ernannt und entlassen, sein Fahrer und sein Leibwächter schienen mehr Macht zu haben als die nominellen Minister, und seine Tochter Tatjana erhielt den offiziell dotierten Posten einer „Imageberaterin" des Präsidenten. Die Regierungen degradierten zu reinen Präsidial- bzw. Hofkabinetten, in denen die Vertreter bürokratischer Seilschaften, staatsindustrieller Komplexe oder einflussreicher Familienclans dominierten, die Repräsentanten politischer Parteien jedoch eher die Ausnahme bildeten. In Anlehnung an den unseligen Einfluss des Wunderheilers Rasputin auf die letzte Zarenfamilie wurde dieses System bald der „kollektive Rasputin"[9] genannt.

Als Folge starken Alkoholgenusses äußerlich aufgeschwemmt und nach einer Bypass-Operation zeitweise schwer erkrankt, stemmte Jelzin sich gegen den eigenen Niedergang und den des Landes, doch die hinter ihm stehenden politischen und wirtschaftlichen Kräfte wendeten sich von ihm ab. Am 17. August 1998 fiel die Rubelwährung ins Bodenlose. Im Spätherbst des Jahres verschlimmerte sich die allgemeine Lage so sehr, dass Russland die Europäische Union sogar um Nahrungsmittelhilfe ersuchen musste. Der Mann, dessen großes historisches Vermächtnis darin besteht, im Gegensatz zu Gorbatschow früh erkannt zu haben, dass die Organisation von Wirtschaft, Staat und Gesellschaft nach den Prinzipien des Marxismus-Leninismus ein für alle Mal der Vergangenheit angehörte, nutzte seine Ansprache zur Jahrtausendwende für einen medienwirksam inszenierten Rücktritt von allen Ämtern. Mehr denn je stellte sich jedoch die Frage, wer den Weg aus der Misere weisen sollte. Eines artikulierte sich in dem zwischen Fatalismus und Resignation hin- und herschwankenden russischen Volksempfinden deutlich und klar: „Die Mehrheit wünschte einen Erlöser."[10]

Wer ist und was will Wladimir Putin?

Natürlich war der in der Neujahrsansprache präsentierte präsumtive Präsident längst vorbereitet und aufgebaut. Die ‚Operation Nachfolge' lief spätestens seit dem Herbst 1998. Wladimir Wladimirowitsch Putin war von Anfang an von Legenden, wenn nicht von der Aura der Wundertätigkeit umrankt, und es muss aus heutiger Sicht gestattet sein, zu fragen, was hiervon übrig geblieben ist. Putin wurde am 7. Oktober 1952 in Leningrad geboren. Sein Großvater war Koch auf der Datsche bei Stalin und sein Vater Fabrikarbeiter. Die beiden älteren Brüder starben während der grausamen Blockade der Deutschen 1941/42. Der Vater kämpfte in einer Partisanen-Einheit des Geheimdienstes, die im Rücken des Feindes Anschläge ausübte und die bis auf vier Personen aufgerieben wurde. Wladimir glich die Nachteile einer schwachen körperlichen Konstitution durch das Erlernen von Kampfsportarten aus. Er schrieb sich für ein Jura-Studium in seiner Heimatstadt ein, das er 1975 abschloss. Während seiner Ausbildung an der „KGB-Hochschule Nr. 1" spezialisierte er sich auf die deutschsprachigen Länder und auf den Kampf gegen ideologische Sabotage und Dissidenten. 1985 wurde er Direktor des Hauses für deutsch-sowjetische Freundschaft in Dresden. Er beherrschte die Sprache seines Gastlandes akzentfrei, sein Spitzname lautete ‚Stasi'. Ein Schlüsselerlebnis im Leben des Wladimir Putin stellte in jener Zeit wohl der Moment dar, als Bürgerrechtler das KGB-Gebäude in Dresden erstürmten und er keinerlei Verhaltensdirektiven aus der Zentrale erhielt, geschweige denn einen Schießbefehl.

Putin ging zurück nach Leningrad und beteiligte sich an der Gründung der Börse wie auch der Filialgründung der Dresdner Bank. 1995 wurde er Organisationsleiter der neo-nationalistischen Partei „Unser Haus Russland" (NDR), 1998 Direktor des Inlandsgeheimdienstes FSB, der Nachfolgeeinrichtung des aufgelösten KGB, 1999 Ministerpräsident und in der besagten Silvesteransprache zum Jahr 2000 amtierender Präsident der Russischen Föderation – ein kometenhafter Aufstieg. Programmatisch nur zu verständlich hieß die neue Partei, die der neue Mann gründete, Jedinstwo („Einheit"). Die ‚quasi-monarchische Investitur' und ‚Inthronisation', mit der Jelzin seinen Nachfolger am 31.12.1999 empfahl, machten die vorgezogenen Präsidentschaftswahlen vom 26. März 2000 fast zum Selbstläufer. Putin entschied sie schon im ersten Wahlgang mit 52,9 Prozent für sich. Nach Fernsehdiskussionen und Pressekonferenzen, auf denen sich seine Mitbewerber hätten artikulieren können, suchte man vergebens. Wie aus einem von der *Moscow Times* veröffentlichten Bericht hervorgeht, ist es in mindestens zehn Regionen zu schwer wiegenden Wahlfälschungen gekommen.

Putins Aufgabe lässt sich mit einem einzigen Satz zusammenfassen: Er sollte den inneren Zerfallsprozess des Landes aufhalten. Deshalb zielten auch gleich die ersten von ihm ergriffenen Maßnahmen auf eine umfassende Stärkung der Zentralgewalt. Durch Dekret ließ er die sieben Großregionen Zentrum, Nordwest, Nordkaukasus, Wolga, Ural, Sibirien und Fernost errichten, an deren Spitze jeweils ein Gouverneur steht. Die Vertreter in den 89 Föderationssubjekten wurden abgeschafft. Im Juli 2000 verabschiedete die Duma ein Gesetz, das es dem Präsidenten erlaubt, unbotmäßige Gouverneure zu entlassen. Wenig später unterzeichnete Putin den Erlass zur Bildung eines „Staatsrats der Russischen Föderation", dem die Oberhäupter der 89 Föderationseinheiten zwar noch angehören, aber nur in beratender Funktion. Die Schwächung der Länderkammer, aber auch die Instrumentalisierung der Duma für diesen Zweck war unübersehbar.

Der nächste Schritt, die Zusammenführung aller elektronischen Medien in einer dem zuständigen Moskauer Ministerium unterstellten „Allrussischen Staatlichen Fernseh- und Radiogesellschaft", ließ nicht lange auf sich warten. Damit fanden sich die Ansätze einer privaten Meinungskultur bereits im Keim erstickt. Fast noch weitergehender war das Projekt, alle nichtstaatlichen Organisationen in einem dem Präsidenten direkt untergeordneten großen Dachverband zusammenzuführen. Die tatsächliche Funktion dieses als „Bürgerallianz" bezeichneten Konsultativorgans besteht in der Steuerung und Kontrolle potenziell oppositioneller Bewegungen und in der Schaffung einer formierten und zwangshomogenisierten postsowjetischen Gesellschaft. Abgerundet wurde das Ganze durch die Gründung eines Staatsjugendverbandes unter dem Namen des Kremlchefs, Spötter nannten das Gebilde schon bald ‚Putomol'. Die totale Fokussierung der Gesellschaft auf eine Person war abgeschlossen.

Das politische System in Russland dagegen ist nach wie vor durch ein erhebliches Maß an Verantwortungslosigkeit auf allen Ebenen gekennzeichnet. ‚Die Macht' entwickelt und verändert sich nicht durch Einwirkung der Gesellschaft wie in westlichen Staaten, sondern durch autonome Gestaltung und durch personale Weitergabe. Den in der Verfassung garantierten und auch regelmäßig durchgeführten Wahlen kommt deshalb die Funktion des Machterhalts der herrschenden Klasse zu, weshalb Kritiker bereits von „Wahlabsolutismus"[11] sprechen. „Ordnung" wird von der Masse immer noch als Stärkung der staatlichen Exekutive verstanden.

Obwohl die Herrschaftskontinuität für den Bürger in erster Linie dadurch erkennbar ist, dass eine Vielzahl der Höflinge und Clans aus der Ära Jelzin auch in der Administration Putin ihren Platz gefunden haben, hat sich die politische Landschaft andererseits doch radikal verändert. Die Unabhängigkeit der Regionalfürsten ist empfindlich beschnitten, die Duma zum ‚Taschenparlament' degradiert und der Föderationsrat hat merklich an Gewicht verloren. Das Parteiensystem entwickelt sich nicht frei, sondern gelenkt. „Der neue Präsident hat bewiesen, dass er außerstande ist, sich von den Denk- und Verhaltensstereotypen zu lösen, die für seinen früheren Beruf als Geheimdienstoffizier typisch sind."[12]

Insgesamt entsteht ein ambivalenter Zustand, in dem es sehr wohl demokratische Instrumente zur Verhinderung einer neuen Diktatur gibt, in dem „das Volk" sich aber kaum wehrt, wenn es dieser Organe beraubt wird. „Gewiss, die wichtigsten Freiheiten wurden dabei bewahrt, vor allem die Freiheit der Herrschaftskreise, die Gesellschaft zu ignorieren, und die Freiheit der Gesellschaft, die Herrschaftskreise zu ignorieren."[13] Das präsidentiell-monarchische Regime funktioniert, so wie auch seine Wirtschaft, durch verdeckte Absprachen, Aushandlungsmechanismen und Entlohnungen. Daran aber ist nichts neu. So, wie es in der Ökonomie einen „Schock ohne Therapie" gibt, so spricht man auf staatlicher Ebene von einem „Regime ohne System".[14] Wie früher „kennt die Macht in Russland viele Gesichter, aber sie hat kein Gesicht".[15] Die eher willkürliche Abfolge von Erlassen („Ukasokratie') formt keine transparente Regierungsstruktur bzw. -kultur. Jelzin empfahl seinen Nachfolger mit den Worten, dass es sich bei diesem um einen „Menschen neuen Typs" handele, „da er nicht zwischen Vergangenheit und Zukunft lavieren" müsse.[16] Genau diesem Zwang ist er inzwischen gnadenlos ausgeliefert.

Natürlich hängt die Frage der (Über-)Lebensfähigkeit des ‚Systems Putin' als Demokratie bzw. seine Degeneration zur Diktatur ganz wesentlich von einer Entwicklung der ökonomischen Rahmenfaktoren ab, jedoch auch hier gibt es wenig Anlass zur Hoffnung. Die primäre staatliche Förderung gilt weiterhin dem militärisch-industriellen Komplex, während der Dienstleistungsbereich und die Landwirtschaft nach wie vor ein kümmerliches Dasein fristen und siebzig Jahre Sozialismus das Land an den Rand der ökologischen Katastrophe geführt haben. Weltmarktfähig ist Russland nur im Waffen- und Rohstoffexport, wie schon zu Stalins Zeiten. Russlands Anteil am Welthandel liegt unter zwei Prozent und ist damit geringer als der Belgiens. Von einem prosperierenden Mittelstand kann nicht im Ansatz die Rede sein. Die unter dem Terminus „Globalisierung" zusammengefassten technologischen und Kommunikationsrevolutionen gehen fast vollständig an den Menschen vorbei oder sind von ihnen weder bezahl- noch nutzbar. Das Bruttosozialprodukt fiel seit 1991 um die Hälfte. Der beachtliche Anstieg seit der Jahrtausendwende ist allein dem neuerlich explodierenden Ölpreis und der eklatanten Rubelabwertung von 1998 geschuldet. Das Gesundheitswesen ist am Zusammenbrechen. Mindestens fünfzig Prozent aller medizinischen Leistungen müssen aus der eigenen Tasche bezahlt werden, wenn sich denn Rubel in ihr finden. Ungleichheit und Massenarmut grassieren sowohl in den Städten als auch auf dem Land. Vierzig Millionen Russen leben unterhalb der Armutsgrenze.

Dieses ökonomische Versagen wird und muss auf die Dauer auch die politische Ordnung untergraben. Alle wirtschaftlichen Kennziffern deuten darauf hin, dass die Krise nicht bevorsteht, sondern schon da ist. Unter dem teuer erkauften Sieg im Zweiten Weltkrieg, Stalins territorialem und imperialem Geltungsbedürfnis und dem sowjetischen Anspruch auf militärische Gleichrangigkeit mit den Vereinigten Staaten leidet das Land noch heute, und zwar konkret finanziell. Die Kassen sind leer. Noch bis vor kurzem war die Entwicklung neuer Waffensysteme wichtiger als der Konsumsektor, auf dem es chaotisch genug zugeht. Die Öffnung zur und in die Welt hat gerade erst begonnen, aber es ist fraglich, ob sie die Menschen glücklicher und zufriedener machen wird. Je mehr der Wall nach außen abgebaut wird, der aus Reiseverboten, Kontaktüberwachungen, ideologischen Desinformationen und dem faktischen Verschwinden der Fremdsprachen aus den Lehrplänen bestand, umso mehr entdecken die Russen des 21. Jahrhunderts, dass hinter diesem Wall nicht der böse Klassenfeind, sondern unendlich viele, der eigenen Herrschaft unangenehme Wahrheiten und Verlockungen lauern.

Das hohe Niveau der naturwissenschaftlich-technischen Ausbildung auf den sowjetischen Schulen und Hochschulen wurde nie richtig umgesetzt und ausgenutzt. „Es erwies sich als Quadratur des Kreises, Menschen auf der einen Seite immer besser auszubilden und sie auf der anderen Seite in politischer Unmündigkeit zu halten."[17] Keiner hat Lust, Privatinitiative zu entwickeln, es sei denn, illegal und mit nicht versteuerten Erträgen. Auf allen Ebenen wirtschaftlichen Handelns, aber auch bei Polizei, Justiz und staatlicher Verwaltung funktioniert nichts ohne ein inzwischen geradezu tarifmäßig verankertes System von Bestechungsgeldern, das nicht nur von Kritikern als die eigentliche russische Wirtschaft bezeichnet wird. Wer eine Firma gründen will, begibt sich entweder auf eine monatelange Odyssee durch düstere Behördenkorridore, oder er beauftragt eine ‚Vermittlung', die dies für fünfhundert Dollar erledigt. Ein Insider urteilt: „Wenn man vom westlichen Verständnis des Wortes Korruption ausgeht, dann gibt es im Grunde außer dieser bei uns gar keine Wirtschaft."[18] Auf jeden Fall sind über 33 Prozent der erwerbstätigen Bevölkerung in irgendeiner Form in kriminelle Machenschaften verstrickt. In Moskau haben 86 Prozent der Kleinunternehmer Kontakt zu Schutzgelderpressern, aber nur drei Prozent von ihnen halten dies für ein Problem, weil sie durch die ‚Abgabe' vor unliebsamer, marktwirtschaftlicher Konkurrenz abgeschirmt werden und stabile Geschäftsbedingungen erhalten. Jährlich zahlen Unternehmer in Russland etwa 36 Milliarden Dollar, um Staatsangestellte zu bestechen. Fraglich ist, ob die politische Führung die Korruption in den eigenen Reihen überhaupt bekämpfen will: Ihre Beamten erhalten dadurch ein zusätzliches Einkommen, sind zufriedener und leistungsbereiter, als Mittäter gleichzeitig aber auch erpressbar und mundtot, was die Artikulation von öffentlicher Kritik am Staat angeht.

Das Bank- und Kreditwesen ist seit der Rubelkrise praktisch zusammengebrochen. Es gibt weder offen zugängliche Märkte noch kalkulierbare Liefer- und Absatzbeziehungen. Alles beruht auf Absprachen, Abwegen und Abzweigungen. Zwar entwickeln sich akzeptable Preise und Ware-Geld-Relationen, seitdem die Währung freigegeben worden ist, aber jeder Bürger und jeder Betrieb ist bemüht, seine nachweisbaren Geldeinkünfte möglichst gering zu halten. In den überaus dichten Beziehungsnetzen „geht alles von Hand zu Hand und von Mund zu Mund. (...) Der Staat hat uns vergessen und wir haben den Staat vergessen".[19] Daran ist nichts neu. Währenddessen rottet die überkommene Infrastruktur weiter vor sich hin. Der Zustand des russischen Schienennetzes, über das drei Viertel aller Güter transportiert werden, ist schlecht. Fast jedes zweite Dorf kann nicht über eine geteerte Straße erreicht werden, Autobahnen nach westlichem Standard gibt es praktisch nicht. Die Hafenanlagen müssten erneuert werden, die russische Flotte gilt als die älteste der Welt. Selbst in den so wichtigen Bereichen Erdöl und Erdgas, in denen jeder zweite Exporttrubel erwirtschaftet wird, fällt die Zahl der Erschließungsbohrungen von Jahr zu Jahr und die Rentabilität sinkt. In den meisten Unternehmen sind die Herstellungskosten höher als der erzielte Preis. Nach der Auflösung der UdSSR setzte eine Kapitalflucht ein, mit der 350 Milliarden Dollar ins Ausland transferiert wurden. Umgekehrt sackten die westlichen Direktinvestitionen in Russland rapide ab. Anfang des 21. Jahrhunderts lagen sie pro Kopf gerechnet bei gerade noch 130 Dollar, während beispielsweise in Ungarn je Staatsbürger 2000 Dollar investiert wurden. Die Gründe liegen in dem unsicheren rechtlichen Umfeld, in exorbitanter Besteuerung, ungewissen Eigentumsbestimmungen, in der endemischen Korruption und dem Dickicht undurchschaubarer, sich widersprechender Auflagen und Instanzenwege. „In Wirklichkeit ist in Russland niemand für nichts verantwortlich."[20] Natürlich bedeutete die Aufnahme in die Gruppe der G-8-Staaten und in die Welthandelsorganisation WTO eine enorme internationale Aufwertung des Landes, aber der Bürger auf der Straße merkt wenig davon.

Die heutige Aufspaltung der russischen Gesellschaft in die wenigen Gewinner der Insiderprivatisierung, dreißig Prozent der Bevölkerung, die unter dem Existenzminimum leben, und den riesigen Rest derjenigen, die ein alltägliches *muddling through* („Durchwursteln") betreiben müssen, macht das weitere Fortschreiten von Prozessen der Entdemokratisierung wahrscheinlich, und der Staatspräsident selbst tut nichts, um diese aufzuhalten, im Gegenteil. Die 2003 von ihm eingesetzte „Gruppe Verdoppelung des Bruttosozialprodukts" zeugt weniger von Realitätsnähe als vielmehr von Realitätsverlust. Die Entscheidungsfindung an der Spitze ist nach wie vor von konspirativer Vertraulichkeit und dem privilegierten Zugang zum Herrschaftswissen geprägt. Putins engster persönlicher Umkreis setzt sich mehr und mehr aus dem Personal der Geheimdienste zusammen, in deren Lehrplänen nichts über die Begeisterung für rechtsstaatliche Institutionen und Verhaltensweisen stand. Autonomes Handeln und Eigeninitiative erscheinen ihnen eher als Aufsässigkeit und Verrat. Die Antwort auf die immer wieder gestellte Frage, was Putin eigentlich will, lautet daher meines Erachtens: die Wiederherstellung eines starken Staates und die Wiedergewinnung der Großmachtposition Russlands.

Die Schatten Stalins und der Zaren

Russland ist ein krankes, aber auch ein gekränktes Land. Der Sehnsucht nach der starken, ordnenden Hand entspricht auch die Unfähigkeit, das eigene Leben befriedigend zu organisieren. Dabei hat es jeder Bürger, der verantwortungsbewusst, rechtschaffen und gesetzestreu sein und bleiben will, außerordentlich schwer. Das Selbstwertgefühl der Menschen ist erheblich gestört, ihre Suche nach neuen Haltepunkten und neuer Identität dauert unvermindert an. Putins ‚Lösung', die alten Lügen durch neue zu ersetzen, kann jederzeit ins Kontraproduktive umschlagen. Schon 1988 mussten die Geschichtsprüfungen an sämtlichen Schulen des Landes abgesagt werden, weil kein Lehrer mehr wusste, welche der historischen Fakten auch weiterhin noch verbindlich waren. Im selben Jahr gründete sich unter maßgeblicher Beteiligung Andrej Sacharows die „Memorial-Gesellschaft", die ein öffentliches Tribunal über den Stalin-Terror forderte.

Aber von alledem ist nicht mehr viel übrig, *Glasnost* war nur eine Episode. Inzwischen geht es um die Frage der historischen Kontinuität, um das „Wann" und „Wo" des „In-die-Geschichte-Zurückkehrens". Und damit man sich der unmittelbaren Vergangenheit des Stalinismus nicht stellen muss, geht die Reise immer weiter zurück. Über Putins Schreibtisch hängt ein Bild Peters des Großen. Die Kosaken gelten längst mehr als die Kommunisten. 1994 wird das Pflichtfach „Kulturologie" an den Schulen eingeführt, das an die Stelle der alten marxistisch-leninistischen Staatsbürgerkunde tritt.[21] Übergreifendes Lernziel ist die „russische Idee", die – als bewusste Antwort auf den Westen – einen eigenen Zivilisationstyp und eine eigene Tradition beinhaltet, deren Anknüpfungspunkte weit zurück, in vorrevolutionärer Zeit liegen. Sie soll in ‚Russlands Wiedergeburt' als machtvolles Reich einmünden, eine rückwärts gewandte Utopie also, über deren vage, diffuse und mythische Konturen niemand so recht etwas zu sagen weiß. Dass die offene, autoritäre Diktatur notwendigerweise ihre Regierungsform und -grundlage sein muss, ist keineswegs ausgemacht. Klar ist nur, dass sie ohne den starken Mann mit der eisernen Hand nicht auskommen und bestehen wird, und das heißt, Herrschaft ist in Russland wieder personalisiert und paternalisiert.

Die diese Herrschaft tragende oder ertragende Gesellschaft bleibt auf unabsehbare Zeit krisenanfällig, kaum steuerbar und in sich zerrissen. Einige sehen die Ex-Weltmacht schon im freien Fall. Ein paar Gewinner, *Russia's new fat cats*, stehen einem Heer von Verlierern gegenüber, wenige steigen kometenhaft auf, viele stürzen steil ab. In manchem Bereich löst sich Ordnung ganz auf. Was ein Markt ist und was Eigentum, scheinen viele noch nicht zu wissen. Die Wirklichkeit ist eher durch Regelverstöße geprägt als durch Regelsysteme. Man bezahlt in Rubeln, aber man denkt in Dollar. Aggressive westliche Werbung, die Wiederkehr zaristischer Symbole und die Überbleibsel sowjetischer Alltagskultur mischen sich für den Betrachter und Konsumenten zu einem schwer verdaulichen ‚Ragout', einem „Pluralismus voller Paradoxien".[22] Inszenierung, Attrappe und schöner Schein lassen sich kaum von der Wirklichkeit trennen. Demokratie und demokratische Verfahren haben es in derartigen Inkubationsphasen des Kapitals schwer. Der Duma und dem Föderationsrat, den beiden parlamentarischen Kammern, sind die Flügel arg gestutzt, ausländische Beobachter sehen sie bereits als de facto durch den Präsidenten ausgeschaltet.

Niemand will eine Resowjetisierung, sondern eine Revitalisierung dessen, was die Sowjetunion an Stärke und Sicherheit ausgestrahlt hat. Dass sie als Weltmacht, dass sie mit ihrem Anspruch, in der bipolaren Welt die eine Hälfte zu vertreten und (ideologisch) zu verkörpern, gescheitert ist, lässt man sich in Washington, Paris und Berlin ‚voll raushängen'. Keiner fragte mehr die Kremlherren, als 1999 NATO-Bomben auf Serbien fielen oder informierte sie auch nur darüber. „Man fühlte sich als Macht zweiter Klasse bloßgestellt und degradiert."[23] Die Zukunft dürfte in einer realistischen Selbsteinschätzung als regionaler Faktor liegen, am besten im Rahmen und als Mitglied der Europäischen Union, aber Putin will mehr, und als Instrument dient ihm ein Krieg, der für ihn möglicherweise genauso legitim ist wie die Bomben des westlichen Bündnisses auf Belgrad.

Der zweite Tschetschenien-Krieg

Der von Putin entfesselte zweite Tschetschenien-Krieg gehörte zu seinen ersten Amtshandlungen überhaupt. In der russischen Bevölkerung fehlte es anfangs auch gar nicht an Verständnis dafür, dass die Russische Föderation ihr Territorium zusammenhalten und gegen Separatisten Front machen müsse. Jelzins Entscheidung, der Kaukasus-Republik 1996 faktisch die Unabhängigkeit zu gewähren, galt den Russen als gefährlich und falsch.

Im September 1999 wurde Moskau von verheerenden Bombenexplosionen heimgesucht, als deren Urheber in den staatlichen Medien sofort tschetschenische Terroristen genannt wurden. Von überall her kam nun Zustimmung für die Niederwerfung der „Rebellen und Banditen".[24] Es gilt inzwischen als gesichert, dass die Anschläge vom russischen Geheimdienst ausgeführt wurden, um im Volk Akzeptanz für die Kriegsführung in Tschetschenien zu gewinnen – und lange schien es so, dass dieses zynisch-menschenverachtende Spiel auch aufgehen würde. Keiner wagte es jetzt noch, nach politischen Lösungen zu rufen, sondern nun musste gehandelt werden. Putin stellte sich als „Wahrer der staatlichen Einheit"[25] dar und ließ den nationalen Widerstand in Tschetschenien gnadenlos zusammenschießen. Die Folgen waren genauso fatal wie beim ersten Tschetschenien-Krieg.

Russland, das immer lauter geklagt hatte, von der Europäischen Union isoliert zu werden, bekam jetzt aus Straßburg und Brüssel zu hören, dass es sich selbst gegenüber Europa isoliere. Ein Ende der Kampfhandlungen in Tschetschenien ist nicht abzusehen. Die dort mittlerweile stationierten 100.000 russischen Soldaten liefern sich weiterhin blutige Gefechte mit den Freischärlern. Niemand sieht die Russen dort als Befreier an, weshalb sie auch in der Zivilbevölkerung „Säuberungen" vornehmen, „bei denen sich Soldaten nicht selten aufführen wie die Rote Armee 1945 beim Einmarsch in Ostpreußen".[26]

Das alles lässt in Tschetschenien nur immer neue Widerstandsgenerationen heranwachsen, die den Schutz der Einheimischen bis hinauf in die entlegensten Bergdörfer genießen und von islamischen Fundamentalisten mit modernster Waffentechnik ausgestattet werden. Als nach dem 11. September 2001 bekannt wurde, dass in der al-Qaida-Terrororganisation Osama Bin Ladens auch Tschetschenen mitkämpfen, begannen die Vereinigten Staaten sich schlagartig für den Kriegsschauplatz im Kaukasus zu interessieren. Aus Prag sendet *Radio Liberty* nunmehr täglich in tschetschenischer Sprache, und Russland läuft Gefahr, seinen gesamten Einfluss in dieser Region zu verlieren. Gleichzeitig wird die Hauptstadt immer wieder von grausamen Selbstmordanschlägen heimgesucht. Ein trauriger Höhepunkt war zweifelsohne die Gefangennahme von über 800 Besuchern des Moskauer Musicaltheaters „Nord-Ost" am 23. Oktober 2002 durch ein vorwiegend aus ‚Schwarzen Witwen', also Frauen erschossener tschetschenischer Freiheitskämpfer, gebildetes Terrorkommando. Die Befreiungsaktion geriet zum Fiasko, weil das in das Theater eingeleitete Betäubungsgas 170 Menschen vergiftete, darunter angeblich auch die 41 Kidnapper. In Wirklichkeit wurden diese aber wie zu Stalins Zeiten an Ort und Stelle durch aufgesetzte Kopfschüsse hingerichtet. Um ihrer Forderung nach dem sofortigen Abzug aller russischen Truppen aus Tschetschenien nicht stattzugeben, hätte Putin notfalls wohl auch alle 800 Menschenleben geopfert. Deshalb lautete die Antwort aus Grosnij auch: „Beim nächsten Mal wird nicht verhandelt, sondern gleich gesprengt."[27] Und so geschah es dann auch, auf Rock-Festivals, Bahnhöfen und in der Moskauer Metro, bis die Terroristen am 1. September 2004, dem landesweit zentralen Einschulungstag, im nordossetischen Beslan zur größten und grausamsten Geiselnahme in der Geschichte Russlands ansetzten. Über 1200 Menschen, Eltern mit ihren Kindern und Säuglingen auf dem Arm, hielten sich in der festlich geschmückten Mittelschule Nr. 1 auf, als dreißig bewaffnete Männer und Frauen das Gebäude erstürmten und alle gewaltsam festsetzten. Ihre Hauptforderung war der Abzug der russischen Truppen aus dem benachbarten Tschetschenien. Bei der 48 Stunden später mit dem regelrechten Einsatz von Schützenpanzern vorgenommenen Befreiungsaktion starben 394 Kinder und Erwachsene. Rafik Schakirow, der Chefredakteur der Tageszeitung *Iswestija*, der es gewagt hatte, diese tatsächliche Zahl der Opfer zu nennen, und Bilder von ihnen abgedruckt hatte, wurde sofort entlassen. 27 Untergrundkämpfer wurden erschossen, drei konnten entkommen. Sie betonten, so wie alle ihre Vorgänger, dass ihr Vorgehen nicht zuletzt auch die Reaktion auf den gleichzeitig vom Kreml inszenierten Prozess einer verlogenen Scheindemokratisierung mit Präsidentenwahlen und Verfassungsreferenden in Tschetschenien sei.

Putins auf stalinistischen Methoden beruhendes Kalkül, mit dem Tschetschenien-Krieg das eigene Volk durch die Konstruktion äußerer Bedrohungen um sich zu scharen, erwies sich als Fehlschlag mit bislang kaum absehbaren Folgen. Fachleute gehen davon aus, dass ein Ende des zermürbenden Partisanenkriegs im kaukasischen „Bienenkorb der Völker" noch lange nicht absehbar ist.

Russland auf dem Weg zum ‚Putinismus'?

Die Art und Weise, wie Putin im Dezember 2003 den Durchmarsch seiner Partei „Einiges Russland" zur Zweidrittelmehrheit bei den Dumawahlen und im März 2004 seine Wiederwahl als Präsident betrieb, hatte mit Demokratie und Rechtssicherheit nicht mehr viel zu tun. Höhepunkt der Kampagne war die medien- und massenwirksam inszenierte Verhaftung des Multimilliardärs Michail Chodorkowski am 25. Oktober 2003. Sie geschah in dem Moment, in dem der Ölmagnat vierzig Prozent der Aktien seines Konzerns an einen amerikanischen Ölkonzern veräußern wollte. Nach außen ließ sich die Verhaftung von

Chodorkowski gut als Stopp des Ausverkaufs nationaler Ressourcen darstellen, unerwähnt blieb aber, dass Chodorkowski liberale Gegner Putins, wie etwa Grigori Jawlinski, die längst einen „Kapitalismus mit stalinistischem Antlitz" beklagen, unterstützt hatte. Nach dem Urteil dieser Kritiker ist die eigentliche Staatsmacht längst an die so genannten *Silowiki*, eine unheilige Allianz aus Militär, Geheimdiensten und Polizei, übergegangen. Hinzu kam, dass Chodorkowski politische Ambitionen nachgesagt wurden. Statt in der Duma oder im Kreml saß er jetzt im Moskauer Untersuchungsgefängnis „Matrosenruhe", angeklagt wegen Untreue, Betrug, Unterschlagung und Steuerhinterziehung. Davon war nicht alles erfunden und herbeikonstruiert, allerdings: mindestens eine Handvoll vergleichbar reicher und einflussreicher ‚Oligarchen' lief und läuft nicht nur frei herum, sondern steht mit Putin im direkten Benehmen. Die Festnahme Chodorkowskis, die Zerschlagung seines Konzerns und das gegen ihn eröffnete Verfahren könnten sich noch als der entscheidende Wendepunkt im Prozess der Renationalisierung Russlands erweisen. Auf jeden Fall war die liberale Opposition im Vorfeld des Dumawahlkampfes nunmehr jeder Unterstützung beraubt.

Dieser zeichnete sich dadurch aus, dass nicht nur alle unabhängigen Fernsehsender ab- bzw. gleichgeschaltet wurden, sondern auch Meinungsforschungsinstitute, die schlechte Umfragewerte über den Präsidenten publizierten. Die „gelenkte Demokratie" nahm ihren Lauf. Letztlich haben aber auch die Parteien, und hier insbesondere seine eigene, für ihn nur die Aufgabe, dem großen patriotischen Ganzen zu dienen. Ein Ergebnis dieses autokratischen Transformationsprozesses zeigte sich bereits im Dezember 2003: Nur noch 55 Prozent der Wahlberechtigten gingen zur Wahl, 48 Millionen blieben zu Hause und drei Millionen kreuzten die Rubrik „Gegen alle" an. Ansonsten verlief die Abstimmung vollständig ‚nach Plan'. Jawlinskis Jabloko-Partei sank unter fünf Prozent und ist in der Duma nicht mehr vertreten. Putins „Einiges Russland" deklassierte mit 37 Prozent nicht nur alle Gegner, sondern erreichte zusammen mit anderen Rechtsparteien 308 von 450 Dumamandaten, mithin die Zweidrittelmehrheit.

Das Parlament war nur noch ein Spielball in den Händen des Präsidenten, der dann auch seine eigene Wiederwahl im März 2004 wie in einem Drehbuch ablaufen ließ. Unliebsame Gegenkandidaten wurden mundtot gemacht oder verschwanden zeitweise ganz von der Bildfläche. Die Entlassung des gesamten Kabinetts von Ministerpräsident Kassjanow, einer letzten Symbolfigur der Jelzin-Ära, unterstrich den Anspruch auf die Alleinherrschaft, den die Wählerinnen und Wähler mit dem Rekordergebnis von 71,2 Prozent für eine zweite Amtszeit Putins bestätigten. Die Tragödie von Beslan im Herbst des Jahres nutzte er, um einen Umbau der russischen Föderation anzukündigen: Die Gouverneure der 89 Regionen und Republiken des Landes sollen in Zukunft nicht mehr gewählt, sondern von ihm vorgeschlagen und von den Regionalparlamenten nur noch bestätigt werden – ein Procedere, das er selbst zwei Jahre zuvor als verfassungsfeindlich bezeichnet hatte.

Aber selbst diese Änderungen waren dem ‚Autokrator' zu wenig. Längst hatte er damit begonnen, die große Selbstbestätigung anderswo zu suchen, und es überraschte kaum jemanden, dass hierfür erneut der verklärende Blick in die eigene Geschichte gesucht und gefunden wurde. Sie sollte und soll den Weg zur *Welikaja Rossija* („Wiedergeburt des Großen Russland") bahnen, und zwar auf dem imperialen Fundament der Zaren- und der Sowjetzeit. Dabei fällt es einigen, wenn sie erst unter dem dreifach gekrönten Doppeladler Platz genommen haben, immer schwerer, Russland in seinen heutigen Grenzen als saturierten Staat hinzunehmen, ohne die Ukraine, ohne Weißrussland, das Baltikum, die Krim und den abfallenden Kaukasus. Die ernüchternde Tatsache, dass Putins Machtbereich dem Gebietsstand des Moskauer Zarentums von 1650 entspricht, schreckt und erniedrigt sie. Der Untergang der UdSSR war eben doch ein nationales Unglück und eine Katastrophe. Jeder weiß, dass den Staat Russland eigentlich niemand richtig gewollt hatte, sondern dass Jelzin ihn schuf, um die Macht Gorbatschows zu untergraben. Wie soll sich da nationale Identität einstellen? Dass die Binnengrenzen der Sowjetunion oft genug Produkte Stalinscher Willkür waren und dass sie jetzt unantastbare Außengrenzen souveräner Staaten sein sollen, wird beides gleichermaßen gern vergessen.

Ärgerlich werden die Kremlgewaltigen, wenn man sie mit der sowjetischen Vergangenheit konfrontiert, vor allen Dingen mit der des *Gulag*. Es gibt in ganz Russland kein Gericht, bei dem auch nur ein einziges Verfahren wegen der im *Gulag* begangenen Verbrechen anhängig wäre,

Schinder und Gequälte schweigen weiterhin, das ist ‚nationaler Konsens'. Wie und wann soll sich ein Land, in dem es offiziell weder Verfolger noch Verfolgte gibt, seiner Vergangenheit stellen? Während von der Bundesrepublik Deutschland und erst sehr viel später auch von den Kollaborationsnationen Österreich, Italien und Frankreich mit vollstem Recht Aufarbeitung und Aufklärung für den Mord an sechs Millionen Juden eingefordert wurde, wird Putin auf keiner Regierungskonferenz in Washington, London, Paris und Berlin mit dem Terror des Stalinismus konfrontiert.

1998 wurden die Überreste des letzten Zaren in einem prunkvollen Staatsakt in der Peter-und-Pauls-Feste in St. Petersburg beigesetzt. Es war die Schlüsselzeremonie für die Geburt des neuen Russland als Nachfolger des alten, eines Russlands, das aber auch die Sowjetzeit nicht ausspart. Putin baut auf dem Fundament einer gleichzeitigen Totenbeschwörung Stalins wie auch der alten Zaren auf. Die Historiker beauftragte er, ein neues Lehrbuch für den Geschichtsunterricht zu schreiben, mit einer ‚angemesseneren' Darstellung des Zweiten Weltkriegs und der Verdienste der Generalität. An der Russischen Akademie der Wissenschaften trägt das historische Institut nicht mehr das Attribut „sowjetisch", sondern „vaterländisch". Am Vorabend des „Tages der Vaterlandsverteidiger"[28] 2001 erließ Putin ein „staatliches Programm zur patriotischen Erziehung der Bürger der Russischen Föderation"[29], das zunächst bis zum Jahr 2005 Gültigkeit besitzt. Es soll allen sozialen Schichten und Altersgruppen aus den „Erfahrungen und Errungenschaften der Vergangenheit" das „Gefühl der Treue zum Vaterland" und die „Verpflichtung zur Verteidigung der Interessen der Heimat" vermitteln und sie so zu „militärisch-patriotischen Bürgern" machen. Die „heroischen Ereignisse", „Russlands Rolle für die Geschicke der Welt" und der „Stolz auf das eigene Land"[30] sollen helfen, soziale und ökonomische Stabilität herbeizuführen.[31] Die Worte *rodina* („Heimat") und *otezestwo* („Vaterland") sind im Unterschied zur sonst gebräuchlichen russischen Rechtschreibung in dem Programm mit großen Anfangsbuchstaben geschrieben.

Dieses Programm und das Dekret können mit Fug und Recht als der Beginn des ‚Putinismus' und eines aus der Geschichte irgendwie bekannten Personenkults um die Führungsperson in Russland bezeichnet werden. In den ersten Schulklassen werden Bücher über Putins Kindheit verteilt, eine Wanderausstellung befasst sich unter dem Titel „Unser Putin" mit dem Präsidenten, und selbst die kritische Wochenzeitung *Vlast* („Macht") veröffentlichte 2001 einen dreispaltigen Leitartikel mit Lobesliedern und Lobeshymnen auf „Wladimir Putin, den leuchtendsten Genius und besten Menschen auf dem Planeten".[32]

Einen ersten Höhepunkt dieser Entwicklung von der gelenkten Demokratie zum Neo-Autoritarismus stellte die Einführung der neuen Nationalhymne dar, für die die Hamburger Wochenzeitschrift *Die Zeit* nur die Worte „Zurück zu Stalin"[33] übrig hatte. „Russland, unsere heilige Macht, Russland, unser geliebtes Land, starker Wille und großer Ruhm sind dein auf ewig", so ertönte es erstmals zum Jahreswechsel am 1.1.2001. Der Text stammt von Sergej Michalkow, der schon die Hymne auf Stalin geschrieben hatte. Zum gleichen Zeitpunkt wurde der zaristische Doppeladler wieder das offizielle Staatswappen, und die Streitkräfte erhielten als Banner die rote Fahne zurück, allerdings ohne Hammer, Sichel und Stern. Mit der überwältigenden Mehrheit von 381 gegen 51 Stimmen liberaler Abgeordneter beschloss die Duma, dass in Zukunft „Ein ewiges Bündnis von Volksrepubliken, in Freiheit aus unserem Großrussland erstanden"[34] als Nationalhymne gesungen wird. Das Lied folgt wieder der Melodie, nach der es schon von 1944 bis 1991 intoniert worden war.

Stalin-Nostalgie und Stalin-Kult

Ein unterschwelliger Stalin-Kult ist wahrscheinlich nie ganz aus der russischen Gesellschaft verschwunden. Schon in der Ära Breschnjew artikulierten sich völlig offen Stimmen, die seine Rehabilitierung und die Annullierung der Beschlüsse des XX. Parteitages von 1956 forderten. Anfang 1985, noch wenige Wochen vor der Machtübernahme Gorbatschows, wurde in KPdSU-Zirkeln der Beschluss vorbereitet, einen Moskauer Stadtteil in „Stalingrad-Bezirk" umzubenennen und für Wolgograd wieder den Namen Stalingrad einzuführen. Was damals noch an *Glasnost* und *Perestroika* scheiterte, kam 16 Jahre später erneut auf die Tagesordnung. Der zuständige Gouverneur schlug 2001, wohl auch unter dem Druck von Veteranen des Zweiten Weltkriegs, abermals die Rückbenennung der Wolgametropole nach dem sowjetischen Diktator vor, weil über seinen „Fehlern" und „Gesetzesverletzungen" auch die „großen Siege"[35] nicht vergessen werden dürften und der angebliche Wille der Bevölkerung zu beachten sei. Schließlich könne das, was bis heute auf dem Schild einer Pariser Metro-Station stehe, für eine russische Stadt nicht tabu sein. Insider wussten zu berichten, dass „der Neosowjetmensch Putin"[36] damit einverstanden sei, er sich aber hütete, dies auch öffentlich zu bekunden. Gleichwohl ordnete er im Juli 2004 an, den Schriftzug am Grabmal des Unbekannten Soldaten in Moskau von „Wolgograd" in „Stalingrad" umzumeißeln. Bei einer im Frühjahr 2004 in Russland durchgeführten Umfrage nach der wichtigsten historischen Persönlichkeit der russischen beziehungsweise sowjetischen Geschichte schob sich Stalin, den eineinhalb Jahrzehnte zuvor nur noch 16 Prozent genannt hatten, mit vierzig Prozent auf den dritten Platz hinter Peter dem Großen und Lenin.[37]

Im Vergleich zu derartigen ‚Trends' ist das, was sich heute sonst noch in Russland an Stalin-Nostalgie regt, nebensächlich und vom Personenkreis her durchaus fast verständlich. Natürlich marschieren alljährlich am 7. November die „Helden des Zweiten Weltkriegs" mit dem Konterfei ihres Generalissimus auf den Roten Platz, aber ihre Zahl schmilzt. Natürlich hat sich in seiner georgischen Heimat eine Vielzahl von Vereinen, Zirkeln und mit dem „Stalinistischen Block" sogar eine eigene Partei zu Ehren des großen Sohnes gegründet, und in der örtlichen historischen Stalingesellschaft konnte von seinem Enkel Jewgeni Dschugaschwili das 50.000. Mitglied begrüßt werden. Er selbst ist bereits Großvater eines Enkelkindes, das Josef Wissarionowitsch heißt und auf den Kosenamen „Sosso" hört. Mit Führungen im Stalin-Museum von Gori, dem Geburtsort des Diktators, bessert er sein kläglich Einkommen auf – und freut sich über die ständig steigenden Besucherzahlen. Überall erwache jetzt ein neuer Stalin-Kult, „weil die Leute den Verleumdungen über ihn keinen Glauben mehr schenken (und) weil wir früher eine Großmacht waren und jetzt im Westen betteln gehen".[38]

Stalin ist tot, physisch und politisch, aber ist er wirklich auch ganz gestorben?

Anhang

Chronik

1879 21. Dezember: Geburt Stalins in Gori, nordwestlich von Tiflis in Georgien
1887 Entstellung des Gesichts durch die Pockenkrankheit, drei Jahre später Verkrüppelung des linken Arms durch eine Blutvergiftung
1888 Josef („Sosso") darf in die Pfarrschule von Gori eintreten, nachdem er privat russisch gelernt hat.
1894 Eintritt ins Tifliser Priesterseminar, wo er anfangs zu den besten Schülern gehört. Nach einem georgischen Romanhelden nennt er sich „Koba" (der Unbeugsame).
1898 sozialdemokratische Propagandatätigkeit unter den Tifliser Eisenbahnarbeitern
1899 Verweis (ohne Abschluss) vom Priesterseminar „wegen marxistischer Propaganda", Arbeit am Tifliser Observatorium
1901 Die Polizei durchsucht Stalins Dienstzimmer, er taucht in den Untergrund ab. Von nun an bis 1917 keinerlei feste Arbeitsverhältnisse
1902 erste Inhaftierung (ohne Verfahren)
1904 Heirat mit Jekaterina Swanidse und erste Kontakte zu Bolschewisten
1905 „Erste russische Revolution" ohne erkennbaren Anteil Stalins; Dezember: erste Begegnung mit Lenin
1906 Mitglied des von Lenin ins Leben gerufenen geheimen bolschewistischen Ausschusses; Organisation von Banküberfällen
1908 zweijährige Verbannung in das Gouvernement Wologda
1909 Flucht zurück nach Tiflis und Baku
1910 erneute Verhaftung und Deportation
1911 illegaler Aufenthalt in St. Petersburg, dann erneute Verhaftung und Verbannung nach Wologda
1912 Flucht, Verbannung und wieder Flucht; im November: illegales Treffen mit Lenin in Krakau

1913 erste Signatur eines Artikels als „Stalin"; Fahrt nach Wien auf Weisung Lenins, Verfassen der Abhandlung „Nationale Frage und Sozialdemokratie"; Rückkehr nach St. Petersburg, Redaktion der *Prawda*; Verhaftung und Deportation an den Polarkreis

1917 Februar: Stalin gelangt nach Ausbruch der Revolution nach Petrograd, Redaktion der *Prawda*; schließt sich den Aprilthesen Lenins an, wird ins ZK der bolschewistischen Partei gewählt; keinerlei Anteil am „Sturm auf das Winterpalais"; November: Mitglied der ersten Sowjetregierung als Volkskommissar für das Nationalitätenwesen

1918 Stalin entwirft die „Allgemeinen Grundsätze der Verfassung der RSFSR"; beginnende ‚Wühlarbeit' gegen Trotzki.

1919 zusätzlich Volkskommissar für die Staatliche Kontrolle, Versagen und Abberufung an der Südfront des Bürgerkrieges, Heirat mit der wesentlich jüngeren Halb-Georgierin Nadjeschda Allilujewa

1920 Statt im polnisch-russischen Krieg die Armeen Tuchatschewskis zu unterstützen, führt Stalin „seinen eigenen Krieg" (Trotzki).

1921 Stalin befiehlt den Einmarsch von Sowjettruppen in das unabhängige, menschewistische Georgien, Lenin verurteilt dieses „großrussische" Verhalten scharf.

1922 Ernennung zum Volkskommissar für die Arbeiter- und Bauerninspektion, am 3. April Wahl zum Generalsekretär der Partei; 16. April: Vertrag von Rapallo; 30. Dezember: Begründung der UdSSR

1923 Am 4. Januar empfiehlt der schwer kranke Lenin im Postskriptum zu seinem Testament Stalins Absetzung als Generalsekretär.

1924 Tod Lenins am 21. Januar; Stalin leistet den sechsfachen Schwur, das Vermächtnis Lenins zu erfüllen; 20. September: bezeichnet in einem Artikel die Sozialdemokratie und den Faschismus als „Zwillingsbrüder"; These vom „Sozialismus in einem Land"

1925 Januar: Absetzung Trotzkis als Kriegskommissar

1926 24. April: Berliner Vertrag mit Deutschland

1927 21. April: Stalin betont die Zweckmäßigkeit der Teilnahme der KP Chinas an der Kuomintang Tschiang Kai-scheks.

1928 Beginn der Zwangskollektivierung, Schachty-Prozess, Deportation Trotzkis nach Alma-Ata; endgültiges Ende der NÖP (seit 1921)
1929 Beginn der Kulakenverfolgung
1930 26. Juni: Stalin bezeichnet die Sozialdemokraten als „Sozialfaschisten".
1931 Beginn der Industrialisierung; November: Selbstmord seiner zweiten Frau Nadjeschda
1932 November: Das ZK lehnt die von Stalin gewünschte Hinrichtung des Oppositionellen Rjutin ab.
1933 große Hungersnot. 30. Januar: Über die Machtübernahme Hitlers wird in der *Prawda* lediglich am Rande in einer Fünfzeilen-Meldung berichtet.
1934 26. Januar: Stalin erklärt, dass der Faschismus in Deutschland und Italien kein Hindernis sei, mit den Ländern „die besten Beziehungen (...) herzustellen"; 18. September: Aufnahme der Sowjetunion in den Völkerbund; 1. Dezember: Ermordung Kirows
1935 8. April: Einführung der Todesstrafe für Kinder ab zwölf Jahren; VII. Weltkongress der Komintern: Umstellung auf die Volksfronttaktik; Beginn der Stachanow-Bewegung
1936 19.-24. August: erster Schauprozess; 25. November: Verkündung der neuen Verfassung der UdSSR mit der Anerkennung des Rechts jeder Nation auf Selbstbestimmung und damit auf Loslösung von der UdSSR
1937 23.-30. Januar: zweiter Schauprozess, 18. Februar: Selbstmord Ordschonikidses; 11. Mai: Absetzung Tuchatschewskis
1938 2.-13. März: dritter Schauprozess und Ende des „Großen Terrors", Hinrichtung Bucharins
1939 23. August: Nichtangriffspakt mit Deutschland, in einem geheimen Zusatzprotokoll, dessen Existenz bis 1989 bestritten wird, ist die vierte Teilung Polens und die Abgrenzung der Interessenssphären im Ostseeraum und auf dem Balkan festgelegt. Der Pakt gibt Hitler grünes Licht für die Entfesselung des Zweiten Weltkriegs am 1. September 1939; 30. November: Beginn des Winterkrieges mit Finnland (bis zum 12. März 1940)

1940 Morde von Katyn; Überreichung einer persönlichen Note von Churchill an Stalin, worin ihm die Herstellung „harmonischer und für beide Teile nutzbringender Beziehungen" vorgeschlagen wird. Stalin lehnt ab und verhandelt weiter mit Deutschland. Der Beitritt der Sowjetunion zum Dreimächtepakt scheitert nicht an ihm, sondern an Hitler; 21. August: Ermordung Trotzkis

1941 13. April: Abschluss eines Neutralitätspaktes mit Japan; komplettes Versagen Stalins in der militärstrategischen Feindwahrnehmung. Offiziere und Agenten, die ihm den deutschen Überfall auf den Tag genau melden, werden hingerichtet; 22. Juni: Überfall Deutschlands auf die Sowjetunion, schwere Verluste der Roten Armee, Oktober/November: Kampf um Moskau; 19. Oktober: Belagerungszustand; 8. Dezember: Rettung der Hauptstadt

1942 Stalin, der bis zum 22. Juni 1941 noch jedes Hilfsangebot der Westmächte ausgeschlagen hatte, beklagt sich ständig über das „Fehlen der zweiten Front in Europa"; November: Beginn des Endkampfes um Stalingrad

1943 2. Februar: Kapitulation der 6. deutschen Armee bei Stalingrad; 28. November–1. Dezember: Konferenz von Teheran: Stalin droht den Westmächten selbst in dieser Situation mit einem Sonderfrieden mit Deutschland, falls sie die ‚zweite Front' nicht bald aufmachen sollten.

1944 Offensive der Roten Armee; 6. Juni: Invasion der Westalliierten in der Normandie (zweite Front); 1. August–2. Oktober: Warschauer Aufstand, Stalin behindert die Versorgungsflüge der Westalliierten; Oktober: Churchill in Moskau, Überreichung des berühmten „Zettels"

1945 4.-12. Februar: Konferenz von Jalta, Stalin schlägt die Zergliederung Deutschlands vor; 8. Mai: Kapitulation Deutschlands; 17. Juli–2. August: Konferenz von Potsdam, kurz zuvor ist die erste amerikanische Atombombe gezündet worden, Aufteilung Deutschlands in Besatzungszonen; Stalin unterstellt die Identifizierung der Leiche Hitlers der Geheimhaltung.

1946 April: Zwangsvereinigung von SPD und KPD zur SED in der sowjetischen Besatzungszone

1947 Juni: Marshallplan, den die Sowjetunion erst nach einigem Hin und Her ablehnt
1948 20. März: letzte Sitzung des Alliierten Kontrollrats in Berlin; 27. Juni: Bruch mit Tito; 4. August: Beginn der Berliner Blockade (bis zum 12. Mai 1949); September: Beginn neuer schwerer innergesellschaftlicher Verfolgungen
1949 26. August: Zündung der ersten sowjetischen Atombombe; 3. Oktober: Gründung der DDR; 21. Dezember: pompöse Feier des 70. Geburtstages von Stalin in Moskau
1950 26. Juni: Beginn des Koreakrieges (bis zum 27. Juli 1954)
1951 verdeckte und offene Judenverfolgungen in der UdSSR
1952 10. März: sowjetische Deutschland-Note
1953 die so genannte „Ärzteverschwörung"; eine zweite große „Säuberung" und eine landesweite Judenverfolgung kommen nicht zustande, weil Stalin am 5. März stirbt. 17. Juni: Arbeiteraufstand in der DDR, in der Folge Verhaftung und Hinrichtung Berijas; aus den Diadochenkämpfen geht Chruschtschow als Sieger und Nachfolger Stalins hervor.
1956 14.–25. Februar: XX. Parteikongress der KPdSU, Rede Chruschtschows, in der die Verbrechen Stalins allerdings nur teilweise enthüllt werden; Oktober/November: Budapester Aufstand
1961 13. August: Bau der Berliner Mauer; 30. Oktober: Entfernung Stalins aus dem Lenin-Mausoleum
1964 15. Oktober: Absetzung Chruschtschows, Breschnjew Nachfolger als Parteichef
1967 Frühjahr: Stalins Tochter Swetlana verlässt die Sowjetunion
1968 21. August: Niederschlagung des „Prager Frühlings" durch alle Warschauer-Pakt-Staaten (außer Rumänien)
1979 21. Dezember: 100. Geburtstag Stalins, offene Sympathiebekundungen in allen Teilen der Sowjetunion
1981 13. Dezember: Ausrufung des Kriegsrechts in Polen, Bruch der Kommunistischen Partei Italiens mit Moskau
1982 10. November: Tod Breschnjews, Nachfolge Andropows und Tschernjenkos

1985 10. März: Wahl Gorbatschows zum Generalsekretär der KPdSU, sein Versuch, das Land mit *Glasnost* und *Perestroika* zu reformieren, scheitert.

1988 1. Dezember: Verfassungsänderung zur Bildung des „Kongresses der Volksdeputierten" und erste teildemokratische Wahlen

1989 9. November: Fall der Berliner Mauer

1990 5. Februar: Die KPdSU verzichtet auf ihr Machtmonopol; 11. März: Unabhängigkeitserklärungen Litauens und Estlands; 12. Juni: Russischer Kongress der Volksdeputierten erklärt die Souveränität Russlands; 3. Oktober: Deutsche Einheit

1991 12. Juni: Wahl Jelzins zum Präsidenten Russlands; 21. August: Der „Dilettantenputsch" gegen Gorbatschow scheitert; 8. Dezember: Gründung der GUS mit zunächst drei, dann elf Staaten, Georgien und die baltischen Staaten treten nicht bei; 25. Dezember: Rücktritt Gorbatschows als Präsident der UdSSR; 31. Dezember: Auflösung der UdSSR

1992 1.–14. Dezember: 7. Kongress der Volksdeputierten der Russländischen Föderation, Konfrontation zwischen Jelzin und orthodox-stalinistischen Abgeordneten

1993 21. September: Jelzin löst den russischen Volksdeputiertenkongress per Dekret auf; Unruhen in Moskau, die am 4. Oktober eskalieren: Versuch der Erstürmung des „Weißen Hauses" (Parlamentssitz), das Militär stellt sich auf die Seite des Reformers Jelzin und entscheidet die Konfrontation; 12. Dezember: positives Referendum für die neue russische Verfassung mit zwei Kammern: Föderationsrat und Duma

1994 11. Oktober: „Schwarzer Dienstag": Der Rubelkurs fällt um 27 Prozent; 11. Dezember: Entfesselung des ersten Tschetschenienkrieges durch Jelzin

1995 17. Dezember: Die Kommunisten werden bei den Wahlen zur Duma die mit Abstand stärkste Partei.

1996 schwere, auch alkoholbedingte Erkrankungen Jelzins, der sich bei den Präsidentschaftswahlen erst im zweiten Wahlgang gegen den Kommunisten Sjuganow durchsetzen kann (3. Juli)

1998 17. August: „freier Fall" des Rubel, Finanzkrise

1999 9. August: Jelzin ernennt Putin zum Ministerpräsidenten;
1. Oktober: Entfesselung des zweiten Tschetschenienkrieges;
19. Dezember: Die Kommunisten werden bei den Wahlen zur Duma erneut stärkste Partei; 31. Dezember: Jelzin erklärt in der Neujahrsansprache seinen Rücktritt und benennt für die Zeit bis zu Neuwahlen Putin als amtierenden Präsidenten.

2000 26. März: Putin setzt sich im ersten Wahlgang der vorgezogenen Präsidentschaftswahlen mit 53 Prozent der Stimmen durch. Gerüchte über Wahlfälschungen wollen nicht verstummen;
13. Mai: Putin schafft per Dekret sieben Großregionen mit sieben Gouverneuren, die von ihm ernannt und entlassen werden;
1. September: Bildung eines „Staatsrats der Russländischen Föderation", dem Vertreter der 89 Föderationssubjekte angehören. Er hat lediglich beratende Funktion.

2001 Abschaffung der Begnadigungskommission beim Präsidenten, was einer faktischen Wiedereinführung der Todesstrafe gleichkommt.

2002 Partisanenanschläge in Tschetschenien

2003 Dezember: Putins Partei „Einiges Russland" wird bei den Dezemberwahlen mit 37 Prozent stärkste Partei, die Kommunisten folgen mit nur noch 12,7 Prozent.

2004 14. März: Wiederwahl Putins mit 71,2 Prozent.

bis 2005 vorläufige Laufzeit des „staatlichen Programms zur patriotischen Erziehung der Bürger der Russischen Föderation" mit unverhohlen national-autoritativen und zum Teil neo-stalinistischen Grundzügen.

Abkürzungen

CDU	Christlich Demokratische Union
CIA	Central Intelligence Agency
CSU	Christlich Soziale Union
DDR	Deutsche Demokratische Republik
EVG	Europäische Verteidigungsgemeinschaft
EU	Europäische Union
FDJ	Freie Deutsche Jugend (der DDR)
FDP	Freie Demokratische Partei
FSB	Federalnaja Sluschba Besopasnosti (Sicherheitsdienst der Russischen Föderation)
Gestapo	Geheime Staatspolizei
Gosplan	Staatliche Plankommission der UdSSR
GPU	Gossudarstwennoje Polititscheskoje Uprawlenije („Staatliche politische Verwaltung", aus der Tscheka hervorgegangener politischer Geheimdienst 1922-34)
Gulag	Glawnoje Uprawlenije Lagerej (Hauptverwaltung der Lager)
GUS	Gemeinschaft Unabhängiger Staaten
IM	Informeller Mitarbeiter (des Ministeriums für Staatssicherheit der DDR)
IWF	Internationaler Währungsfond
JAFK	Jüdisches Antifaschistisches Komitee
KGB	Komitet Gossudarstwennoi Besopasnosti (Geheimdienst 1954-91)
Kominform	Kommunistisches Informationsbüro
Komintern	Kommunistische Internationale
KP	Kommunistische Partei
KPD	Kommunistische Partei Deutschlands
KPdSU	Kommunistische Partei der Sowjetunion
KPI	Kommunistische Partei Italiens
KPRF	Kommunistische Partei der Russischen Föderation
KZ	Konzentrationslager
LDPD	Liberaldemokratische Partei Deutschlands

MGB	Ministerstwo Gossudarstwennoi Besopasnosti (Ministerium für Staatssicherheit, Geheimdienst 1946-54)
NATO	North Atlantic Treaty Organisation
NKGB	Narodnyj Kommissariat Gossudarstwennoi Besopasnosti (Volkskommissariat für Staatssicherheit)
NKWD	Narodnyj Kommissariat Wnutrennich Del (Volkskommissariat für innere Angelegenheiten, Geheimdienst 1934-46)
NÖP	Neue Ökonomische Politik
NS	Nationalsozialismus
NSDAP	Nationalsozialistische Deutsche Arbeiterpartei
NVA	Nationale Volksarmee (der DDR)
PDS	Partei des Demokratischen Sozialismus
RIAS	Rundfunk im amerikanischen Sektor (von Berlin)
RSFSR	Russische Föderative Sozialistische Sowjetrepublik
SA	Sturmabteilung (der NSDAP)
SBZ	Sowjetische Besatzungszone
SD	Sicherheitsdienst (der NSDAP)
SED	Sozialistische Einheitspartei Deutschlands
SMAD	Sowjetische Militäradministration in Deutschland
SPD	Sozialdemokratische Partei Deutschlands
SS	Schutzstaffel (der NSDAP)
TASS	Telegrafnoje Agenstwo Sowjetskowo Sojusa (staatliche sowjetische Nachrichtenagentur)
Tscheka	Tschreswytschainaja Komissija po Borbe s Kontrrevoljuzijei i Sabotaschem (Außerordentliche Kommission zum Kampf gegen Konterrevolution und Sabotage, Geheimdienst 1917-22)
UdSSR	Union der Sozialistischen Sowjetrepubliken
UNO	United Nations Organisation
USA	United States of America
WTO	World Trade Organisation
ZK	Zentralkomitee

Anmerkungen

Der Priesterzögling
1. Stalins Geburtsdatum ist umstritten. Rayfield 2004, S. 25, nennt den 6. Dezember 1878
2. Rayfield 2004, S. 27
3. Deutscher 1990, S. 46
4. Rubel 1998, S. 23

Der Sozialdemokrat
1. Stalin, Werke, Bd. 1, 1950, S. 19 und S. 27
2. Deutscher 1990, S. 75

Der Bolschewist
1. Stalin, Werke, Bd. 6, 1950ff., S. 48f.
2. Conquest 1993, S. 67
3. *Der Spiegel*, Nr, 44/1995, S. 46
4. Rubel 1998, S. 29

Der Verbannte
1. Siehe Conquest 1993, S. 71f.
2. Deutscher 1990, S. 148
3. Vgl. ebenda, S. 168 und Löwe 2002, Bd. 2, S. 82
4. Lenin 1924, S. 74
5. Stalin, Werke, Bd. 2, 1950ff., S. 383

Der Chefredakteur
1. Figes 1998, S. 51; vgl. auch Radzinsky 2000, S. 88ff.
2. Haumann 1996, S. 443
3. Siehe Deutscher 1990, S. 189
4. Conquest 1993, S. 89
5. Ebenda, S. 93
6. Deutscher 1990, S. 191
7. Vgl. Conquest 1993, S. 94
8. Stalin, Werke, Bd. 3, 1950ff., S. 34f.
9. Vgl. Deutscher 1990, S. 200
10. Conquest 1993, S. 99
11. Ebenda
12. Ebenda, S. 100
13. Trotzki 1971, Bd. 1, S. 39
14. Vgl. Hildermeier 1998, S. 99
15. Vgl. Deutscher 1990, S. 220
16. von Rauch 1985, S. 71
17. Trotzki 1971, S. 347

Der Volkskommissar
1. von Rauch 1985, S. 81
2. Hildermeier 1998, S. 133
3. Ebenda, S. 132
4. Koenen 2000, S. 64
5. Ebenda, S. 69
6. von Rauch 1985, S. 88
7. Koenen 2000, S. 74
8. Conquest 1993, S 115
9. Stalin, Werke, Bd. 4, 1950ff., S. 104
10. Conquest 1993, S. 116
11. von Rauch 1985, S. 118f.
12. Conquest 1993, S. 130
13. Ebenda, S. 131

14 Conquest 1993, S. 132
15 Koenen 2000, S. 74
16 von Rauch 1985, S. 147
17 Zank 2001, S. 86
18 Koenen 2000, S. 81
19 Ebenda, S. 83
20 Hildermeier 1998, S. 46
21 Ebenda, S. 148

Der Generalsekretär
1 Hildermeier 1998, S. 156
2 Malia 1998, S. 156
3 Koenen 2002, S. 96
4 Figes 1998, S. 841f.
5 Conquest 1993, S. 140
6 Figes 1998, S. 842
7 Ebenda
8 Vgl. ebenda und Conquest 1995, S. 142f.
9 Lenins Testament wurde in Auszügen bei Chruschtschows Rede auf dem 20. Parteitag der KPdSU im Jahre 1956, vollständig aber erst 1990 veröffentlicht.
10 Bullock 1999, S. 173
11 Figes 1998, S. 844
12 Ebenda
13 Bullock 1999, S. 175
14 Figes 1998, S. 844
15 Ebenda, S. 845
16 Deutscher 1990, S. 326
17 Ebenda, S. 324f.
18 Figes 1998, S. 845
19 Hildermeier 1998, S. 166
20 Conquest 1993, S. 145
21 Ebenda, S. 149
22 Hildermeier 1998, S. 167; vgl. auch Service 2000, S. 602f.
23 Baschanow 1977, S. 111
24 Conquest 1993, S. 152
25 Ebenda, S. 154
26 Hildermeier 1998, S. 173
27 Conquest 1993, S. 154
28 Ebenda, S. 155
29 Eastman 1925
30 Conquest 1993, S. 183
31 Ebenda, S. 183
32 Hildermeier 1998, S. 184
33 Conquest 1993, S. 186
34 von Rauch 1985, S. 219
35 Ebenda, S. 222
36 Geheimarchiv des ZK zum Ablauf des „Deutschen Oktober": vgl. hierzu „Die Welt erobern", in: Der Spiegel, Nr. 44/1995, S. 45ff.
37 Ebenda
38 Ebenda
39 Ebenda
40 Ebenda
41 Ebenda
42 Stalin, Werke, Bd. 6, 1950ff., S. 253
43 Ebenda, Bd. 7, 1950ff., S. 237f.
44 Ebenda, S. 11
45 Koenen 2000, S. 154
46 Ebenda, S. 158
47 Ebenda, S. 163f.
48 Ebenda, S. 116f.
49 Hildermeier 1998, S. 392
50 Koenen 2000, S. 152

51 Trotzki 1931, S. 44
52 Conquest 1993, S. 174
53 Rubel 1998, S. 30
54 Rayfield 2004, S. 70
55 Conquest 1993, S. 175
56 Koenen 2000, S. 150
57 Conquest 1993, S. 225
58 Ebenda
59 Ebenda

Der Alleinherrscher

1 von Rauch 1985, S. 217
2 Bullock 1999, S. 356
3 Lih/Naumow/Chlewnjuk 1996, Brief vom 21.8.1929
4 Hildermeier 1998, S. 371
5 Ebenda, S. 390
6 Ebenda, S. 399
7 Conquest 1993, S. 197
8 Ebenda, S. 218
9 Werth in Courtois/Werth 1998, S. 168
10 Ebenda, S. 178
11 Ebenda
12 Ebenda
13 Werth in Courtois/Werth 1998, S. 179
14 Staatsarchiv der Russischen Föderation, Akten-Nr. 1235/2/1521/71-78, Übersetzung nach Werth 1998, S. 180
15 Werth in Courtois/Werth 1998, S. 181
16 Ebenda, S. 182
17 Ebenda, S. 183
18 Ebenda
19 Graziosi 1989, S. 59f. und S. 79; Übersetzung nach Werth 1998, S. 184
20 Podlubny 1996, S. 135; vgl. hierzu besonders: Hellbeck 1996, S. 358ff.
21 Werth in Courtois/Werth 1998, S. 186
22 Ebenda, S. 187
23 Archiv des Präsidenten der Russischen Föderation, Akten-Nr. 45/1/827/7-22 bzw. 3/61/549/194; Übersetzung nach Werth 1998, S. 186f.
24 Heinsohn 1998, siehe Gulag, Hungersnot, Kulaken, Stalin, Ukraine und Vernichtungslager
25 Werth in Courtois/Werth 1998, S. 188
26 Koenen 2000, S. 175
27 Heinsohn 1998, siehe Konzentrationslager
28 Stettner 1996, S. 45
29 Ebenda, Anm. 11
30 Ebenda, Anm. 224
31 Tuominen 1986, S. 54f.
32 Rossi 1989, S. 18
33 Tycner 1996, S. 57
34 Nach Heller 1975, S. 129
35 Vgl. Tycner 1996, S. 56f.
36 Hildebrand, in: Stürmer 1980, S. 41
37 Vgl. Jacobsen, Primat der Sicherheit 1928-1938, in: Geyer 1972, S. 225

38 Bei Buber-Neumann 1957, S. 283 f.
39 Wehner 1946, S. 17
40 Kellmann 1983a, S. 50 f.
41 Ebenda, S. 53
42 Ebenda, S. 54
43 Vgl. Kellmann 1983a, S. 50 ff.; wie sehr im Übrigen auch Bucharin der Sozialfaschismusthese anhing, zeigt überzeugend Söndgen 1995, S. 78 ff.
44 Niclauß 1966, S. 74; dort verwiesen auf: Aufzeichnungen über das Gespräch Schleicher/Litwinow in: Politisches Archiv des Auswärtigen Amtes, Abteilung II (Frankreich/Russland), Bd. 28
45 Kellmann 1983a, S. 55
46 Vorwort zu Weingartner 1970, S. IX
47 Koenen 2000, S. 193
48 Ebenda, S. 196
49 Bullock 1999, S. 533
50 Ebenda
51 Deutscher 1990, S. 430
52 Ebenda
53 Vgl. die Zeitschrift *Ogonjok* Nr. 50 vom 9.–15. Juli 1987
54 Bullock 1999, S. 629
55 Vgl. *Ogonjok* Nr. 28 vom 9.–15. Juli 1989, S. 30; anders, aber nicht überzeugend: Baberowski 2003a, S. 140 ff.
56 Bullock 1999, S. 627

Der „Vater" des Terrors
1 Koenen 2000, S. 369 f.
2 Ebenda, S. 218
3 Ebenda, S. 223
4 Vgl. Conquest 1993, S. 266 f.
5 Maier, in: Maier/Peter 1991, S. 83
6 Ebenda, S. 84
7 Ebenda, S. 82, Anm. 1
8 Ebenda, S. 82, Anm. 21 u. S. 83, Anm. 28
9 Zumindest bedenkenswert ist die These des trotzkistisch orientierten Wadim S. Rogowin, dass der Terror Stalins einen Bruch nicht nur mit Lenins Thesen, sondern auch mit der kommunistischen Ideologie überhaupt bedeutete: Rogowin 1999; dagegen: Löwe 2002.
10 Bullock 1999, S. 402
11 Nikolajewski 1936, S. 20 f., hier zit. nach Chlewnjuk 1998, S. 108 f.
12 Koenen 2000, S. 226
13 Bullock 1999, S. 634
14 Vgl. Koenen 2000, S. 266
15 Werth in Courtois/Werth 1998, S. 206
16 Ebenda, S. 209
17 Ebenda
18 Ebenda, S. 225
19 Vgl. etwa Koenen 2000, S. 267
20 Koenen 2000, S. 270
21 Ebenda, S. 234
22 Ebenda, S. 240

23 Hildermeier 1998, S. 459
24 Ebenda, S. 238
25 Ebenda, S. 452
26 Chlewnjuk 1998, S. 284
27 Bullock 1999, S. 651
28 Zit. nach Bullock 1999, S. 652
29 Ebenda
30 Ebenda
31 Ebenda
32 Radzinsky 1996, S. 374ff. und Bullock, S. 667f.
33 Bullock 1999, S. 668
34 Ebenda, S. 671
35 Bullock 1999, S. 655
36 Medwedjew 1989, S. 238
37 Koenen 2000, S. 263
38 Chlewnjuk 1998, S. 295
39 Koenen 2000, S. 222f.
40 Baberowski 2003a, S. 175; Baberowskis zentrale These vom „Großen Terror" als dem „reinigenden Gewitter" (S. 139) erklärt und hilft wenig. Ähnlich auch Baberowski 1995, S. 127: „Wer für eine Stalinismusdebatte ohne Stalin plädiert, (...) wird unweigerlich in einen Erklärungsnotstand geraten."
41 Malia 1998, S. 313
42 Ebenda, S. 314
43 Conquest 1993, S. 272
44 Ebenda, S. 275
45 Koenen 2000, S. 247
46 Ebenda, S. 248
47 Ebenda, S. 248
48 Müller 2001

49 Vgl. Soell 1991, S. 339ff.
50 Frank 2001, S. 89
51 Vgl. Müller 1993, S. 87, Anm. 194
52 Frank 2001, S. 154
53 Müller 1998, S. 126
54 Dehl 1997, S. 61
55 Müller 1998, S. 127
56 Stark 1991, S. 125
57 Müller 1998, S. 147
58 Müller 1998, S. 149; vgl. durchgehend auch Müller 2004
59 Ebenda, S. 159
60 Ebenda, S. 158
61 Müller 1998, S. 158
62 Ebenda, S. 159
63 Ebenda, S. 160
64 Ebenda, S. 162
65 Ebenda, S. 163
66 Ebenda, S. 164
67 Ebenda, S. 156ff.
68 Ebenda, S. 170
69 Ebenda, S. 170f.
70 Ebenda, S. 171
71 Reimann 1997, S. 78
72 Müller 1998, S. 174
73 Müller 1993, S. 175
74 Frank 2001, S. 139
75 Meyer 1993, S. 202
76 Und Folgezitate: ebenda, S. 202f.

77 Brief der Parteiführung an die Leitungen und Funktionäre der KPD im Land über die Aufgaben der Partei vom 21. Oktober 1939, verfasst von Wehner und Ulbricht, (wieder) abgedruckt bei Müller 1993, S. 382ff.
78 Zur Pressearbeit Willy Brandts für das KP-Blatt *Die Welt* vgl. *Der Spiegel*, Nr. 13/1993, S. 204
79 Bullock 1999, S. 533
80 Bullock 1999, S. 715
81 Fischer in Maier/Peter 1991, S. 95
82 Hildermeier 1998, S. 591
83 Coulondre 1952, S. 240
84 Bullock 1999, S. 802
85 Ebenda, S. 817
86 Koenen 2000, S. 250
87 Vgl. ebenda, S. 820
88 Bullock 1999, S. 820
89 Koenen 2000, S. 214
90 Vgl. Löwe 2002, Bd. 2, S. 303
91 Hofer 1984, S. XXI

Der Verbündete Hitlers
1 von Rauch 1985, S. 326
2 Koenen 2000, S. 305
3 Bullock 1999, S. 857
4 von Rauch 1985, S. 329
5 Bullock 1999, S. 879
6 Koenen 2000, S. 309
7 Niewiadomski 2000, S. 70
8 Ebenda
9 Vgl. Madajczyk 1991; auch: Wette/Ueberschär 2001, S. 356–369; am umfassendsten zur Thematik: Kaiser 2002 (mit allen Schlüsseldokumenten)
10 Vgl. Conquest 1993, S. 326, siehe auch Kadell 1991 sowie Niewiadomski 2000, S. 70
11 Conquest 1993, S. 334
12 Ebenda
13 Bullock 1999, S. 858
14 von Rauch 1985, S. 341
15 Schubert 2000, S. 43
16 Akten zur Deutschen Auswärtigen Politik, Serie D, Bd. 11, S. 533ff.
17 Bullock 1999, S. 911
18 Besymenski in Pietrow-Ennker 2000, S. 123
19 Ebenda, S. 125
20 Gorodetsky 2001, S. 126
21 Ebenda, S. 81
22 Hill 1974, S. 204f.
23 Besymenski/Ueberschär 1998, S. 13 u. 221
24 Gorodetsky 2001, S. 124
25 Bullock 1999, S. 913
26 Ebenda, S. 914
27 Gorodetsky 2001, S. 171; Pohl 1994, S. 77ff.
28 Gorodetsky 2001, S. 173
29 Ebenda, S. 177
30 Zit. nach Besymenski/Ueberschär 1998, S. 111
31 Read und Fisher 1988, S. 618
32 Gorodetsky 2001, S. 250

33 Bullock 1999, S. 941
34 Ebenda, S. 256
35 Ebenda, S. 257
36 Akten zur Deutschen Auswärtigen Politik, Serie D, Bd. 12/2, Nr. 333
37 Gorodetsky 2001, S. 257f.
38 Ebenda, S. 260
39 Gorodetsky 2001, S. 260
40 Fröhlich 1987, Bd. 4 (1.1.1940–8.7.1941), S. 620
41 Koenen 2000, S. 305
42 Einsatzplan der Roten Armee: Zentralarchiv des Verteidigungsministeriums der Russischen Föderation, f. 16 A, op. 2951, d. 239, l. 221, zit. nach Gorkow, in: Pietrow-Ennker 2000, S. 194f.
43 Pietrow-Ennker 2000, S. 88
44 Berija-Zitate: erstmals in der *Prawda* vom 8. Mai 1988 bzw. in der *Iswestija* ZK KPSS (Nachrichten des ZK der KPdSU), Heft 4/1990
45 Follath 1999, S. 61
46 Ebenda, S. 62
47 Ebenda, S. 66
48 Ebenda
49 Zitate von und zu Richard Sorge: vgl. Whymant 1999 und Follath 1999
50 Follath 1999, S. 68
51 Gorodetsky 2001, S. 242
52 Ueberschär 1998, S. 58
53 Bonwetsch 1998, S. 145–154 sowie Bonwetsch 2000, S. 170–189
54 Nach der Niederschrift eines sowjetischen Generals, zit. nach Gorodetsky 2001, S. 278
55 Heß-Affäre, vgl. hierzu: Schmidt 1997; Schmidt 1993, S. 88; Pätzold und Weißbecker 1999; Görtemaker 2001, S. 62–72; zur Rolle Haushofers nach wie vor unentbehrlich: Harbeck 1963; Costello 1992
56 Vgl. Görtemaker 2001, S. 68
57 Schmidt 1993, S. 88
58 Falin 1995
59 Schmidt 1993, S. 88
60 Gorodetsky 2001, S. 347
61 Siehe ebenda, S. 350
62 Ebenda, S. 342
63 Romanitschew 1998, S. 94
64 Präventivkriegsplan; zur weiteren Einschätzung: Romanitschew 1998, S. 90–102 und Bonwetsch 2000, S. 170–189; die These vom Präventivkrieg wird am lautstärksten vertreten von Topitsch 1998; Suworow (d. i. Wladimir Rezun) 1996; Maser 1994 und Hoffmann 1995
65 Gorodetsky 2001, S. 343
66 Schmidt 1994, S. 368–379
67 Romanitschew 1998, S. 101
68 Vgl. Gorodetsky 2001, S. 360
69 Bullock 1999, S. 946
70 Gorodetsky 2001, S. 375

71 Ebenda, S. 380
72 Ebenda, S. 382
73 Ebenda, S. 384
74 Ebenda, S. 382
75 Ebenda, S. 382, vgl. für das Original: Besymenski/Ueberschär 1998, S. 142 f.
76 Talbott 1992, S. 128
77 Vgl. Koenen 2000, S. 307
78 Bullock 1999, S. 948
79 Vgl. Augstein 2001, S. 40
80 Vgl. Löwe 2002, 2. Bd. S. 314; Löwe, ebenda, S. 313, schließt im Übrigen einen russischen Angriff auch 1941 auf Deutschland nicht aus.
81 Bullock 1999, S. 948
82 Gorodetsky 2001, S. 398
83 Augstein 2001, S. 40

Der Hintergangene Hitlers
1 Hildermeier 1998, S. 602
2 Conquest 1993, S. 307
3 Ebenda
4 Vgl. Baberowski 2003a, S. 230
5 Stalin 1948, S. 6 ff.
6 Koenen 2000, S. 326
7 Malia 1998, S. 321
8 Bonwetsch 1991, S. 168
9 Vgl. u. a. Bullock 1999, S. 1007
10 Vgl. Conquest 1993, S. 312
11 Gosztony 1995, S. 40
12 Vgl. Gosztony 1995, S. 39 f.
13 Wiegrefe 2000, S. 41
14 Gross 2001, S. 9
15 Heer 2001a, S. 90

16 Ebenda
17 Ebenda
18 Strauß 1998, S. 51 f.
19 Vgl. Wachs 2000
20 Mechtenberg 2001, S. 41
21 Vgl. Koenen 2000, S. 329
22 Koenen 2000, S. 329
23 Klemperer 1995, S. 68; siehe auch Kusnjezow 2002
24 Augstein 2001, S. 40
25 Besymenski/Ueberschär 1998, S. 113
26 Hildermeier 1998, S. 967
27 Bullock 1999, S. 967
28 Besymenski 2002, S. 306
29 Stalin 1948, S. 65
30 Wegner 2001, S. 20
31 Ebenda, S. 21

Der Kriegsherr
1 Vgl. Pron'ko 1992, S. 323 f.
2 Hildermeier 1998, S. 615
3 von Rauch 1985, S. 386
4 Hildermeier 1998, S. 615
5 So Churchill selbst, zit. nach von Rauch 1985, S. 394
6 Vgl. Conquest 1993, S. 321
7 Bullock 1999, S. 1073
8 Ebenda, S. 334
9 Deutscher 1990, S. 1078
10 Vgl. Bullock 1999, S. 1078
11 von Rauch 1985, S. 412
12 Hürter 2001, S. 402
13 Ebenda, S. 404
14 Baberowski 2003a, S. 221

15 *Der Spiegel*, Nr. 19/2000, S. 20; für weiterführende Angaben: Borodziej 2001
16 So die regierungstreue Warschauer Presse am 40. Jahrestag des Aufstands
17 Bullock 1999, S. 1120
18 Lent 2004, S. 76
19 So der Gesamttenor des Buches von Davies 2004
20 Payne 1967, S. 559
21 Ebenda
22 Bullock 1999, S. 1144
23 von Rauch 1985, S. 434
24 O'Sullivan 2003, S. 237
25 Riegner 2001, S. 50ff.
26 Ebenda, S. 50
27 Ebenda, S. 51
28 In: ebenda, S. 388
29 Riegner 2001, S. 54
30 Wyman 2000, S. 403
31 Rayfield 2004, S. 463
32 Zayas 1996, S. 247
33 Ebenda, S. 25
34 Ebenda, S. 73
35 Ebenda, S. 76
36 Ebenda, S. 73
37 Nawratil 1984, S. 116
38 Kopelew 1979, S. 19
39 Ebenda, S. 427
40 Luks 2000, S. 393
41 Zayas 1996, S. 106
42 In: Kuhn 1987, S. 204
43 Graml 1985, S. 100
44 Bullock 1999, S. 1157
45 Vgl. Löwe, Bd. 2, 2002, S. 321f.

Der Sieger
1 Ebenda, S. 679
2 Vgl. Bullock 1999, S. 1193
3 Djilas 1962, S. 146
4 Sietz 1999, S. 68
5 Ebenda
6 Alperovitz 1995b, S. 28
7 Sietz 1999, S. 68
8 Löwe, Bd. 2, 2002, S. 374
9 Sietz 1999, S. 68
10 Loth 1994, S. 59
11 Ebenda, S. 159
12 Koenen 2000, S. 348
13 Bullock 1999, S. 1186
14 Ebenda
15 Applebaum 2003, S. 498
16 Ebenda, besonders S. 92, 147, 391 und 498
17 Werth in Courtois/Werth 1998, S. 254
18 Werth 1998, S. 255
19 Werth in Courtois/Werth 1998, S. 258
20 Ebenda, S. 261, 263f.
21 Applebaum 2003, S. 495
22 Werth in Courtois/Werth 1998, S. 264
23 Sofsky 1997, S. 24
24 Stettner 1996, S. 106, Anm. 92
25 Buber-Neumann 1993, S. 121
26 Sofsky 1997, S. 24
27 Opferschätzungen: ebenda; vgl. dazu auch Kotek und Rigoulot 2001 sowie Herling 2000 und Merridale 2001
28 Vgl. Messmer 1997

29 Umstände und Hintergründe des Mordes an Solomon Michoëls: Borschtschagowski 1997, sowie Raddatz 1997, S. 35; Lustiger 1998 und Luks 1998
30 Koenen 2000, S. 365
31 Raddatz 1997, S. 35
32 Werth 1998, S. 270
33 Raddatz 1997, S. 35
34 Borschtschagowski 1997, S. 421
35 Bullock 1999, S. 1245
36 Löwe, Bd. 2, 2002, S. 390f.
37 Bullock 1999, S. 1256
38 Werth in Courtois/Werth 1998, S. 268
39 Ebenda
40 Rapoport 1992, S. 206
41 Ebenda, S. 206f.
42 Werth in Courtois/Werth 1998, S. 275
43 Conquest 1993, S. 389f.
44 Talbott 1992, S. 312
45 Conquest 1993, S. 272
46 Hildermeier 1998, S. 728 und Conquest 1993, S. 272f.
47 Koenen 2000, S. 359
48 Ebenda, S. 143
49 Ebenda, S. 144
50 Wolkogonow 2001, S. 155f.
51 Ebenda, S. 162
52 Bonwetsch 2001, S. 116
53 Ebenda, S. 117
54 Wolkow 2000, S. 22
55 Ebenda
56 Vgl. Kwizinskij 1993
57 Vgl. Steininger 1985, besonders S. 66, Zarusky 2002, Keil und Kellerhoff 2002, S. 169ff., Wettig 2002, S. 231ff., Loth 1994 und 2002; Löwe, Bd. 2, 2002, S. 347, sowie die überzeugende Arbeit von Castin-Chaparro 2002
58 Wettig 2002, S. 233
59 Keil/Kellerhoff 2002, S. 177
60 Ebenda
61 Protokoll des Treffens vom 1. und 7. April 1952 in: Archiv des Präsidenten der Russischen Föderation, Fonds 45, Verzeichnis 1, Akte 303, Blatt 179, zit. nach Bailey, Kondraschow und Murphy 1997, S. 193,
62 *Neues Deutschland*, Ostberlin, vom 26. Mai 1952, S. 1
63 Wolkow 2000, S. 22
64 Loth 1994, S. 189
65 Wolkogonow 2001, S. 177

Stalins Tod
1 Wolkognow 2001, S. 176
2 Ebenda, S. 177
3 Bullock 1999, S. 1259
4 Allilujewa 1967, S. 24f.; vgl. auch Wolkogonow 2001, S. 175ff.

5　Dass Ulbricht den Aufstand zum eigenen Machterhalt auslöste, wird erstmals nachgewiesen von Kellmann 1983b, S. 373-387. Die damals fast einhellig abgelehnte These ist heute die fast einmütig akzeptierte Forschungsmeinung, vgl. Ostermann 2001; Kowalczuk, Mitter und Wolle 1995; Kleßmann und Stöver 1999; Scherstjanoi 1998; Semjonow 1995; Hagen 1992
6　*Neues Deutschland*, Ostberlin, vom 12. Juni 1953, S. 1
7　Herrnstadt 1991, S. 74
8　*Tägliche Rundschau*, Ostberlin, vom 13. Juni 1953, S. 1
9　*Der Spiegel*, Nr. 26/2001, S. 52
10　Kellmann 1983b, S. 381
11　Siehe Scherstjanoi 1998, S. 933
12　Wentker 2001, S. 385
13　Ebenda
14　Vgl. Wentker 2001, S. 385. Der Ratschlag Dickels, zu schießen, erfolgt auf einer Besprechung mit den Chefs der Bezirksbehörden der Volkspolizei am 21.10.1989
15　Dutschke 1975, S. 298
16　Lippmann 1971, S. 161
17　Mohr 1978, S. 596
18　*Neues Deutschland* vom 18.6.1953
19　Loth 1994, S. 211
20　Gromyko 1989, S. 316
21　Loth 1994, S. 211
22　Wolkogonow 2001, S. 189ff.
23　Ebenda, S. 190
24　Ebenda
25　Ebenda, S. 208
26　Courtois/Werth 1998, S. 283
27　Koenen 2000, S. 393
28　Hildermeier 1998, S. 763
29　Wolkogonow 2001, S. 210
30　Kellmann 1984, S. 282
31　Ebenda
32　*Corriere della Sera*, vom 15.6.1976; vgl. hierzu Kellmann 1984, besonders S. 316ff.
33　Keil und Kellerhoff 2002, S. 221
34　Hildermeier 1998, S. 1026
35　Ebenda, S. 1029
36　Ebenda, S. 1048
37　General Achromejew, in: *Die Zeit* (Artikel von Christoph Dieckmann)

Stalins Erben

1　Wörtlicher Auszug aus der Unabhängigkeitserklärung der Republik Litauen vom 11. März 1990
2　Hildermeier 1998, S. 1043f.
3　Ebenda, S. 1046
4　Seljunin 1991, S. 91
5　Malia 1998, S. 566
6　Simon 1993, S. 104
7　Ebenda, S. 568
8　*Iswestija* vom 16.11.1993
9　Vgl. Mommsen 2001, S. 51
10　Stölting 2002, S. 51
11　Schewzowa 2001, S. 36

12 Ebenda, S. 40
13 Ebenda, S. 42
14 Mommsen 2001, S. 44
15 Ebenda, S. 51
16 Ebenda, S. 52
17 Hildermeier 1998, S. 1091
18 Holm 2001
19 Koenen 2002, S. 60f.
20 Schewzowa 2004, S. 1
21 Vgl. hierzu Scherrer 2003
22 Eichwede 2001, S. 302
23 Ebenda, S. 299
24 Haug 2001, S. 113
25 Ebenda
26 Vgl. *Der Spiegel*, Nr. 17/2002, S. 164
27 Ebenda, S. 165
28 Scherrer 2001, S. 31
29 Ebenda
30 Ebenda
31 Vgl. ebenda, S. 31
32 Ebenda, S. 33
33 Vgl. Scherrer 2000
34 Ebenda, S. 50
35 Vgl. Viktor Jerofejew in: *Der Spiegel*, Nr. 12/2004, S. 164
36 *Die Zeit* vom 25. November 2004, S. 2
37 Vgl. Viktor Jerofejew in: *Der Spiegel* 12/2004, S. 164
38 Vgl. Rybak 1998, S. 200

Literatur

Allilujewa 1967 • Swetlana Allilujewa, *Zwanzig Briefe an einen Freund*, Wien 1967

Alperovitz 1995a • Gar Alperovitz, *Hiroshima – Die Entscheidung für den Abwurf der Bombe*, Hamburg 1995

Alperovitz 1995b • Gar Alperovitz, „Trumpfkarte im Spiel gegen Stalin", in: *Die Zeit* vom 14.7.1995, S. 28

Altrichter 1997 • Helmut Altrichter, *Russland 1917 – Ein Land auf der Suche nach sich selbst*, Paderborn 1997

Andrew/Mitrochin 2001 • Christopher Andrew, Wassili Mitrochin, *Das Schwarzbuch des KGB – Moskaus Kampf gegen den Westen*; aus dem Englischen von Klaus-Dieter Schmidt und Kurt Baudisch, München 2001

Antonow-Owssejenko 1984 • Anton Antonow-Owssejenko, *Stalin – Porträt einer Tyrannei*, München und Zürich 1984

Applebaum 2003 • Anne Applebaum, *Der Gulag*; aus dem Englischen von Frank Wolf, Berlin 2003

Arendt 1988 • Hannah Arendt, *Elemente und Ursprünge totalitärer Herrschaft*, 6. Aufl., München u. a. 1998; Original: The Origins of Totalitarianism, New York 1951

Arlt 1999 • Kurt Arlt, „Die Wehrmacht im Kalkül Stalins", in: Rolf-Dieter Müller, Hans-Erich Volkmann (Hrsg.), *Die Wehrmacht – Mythos und Realität*, München 1999, S. 105–122

Augstein 1995 • Rudolf Augstein, „Oh! That Inhumanity", in: *Der Spiegel*, Nr. 4/1995, S. 44

Augstein 2001 • Rudolf Augstein, „Hitler ist doch kein Straßenräuber", in: *Der Spiegel*, Nr. 11/2001, S. 40

Baberowski 1995 • Jörg Baberowski, „Wandel und Terror: die Sowjetunion unter Stalin 1928–1941", in: *Jahrbücher für Geschichte Osteuropas*, Neue Folge, Bd. 43 (1995), S. 97–129

Baberowski 2001 • Jörg Baberowski, „Die Entdeckung des Unbekannten – Russland und das Ende Osteuropas", in: ders. et al. (Hrsg.), *Geschichte ist immer Gegenwart – Vier Thesen zur Zeitgeschichte*, Stuttgart und München 2001, S. 9–42

Baberowski 2003a • Jörg Baberowski, *Der Feind ist überall – Stalinismus im Kaukasus*, München und Stuttgart 2003

Baberowski 2003b • Jörg Baberowski, *Der rote Terror – Die Geschichte des Stalinismus*, München und Stuttgart 2003

Bailey/Kondraschow/Murphy 1997 • George Bailey, Sergej A. Kondraschow, David E. Murphy, *Die unsichtbare Front – Der Krieg der Geheimdienste im geteilten Berlin*, Berlin 1997

Baring 1965 • Arnulf Baring, *Der 17. Juni 1953*, 2. Aufl., Köln und Berlin 1965

Bartusevicius/Tauber/Wette 2004 • Vincas Bartusevicius, Joachim Tauber, Wolfram Wette (Hrsg.), *Holocaust in Litauen – Krieg, Judenmorde und Kollaboration im Jahre 1941*, Köln, Weimar und Wien 2004

Baschanow 1977 • Boris Baschanow, *Ich war Stalins Sekretär*, Frankfurt am Main und Berlin 1977

Baur 1997 • Johannes Baur, „,Großer Terror' und ,Säuberungen' im Stalinismus – Eine Forschungsübersicht", in: *Zeitschrift für Geschichtswissenschaft*, Jahrg. 45/1997, S. 331–348

Beevor 1999 • Anthony Beevor, *Stalingrad*, München 1999

Besymenski/Ueberschär 1998 • Lew A. Besymenski, Gerd R. Ueberschär (Hrsg.), *Der deutsche Angriff auf die Sowjetunion 1941 – Die Kontroverse um die Präventivkriegsthese*, Darmstadt 1998

Besymenski 2000 • Lew A. Besymenski, „Wjatscheslaw Molotows Berlin-Besuch vom November 1940 im Lichte neuer Dokumente", in: Pietrow-Ennker 2000, S. 113–130

Besymenski 2002 • Lew A. Besymenski, *Stalin und Hitler – Das Pokerspiel der Diktatoren*; aus dem Russischen von Hilde und Helmut Ettinger, Berlin 2002

Beyme 2001 • Klaus von Beyme, *Russland zwischen Anarchie und Autokratie*, Wiesbaden 2001

Beyrau 1991 • Dietrich Beyrau, „Entstalinisierung", in: Maier/Peter 1991, S. 121–140

Beyrau 2000a • Dietrich Beyrau, *Schlachtfeld der Diktatoren – Osteuropa im Schatten von Hitler und Stalin*, Göttingen 2000

Beyrau 2000b • Dietrich Beyrau (Hrsg.), *Im Dschungel der Macht – Intellektuelle Professionen unter Stalin und Hitler*, Göttingen 2000

Bömelburg 2001 • Hans-Jürgen Bömelburg et al. (Hrsg.), *Vertreibung aus dem Osten – Deutsche und Polen erinnern sich*, Olsztyn/Allenstein und Osnabrück 2001

Bonwetsch 1991 • Bernd Bonwetsch, „Der ,Große Vaterländische Krieg' und seine Geschichte", in: Geyer 1991, S. 167–187

Bonwetsch 1998 • Bernd Bonwetsch, „Stalins Äußerungen zur Politik gegenüber Deutschland 1939–41", in: Besymenski/Ueberschär 1998, S. 145–154

Bonwetsch 2000 • Bernd Bonwetsch, „Die Forschungskontroverse über die Kriegsvorbereitungen der Roten Armee", in: Pietrow-Ennker 2000, S. 170–189

Bonwetsch 2001 • Bernd Bonwetsch, „Satrapen auf eigenes Risiko – Das sowjetische Außenministerium und die ‚deutsche Frage'" 1945–46, in: *Deutschland Archiv*, Nr. 1/2001, S. 111–117

Borodziej 2001 • Wlozimierz Borodziej, *Der Warschauer Aufstand 1944*, Frankfurt am Main 2001

Borschtschagowski 1997 • Alexander Borschtschagowski, *Orden für einen Mord – Die Judenverfolgung unter Stalin*; aus dem Russischen von Alfred Frank, Berlin 1997

Brandes 2001 • Detlef Brandes, *Der Weg zur Vertreibung 1938–1945 – Pläne und Entscheidungen zum „Transfer" der Deutschen aus der Tschechoslowakei und aus Polen*, München 2001

Brandt 1971 • Heinz Brandt, „Zum Stellenwert des 17. Juni im Geschichtskalender", in: *Die Neue Gesellschaft*, Nr. 7/1971

Broder/Malzahn 2001 • Henryk N. Broder, Claus Christian Malzahn, „Der schönste Tag", in: *Der Spiegel*, Nr. 29/2001, S. 118f.

Buber-Neumann 1957 • Margaretha Buber-Neumann, *Von Potsdam nach Moskau – Stationen eines Irrwegs*, Stuttgart 1957

Buber-Neumann 1993 • Margaretha Buber-Neumann, *Als Gefangene bei Hitler und Stalin*, Frankfurt am Main und Berlin 1993

Bullock 1999 • Allan Bullock, *Hitler und Stalin – Parallele Leben*; aus dem Englischen, überarbeitete Neuausgabe, Berlin 1999

Bussiek 1981 • Hendrik Bussiek, *Notizen aus der DDR – Erlebnisse, Erfahrungen, Erkenntnisse in der unbekannten Republik*, Frankfurt am Main 1981

Bust-Bartels 1980 • Axel Bust-Bartels, *Herrschaft und Widerstand in den DDR-Betrieben*, Frankfurt am Main 1980

Carrère d'Encausse 2000 • Hélène Carrère d'Encausse, *Nikolaus II. – Das Drama des letzten Zaren*; aus dem Französischen von Jochen Grube, München 2000

Castin-Chaparro 2002 • Laure Castin-Chaparro, *Puissance de l'URSS, misère de l'Allemagne – Stalin et la question allemande 1941–1955*, Paris 2002

Chaumont 2001 • Jean-Michel Chaumont, *Die Konkurrenz der Opfer – Genozid, Identität und Anerkennung*, Lüneburg 2001

Chlewnjuk 1998 • Oleg W. Chlewnjuk, *Das Politbüro – Mechanismen der politischen Macht in der Sowjetunion der dreißiger Jahre*; aus dem Russischen von Ruth und Heinz Deutschland, Hamburg 1998

Conquest 1993 • Robert Conquest, *Stalin – Breaker of Nations*, London 1991, deutsch: *Stalin – Der totale Wille zur Macht*, Frankfurt am Main und Berlin 1993

Costello 1992 • John Costello, *Ten Days to Destiny – The Secret Story of the Hess Peace Initiative and British Efforts to Strike a Deal with Hitler*, New York 1992

Coulondré 1952 • Rene Coulondré, *Von Moskau nach Berlin 1936–39*, Bonn 1952

Courtois/Werth 1998 • Stéphane Courtois, Nicolas Werth et al. (Hrsg.), *Das Schwarzbuch des Kommunismus – Unterdrückung, Verbrechen und Terror*. Mit dem Kapitel „Die Aufarbeitung des Sozialismus in der DDR", von Joachim Gauck und Erhard Neubert; aus dem Französischen von Irmela Arnsperger et al., München 1998

Dahlmann/Hirschfeld 1999 • Dittmar Dahlmann, Gerhard Hirschfeld (Hrsg.), *Lager, Zwangsarbeit, Vertreibung und Deportation – Dimensionen der Massenverbrechen in der Sowjetunion und in Deutschland 1933 bis 1945*, Essen 1999

Davies 2004 • Norman Davies, *Aufstand der Verlorenen – Der Kampf um Warschau 1944*; aus dem Englischen von Thomas Bertram, München 2004

Dehl 1997 • Holger Dehl, „Deutsche Politemigranten in der UdSSR – Von Illusionen zur Tragödie", in: *Utopie kreativ*, Nr. 75/1997, S. 61ff.

Denisow 1994 • Wassili Denisow et al. (Hrsg.), *J. W. Stalin: Dein Sosso – Briefe, Dokumente und Fotos aus dem Kreis der Familie*, Berlin 1994

Deutscher 1990 • Isaac Deutscher, *Stalin – Eine politische Biographie*; aus dem Englischen von Arthur W. Just und Gustav Strohm, Berlin 1990; Original: *Stalin – A Political Biography*, Oxford 1966

„Die Welt erobern", in: *Der Spiegel*, Nr. 44/1995, S. 45ff.

Djilas 1962 • Milovan Djilas, *Gespräche mit Stalin*, Frankfurt am Main 1962

Dutschke 1975 • Rudi Dutschke, „Der Kommunismus, die despotische Verfremdung desselben in der UdSSR und der Weg zum Arbeiteraufstand vom 17. Juni", in: Rudi Dutschke et al. (Hrsg.), *Die Sowjetunion, Solschenizyn und die westliche Linke*, Reinbek bei Hamburg 1975

Eastman 1925 • Max Eastman, *Since Lenin died*, o. O. 1925

Ebert 2003 • Jens Ebert (Hrsg.), *Feldpostbriefe aus Stalingrad*, Göttingen 2003

Edmonds 1992 • Robin Edmonds, *Die Großen Drei – Churchill, Roosevelt und Stalin in Frieden und Krieg*; aus dem Englischen von Helmut Ettinger, Berlin 1992

Eichwede 2001 • Wolfgang Eichwede, „Von außen gesehen: Russische Entwicklungen, westliche Perzeptionen", in: Höhmann/Schröder 2001, S. 292–302

Eisenfeld/Kowalczuk/Neubert 2003 • Bernd Eisenfeld, Ilko-Sascha Kowalczuk, Ehrhart Neubert, *Die verdrängte Revolution – Der Platz des 17. Juni 1953 in der deutschen Geschichte*, Bremen 2003

Ennker 1996 • Benno Ennker, „Führerdiktatur – Sozialdynamik und Ideologie. Stalinistische Herrschaft in vergleichender Perspektive", in: Vetter 1996, S. 85–117

Erler 1994 • Peter Erler et al. (Hrsg.), *Nach Hitler kommen wir – Dokumente zur Programmatik der Moskauer KPD-Führung 1944/45 für Nachkriegsdeutschland*, Berlin 1994

Etkind 1996 • Alexander Etkind, *Eros des Unmöglichen – Die Geschichte der Psychoanalyse in Russland*; aus dem Russischen von Andreas Tretner, Köln 1996

Faber 1997 • Richard Faber (Hrsg.), *Politische Religion – religiöse Politik*, Würzburg 1997

Falin 1995 • Walentin Falin, *Zweite Front – Die Interessenkonflikte in der Anti-Hitler-Koalition*, München 1995

Faulenbach/Stadelmaier 1993 • Bernd Faulenbach, Manfred Stadelmaier (Hrsg.), *Diktatur und Emanzipation – Zur russischen und deutschen Entwicklung 1917–1991*, Essen 1993

Faulenbach 1998 • Bernd Faulenbach, „Die Verfolgungssysteme des Nationalsozialismus und des Stalinismus", in: Arnd Bauerkämper, Martin Sabrow, Bernd Stöver (Hrsg.), *Doppelte Zeitgeschichte. Deutsch-deutsche Beziehungen 1945–1990*, Bonn 1998, S. 268–281

Figes 1998 • Figes, Orlando, *Die Tragödie eines Volkes – Die Epoche der russischen Revolution 1891–1924*; aus dem Englischen von Barbara Conrad, Berlin 1998

Fischer 1991 • Alexander Fischer, „Kollektive Sicherheit und imperialistischer Krieg: Sowjetische Außenpolitik im Vorfeld des Hitler-Stalin-Paktes", in: Maier/Peter 1991, S. 85–102

Fitzpatrick 1999 • Sheila Fitzpatrick, *Everyday Stalinism – Ordinary Life in Extraordinary Times: Soviet Russia in the 1930s*, Oxford und New York 1999

Fitzpatrick 2000 • Sheila Fitzpatrick (Hrsg.), *Stalinism – New Directions*, London und New York 2000

Förster 1992 • Jürgen Förster (Hrsg.), *Stalingrad – Ereignis, Wirkung, Symbol*, München 1992

Follath 1999 • Erich Follath, „Stalin, Suff und Sex", in: *Der Spiegel*, Nr. 6/1999, S. 60–68

Frank 2001 · Mario Frank, *Walter Ulbricht – Eine deutsche Biografie*, Berlin 2001
Fröhlich 1987 · Elke Fröhlich (Hrsg.), *Die Tagebücher von Joseph Goebbels*, München, New York et al. 1987
Furet 1988 · François Furet, *Das Ende der Illusion – Der Kommunismus im 20. Jahrhundert*; aus dem Französischen von Karola Bartsch et al., München und Zürich 1998
Geyer 1972 · Dietrich Geyer (Hrsg.), *Osteuropa – Handbuch Sowjetunion*, Bd.: Außenpolitik I (1917–55), Köln 1972
Geyer 1991 · Dietrich Geyer (Hrsg.), *Die Umwertung der sowjetischen Geschichte*, Göttingen 1991
Görtemaker 2001 · Manfred Görtemaker, „Der Flug des Paladins", in: *Der Spiegel*, Nr. 23/2001, S. 62–72
Golczewski 1993 · Frank Golczewski (Hrsg.), *Geschichte der Ukraine*, Göttingen 1993
Golczewski/Pickhan 1998 · Frank Golczewski, Gertrud Pickhan, *Russischer Nationalismus – Die russische Idee im 19. und 20. Jahrhundert*, Göttingen 1998
Goldhagen 1996 · Daniel Jonah Goldhagen, *Hitlers willige Vollstrecker – Ganz gewöhnliche Deutsche und der Holocaust*; aus dem Amerikanischen von Klaus Kochmann, Berlin 1996
Gorkow 2000 · Juri Gorkow, „22. Juni 1941: Verteidigung oder Angriff? Recherchen in russischen Zentralarchiven", in: Pietrow-Ennker 2000, S. 190–207
Gorodetsky 2001 · Gabriel Gorodetsky, *Die große Täuschung – Hitler, Stalin und das Unternehmen „Barbarossa"*; aus dem Englischen von Helmut Ettinger, Berlin 2001
Gosztony 1995 · Peter Gosztony, „Wie wichtig war die Westhilfe für Moskau im Zweiten Weltkrieg? – Eine differenzierte Einschätzung auf Grund russischer Quellen", in: *Neue Zürcher Zeitung* vom 17.10.1995, S. 39f.
Graml 1985 · Hermann Graml, *Die Alliierten und die Teilung Deutschlands – Konflikte und Entscheidungen 1941–48*, Frankfurt am Main 1985
Graziosi 1989 · Andrea Graziosi, „Lettres de Kharkov – La famine en Ukraine et dans le Caucase du Nord à travers les rapports des diplomats italien 1932–1934", in: *Cahiers du Monde russe et soviétique*, Bd. III/1-2 (Januar–Juni 1989), S. 5–106
Gromyko 1989 · Andrej Gromyko, *Memories*, London 1989
Gross 2001 · Jan Tomasz Gross, Sàsiedzi, Wyd. Fundacja Pogranicze, Sejny 2000; deutsch: *Nachbarn – Der Mord an den Juden von Jedwabne*, übersetzt von Friedrich Griese, München 2001

Haffner 1978 • Sebastian Haffner, *Anmerkungen zu Hitler*, München 1978; zahlreiche Neuauflagen

Haffner 1988 • Sebastian Haffner, *Der Teufelspakt – Die deutsch-russischen Beziehungen vom Ersten zum Zweiten Weltkrieg*, Zürich 1988; zahlreiche Neuauflagen

Hagen 1992 • Manfred Hagen, *DDR – Juni '53. Die erste Volkserhebung im Stalinismus*, Stuttgart 1992

Harbeck 1963 • Karl-Heinz Harbeck, *Die „Zeitschrift für Geopolitik 1922–44"*, Kiel 1963

Harpprecht 1998 • Klaus Harpprecht, „Stummes Russland", in: *Die Zeit* vom 10.9.1998, S. 10

Hassel 2002 • Florian Hassel, *Der Krieg im Schatten – Russland und Tschetschenien*, Frankfurt am Main 2003

Haug 2001 • Roland Haug, „Putins Welt – Versuch eines Porträts", in: Landeszentrale für politische Bildung Baden Württemberg (Hrsg.), *Russland unter Putin*, „Der Bürger im Staat", Nr. 2 und 3/2001, S. 112–115

Haug 2003 • Roland Haug, *Putins Welt – Russland auf dem Weg nach Westen*, Baden-Baden 2003

Haumann 1996 • Heiko Haumann, *Geschichte Russlands*, München 1996

Hedeler 2003 • Wladislaw Hedeler (Hrsg.), *Stalinscher Terror – Eine Bilanz*, Duisburg 2003

Heer 2001a • Hannes Heer, „Blutige Ouvertüre – Lemberg, 30. Juni 1941: Mit dem Einmarsch der Wehrmachttruppen beginnt der Judenmord", in: *Die Zeit* vom 21.6.2001, S. 90

Heer 2001b • Hannes Heer, „Lemberg 1941 – Die Instrumentalisierung der NKWD-Verbrechen für den Judenmord", in: Wette/Ueberschär 2001, S. 165–177

Heinsohn 1998 • Gunnar Heinsohn (Hrsg.), *Lexikon der Völkermorde*, Reinbek bei Hamburg 1998

Hellbeck 1996 • Jochen Hellbeck, „Fashioning the Stalinist Soul: The Diary of Stepan Podlubnyi (1931–1939)", in: *Jahrbücher für Geschichte Osteuropas*, Neue Folge, Bd. 44/1996, S. 358–373

Heller 1975 • Michel Heller, *Stacheldraht der Revolution – Die Welt der Konzentrationslager in der sowjetischen Literatur*, Stuttgart 1975

Henke 1995 • Klaus-Dietmar Henke, „Der Weg nach Potsdam – Die Alliierten und die Vertreibung", in: Wolfgang Benz (Hrsg.), *Die Vertreibung der Deutschen aus dem Osten – Ursachen, Ereignisse, Folgen*, Frankfurt am Main 1995

Herling 2000 · Gustaw Herling, *Welt ohne Erbarmen*; aus dem Englischen von Hansjürgen Wille, nach der polnischen Originalausgabe vollständig revidiert von Nina Kozlowski, München 2000

Herrnstadt 1991 · Rudolf Herrnstadt, *Das Herrnstadt-Dokument. Das Politbüro der SED und die Geschichte des 17. Juni 1953*, Reinbek bei Hamburg 1991

Heydemann/Jesse 1998 · Günther Heydemann, Eckhard Jesse (Hrsg.), *Diktaturvergleich als Herausforderung – Theorie und Praxis*, Berlin 1998

Hildebrand 1980 · Klaus Hildebrand, „Das deutsche Reich und die Sowjetunion im internationalen System 1918–32. Legitimität oder Revolution?", in: Stürmer 1980, S. 38–62

Hildermeier 1998 · Manfred Hildermaier, *Geschichte der Sowjetunion – Entstehung und Niedergang des ersten sozialistischen Staates*, München 1998

Hildermeier 2004 · Manfred Hildermeier, *Russische Revolution*, Frankfurt am Main 2004

Hill 1974 · Leonidas Hill (Hrsg.), *Die Weizsäcker-Papiere 1933–50*, Frankfurt am Main 1974

Hirsch 2004 · Helga Hirsch, *Schweres Gepäck – Flucht und Vertreibung als Lebensthema*, Hamburg 2004

Höhmann/Schröder 2001 · Hans-Hermann Höhmann, Hans-Henning Schröder (Hrsg.), *Russland unter neuer Führung – Politik, Wirtschaft und Gesellschaft am Beginn des 21. Jahrhunderts*, Münster 2001

Hofer 1984 · Walther Hofer, *Die Entfesselung des Zweiten Weltkriegs – Darstellung und Dokumente*, Düsseldorf 1984

Hoffmann 1995 · Joachim Hoffmann, *Stalins Vernichtungskrieg 1941–45*, München 1995

Holloway 1994 · David Holloway, *Stalin and the Bomb – The Soviet Union and the Atomic Energy 1939–56*, New Haven und London 1994

Holm 2001 · Kerstin Holm, „Freundschaftskapital gibt es reichlich – In Rußland triumphiert die Korruption", in: *Frankfurter Allgemeine Zeitung* vom 25.8.2001, S. 18

Holm 2003 · Kerstin Holm, *Das korrupte Imperium – Ein russisches Panorama*, München 2003

Hubatsch 1983 · Walter Hubatsch (Hrsg.), *Hitlers Weisungen für die Kriegführung 1939–45. Dokumente des Oberkommandos der Wehrmacht*, Koblenz 1983

Hürter 2001 • Johannes Hürter, „Die Wehrmacht vor Leningrad – Krieg und Besatzungspolitik der 18. Armee im Herbst und Winter 1941/42", in: *Vierteljahreshefte für Zeitgeschichte*, Nr. 3/2001, S. 377–440

Iwanowa 2001 • Galina Iwanowa, *Der Gulag im totalitären System der Sowjetunion*, Berlin 2001

Jahn 1982 • Gerhard Jahn (Hrsg.), *Herbert Wehner, Zeugnis*, Köln 1982

Jakowlew 2003 • Alexander Jakowlew, *Die Abgründe meines Jahrhunderts*; aus dem Russischen von Friedrich Hitzer, Leipzig 2003

Jerofejew 2004 • Viktor Jerofejew, *Der gute Stalin*; aus dem Russischen von Beate Rausch, Berlin 2004

Jesse 1999 • Eckhard Jesse (Hrsg.), *Totalitarismus im 20. Jahrhundert – Eine Bilanz der internationalen Forschung*, Bonn 1999

Kadell 1991 • Gerhard Kadell, *Die Katyn-Lüge. Geschichte einer Manipulation – Fakten, Dokumente und Zeugen*, München 1991

Kaiser 2002 • Gerd Kaiser, *Katyn – Das Staatsverbrechen – das Staatsgeheimnis*, Berlin 2002

Kalbitzer 2001 • Hellmut Kalbitzer, „Wer war Wehner? – Zwiespältige Erinnerungen eines Weggefährten", in: *Die Neue Gesellschaft*, Nr. 3/2001, S. 180–188

Keil/Kellerhoff 2002 • Lars-Broder Keil, Sven F. Kellerhoff, *Deutsche Legenden – Vom „Dolchstoß" und anderen Mythen der Geschichte*, Berlin 2002

Kellmann 1983a • Klaus Kellmann, „Die UdSSR und Hitlers Aufstieg zur Macht", in: *Geschichte in Wissenschaft und Unterricht*, Nr. 1/1983, S. 50–65

Kellmann 1983b • Klaus Kellmann, „Der 17. Juni 1953 – Das Ereignis und die Probleme seiner zeitgeschichtlichen Einordnung und Wertung", in: *Geschichte in Wissenschaft und Unterricht*, Nr. 6/1983, S. 373–387

Kellmann 1984 • Klaus Kellmann, *Pluralistischer Kommunismus? – Wandlungstendenzen eurokommunistischer Parteien in Westeuropa und ihre Reaktion auf die Erneuerung in Polen*, Stuttgart 1984

Kellmann 1988 • Klaus Kellmann, *Die kommunistischen Parteien in Westeuropa – Entwicklung zur Sozialdemokratie oder Sekte?*, Stuttgart 1988

Kershaw 1999 • Ian Kershaw, „Nationalsozialistische und stalinistische Herrschaft – Möglichkeiten und Grenzen des Vergleichs", in: Jesse 1999, S. 213–222

King 1997 • David King, *Stalins Retuschen – Foto- und Kunstmanipulationen in der Sowjetunion*; aus dem Englischen von Cornelia Langendorf, Hamburg 1997

Kirilina 1995 · Alla Kirilina, *L'Assassinat de Kirov – Destin d'un stalinien, 1888–1934*, Paris 1995

Kizny 2004 · Tomasz Kizny, *Gulag*, aus dem Französischen von Michael Tillmann, Hamburg 2004

Klemperer 1995 · Victor Klemperer, *Tagebücher 1933–1945*, hrsg. von Walter Nowojski et al., 3. Aufl., Berlin 1995

Kleßmann/Stöver 1999 · Christoph Kleßmann, Bernd Stöver (Hrsg.), *1953 – Krisenjahr des Kalten Krieges in Europa*, Köln et al. 1999

Knabe 2003 · Hubertus Knabe, *17. Juni 1953 – Ein deutscher Aufstand*, Berlin 2003

Koenen 1991 · Gerd Koenen, *Die großen Gesänge – Lenin, Stalin, Mao Tse-tung. Führerkulte und Heldenmythen des 20. Jahrhunderts*, Frankfurt am Main 1991

Koenen 1998/2000 · Gerd Koenen, *Utopie der Säuberung – Was war der Kommunismus?*, Frankfurt am Main 2000; Original: Berlin 1998

Koenen 2002 · Gerd Koenen, „Jenseits von Moskau – Erkundungen in der russischen Provinz", in: *Kommune*, Nr. 1/2002, S. 55-61

Kopelew 1979 · Lew Kopelew, *Aufbewahren für alle Zeit!*, München 1979

Kotek/Rigoulot 2001 · Joel Kotek, Pierre Rigoulot, *Das Jahrhundert der Lager – Gefangenschaft, Zwangsarbeit, Vernichtung*; aus dem Französischen von Enrico Heinemann et al., Berlin und München 2001

Kowalczuk/Mitter/Wolle 1995 · Ilko-Sascha Kowalczuk, Armin Mitter, Stefan Wolle (Hrsg.), *Der Tag X – 17. Juni 1953. Die „Innere Staatsgründung" der DDR als Ergebnis der Krise 1952–54*, Berlin 1995

Kuhn 1987 · Ekkehard Kuhn, *Nicht Rache, nicht Vergeltung – Die deutschen Vertriebenen*, München und Wien 1987

Kuhrt 2002 · Eberhard Kuhrt (Redaktion), *Mitteilungen der Gemeinsamen Kommission für die Erforschung der jüngeren Geschichte der deutsch-russischen Beziehungen*, Bd. 1, Berlin 2002

Kumpfmüller 1995 · Michael Kumpfmüller, *Die Schlacht von Stalingrad – Metamorphosen eines deutschen Mythos*, München 1995

Kuromiya 1998 · Hiroaki Kuromiya, *Freedom and Terror in the Donbass – An Ukrainian-Russian Borderland 1870–1990s*, Cambridge 1998

Kusnjezow 2002 · Anatolij Kusnjezow, *Babi Jar – Die Schlucht des Grauens*, München 2002

Kwizinskij 1993 · Julij A. Kwizinskij, *Vor dem Sturm – Erinnerungen eines Diplomaten*; aus dem Russischen von Hilde und Helmut Ettinger, Berlin 1993

Lapp 2000 • Peter Joachim Lapp, *Ulbrichts Helfer – Wehrmachtsoffiziere im Dienst der DDR*, Bonn 2000

Lee 2000 • Stephen J. Lee, *The European Dictatorship*, London und New York 2000

Lehndorff 1961 • Hans Graf von Lehndorff, *Ostpreußisches Tagebuch*, München 1961

Leidinger 2001 • Friedrich Leidinger, „Jedwabne und wir", in: *Polen und wir*, Nr. 2/2001, S. 13ff.

Lenin 1924 • Wladimir Iljitsch Lenin, *Briefe an Maxim Gorki 1908–1913*, Wien 1924

Lent 2004 • Silke Lent, „Die Stunde ‚W'", in: *Die Zeit* vom 29. Juli 2004, S. 76

Leonhard 1955 • Susanne Leonhard, *Gestohlenes Leben – Schicksal einer politischen Emigrantin in der Sowjetunion*, Frankfurt am Main 1955

Leszczynska 2001 • Anna Leszczynska, „Der Schock von Jedwabne – Eine polnische Selbstaufklärungsdebatte", in: *Kommune*, Nr. 7/2001, S. 6–12

Leugers-Scherzberg 2002 • Leugers-Scherzberg, August H., *Die Wandlungen des Herbert Wehner – Von der Volksfront zur Großen Koalition*, Berlin und München 2002

Lih/Naumow/Chlewnjuk 1996 • Lars T. Lih, Oleg Naumow, Oleg Chlewnjuk (Hrsg.), *Stalin – Briefe an Molotow 1925–36*, Berlin 1996

Lippmann 1971 • Heinz Lippmann, *Honecker – Porträt eines Nachfolgers*, Köln 1971

Löhmann 1990 • Reinhard Löhmann, *Der Stalinmythos – Studien zur Sozialgeschichte des Personenkultes in der Sowjetunion 1929–35*, Münster 1990

Löwe 2002 • Heinz-Dietrich Löwe, *Stalin – Der entfesselte Revolutionär*, Bde. 1 und 2, Göttingen 2002

Loiperdinger 1995 • Martin Loiperdinger et al. (Hrsg.), *Führerbilder – Hitler, Mussolini, Roosevelt, Stalin in Fotografie und Film*, München 1995

Loth 1994 • Wilfried Loth, *Stalins ungeliebtes Kind – Warum Moskau die DDR nicht wollte*, Berlin 1994

Loth 2002 • Wilfried Loth, „Ein heikles Angebot", in: *Die Zeit* vom 7.3.2002, S. 92

Lourie 1999 • Richard Lourie, *Stalin – Die geheimen Aufzeichnungen des Jossif Wissarionowitsch Dschugaschwili*; aus dem Amerikanischen von Hans J. Becker, München 1999

Luks 1998 • Leonid Luks (Hrsg.), *Der Spätstalinismus und die „jüdische Frage" – Zur antisemitischen Wendung des Kommunismus*, Köln 1998

Luks 2000 • Leonid Luks, *Geschichte Russlands und der Sowjetunion – Von Lenin bis Jelzin*, Regensburg 2000

Lustiger 1998 • Arno Lustiger, *Rotbuch: Stalin und die Juden – Die tragische Geschichte des Jüdischen Antifaschistischen Komitees und der sowjetischen Juden*, Berlin 1998

Madajczyk 1991 • Czeslaw Madajczyk, *Das Drama von Katyn*, hrsg. von Daniela Fuchs, Berlin 1991

Maier 1990 • Robert Maier, *Die Stachanov-Bewegung 1935–38*, Stuttgart 1990

Maier/Peter 1991 • Robert Maier, Antonio Peter (Hrsg.), *Die Sowjetunion im Zeichen des Stalinismus*, Köln 1991

Maier 1996 • Robert Maier, „Von Pilotinnen, Melkerinnen und Heldenmüttern – Frau und Familie unter Stalin. Vergleichsebenen zum Nationalsozialismus", in: Vetter 1996, S. 64–84

Malia 1998 • Martin Malia, *Vollstreckter Wahn – Russland 1917–91*; aus dem Amerikanischen von Susanne Lüdemann und Ute Spengler, Berlin 1998

Malycha 2000 • Andreas Malycha, *Die SED – Geschichte ihrer Stalinisierung 1946–53*, Paderborn 2000

Malzahn 2001 • Claus Christian Malzahn, „Das Schweigen der Bauern", in: *Der Spiegel*, Nr. 10/2001, S. 186 ff.

Mangott 2002 • Gerhard Mangott, *Zur Demokratisierung Russlands*, Bde. 1 und 2, Baden-Baden 2002

Maser 1994 • Werner Maser, *Der Wortbruch – Hitler, Stalin und der Zweite Weltkrieg*, München 1994

Mayenburg 1978 • Ruth von Mayenburg, *Hotel Lux*, München 1978

Mechtenberg 2001 • Theo Mechtenberg, „Jedwabne – Prüfstein für den Umgang mit der Vergangenheit", in: *Deutsche Studien*, Nr. 145-146/2001, S. 38–55

Medwedjew 1989 • Roy Medwedjew, *Let History Judge*, Oxford 1989

Merseburger 2002 • Peter Merseburger, *Willy Brandt 1913–1992. Visionär und Realist*, Stuttgart und München 2002

Merridale 2001 • Catherine Merridale, *Steinerne Nächte – Leiden und Sterben in Russland*; aus dem Englischen von Enrico Heinemann et al., München 2001

Messmer 1997 • Matthias Messmer, *Sowjetischer und postkommunistischer Antisemitismus – Entwicklungen in Russland, der Ukraine und Litauen*, hrsg. von Erhard Roy Wiehn, Konstanz 1997

Meyer 1993 • Fritjof Meyer, „,Einsamer Wolf unter Wölfen' – Die Intrigen des Kommunisten Herbert Wehner im Moskauer Exil", Teil II, in: *Der Spiegel*, Nr. 13/1993, S. 188–208

Militärgeschichtliches Forschungsamt 1983 • Militärgeschichtliches Forschungsamt (Hrsg.), *Das Deutsche Reich und der Zweite Weltkrieg*, Bd. 4: Der Angriff auf die Sowjetunion, Stuttgart 1983

Möller 1998 • Horst Möller, „Sind nationalsozialistische und kommunistische Diktaturen vergleichbar?", in: *Materialien der Enquête-Kommission „Aufarbeitung von Geschichte und Folgen der SED-Diktatur in Deutschland"*, Bd. IX, Baden-Baden 1998, S. 576–588

Mohr 1978 • Heinrich Mohr, „Der 17. Juni als Thema der Literatur in der DDR", in: *Deutschland Archiv*, Nr. 6/1978, S. 591–616

Mommsen 1999 • Hans Mommsen, „Nationalsozialismus und Stalinismus – Diktaturen im Vergleich", in: Jesse (Hrsg.) 1999, S. 471–481

Mommsen 2001 • Margareta Mommsen, „Russlands politisches System des ‚Superpräsidentialismus'", in: Höhmann/Schröder 2001, S. 44–54

Mommsen 2004 • Margareta Mommsen, *Wer herrscht in Russland? – Der Kreml und die Schatten der Macht*, 2. Aufl., München 2004

Müller 1993 • Reinhard Müller, *Die Akte Wehner – Moskau 1937–41*, Berlin 1993

Müller 1998 • Reinhard Müller unter Mitwirkung von Natalja Mussijenko, „‚Wir kommen alle dran'. Säuberungen unter den deutschen Politemigranten in der Sowjetunion (1934–1938), in: Weber/Möhlert 1998, S. 121–166

Müller 2001 • Reinhard Müller, *Menschenfalle Moskau – Exil und stalinistische Verfolgung*, Hamburg 2001

Müller 2004 • Reinhard Müller, *Herbert Wehner – Moskau 1937*, Hamburg 2004

Musial 2000 • Bogdan Musial, *„Konterrevolutionäre Elemente sind zu erschießen" – Die Brutalisierung des deutsch-sowjetischen Krieges im Sommer 1941*, Berlin und München 2000

Nabokow 1992 • Wladimir D. Nabokow, *Petrograd 1917 – Der kurze Sommer der Revolution*, Berlin 1992

Naimark 1997 • Norman N. Naimark, *Die Russen in Deutschland – Die sowjetische Besatzungszone 1945 bis 1949*, Berlin 1997

Naimark 2004 • Norman N. Naimark, *Flammender Hass – Ethnische Säuberung im 20. Jahrhundert*; aus dem Englischen von Martin Richter, München 2004

Nawratil 1984 • Heinz Nawratil, *Vertreibungsverbrechen an Deutschen – Tatbestand, Motive, Bewältigung*, 3. Aufl., München 1984

Neugebauer 1994 • Wolfgang Neugebauer (Hrsg.), *Von der Utopie zum Terror – Stalinismus-Analysen*, Wien 1994

Niclauß 1966 • Karlheinz Niclauß, *Die Sowjetunion und Hitlers Machtergreifung – Eine Studie über die deutsch-russischen Beziehungen der Jahre 1929–35*, Bonn 1966

Niewiadomski 2000 • Andrzej Niewiadomski, „Polnische Apokalypse. Zwischen Auschwitz und Katyn – Die zweifache Tragödie eines Volkes", in: *Die Zeit* vom 31.8.2000, S. 70

Nikolajewski 1936 • Boris Nikolajewski, „Brief eines alten Bolschewiken", in: *Sozialistitscheski Westnik*, Nr. 23-24/1936, S. 20 ff.

Nisbert 1991 • Robert Nisbert, *Roosevelt und Stalin*; aus dem Amerikanischen von Hans-Ulrich Seebohm, Esslingen und München 1991

Nolte/Poljan 2001 • Hans-Heinrich Nolte, Pavel Poljan, „Massenverbrechen in der Sowjetunion und im nationalsozialistischen Deutschland – Zum Vergleich der Diktaturen", in: *Zeitschrift für Weltgeschichte*, Nr. 1/2001, S. 125-147

Ostermann 2001 • Christian F. Ostermann, *Uprising in East Germany 1953 – The Cold War, the German Question, and the First Major Upheaval Behind the Iron Curtain*, Central European University Press, Budapest und New York 2001

O'Sullivan 2003 • Donal O'Sullivan, *Stalin's „cordon sanitaire" – Die sozialistische Osteuropapolitik und die Reaktionen des Westens 1939–1949*, Paderborn, München, Wien und Zürich 2003

Otto 2003 • Wilfriede Otto, *Die SED im Juni 1953 – Interne Dokumente*, Berlin 2003

Overy 2002 • Richard Overy, *Die Wurzeln des Sieges – Warum die Alliierten den Zweiten Weltkrieg gewannen*; aus dem Englischen von Jürgen Charnitzky, Reinbek bei Hamburg 2002

Overy 2003 • Richard Overy, *Russlands Krieg 1941–1945*; aus dem Englischen von Hainer Kober, Reinbek bei Hamburg 2003

Pätzold/Weißbecker 1999 • Kurt Pätzold, Manfred Weißbecker, *Rudolf Heß – Der Mann an Hitlers Seite*, Leipzig 1999

Payne 1967 • Robert Payne, *Stalin – Aufstieg und Fall*; aus dem Amerikanischen von Trude Fein, Stuttgart 1967

Peter 2001 • Manfred Peter, *Russlands Platz in Europa*, Berlin 2001

Pfahl-Traughber 2001 • Armin Pfahl-Traughber, „Nationalsozialismus und Stalinismus als totalitäre Systeme – Thesen zu Gemeinsamkeiten und Unterschieden im Diktaturvergleich", in: *Kommune*, Nr. 3/2001, S. 46-54

Pietrow-Ennker 2000 • Bianka Pietrow-Ennker (Hrsg.), *Präventivkrieg? – Der deutsche Angriff auf die Sowjetunion*, Frankfurt am Main 2000

Plaggenborg 1996 • Stefan Plaggenborg, „Gewalt und Militanz in Sowjetrussland 1917-1930", in: *Jahrbücher für Geschichte Osteuropas*, Neue Folge, Bd. 44/1996, S. 409-430

Plaggenborg 1998 • Stefan Plaggenborg (Hrsg.), *Stalinismus – Neue Forschungen und Konzepte*, Berlin 1998

Podlubny 1996 • Stepan Podlubny, *Tagebuch aus Moskau 1931–1939*, hrsg. von Jochen Hellbeck, München 1996

Pohl 1994 • Dieter Pohl, „Rückblick auf das ‚Unternehmen Barbarossa'", in: *Jahrbücher für Geschichte Osteuropas*, Neue Folge, Bd. 42/1994, S. 77–94

Pron'ko 1992 • Walentin A. Pron'ko, „Die sowjetische Strategie im Jahre 1943", in: Förster 1992, S. 313–326

Raddatz 1997 • Fritz J. Raddatz, „Schwarzbuch der Schande – Das Schicksal der sowjetischen Juden unter der Herrschaft Stalins", in: *Die Zeit* vom 17.10.1997, S. 35

Radzinsky 1996 • Edward Radzinsky, *Stalin*, New York 1996

Radzinsky 2000 • Edward Radzinsky, *Die Geheimakte Rasputin – Neue Erkenntnisse über den Dämon am Zarenhof*, München 2000

Rapoport 1992 • Louis Rapoport, *Hammer, Sichel, Davidstern – Judenverfolgung in der Sowjetunion*, Berlin 1992

von Rauch 1985 • Georg von Rauch, *Geschichte der Sowjetunion*, 7. Aufl., Stuttgart 1985; Original: Stuttgart 1955

Rayfield 2004 • Donald Rayfield, *Stalin und seine Henker*; aus dem Englischen von Hans Freudl und Norbert Juraschitz, München 2004

Read/Fisher 1988 • Anthony Read, David Fisher, *The Deadly Embrace: Hitler, Stalin and the Nazi–Soviet Pact 1939–41*, London 1988

Reese 2003 • Willy Peter Reese, *Mir selber seltsam fremd – die Unmenschlichkeit des Krieges. Russland 1941–44*; hrsg. von Stefan Schmitz, München 2003

Reimann 1997 • Günther Reimann, „Ein Mann für alle Jahreszeiten", in: *Der Spiegel*, Nr. 46/1997, S. 77ff.

Reimann 1998 • Günther Reimann, *Herbert Wehner, Zwischen zwei Epochen*, Leipzig 1998

Reitschuster 2004 • Boris Reitschuster, *Putin – Wohin steuert er Russland?*, Berlin 2004

Riegel 1990 • Klaus-Georg Riegel, „Die innerparteilichen Säuberungskonzeptionen von Hitler und Stalin – Ein Vergleich", in: Uwe Backes, Eckhard Jesse, Rainer Zitelmann (Hrsg.), *Die Schatten der Vergangenheit – Impulse zur Historisierung des Nationalsozialismus*, Frankfurt am Main und Berlin 1990, S. 136–165

Riegner 2001 • Gerhart Riegner, „Es fehlte der Wille zum Retten", in: *Der Spiegel*, Nr. 44/2001, S. 50f.
Rogowin 1999 • Wadim S. Rogowin, *Die Partei der Hingerichteten*; aus dem Russischen von Hannelore Georgi und Harald Schubärth, Essen 1999
Romanitschew 1998 • Nikolai M. Romanitschew, „Militärische Pläne eines Gegenschlags der UdSSR", in: Besymenski/Ueberschär 1998, S. 90–102
Rossi 1989 • Jacques Rossi, *The GULAG Handbook – An encyclopedia dictionary of Soviet penitentiary institutions and terms related to the forced labor camps*, New York 1989
Rubel 1998 • Maximilian Rubel, *Josef W. Stalin – mit Selbstzeugnissen und Bilddokumenten*, 8. Aufl., Reinbek bei Hamburg 1998; Original: 1975
Rummel 1990 • Rudolph J. Rummel, *Lethal Politics: Soviet Genocide and Mass Murder since 1917*, New Brunswick und New Jersey 1990
Rummel 1995 • Rudolph J. Rummel, *Statistics of Democide: Genocide and Mass Murder since 1900*, Charlottesville/Virginia 1995
Rybak 1998 • Andrzej Rybak, „Stalin hätte das nie erlaubt", in: *Der Spiegel*, Nr. 40/1998, S. 200
Schad 2004 • Martha Schad, *Stalins Tochter – Das Leben der Swetlana Allilujewa*, Bergisch-Gladbach 2004
Schafranek 1990 • Hans Schafranek, *Zwischen NKWD und Gestapo – Die Auslieferung deutscher und österreichischer Antifaschisten aus der Sowjetunion an Nazideutschland 1937–1941*, Frankfurt am Main 1990
Scherbakowa 2003 • Irina Scherbakowa (Hrsg.), *Russlands Gedächtnis – Jugendliche entdecken vergessene Lebensgeschichten*, 2. Aufl., Hamburg 2003
Scherrer 2000 • Jutta Scherrer, „Zurück zu Stalin", in: *Die Zeit* vom 14.12.2000, S. 50
Scherrer 2001 • Jutta Scherrer, „Zurück zu Gott und Vaterland – Putin verordnet die patriotische Wiederaufrüstung", in: *Die Zeit* vom 26.7.2001, S. 31ff.
Scherrer 2003 • Jutta Scherrer, *Kulturologie – Russland auf der Suche nach einer zivilisatorischen Identität*, Göttingen 2003
Scherstjanoi 1998 • Elke Scherstjanoi, „‚In 14 Tagen werden Sie vielleicht schon keinen Staat mehr haben' – Wladimir Semjonow und der 17. Juni 1953", in: *Deutschland Archiv*, Nr. 6/1998, S. 907–936
Schewzowa 2001 • Lilija Schewzowa, „Das neue Russland – Von Jelzin zu Putin", in: Höhmann/Schröder 2001, S. 33–43

Schewzowa 2004 • Lilija Schewzowa, „Grenzen der Macht – Die zweite Präsidentschaft Putins", in: Russland – Beilage der *Frankfurter Allgemeinen Zeitung* vom 31.3.2004, S. 1

Schmidt 1993 • Rainer F. Schmidt, „Ein Geschenk vom Himmel?", in: *Die Zeit* vom 3.12.1993, S. 88

Schmidt 1994 • Rainer F. Schmidt, „Eine verfehlte Strategie für alle Fälle – Stalins Taktik und Kalkül im Vorfeld des Unternehmens ‚Barbarossa'", in: *Geschichte in Wissenschaft und Unterricht*, Jahrg. 45/1994, S. 368–379

Schmidt 1997 • Rainer F. Schmidt, *Rudolf Heß – „Botengang eines Toren?"*, Düsseldorf 1997

Schmiechen-Ackermann 2002 • Detlef Schmiechen-Ackermann, *Diktaturen im Vergleich*, Darmstadt 2002

Scholz 1997 • Michael F. Scholz, *Herbert Wehner in Schweden 1941–46*, Berlin 1997

Schramm 2001 • Gottfried Schramm (Hrsg.), *Rußlands langer Weg zur Gegenwart*, Göttingen 2001

Schubert 2000 • Elke Schubert, „Stalin – Trotzki", in: *Die Neue Gesellschaft*, Nr. 1–2/2000, S. 42f.

Seebacher 2004 • Brigitte Seebacher, *Willy Brandt*, München 2004

Seljunin 1991 • Wladimir Seljunin, „Russlands Platz in Europa", in: *Kontintent*, Nr. 4/1991, S. 91

Semjonow 1995 • Wladimir S. Semjonow, *Von Stalin bis Gorbatschow – Ein halbes Jahrhundert in diplomatischer Mission 1939–1991*, Berlin 1995

Service 2000 • Robert Service, *Lenin – Eine Biographie*; aus dem Englischen von Holger Fliessbach, München 2000

Shurawljow 2002 • Sergej Shurawljow, *Ich bitte um Arbeit in der Sowjetunion – Deutsche Facharbeiter im Moskau der dreißiger Jahre*; aus dem Russischen, Berlin 2002

Siegel 1992 • Achim Siegel, *Die Dynamik des Terrors im Stalinismus – Ein strukturtheoretischer Erklärungsversuch*, Pfaffenweiler 1992

Sietz 1999 • Henning Sietz, „Eine perfekte Kopie – Stalins großer Coup", in: *Die Zeit* vom 26.8.1999, S. 68

Soell 1991 • Hartmut Soell, *Der junge Wehner – Zwischen revolutionärem Mythos und praktischer Vernunft*, Stuttgart 1991

Söndgen 1995 • Klaus Söndgen, „Bucharinismus und Stalinisierung", in: *Jahrbücher für Geschichte Osteuropas*, Neue Folge, Bd. 43/1995, S. 78–96

Sofsky 1997 • Wolfgang Sofsky, „Terror und Arbeit – Ralf Stettners Organisationsgeschichte des ‚Archipel Gulag'", in: *Die Zeit* vom 21.3.1997, S. 24

Solschenizyn 1974 • Alexander Solschenizyn, *Der Archipel Gulag. Folgeband: Arbeit und Ausrottung – Versuch einer künstlerischen Bewältigung*, Bern 1974

Spengler 1994 • Tilmann Spengler (Hrsg.), *Lenins letzte Tage – Eine Rekonstruktion von Alexej Chanjutin und Boris Rawdin*, Berlin 1994

Stalin 1948 • Josef W. Stalin, *Über den Großen Vaterländischen Krieg der Sowjetunion*, 5. Aufl., Moskau 1948

Stalin 1950-55 • Josef W. Stalin, *Gesammelte Werke* (russisch), Berlin 1950-55

Stark 1991 • Meinhard Stark, *Wenn du willst deine Ruhe haben, schweige! Deutsche Frauenbiographien des Stalinismus*, Essen 1991

Steininger 1985 • Rolf Steininger, *Eine Chance zur Wiedervereinigung? Die Stalin-Note vom 10.3.1952 – Darstellung und Dokumentation auf der Grundlage unveröffentlichter britischer und amerikanischer Akten*, Bonn 1985

Stent 2000 • Angela Stent, *Rivalen des Jahrhunderts – Deutschland und Russland im neuen Europa*; aus dem Amerikanischen von Kurt Baudisch, Berlin 2000

Stettner 1996 • Ralf Stettner, *„Archipel GULag": Stalins Zwangslager – Terrorinstrument und Wirtschaftsgigant. Entstehung, Organisation und Funktion des sowjetischen Lagersystems 1928–1956*, Paderborn et al. 1996

Stölting 1997 • Erhard Stölting, „Charismatische Aspekte des politischen Führertums – Das Beispiel Stalins", in: Faber 1997, S. 47-74

Stölting 2002 • Erhard Stölting, „Langsames Umsteuern in den Trümmern eines chaotischen Umbruchs – Eine kleine Zwischenbilanz nach zehn Jahren Russland", in: *Kommune*, Nr. 1/2002, S. 49-56

Strauß 1998 • Franz Josef Strauß, *Die Erinnerungen*, Berlin 1998

Striefler 1993 • Christian Striefler, *Kampf um die Macht – Kommunisten und Nationalsozialisten am Ende der Weimarer Republik*, Berlin 1993

Stürmer 1980 • Michael Stürmer (Hrsg.), *Die Weimarer Republik – Belagerte Civitas*, Königstein im Taunus 1980

Sunder-Plaßmann 2000 • Anne Sunder-Plaßmann, *Rettung oder Massenmord? – Die Repression der Stalin-Ära in der öffentlichen Diskussion seit Beginn der Perestroika*, Hamburg 2000

Suworow 1996 • Viktor Suworow (d. i. Wladimir Rezun), *Der Eisbrecher – Hitler in Stalins Kalkül*, 9. Aufl., Stuttgart 1996

Talbott 1992 • Strobe Talbott (Hrsg.), *Chruschtschow erinnert sich – Die authentischen Memoiren*; aus dem Englischen von Margaret Carroux et al., Reinbek bei Hamburg 1992

Thumann 2002 • Michael Thumann, „Gesucht: Siedler für Sibirien", in: *Die Zeit* vom 21.2.2002, S. 5

Tischler 1996 • Carola Tischler, *Flucht in die Verfolgung – Deutsche Emigranten im sowjetischen Exil 1933–45*, Münster 1996

Topitsch 1998 • Ernst Topitsch, *Stalins Krieg – Moskaus Griff nach der Weltherrschaft*, 3. Aufl., Stuttgart 1998

Trotzki 1931 • Leo Trotzki, *Germany – The Key to the international Situation*, London 1931

Trotzki 1971 • Leo Trotzki, *Stalin – Eine Biographie*, Reinbek bei Hamburg 1971; Original: 1942

Tucker 1990 • Robert Tucker, *Stalin in Power – The Revolution from Above*, New York 1990

Tuominen 1986 • Arvo Tuominen, *Stalins Schatten über Finnland – Erinnerungen des ehemaligen Führers der finnischen Kommunisten*, Freiburg im Breisgau 1986

Tycner 1996 • Janusz Tycner, „Kanal des Todes", in: *Die Zeit* vom 29.3.1996, S. 56f.

Ueberschär 1998 • Gerd R. Ueberschär, „Hitlers Überfall auf die Sowjetunion 1941 und Stalins Absichten – Die Bewertung in der deutschen Geschichtsschreibung und die neuere Präventivkriegshypothese", in: Besymenski/Ueberschär 1998, S. 48-69

Urban 2004 • Thomas Urban, *Der Verlust – Die Vertreibung der Deutschen und Polen im 20. Jahrhundert*, München 2004

Veen 2004 • Hans-Joachim Veen (Hrsg.), *Die abgeschnittene Revolution – Der 17. Juni in der deutschen Geschichte*, Köln 2004

Vetter 1996 • Matthias Vetter (Hrsg.), *Terroristische Diktaturen im 20. Jahrhundert – Strukturelemente der nationalsozialistischen und stalinistischen Herrschaft*, Opladen 1996

Vogel 2001 • Heinrich Vogel, „Charisma und Zweifel – Präsident Putin vor großen Herausforderungen", in: *Internationale Politik*, Nr. 10/2001, S. 7-16

Voswinkel 2004 • Johannes Voswinkel, „Putins Durst auf Öl", in: *Die Zeit* vom 8. Juli 2004, S. 18

Wachs 2000 • Philipp-Christian Wachs, *Der Fall Theodor Oberländer (1905–1998) – Ein Lehrstück deutscher Geschichte*, Frankfurt am Main und New York 2000

Weber 2004 • Hermann Weber, „Rädchen im Räderwerk des Terrors
– Reinhard Müllers neuerlicher Versuch, Herbert Wehner zu verunglimpfen", in:
Die Zeit vom 30.9.2004, S. 54

Weber/Mählert 1998 • Hermann Weber, Ulrich Mählert (Hrsg.), *Terror
– Stalinistische Parteisäuberungen 1936–53*, Paderborn, München, Wien und
Zürich 1998

Wegner 2001 • Bernd Wegner, „Stalingrad: Schlacht und Mythos: Heldendrama
von antiker Größe?", in: *Damals*, Nr. 6/2001, S. 14-21

Wehner 1946 • Herbert Wehner, *Notizen*, o. O., 1946

Wehner 1996 • Markus Wehner, „Stalinistischer Terror – Genese und Praxis der
kommunistischen Gewaltherrschaft in der Sowjetunion 1917-53", in: *Aus Politik
und Zeitgeschichte*, Beilage zur Wochenzeitung „Das Parlament", Nr. 37-38 vom
6.9.1996, S. 15-28

Weingartner 1970 • Thomas Weingartner, *Stalin und der Aufstieg Hitlers – Die
Deutschlandpolitik der Sowjetunion und der Kommunistischen Internationale 1929–34*,
Berlin 1970

von Weizsäcker 1997 • Richard von Weizsäcker, *Vier Zeiten – Erinnerungen*,
Berlin 1997

Wentker 2001 • Herrmann Wentker, „Arbeiteraufstand, Revolution?
– Die Erhebungen von 1953 und 1989/90 in der DDR: ein Vergleich", in:
Deutschland Archiv, Nr. 3/2001, S. 385-397

Werth 1998 • Nicolas Werth, „Ein Staat gegen sein Volk – Gewalt,
Unterdrückung und Terror in der Sowjetunion", in: Courtois/Werth 1998,
S. 51-295

Wette/Ueberschär 1992 • Wolfram Wette, Gerd Ueberschär (Hrsg.), *Stalingrad
– Mythos und Wirklichkeit einer Schlacht*, Frankfurt am Main 1992

Wette/Ueberschär 2001 • Wolfram Wette, Gerd Ueberschär (Hrsg.),
Kriegsverbrechen im 20. Jahrhundert, Darmstadt 2001

Wettig 2002 • Gerhard Wettig, „Die Interessen der Mächte angesichts der
Stalin-Note vom 10.3.1952", in: *Deutschland Archiv*, Nr. 2/2002, S. 231ff.

Wheatcroft 1999 • Stephen G. Wheatcroft, „Ausmaß und Wesen der deutschen
und sowjetischen Repressionen und Massentötungen 1930 bis 1945", in:
Dahlmann/Hirschfeld 1999, S. 67-109

Whymant 1999 • Robert Whymant, *Richard Sorge – Der Mann mit den drei
Gesichtern*, Hamburg 1999

Wiegrefe 1999 • Klaus Wiegrefe, „Das überdehnte Reich", in: *Der Spiegel*, Nr. 31/1999, S. 138-147

Wiegrefe 2000 • Klaus Wiegrefe, „Aus dem Hinterhalt", in: *Der Spiegel*, Nr. 32/2000, S. 41

Wilkiewicz 2001 • Zbigniew Wilkiewicz, „Das Massaker von Jedwabne – Der polnische Historikerstreit und die Last der Vergangenheit", in: *Deutsche Studien*, Nr. 145-146/2001, S. 20-37

Wolkogonow 1989 • Dmitri Wolkogonow, *Stalin – Triumph und Tragödie. Ein politisches Porträt*; aus dem Russischen von Vesna Jovanoska, Düsseldorf 1989

Wolkogonow 2001 • Dmitri Wolkogonow, *Die sieben Führer*; übersetzt von Udo Rennert et al., Frankfurt am Main 2001

Wolkow 2000 • Wladimir K. Wolkow, „Die deutsche Frage aus Stalins Sicht (1947-1952)", in: *Zeitschrift für Geschichtswissenschaft*, Nr. 1/2000, S. 28ff.

Wolkow 2004 • Solomon Wolkow, *Stalin und Schostakowitsch – Der Diktator und der Künstler*, Berlin 2004

Wyman 2000 • David S. Wyman, *Das unerwünschte Volk – Amerika und die Vernichtung der europäischen Juden*, Frankfurt am Main 2000; Original: New York 1984

Zakowski 2000 • Zakowski, in: *Gazeta Wyborcza* vom 18./19.11.2000

Zank 2001 • Wolfgang Zank, „Revolution gegen Lenin – Kronstadt im März vor achtzig Jahren", in: *Die Zeit* vom 15.3.2001, S. 86

Zarusky 2002 • Jürgen Zarusky (Hrsg.), *Die Stalin-Note vom 10.3.1952 – Neue Quellen und Analysen*; mit Beiträgen von Wilfried Loth, Hermann Graml und Gerhard Wettig, München 2002

de Zayas 1996 • Alfred Maurice de Zayas, *Die Anglo-Amerikaner und die Vertreibung der Deutschen*, 8. Aufl., Berlin 1996; Original: 1977

Zeidler 2001 • Manfred Zeidler, „Die Tötungs- und Vergewaltigungsverbrechen der Roten Armee auf deutschem Boden 1944/45", in: Wette/ Ueberschär 2001, S. 419-432

Register

Allilujewa, Nadjeschda (2. Ehefrau Stalins)   48f., 52, 84-87, 111, 123, 137, 247, 306
Allilujewa, Swetlana (Tochter Stalins)   84-86, 137, 261, 309, 322, 325, 340

Berija, Lawrenti   112, 132, 134, 137f., 158, 175f., 187, 194, 200, 203, 222, 234f., 246f., 258-263, 267-269, 308, 319
Breschnjew, Leonid   123f., 271, 273-275, 280, 303, 309
Bucharin, Nikolai   27f., 67, 71f., 80f., 89-92, 94, 96, 116, 119, 121, 126-129, 136, 140, 143, 175, 211, 307, 316, 341

Chruschtschow, Nikita   61, 86, 95, 112, 114, 134, 138, 160, 186, 249, 258f., 261, 263, 266-273, 275, 308f., 314, 342
Churchill, Winston   53, 99, 159, 161, 174, 180-182, 186, 210, 213-215, 218-224, 227, 232, 243, 307f., 320, 328

Deutscher, Isaac   70, 313f.
Dimitroff, Georgi   141, 172f., 214
Dserschinski, Felix   42, 47f., 50, 63, 68, 131

Frenkel, Naftali   103-106
Fuchs, Klaus   233, 235f.

Goebbels, Joseph   153, 173, 330
Gorbatschow, Michail   61, 74, 160, 235, 242, 253, 274-288, 301, 303, 309, 341
Gromyko, Andrej   123, 253, 257, 267, 274f., 277, 330

Heß, Rudolf   179-183, 186, 319, 328, 338, 341
Hitler, Adolf   28, 107-111, 129, 139, 141f., 145-157, 160-171, 175-191, 196, 198, 201, 205, 279, 307f., 318, 325-339, 342-344
Honecker, Erich   141, 266, 280, 335

Iwanowitsch (Deckname Stalins)   20f., 26, 28

Jagoda, Gennrich   112, 114, 127, 130
Jelzin, Boris   161, 276f., 282f., 285-288, 290-292, 301, 309f., 340
Jeschow, Nikolai   112, 130-132

Kellmann, Klaus   7, 316, 322f., 332f.,
Kerenski, Alexander   33f., 37-41, 43, 45
Kirow, Sergej   106, 111-114, 121, 130, 307, 332
Koba (Deckname Stalins)   12-29, 36, 126, 128
Krupskaja, Nadjeschda   65f., 69f., 117

Lenin, Wladimir Iljitsch   34-74, 78, 80, 82f., 96, 100 f., 117, 124, 126 f., 130-132,
            134, 136 f., 162 f., 172, 191, 211, 235, 262 f., 275, 286, 304-306, 309,
            313-316, 328, 334 f., 341, 345
Litwinow, Maxim   109, 149 f., 316

Melikjanz, Gregorjan (Deckname Stalins)   25
Mielke, Erich   141, 176, 265
Molotow, Wjatscheslaw   34, 87, 89, 97, 111, 115, 124, 130, 132, 138, 145, 150,
            152, 165-167, 177, 187-189, 191 f., 213, 215, 246 f., 255, 263, 265,
            268 f., 271, 335

Nikolaus II.   19, 29, 31f., 327
Nischaradse, Gajoscha (Deckname Stalins)   24

Ordschonikidse, Sergo   24f., 52, 55, 111, 116, 121, 125 f., 134, 307

Putin, Wladimir   289-292, 295-304, 310, 331, 339f., 343

Ribbentrop, Joachim   145f., 152-154, 165-167, 169, 215
Rjutin, Martemjan   120-122, 124, 306
Roosevelt, Franklin Delano   159f., 180, 197f., 210, 214f., 218, 220-223, 231f., 243,
            253, 328, 335, 338

Sacharow, Andrej   99, 204, 236, 295
Schaposchnikow, Boris   173, 193, 206
Schukow, Georgi   182f., 185, 187f., 193, 197, 203f., 206, 209, 211, 229, 263, 268, 271
Schulenburg, Friedrich Werner Graf von der   167, 172, 187f., 191
Semjonow, Wladimir   257, 264-266, 340f.
Solschenizyn, Alexander   101, 106, 122, 328, 341
Sorge, Richard   141, 148, 151, 175f., 344
Stachanow, Alexej   118f., 141, 307, 335
Swanidse, Jekaterina (1. Ehefrau Stalins)   18, 23, 84, 305

Timoschenko, Semjon   157, 169, 178, 182f., 185, 187, 193
Trotzki, Leo   27, 40-44, 49, 51f., 54, 57, 63-83, 100, 102, 115, 121, 124, 125, 128f., 140, 143, 163f., 276, 306f., 313f., 341-343
Tuchatschewski, Michail   54, 57, 116, 128f., 135, 306f.

Ulbricht, Walter   74, 76, 138-145, 236f., 256-258, 264-267, 317, 322, 329, 334

Wehner, Herbert   109, 139-146, 317, 332, 335-337, 339, 341, 343
Woroschilow, Kliment   52, 86, 111, 169, 193
Wyschinski, Andrej   88, 127, 257